초인수업

A SEPARATE REALITY: Further Conversations with Don Juan
by Carlos Castaneda

돈 후앙의 가르침 시리즈

초인수업

인디언 스승 돈 후앙, 빛의 세계를 말하다

카를로스 카스타네다 지음 / 김상훈 옮김

정신세계사

초인수업 (원제: 또 하나의 현실)

ⓒ 카를로스 카스타네다, 1971

카를로스 카스타네다 짓고, 김상훈 옮긴 것을 정신세계사 정주득이 2014년 10월 10일 처음 펴내다. 이균형과 김우종이 다듬고, 김윤선이 꾸미고, 한서지업사에서 종이를, 영신사에서 인쇄와 제본을, 김영수가 기획과 홍보를, 하지혜가 책의 관리를 맡다. 정신세계사의 등록일자는 1978년 4월 25일(제1-100호), 주소는 03785 서울시 서대문구 연희로2길 한빛빌딩 A동 2층, 전화는 02-733-3134, 팩스는 02-733-3144, 홈페이지는 www.mindbook.co.kr, 인터넷 카페는 cafe.naver.com/mindbooky 이다.

2021년 2월 22일 펴낸 책(초판 제5쇄)

ISBN 978-89-357-0383-8 04200
      978-89-357-0379-1 (세트)

이 도서의 국립중앙도서관 출판시도서목록(CIP)은 e-CIP홈페이지(http://www.nl.go.kr/ecip)와 국가자료공동목록시스템(http://www.nl.go.kr/kolisnet)에서 이용하실 수 있습니다. (CIP제어번호 : CIP2014026980)

차례

머리말

　10년 전 여름, 나는 운 좋게도 멕시코 북서부 출신의 어떤 야키 인디언을 만났다. 나는 그를 스페인어의 경칭인 '돈don'을 붙여 돈 후앙이라고 불렀다. 그와 마주친 것은 정말이지 놀라운 우연의 산물이었다고 해야 할 것이다.

　나는 애리조나 주의 국경 도시에 있는 버스정류소에서 지인인 빌과 함께 앉아 있었다. 두 사람 모두 침묵하고 있었다. 늦은 오후의 열파는 참기 힘들 정도였다. 그러던 중 빌이 갑자기 몸을 내밀면서 내 어깨를 툭 쳤다.

　"내가 얘기했던 작자가 저기 있어."

　빌은 나직한 목소리로 말했다.

　그는 출입문 쪽으로 슬쩍 턱을 끄떡여 보였다. 어떤 노인이 걸어 들어오는 참이었다.

　"무슨 얘기?"

　나는 물었다.

　"페요테를 잘 안다는 인디언 말이야. 기억 안 나?"

　그러자 빌과 함께 하루종일 차로 돌아다니며 이 지역에 산다는

'괴짜' 멕시코 인디언을 찾아다니던 일이 생각났다. 끝내 우리는 그 집을 찾지 못했는데, 나는 우리가 길을 물은 인디언들이 고의적으로 우리를 오도했다는 인상을 받았다. 빌은 이 사내가 약초를 채집해서 파는 사람을 의미하는 예르베로yerbero라고 했고, 환각을 유발하는 선 인장인 페요테에 관해 방대한 지식을 가지고 있다고 말한 적이 있었 다. 만나볼 만한 가치가 있는 인물이라고도 했다. 빌은 내가 현지 인 디언들이 쓰는 약초의 지식이나 견본을 수집하기 위해 남서부로 갈 때 안내를 맡은 사람이었다.

빌은 자리에서 일어나 그 사내 앞으로 가서 인사를 건넸다. 그는 중키의 인디언이었는데, 짧게 자른 백발이 귀를 조금 덮고 있어서 머 리가 한층 더 둥글어 보였다. 얼굴은 가무잡잡했고, 깊은 주름살이 고령자임을 짐작하게 했지만 몸은 강인하고 탄탄해 보였다. 나는 그 를 유심히 지켜봤다. 몸동작이 워낙 민첩해서 도저히 노인이라고는 생각할 수 없을 정도였다.

빌이 나더러 오라고 손짓했다.

"좋은 친군데, 워낙 괴상한 스페인어를 써서 뭐라고 하는지 도통 못 알아듣겠어." 빌이 말했다. "시골 사투리가 많이 섞여 있어서 그 런가."

노인은 빌을 쳐다보며 미소 지었다. 스페인어라고는 몇 마디밖에 모르는 빌은 엉터리 스페인어를 몇 마디 늘어놓더니 무슨 뜻인지 알 겠느냐는 듯이 나를 쳐다보았다. 하지만 나도 빌이 무슨 말을 했는지 전혀 알 수가 없었다. 그러자 빌은 멋쩍은 듯이 웃고는 자리를 떴다.

노인은 나를 쳐다보며 웃음을 터뜨렸다. 내 친구는 자기가 스페인어를 모른다는 사실을 가끔 잊어버릴 때가 있다고 내가 설명해드렸다.

"게다가 정식으로 소개해주는 것까지 잊은 모양입니다."

나는 이렇게 말하고 내 이름을 댔다.

"만나서 반갑군. 나는 후앙 마투스라고 하네."

노인이 말했다.

우리는 악수를 나눴고, 잠시 침묵이 흘렀다. 곧 나는 침묵을 깨고 내 목적이 무엇인지를 그에게 얘기했다. 나는 약초, 특히 페요테에 관한 자료라면 무엇이든 찾고 있다고 밝혔다. 그런 식으로 오랫동안 강박적으로 말을 늘어놓았던 것 같다. 사실 이 분야에 관해서는 거의 무지하면서도 페요테에 관해 박식한 척을 했던 것이다. 풍부한 지식을 과시하면 상대도 관심을 느끼고 대화에 응해주지 않을까 생각했기 때문이다. 그러나 노인은 아무 말도 하지 않고 그저 참을성 있게 귀만 기울이고 있었다. 그러더니 그는 천천히 고개를 끄덕이며 나를 응시했다. 그의 두 눈이 마치 자체적으로 빛을 발하는 것처럼 보였다. 나는 그의 시선을 피했다. 곤혹스러웠다. 그 순간 내가 헛소리를 늘어놓은 사실을 간파당했다는 확신이 들었기 때문이다.

"나중에 한 번 우리 집에 들르게나." 이윽고 그는 시선을 돌리며 내게 말했다. "거기서라면 더 편하게 얘기를 나눌 수 있을지 모르니까 말이야."

이 말에는 뭐라고 대답해야 할지 알 수 없었다. 나는 불안감을 느꼈다. 잠시 후 빌이 대합실로 되돌아왔다. 그는 내가 불편해한다는 것을 깨닫고 아무 말도 하지 않았다. 우리 세 사람은 한동안 굳은 침묵을 지키며 앉아 있었다. 이윽고 노인이 일어섰다. 버스가 온 것이다. 그는 작별인사를 했다.

"잘 안 됐던 거야?"

빌이 물었다.

"응."

"약초에 관해 물어봤어?"

"물어봤어. 하지만 뭔가 실수를 했던 것 같아."

"워낙 괴짜라고 했잖아. 이 근방 인디언들은 모두 그치를 알고 있지만, 결코 그치 얘기를 하지 않아. 보통내기가 아니라고."

"그래도 자기 집에 들르라고 하던데."

"너를 놀린 거야. 물론 그치 집에 들를 수야 있겠지. 하지만 그래서 뭐? 절대로 아무 얘기도 안 해줄 거야. 설령 이쪽에서 질문을 한다 해도 별 헛소리를 다 듣는다는 얼굴로 입을 다물어버릴 게 뻔해."

빌은 예전에도 그 노인처럼 엄청나게 많은 일을 알고 있는 듯한 인상을 주는 사람들과 마주친 적이 있다고 확신에 찬 어조로 말했다. 다른 사람들을 통해서도 늦든 빠르든 같은 정보를 큰 힘 들이지 않고 얻을 수 있기 때문에, 그런 작자들에게 일부러 공을 들일 필요는 없다는 것이 그의 의견이었다. 빌 자신에게는 그런 고루한 작자들을 상대할 인내심도 시간도 없으며, 그 노인은 사실 약초에 관해 별로 알지도 못하면서 잘 아는 척했을 가능성조차 있다고 했다.

빌이 말을 계속했지만 나는 제대로 듣고 있지 않았다. 그 나이 든 인디언에게 완전히 마음을 빼앗긴 상태였기 때문이다. 그 노인은 내가 허풍을 떨고 있다는 사실을 알고 있었다. 나를 보던 그의 눈빛이 뇌리에 떠올랐다. 그때 그의 눈은 정말로 빛을 발하고 있었다.

　두 달이 지난 후 나는 약초에 흥미를 가진 인류학도가 아니라 이유 모를 호기심에 이끌린 한 명의 인간으로서 그를 다시 만나러 갔다. 버스정류소에서 나를 쳐다보던 그의 시선은 내가 일찍이 경험한 적이 없는 것이었다. 그 시선에 무엇이 깃들어 있었는지를 알고 싶다는 나의 욕구는 거의 강박적인 수준에 도달해 있었다. 그 일에 관해 생각하면 생각할수록 기이하다는 느낌을 금할 수가 없었던 것이다.

　돈 후앙과 나는 친구 사이가 되었고, 그 후 1년 동안 나는 셀 수 없이 자주 그를 방문했다. 그의 태도는 나를 깊이 안심시켜주었고 그의 유머감각은 더할 나위 없이 훌륭했다. 그러나 그 무엇보다도 내게 강한 인상을 준 것은 그의 행동에서 볼 수 있는 어떤 암묵적인 일관성이었다. 그리고 이런 일관성은 나를 정말로 곤혹스럽게 만들었다. 그와 함께 있으면 묘하게 기쁜 동시에 묘하게 불편한 기분을 느꼈다. 단지 함께 있는 것만으로도 나 자신의 행동규범을 철저하게 재검토할 것을 강요당하는 기분이라고나 할까. 나는 다른 사람들과 마찬가지로 인간이란 본질적으로 약하고 잘못을 저지르기 쉬운 생물이라는 사실을 기꺼이 받아들이도록 교육받았다. 그러나 돈 후앙은 약하거나 무력한 티를 전혀 내지 않았다. 단지 그와 함께 있기만 해도 그와 나의 행동방식 사이에 존재하는 우열을 뚜렷이 자각하지 않을 수가 없었던 것이다. 당시 그가 내게 했던 가장 인상 깊었던 말은 우리 사이의 본질적인 차이에 관한 것이었을지도 모르겠다. 어느 날 또 그를 만나러 갔는데, 나는 내 인생 전반에 대한 불만과 당시 나를 괴롭히던 시급한 개인적 갈등 몇 가지 때문에 매우 기분이 안 좋은 상태였다. 그의 집에 도착했을 무렵에는 기분이 침울하고 신경이 곤두서 있었다.

우리는 지식을 둘러싼 내 관심 분야에 관해 얘기를 나누기 시작했지만, 평소와 마찬가지로 영 아귀가 맞지 않았다. 내가 경험을 초월한 학술적인 지식에 관해 논하는 동안, 그는 세계에 관한 직접적인 지식을 가지고 얘기하고 있었던 것이다.

"자네를 둘러싼 세계에 관해 자넨 뭘 좀 아나?" 돈 후앙이 물었다.

"무슨 일이든 알고 있죠."

"그게 아니라, 자네 주위의 세계를 느낀 적이 있는지 물어본 거야."

"가능한 한 느끼고 있습니다만."

"그걸로는 충분하지 않아. 자넨 모든 걸 느껴야 해. 안 그러면 세계는 의미를 잃게 되니까 말이야."

나는 수프를 맛보기 위해서 반드시 그 조리법을 알아야 할 필요는 없고, 전기에 관해 알기 위해서 전기 충격을 받아볼 필요는 없다는 고전적인 반박 논리를 내세웠다.

"정말이지 별 멍청한 소리를 다 듣는군. 내가 보기에 자넨 논리를 위한 논리에 매달려 있어. 그런 논리는 아무 쓸모도 없는데도 말이야. 설령 스스로의 평온함을 희생하는 한이 있더라도 구태를 유지하고 싶은 건가."

"무슨 얘길 하시는 건지 모르겠습니다."

"자네가 완전하지 않다는 사실을 지적한 거야. 자넨 평화를 모르네."

이 지적은 내 신경을 긁었다. 모욕당한 기분이었다. 나는 돈 후앙이 내 행동거지나 성격에 대해 자기 마음대로 재단할 자격은 없다고 느꼈다.

"자넨 온갖 고민에 시달리고 있어. 이유가 뭔가?"

"전 한 사람의 인간에 불과합니다, 돈 후앙." 나는 언짢은 투로 대꾸했다.

곧잘 이렇게 말하는 버릇이 있던 우리 아버지와 똑같은 맥락에서 한 말이었다. 나는 한 사람의 인간에 불과하다는 아버지의 고백에는 본인은 약하고 무력하다는 뜻이 담겨 있었다. 방금 내 입에서 나온 것과 마찬가지로, 아버지의 말은 도저히 어쩔 수 없는 절망감으로 가득 차 있었다.

돈 후앙은 처음 만난 날 그랬던 것처럼 나를 유심히 들여다보았다.

"자넨 자기 생각을 너무 많이 하는군." 그는 이렇게 말하고 씩 웃었다. "그래서 그렇게 묘한 피로감에 시달리는 거야. 자네가 주위 세계를 차단하고 자기 논리에만 매달리는 건 바로 그 탓일세. 그래서 자네한테 남는 건 고민밖에는 없어. 나도 한 사람의 인간에 불과하지만, 자네가 말한 것과는 다른 의미에서야."

"어떻게 다르다는 겁니까?"

"난 모든 고민을 타파했다네. 내가 원하는 걸 모두 움켜잡기엔 인생이 너무 짧다는 게 유감이지만 말이야. 하지만 그런 건 별로 중요하지 않아. 그냥 안타깝다는 얘기였어."

나는 돈 후앙의 이런 말투가 마음에 들었다. 절망감이나 자기연민 따위는 전혀 찾아볼 수 없었기 때문이다.

처음 만나고 나서 1년 뒤인 1961년에 돈 후앙은 자신이 약초에 관한 은밀한 지식을 가지고 있다는 사실을 내게 털어놓았다. 그는 자신이 브루호brujo라고 했다. 스페인어인 브루호는 요술사, 주술사, 치유자 등으로 번역될 수 있다. 그때부터 우리 사이의 관계는 변했다. 나는 그의 도제가 되었고, 그 후 4년 동안 그는 주술의 비밀을 내게 가르쳐주려고 무던히 애를 썼다. 그 도제수업에 관한 이야기는 『돈 후앙의 가르침 ― 야키 족의 지식체계』에 정리되어 있다.

우리 두 사람의 대화는 모두 스페인어로 이뤄졌다. 돈 후앙의 뛰어난 언어구사력 덕택에 나는 그의 신념체계의 복잡하고 정교한 의미에 관해 상세한 설명을 얻을 수 있었다. 내가 이 복잡하고 꼼꼼히 체계화된 지식의 총합을 주술呪術이라고 부르고, 그를 주술사라고 부른 것은 돈 후앙 본인이 일상적인 대화에서 그런 표현을 썼기 때문이다. 그러나 좀더 중요한 설명이 필요해질 경우, 그는 '지식'이라는 단어를 써서 주술을 정의했고, '아는 사람', 곧 '식자識者'라는 표현을 써서 주술사를 정의했다.

돈 후앙은 자신의 지식을 가르치고 확증하기 위해 세 가지의 잘 알려진 향정신성 식물인 페요테(Lophophora williamsii)와 짐슨위드(Datura

14

inoxia)와 실로시베 속屬에 포함된 버섯의 한 종류를 이용했다. 이 환각성 식물들을 각각 따로 복용시킴으로써 그는 제자인 나의 내부에 특이하게 왜곡된 지각상태 내지는 변성變性 의식상태를 만들어냈고, 나는 이런 상태들을 통틀어 '비일상적 현실상태'라고 불렀다. 내가 '현실'이라는 단어를 쓴 것은, 이 세 식물 중 하나를 섭취함으로써 유발되는 의식상태들은 환각이 아니며, 평범하지는 않지만 우리 삶의 명확한 국면들이라는 지적이야말로 돈 후앙의 신념체계의 대전제였기 때문이다. 돈 후앙은 이런 비일상적 현실상태들을 마치 '현실인 것처럼' 대한 것이 아니라 '진짜 현실로' 대했다.

이 식물들을 환각물질로 규정하고 그것들이 유발한 상태를 비일상적 현실로 규정한 것은 물론 나 자신의 해석에 근거한 것이다. 돈 후앙은 이 식물들을 인간을 모종의 비인격적인 힘 내지는 '주력呪力'으로 안내하거나 이끄는 운반수단으로 간주했고, 또 이 식물들이 유발하는 여러 상태를 이 '주력'에 대한 통제력을 얻기 위해 주술사가 거쳐야 하는 '만남'으로서 이해하고 설명했다.

그는 페요테를 '메스칼리토'라고 부르면서, 그것은 자애로운 스승이자 인간의 수호자라고 설명했다. 메스칼리토는 '올바르게 사는 법'을 가르친다. 페요테는 보통 '미토테mitote'라고 불리는 주술사들의 집회에서 복용되며, 그들은 특히 올바르게 사는 법에 관한 가르침을 얻기 위해 미토테에 참가한다.

돈 후앙은 짐슨위드와 버섯을 페요테와는 다른 종류의 주력으로 간주했다. 그는 이것들을 '맹우盟友'라고 불렀고, 이것들은 인간에 의해 조작될 수 있다고 말했다. 사실 주술사는 맹우를 조종함으로써 힘을 얻는다. 이 두 가지 맹우 중 돈 후앙은 버섯 쪽을 선호했다. 그는 버섯에 담긴 주력이야말로 자신의 맹우라고 하면서, 그것을 '스모크[煙氣]', 혹은 '작은 연기'라는 이름으로 불렀다.

돈 후앙이 버섯을 쓸 경우의 절차는 다음과 같았다. 우선 조그만 조롱박 속에서 그것을 건조시켜 고운 분말로 만든다. 그 상태로 1년 동안 봉인해놓은 다음, 그 분말을 다섯 종류의 말린 식물과 섞어서 파이프로 피울 수 있는 혼합물을 만드는 방식이었다.

식자가 되기 위해서는 맹우와 가급적 자주 '만날' 필요가 있었다. 그 경험에 익숙해져야 하기 때문이다. 이런 전제는 물론 본인이 환각성 혼합물을 상당히 자주 흡연해야 한다는 것을 의미했다. 스모크를 '피운다는' 것은 불이 붙지 않는 고운 버섯가루를 혼합물에 포함된 다른 다섯 종류의 식물을 태운 연기와 함께 흡입한다는 뜻이었다. 돈 후앙은 버섯이 사람의 지각능력에 끼치는 심대한 영향을 "맹우가 사용자의 육체를 없앤다"는 식으로 설명했다.

돈 후앙의 교육법은 도제에게 엄청난 노력을 요구했다. 사실, 거기에 참여하는 행위 자체가 너무나도 힘들었던 탓에 1965년 말에 나는 스스로 도제수업을 중단하는 수밖에 없었다. 그로부터 5년 지난 현재의 시각에서 그 일을 조망해본다면, 당시 돈 후앙의 가르침이 나 자신의 '세계관'에 대한 심각한 위협이 되기 시작했기 때문이라고 할 수도 있을 것이다. 나는 일상적 삶의 현실성에 대해 모든 인간이 공유하고 있는 확신을 잃어버리기 시작했던 것이다.

16

제자 노릇을 그만두었을 당시에 나는 내 결심이 최종적인 것임을 믿어 의심치 않았다. 나는 다시는 돈 후앙을 보고 싶지 않았다. 그러나 1968년 4월에 내 책의 초판을 받아보는 순간, 나는 그에게 이 책을 꼭 보여주고 싶다는 욕구에 사로잡혔다. 그래서 나는 그를 다시 방문하기로 했다. 이 방문을 계기로 우리 두 사람 사이의 스승-도제 관계는 불가해하게 회복되었다. 그 시점부터 첫 번과는 크게 다른 도제수업의 두 번째 주기가 시작되었다고 할 수 있다. 내가 느끼는 두려움은 예전만큼 날카롭지 않았고, 도제수업의 전체적 분위기도 예전보다 더 느긋한 느낌이었다. 돈 후앙은 곧잘 웃음을 터뜨렸고, 나도 실컷 웃게 만들었다. 전반적으로 돈 후앙 쪽에서 가르침 과정의 심각한 분위기를 최소화하려는 의도가 있었던 것으로 보인다. 이 두 번째 주기에서 정말로 중대한 순간들이 찾아왔을 때조차도 그는 어릿광대처럼 익살을 부렸고, 그럼으로써 강박적인 것으로 변하기 쉬운 경험들을 내가 잘 극복할 수 있도록 도와주었다. 전수받는 지식의 기이한 성질과 그 충격을 견뎌내기 위해서는 솔직담백한 성향이 필요하다는 것이 그의 생각이었다.

　　"자네가 겁에 질려서 배우기를 그만둔 건 자기 자신을 너무 중요하게 여겼기 때문이야." 돈 후앙은 내가 처음에 그만두었을 때의 일을 이렇게 설명했다. "자기 자신이 중요하다는 생각은 자네를 둔중하고 어설프고 허영에 찬 존재로 만든다네. 식자가 되고 싶거든 경쾌하고 유연해져야 해."

　　이 두 번째 도제수업 주기를 통틀어 돈 후앙이 특히 관심을 기울인 부분은, 내게 '보는(see)' 법을 가르치는 일이었다. 그의 지식체계에서 '보기(seeing)'와 '바라보기(looking)'가 서로 뚜렷하게 다른 의미를 갖는 지각방식으로 구분된다는 점은 명백했다. 이 경우 '바라보기'란 우리가 외부세계를 지각하는 일상적인 방식을 가리키지만, '보기'는 식자가 세계의 이른바 '본질'을 인지하는 매우 복잡한 과정을 의미한다.

이런 배움 과정의 복잡한 구조를 독자가 글로서 읽을 수 있는 형태로 표현하기 위해, 나는 질문과 대답으로 이루어진 긴 필드노트를 압축했다. 따라서 원래의 기록을 자의적으로 편집했다고 할 수도 있겠지만, 이런 표현방식을 취하더라도 현시점에서 더 이상 돈 후앙의 가르침의 의미가 손상될 우려는 없다는 것이 나의 믿음이다. 편집의 목적은 글 자체에 대화하는 듯한 자연스러운 흐름을 부여함으로써 박진감을 부여하기 위한 것이다. 바꿔 말해서, 르포르타주 형식을 통해서 현장의 상황을 독자에게 좀더 극적이고 직접적으로 전달하고 싶었다. 나는 매 번의 도제수업에 이 책의 장章 하나씩을 할당했다. 돈 후앙은 대뜸 느닷없는 언급을 하며 가르침을 끝마치는 습관이 있었다. 따라서 각 장 말미에서 느낄 수 있는 극적인 느낌은 내가 고안해낸 문학적 장치가 아니라 돈 후앙이 물려받은 구비 전통의 고유한 장치이며, 이것은 개개의 가르침의 극적인 성질과 중요성을 전수자傳受者의 뇌리에 깊이 각인시키기 위한 장치인 것처럼 보인다.

그러나 이런 식의 르포르타주에 설득력을 부여하려면 어느 정도는 설명이 필요하다. 글의 의미를 명확하게 전달하려면 내가 강조하고 싶었던 몇몇 핵심적 개념 내지는 핵심적 단위를 효과적으로 풀어 쓸 필요가 있었기 때문이다. 강조할 경우의 초점은 사회과학에 대한 나의 관심사항과 일치한다. 따라서 나와 다른 목표나 가설을 가진 사람이라면 내가 고른 것과는 전혀 다른 개념들을 부각시킬 가능성도 얼마든지 있다.

도제수업의 두 번째 주기가 이어지던 중에 돈 후앙은 스모크 혼합물의 사용이 〈보기〉에 선행하는 필수불가결한 조건임을 누차 강조했다. 따라서 나는 가급적 자주 그것을 사용해야 했다.

"순식간에 흘러가는 그 세계를 잠깐만이라도 보기 위해 필요한 민첩성을 자네에게 줄 수 있는 건 스모크밖에 없다네." 그는 이렇게 말했다.

돈 후앙은 제자인 나로 하여금 이 환각성 혼합물의 도움을 받아 일련의 비일상적 현실상태를 경험하게 했다. 돈 후앙이 수행하고 있는 것으로 보이는 일과 관련해서, 그런 상태들의 주된 특징을 말하자면 '적용 불가능함(inapplicability)'이라고 할 수 있을 것이다. 변성 의식상태에서 내가 지각한 것들은 세계를 해석하는 우리의 일상적인 방식으로는 이해도 해석도 불가능한 것이었기 때문이다. 바꿔 말해서, '적용 불가능한' 상태들은 나의 세계관을 더 이상 적절하지 않은 것으로 만들어버렸던 것이다.

돈 후앙은 사전에 준비된 일련의 새로운 '의미단위'(units of meaning)들을 소개하기 위해 비일상적 현실상태의 적용 불가능한 상황을 이용했다. 의미단위들은 돈 후앙이 내게 공들여 가르치려고 한 지식과 관련된 모든 단독 요소들과 상응한다. 내가 의미단위라는 표현을 쓰는 이유는, 그것이 그보다 더 복잡한 의미를 조합해내기 위한 토대가 될 기본적인 감각정보와 그에 대한 해석의 복합체이기 때문이다. 그런 해석적 단위의 한 예로서, 향정신성 혼합물의 생리적 효과를 이해하는 방법을 들 수 있다. 그것이 야기하는 마비된 듯한 감각과 운동 제어능력의 상실은 돈 후앙의 체계에서는 "사용자의 육체를 제거하기 위해"(이 경우는 맹우인) 스모크에 의해 행해진 행위로 해석된다.

의미단위는 독자적인 방식으로 집단화되고, 이렇게 해서 만들어진 각 집합은 내가 '적절한 해석'(sensible interpretation)이라고 부르는 것을 형성한다. 주술과 관련된 해석의 수가 무궁무진하다는 점은 명백하며, 주술사는 그런 해석을 내리는 법을 터득해야 한다. 일상생활에서도 우리는 그와 관련된 무수히 많은 적절한 해석과 조우한다. 단순한 예로 '방(room)'이라는 구조를 들 수 있다. 우리는 이것과 매일 몇십 번씩 조우하지만 더 이상 그것을 의식적으로 해석하지는 않는다. 우리가 방이라고 부르는 이 구조를 방의 맥락 자체에서 해석하는 법을 습득했다는 점은 명백하다. 왜냐하면 그런 해석을 내릴 때 우리는 어떤 식으로든 그것을 이루는 모든 요소를 인지하고 있어야 하기 때문이다. 바꿔 말해서 적절한 해석체계란 숙련자가 자신의 행위에 수반되는 모든 상황을 추정하고, 연역하고, 예상하기 위해 필요로 하는 모든 의미단위를 인지하기 위한 수단으로서의 절차를 가리킨다.

여기서 숙련자란 특유의 적절한 해석체계에 관련된 의미단위 전부 내지는 대부분에 관해 충분한 지식을 갖춘 참여자를 의미한다. 돈 후앙은 숙련자였다. 바꿔 말해서, 그는 자기 주술의 모든 절차를 숙지한 주술사였다.

돈 후앙은 숙련자로서 자신의 적절한 해석체계를 내게 전수해주려고 시도했다. 이 경우 전수받는다는 행위는 지각된 정보를 해석하는 새로운 방법을 습득하는 재사회화再社會化 과정과 같다.

나는 주술에 고유한 의미단위들을 지적으로 적절히 해석할 능력을 갖추지 못한 '국외자'였다.

자신의 체계를 내게 전수하려는 숙련자인 돈 후앙에게 주어진 과업은, 내가 세상 사람들과 공유하고 있는 확신, 곧 우리의 '상식적' 세계관을 절대적인 것으로 여기는 확신을 교란하는 것이었다. 돈 후앙은 향정신성 식물들을 이용하여 용의주도하게 이질적인 체계와 나 사이의 접점을 만들어냄으로써, 이 세계에 대한 나의 관점은 단지 하나의 해석에 불과하므로 결코 절대적일 수 없다는 사실을 내게 가리켜 보여주는 데 성공했다.

아마 우리가 주술이라고 부르는 모호한 현상은 아메리카 인디언들에게는 우리의 과학에 필적할 정도로 진지한 진짜배기 수행의 한 형태로 몇천 년 동안이나 이어져 왔을 것이다. 그것을 이해하려고 했을 때 우리가 맞닥뜨리는 어려움은 그것이 사용하고 있는 이질적인 의미단위들에 기인한다는 점에는 의심의 여지가 없다.

돈 후앙은 식자에게는 각자가 선호하는 방식이 있다고 말한 적이 있었다. 나는 무슨 뜻인지 설명해달라고 했다.

"나는 〈보는(see)〉 걸 선호하네." 그는 말했다.

"그게 무슨 뜻입니까?"

"내가 〈보는〉 걸 선호하는 까닭은, 식자는 오로지 〈보는〉 걸 통해서만 알 수 있기 때문이야."

"어떤 종류의 것들을 〈보는〉 겁니까?"

"모든 것들을."

"하지만 저도 모든 걸 〈보고〉 있습니다. 식자가 아닌데도요."

"아냐. 자넨 〈보고〉 있지 않아."

"〈보고〉 있다고 생각합니다."

"아니, 그게 아니라니까."

"돈 후앙, 왜 그런 말씀을 하시는 겁니까?"

"자넨 단지 사물의 표면을 바라볼 뿐이야."

"그렇다면 모든 식자는 자기가 바라보는 모든 사물을 실제로 투시한다는 뜻입니까?"

"아니. 그런 뜻으로 말한 게 아냐. 나는 식자에게는 각기 선호하는 방식이 있고, 내 방식은 〈보는〉 것이라고 말했을 뿐이야. 다른 식자들은 다른 일을 한다네."

"예를 들어 어떤 일을?"

"이를테면 사카테카를 생각해보게. 그 친구는 식자이고, 그는 춤추기를 선호해. 그래서 춤을 추고, '아는' 거지."

"식자가 선호하는 행동은 알기 위해서 행하는 일입니까?"

"그렇지."

"하지만 춤이 사카테카가 '아는' 데에 어떤 도움을 줍니까?"

"사카테카는 자신의 모든 것으로 춤을 춘다고 할 수도 있지."

"제가 춤추는 것처럼 춤을 춘다는 얘깁니까? 그러니까, 댄스를 하는 것처럼?"

"내가 〈보는〉 것처럼 춤을 추지, 자네가 춤을 추는 것처럼 추지는 않아."

"사카테카도 당신과 같은 식으로 〈보는〉 겁니까?"

"그래. 하지만 춤도 춰."

"어떤 식으로요?"

"말로는 설명하기 힘들어. 사카테카가 '알고' 싶을 때 춤을 추는 독특한 방식이랄까. 하지만 자네가 식자의 방식을 이해하지 않는 이상, 춤이나 〈보기〉에 관해서 설명하는 건 불가능하네. 내가 얘기해줄 수 있는 건 그게 다야."

"당신도 그가 춤추는 걸 본 적이 있습니까?"

"물론. 하지만 사카테카가 춤추는 걸 바라보는 모든 사람이, 사카테카의 춤이란 그가 '알기' 위해서 사용하는 독특한 방식이라는 걸 〈볼〉 수 있는 건 아냐."

나는 사카테카를 알고 있었다. 아니, 적어도 그가 누군지는 알고 있었다. 한 번 만난 적도 있었고, 그때 나는 맥주 한 병을 그에게 대접했다. 그는 매우 정중했고, 언제든 자기 집에 한 번 들르라고 내게 말했다. 나도 오랫동안 한 번 찾아가볼까 하는 생각을 하곤 했지만, 돈 후앙에게는 한 번도 그런 얘기를 하지 않았다.

1962년 5월 14일 오후에 나는 차를 몰고 사카테카의 집까지 갔다. 그 집으로 가는 길은 본인에게 이미 들어 알고 있었고, 찾는 것도 쉬웠다. 집은 길모퉁이에 있었고, 울타리로 에워싸여 있었다. 문은 닫혀 있었다. 혹시 집 안이 보일까 해서 집 주위를 한 바퀴 돌았지만, 사람 모습은 보이지 않았다.

"돈 엘리아스." 나는 커다란 목소리로 그를 불렀다. 마당에 있던 닭들이 놀라 흩어지며 시끄럽게 꼬꼬댁거렸다. 조그만 개 한 마리가 울타리 쪽으로 왔다. 나를 보고 짖을 것을 예상했지만 개는 다만 그 자리에 앉아서 나를 빤히 쳐다볼 뿐이었다. 내가 다시 한 번 큰 소리로 그를 부르자 닭들이 또 소란을 피웠다.

그러자 노파 하나가 집에서 나왔다. 나는 돈 엘리아스를 불러달라고 부탁했다.

"지금은 없는데." 그녀는 말했다.

"그럼 어디 가 계십니까?"

"밭에 나가 있어."

"어느 밭에?"

"모르겠어. 늦은 오후에 다시 한 번 와봐. 5시엔 돌아올 거야."

"혹시 돈 엘리아스의 안주인 되십니까?"

"응. 내가 안주인이야." 그녀는 이렇게 말하고 미소 지었다.

나는 사카테카에 관해 질문을 해보려고 했지만, 미안하지만 스페인어는 잘 못한다는 대답이 돌아왔다. 나는 차를 몰고 그곳을 떠났다.

6시경에 나는 다시 그 집으로 돌아갔다. 문 앞에 차를 세우고 큰 소리로 사카테카를 불렀다. 이번에는 본인이 집에서 나왔다. 나는 녹음기를 켰다. 어깨에 맨 갈색 가죽케이스 안에 들어 있는 녹음기는 일견 카메라처럼 보였을 것이다. 그는 나를 알아본 듯했다.

"오, 자네였군." 그는 미소 지으며 말했다. "후앙은 어떻게 지내나?"

"잘 있습니다. 돈 엘리아스, 당신도 잘 지내셨습니까?"

그는 대답하지 않았다. 어쩐지 불안한 기색이었다. 겉으로는 매우 침착한 태도를 유지하고 있었지만, 나는 그가 불편해하고 있다고 느꼈다.

"후앙이 뭔가 심부름을 시켜서 왔나?"

"아닙니다. 제가 오고 싶어서 왔습니다."

"도대체 뭣 때문에?"

그는 정말로 깜짝 놀란 기색이었다.

"그냥 얘기를 좀 나누고 싶어서요." 나는 최대한 자연스러운 어조로 대답했다. "돈 후앙에게서 돈 엘리아스 당신에 관해 정말 경이로운 얘기를 많이 들었습니다. 그래서 호기심을 느끼고 몇 가지 질문을 해보려고 온 겁니다."

사카테카는 내 앞에 서 있었다. 호리호리하지만 강단 있는 체격이었고, 카키색 바지와 셔츠 차림이었다. 눈은 반쯤 감고 있었다. 졸리거나, 술에 취해 있는 것인지도 모른다. 입을 조금 열고 아랫입술을 힘없이 늘어뜨리고 있었다. 나는 그가 심호흡을 하고 있다는 사실을 깨달았다. 거의 코를 고는 듯한 느낌이었다. 만취상태일지도 모른다는 생각이 언뜻 뇌리를 스쳤다. 그러나 불과 몇 분 전에 집에서 나왔을 때 그가 얼마나 기민하고 주의 깊었는지를 생각하면, 전혀 아귀가 맞지 않았다.

"무슨 얘기를 나누고 싶다는 건가?" 마침내 그가 말했다.

아주 피곤한 목소리였다. 마치 단어 하나하나를 질질 끄는 듯한 느낌이랄까. 불안감이 몰려왔다. 마치 그의 피로에 전염되어 나까지 끌려가는 듯한 기분이었다.

"딱히 이렇다 할 얘기를 하려 온 건 아닙니다. 단지 편하게 잡담을 나누고 싶어서요. 예전에 한 번 들르라고 하시지 않았습니까."

"응, 그랬지. 하지만 지금은 달라."

"뭐가 다르다는 말씀이십니까?"

"후앙과 얘기를 나누지 않나?"

"예, 곧잘 나눕니다."

"그럼 나한테서 뭘 원해?"

"질문 몇 가지를 해볼 생각이었습니다만."

"후앙한테 물어봐. 그 친구가 자네를 가르치는 게 아니었어?"

"그렇습니다만, 그래도 돈 후앙이 저한테 가르치는 내용에 관해서 당신에게 물어보고, 거기에 대해서 어떤 의견을 갖고 계신지 알고 싶습니다. 그러면 저도 어떻게 처신해야 할지 알 수 있을 테니까요."

"왜 그런 짓을 하고 싶어하는 거지? 후앙을 못 믿어?"

"믿습니다."

"그럼 왜 그 친구한테 직접 가르쳐달라고 하지 않는 거지?"

"물론 그랬습니다. 대답도 들었고요. 하지만 돈 후앙이 제게 가르쳐주고 있는 것에 대해 당신의 얘기도 들어볼 수 있다면 제가 그걸 좀더 잘 이해할 수 있을 것 같아서요."

"후앙한테 모두 들을 수 있는 얘기야. 그럴 수 있는 사람도 후앙밖에는 없고. 그걸 이해 못 하나?"

"이해합니다만, 돈 엘리아스, 당신 같은 사람들하고도 얘기를 나누고 싶습니다. 식자를 매일 만나볼 수 있는 건 아니니까요."

"후앙은 식자야."

"저도 압니다."

"그럼 왜 여기 서서 나한테 말을 걸고 있는 건가?"

"친구가 되고 싶어서 왔다고 하지 않습니까."

"아냐. 이번에는 뭔가 다른 걸 염두에 두고 있어."

나는 어떻게든 내 의도를 설명하고 싶었지만, 지리멸렬한 말을 웅얼거리는 것이 고작이었다. 사카테카는 아무 말도 하지 않았고, 단지 내 얘기에만 유심히 귀를 기울이고 있는 것처럼 보였다. 그는 다시 눈을 반쯤 감고 있었지만 나는 그가 나를 응시하고 있다는 느낌을 받았다. 사카테카는 거의 눈에 띄지 않을 정도로 살짝 고개를 끄덕였다. 그러더니 눈을 떴고, 그 순간 나도 그의 눈을 보았다. 내 몸 너머를 꿰뚫어보고 있는 듯한 눈초리였다. 그는 오른쪽 발끝으로 왼쪽 발꿈치 바로 뒤쪽의 마룻바닥을 툭 쳤다. 두 다리를 조금 구부리고 있었고, 양팔은 옆구리에 축 늘어뜨리고 있었다. 그러더니 사카테카는 오른팔을 들어올렸다. 손바닥은 지면에 수직이 되도록 펼치고 있었다. 쭉 뻗은 손가락들은 나를 가리키고 있었다. 그는 오른손을 몇 번 떨더니 내 얼굴 높이까지 들어올렸다. 한순간 그 자세를 유지하다가 뭐라고 몇 마디 말했다. 아주 뚜렷한 목소리였음에도 불구하고 단어를 질질 끈다는 인상을 받았다.

잠시 후 그는 옆구리로 손을 내리고 미동도 않다가 묘한 자세를 취했다. 왼쪽 발바닥 앞부분에 체중을 싣고 선 채로, 왼쪽 발꿈치 뒤에 교차시킨 오른발 끝으로 율동적이고 부드럽게 마룻바닥을 툭툭 두들기기 시작했던 것이다.

이유를 알 수 없는 불안감이 몰려오며 나는 동요했다. 마치 사고思考가 분열된 듯한 느낌이었다. 나는 눈앞의 상황과는 전혀 상관이 없는 무의미한 것들에 관해 생각하고 있었다. 나 자신의 불편함을 자각하고, 현재 상황으로 생각을 되돌리려고 했지만, 엄청나게 애를 썼음에도 불구하고 도저히 그럴 수가 없었다. 마치 어떤 힘이 내가 이 상황에 걸맞은 생각에 집중하는 것을 방해하고 있는 듯한 느낌이었다.

사카테카는 단 한 마디도 하지 않았고, 나도 무슨 일을 하거나 무슨 말을 해야 할지 도통 알 수가 없었다. 나는 거의 기계적인 동작으로 뒤로 돌아서서 그 자리를 떠났다.

나중에 나는 사카테카와의 이 만남에 관해 돈 후앙에게 털어놓아야 한다는 강한 충동을 느꼈다. 돈 후앙은 내 이야기를 모두 듣더니 폭소를 터뜨렸다.

"도대체 무슨 일이 일어났던 겁니까?"

"사카테카는 춤을 췄어! 자네를 〈보고〉, 그런 다음 춤을 췄던 거야."

"그는 저한테 무슨 짓을 한 겁니까? 아주 춥고 어지러웠습니다."

"자네가 마음에 들지 않았던 것이 틀림없어. 그래서 자네한테 어떤 말을 던져서 자네를 멈췄던 거야."

"어떻게 그런 일을 할 수 있었단 말입니까?" 나는 믿지 못하겠다는 표정으로 외쳤다.

"아주 간단해. 자기 의지를 써서 자네를 멈췄어."

"방금 뭐라고 하셨죠?"

"자기 의지를 써서 자네를 멈췄다고!"

이런 설명만으로는 충분하지 않았다. 돈 후앙의 말은 내 귀에는 횡설수설로밖에는 들리지 않았다. 나는 더 캐물어봤지만 그는 내가 만족할 만한 설명을 하지 못했다.

적절한 해석으로 이루어진 이 이질적인 체계 내부에서 일어난 이 사건이나 기타 모든 사건들은 오로지 이 체계에 고유한 의미단위들의 맥락에서만 설명되거나 이해될 수 있다는 것이 분명해 보인다. 따라서 본서는 르포르타주이며, 르포르타주로서 읽혀야 한다. 내가 기록한 신념체계는 내게는 이해 불가능한 것이었다. 따라서 이 책이 보고서 이외의 형태를 취한다면 불필요한 오해를 피할 수 없을 것이 불 보듯 뻔하다. 이런 생각에서 나는 현상학적인 방법론을 채택했고, 주술을 오로지 내 눈앞에서 일어난 현상으로서만 바라보려고 부단히 노력했다. 나는 지각知覺의 주체로서 내가 지각한 일들을 그대로 기록했으며, 기록 시에는 판단을 보류하도록 노력했다는 점을 밝혀둔다.

제1부

'보기' 준비

1

1968년 4월 2일

돈 후앙은 잠시 나를 바라보았지만, 내가 무려 2년여 만에 찾아왔음에도 불구하고 전혀 놀라는 눈치가 아니었다. 그는 내 어깨에 손을 얹고 상냥하게 웃으면서 내가 많이 변했다고 했다. 살이 찌고 말랑말랑해졌다고 말이다.

나는 그에게 줄 내 책을 한 권 가지고 왔기 때문에 대뜸 서류가방에서 그 책부터 꺼내어 그에게 건넸다.

"이건 당신에 관한 책입니다, 돈 후앙."

돈 후앙은 책을 받아들고 마치 트럼프를 넘기듯이 책장을 훌훌 넘겼다. 녹색 표지와 책의 크기가 마음에 든다고 했다. 그는 손바닥으로 표지를 문질러보고 책을 몇 차례 뒤집으며 요리조리 살펴보더니 내게 다시 건네주었다. 나는 자랑스러운 감정이 솟구치는 것을 자각했다.

"갖고 계십시오."

돈 후앙은 소리 없이 웃으며 고개를 가로저었다.

"안 그러는 편이 나을걸. 멕시코에선 종이를 어디다 쓰는지 잘 알잖나."

이 재기 넘치는 대답에는 웃음을 터뜨리는 수밖에 없었다.

우리는 중앙 멕시코의 소도시에 있는 공원 벤치에 앉아 있었다. 내가 찾아간다는 것을 미리 알릴 방도는 전무했지만, 내게는 반드시 그를 찾을 수 있다는 확신이 있었고, 실제로 그렇게 되었다. 나는 이 소도시로 와서 조금 기다렸을 뿐이었다. 돈 후앙은 얼마 지나지 않아 산에서 내려왔고, 나는 시장에서 그의 친구가 펼쳐놓은 좌대 곁에 있던 그를 찾아냈다.

돈 후앙은 소노라로 돌아가려는 참이었는데 마침 내가 딱 맞춰 차를 몰고 와줬다고 무덤덤하게 말했다. 그래서 우리는 공원에 앉아서 그와 함께 산다는 마자텍Mazatec 인디언 친구가 오기를 기다리기로 했다.

세 시간쯤 기다리면서 이런저런 소소한 얘기를 나눴다. 날이 저물고 그의 친구가 도착하기 직전 나는 며칠 전에 목격했던 일에 관해 돈 후앙에게 얘기했다.

그를 만나러 오는 도중에 어떤 도시 외곽에서 차가 고장나는 바람에, 나는 수리가 끝날 때까지 사흘 동안 그곳에 머물러야 했다. 도로에 면한 정비소 건너편에 모텔이 하나 있었지만, 변두리에 있으면 언제나 기분이 우울해지기 때문에 시내 한복판에 있는 현대적인 8층짜리 호텔로 가서 묵었다.

벨보이에게서 호텔 식당이 있다는 얘기를 듣고 아래로 내려와 보니 보도에 면한 노천 식탁들이 눈에 들어왔다. 거리 모퉁이에 위치한, 현대적인 느낌을 주는 나지막한 벽돌 아치 아래에 있는 꽤 준수한 장소였다. 날씨도 선선하고 빈 좌석도 눈에 띄었지만, 나는 무더운 실내의 테이블에 앉는 쪽을 택했다. 아까 오면서 식당 앞 길모퉁이에 죽치고 앉아 있는 한 무리의 구두닦이 소년들을 보았기 때문이다. 바깥 테이블에 앉는다면 보나 마나 구두를 닦으라며 내게 귀찮게 따라붙을 것이 뻔했다.

내가 앉은 자리에서도 유리창을 통해 구두닦이들이 보였다. 젊은 손님 두 명이 바깥 테이블에 앉자마자 소년들이 몰려와서 구두를 닦으라고 졸라댔다. 손님들이 거절하자 놀랍게도 구두닦이들은 더 이상 조르지 않고 다시 길모퉁이로 돌아가서 앉았다. 잠시 후 다른 테이블에 앉아 있던 양복 차림의 손님 세 사람이 일어서서 자리를 뜨자 소년들은 그 테이블로 달려가서 남은 음식을 먹기 시작했다. 모든 접시가 단 몇 초 만에 깨끗하게 비었다. 다른 식탁 위에 남겨진 음식들도 마찬가지였다.

나는 아이들이 매우 절도 있게 움직인다는 사실을 깨달았다. 물을 엎지르면 구두 닦는 천으로 훔치기까지 했다. 남은 음식을 처리하는 절차도 철저했다. 그들은 물잔에 있는 얼음조각까지 먹었고, 홍차에 든 레몬조각까지 껍질째 남김 없이 씹어먹었다. 먹을 수 있는 것이라면 그 어떤 것도 낭비하지 않았던 것이다.

그 호텔에 머무는 동안 나는 아이들이 식당 지배인과 협약을 맺었다는 사실을 알게 되었다. 구두닦이 소년들은 식당 근처에 머물며 손님들의 구두를 닦아 푼돈을 벌 수 있었고, 손님들을 귀찮게 하거나 식기를 깨지 않는 한 남은 음식을 먹어도 괜찮았다. 다섯 살에서 열두 살 사이의 소년이 모두 열한 명이었다. 그러나 가장 나이가 많은 소년은 무리에서 떨어져 있어야 했다. 다른 소년들이 그를 의도적으로 배척했기 때문이다. 소년들은 나이를 먹어 이미 음모陰毛가 자랐는데 아직도 우리와 함께 있느냐는 식의 노래를 부르며 그를 조롱했다.

그들이 극히 소량의 잔반에도 콘도르 떼처럼 몰리는 광경을 사흘 동안이나 구경해야 했던 탓에 나는 우울증에 빠질 지경이었다. 생존하기 위해 매일같이 빵 부스러기나 찾아다녀야 하는 세계에 갇혀버린 그 아이들에게는 더 이상 희망이 없다는 암울한 생각에 잠긴 채 나는 그 도시를 떠났다.

"그래서 자넨 그 아이들이 불쌍하다는 건가?" 돈 후앙은 의아하다는 듯이 되물었다.

"당연히 그렇죠."

"왜?"

"왜냐하면 저는 저와 같은 인간들이 행복해지기를 바라기 때문입니다. 그렇게 어린 나이에 그토록 값싸고 추한 삶을 살아가야 하다니 정말 안타깝지 않습니까."

"잠깐, 잠깐! 자넨 그 아이들의 삶이 값싸고 추하다고 어떻게 단언할 수 있나?" 돈 후앙은 조롱하듯이 내가 한 표현을 되풀이했다. "자기 자신의 상황이 그 아이들보다 더 낫다고 생각하는 거로군. 안 그런가?"

그렇다고 시인하자 돈 후앙은 내게 재차 이유를 물었다. 나는, 내가 사는 세계는 개인적 만족이나 자기계발이라는 면에서 그 아이들의 세계와는 비교가 안 될 정도로 다양하고 풍성한 경험과 기회를 제공해주기 때문이라고 대답했다. 그러자 돈 후앙은 정말로 즐거운 듯이 웃었다. 그는 내가 말을 생각 없이 하는 버릇이 있다고 지적했고, 그 아이들의 세계가 제공해주는 풍성함과 기회에 대해 어떻게 그런 식으로 단언할 수 있느냐고 반문했다.

나는 돈 후앙이 단지 고집을 부리고 있다고 느꼈다. 정말이지, 단지 내 신경을 긁을 목적으로 반대 의견을 내놓는 걸로만 느껴졌다. 나는 그 아이들이 지적으로 성장할 수 있는 기회는 전무하다고 확신하고 있었다.

내가 수긍 못하겠다며 반박하려고 하자 돈 후앙은 느닷없이 이렇게 질문을 던졌다. "인간이 이룰 수 있는 가장 위대한 업적은 식자가 되는 것이라고 자네 입으로 내게 얘기하지 않았었나?"

사실이었다. 그리고 나는 다시금, 내 생각엔 식자가 되는 것이야말로 가장 위대한 지적 업적 중의 하나라고 말했다.

"그럼 자네의 그 풍성하기 그지없는 세계가 자네가 식자가 되는 데 조금이라도 도움을 줄 거라고 생각하나?" 돈 후앙은 약간 비꼬는 투로 말했다.

내가 대답하지 않자 돈 후앙은 같은 질문을 다른 방식으로 바꿔 말했다. 그가 내 말을 제대로 이해하지 못했다고 생각할 때 내가 늘 했던 식으로 말이다.

"바꿔 말해서," 이렇게 말하며 씩 웃은 것을 보니 내 마음을 읽은 것이 틀림없었다. "자네가 언급한 그 자유로움과 기회는 자네가 식자가 되는 데 도움이 되어줄 것 같나?"

"그럴 리가요!" 나는 강하게 부인했다.

"그렇다면 자넨 어떻게 그 아이들더러 불쌍하다고 말할 수 있나?" 그는 진지한 어조로 되물었다. "그 아이들 중 누구라도 식자가 될 수 있어. 내가 아는 식자들 모두가 어렸을 적에는 자네가 목격한 것처럼 잔반을 먹고 식탁을 핥는 아이였다네."

이런 식으로 반박당한 나는 마음이 불편해지는 것을 자각했다. 내가 그 불우한 아이들을 동정한 것은 그들이 굶주린 탓이 아니라, 독선적인 관점에서 그 아이들은 환경으로 인해 더 이상 지적으로 성장할 가망이 없다고 지레짐작했다는 뜻이 되기 때문이다. 그러나 돈 후앙의 관점에서 본다면, 그들 중 누구라도 내가 인간의 지적 업적 중 최고로 꼽는 식자가 될 수 있다는 얘기가 된다. 따라서 그 아이들을 동정한답시고 내가 동원한 이유에는 근거가 없다. 돈 후앙은 내 맹점을 정확하게 꿰뚫었던 것이다.

"돈 후앙, 어쩌면 당신 말이 옳을지도 모르겠습니다. 하지만 인간이라면 같은 인간들을 진심으로 돕고 싶다는 욕구를 어떻게 안 느낄 수 있단 말입니까?"

"어떻게 돕는단 말이지?"

"무거운 짐을 줄여주는 방법으로 돕는 겁니다. 우리가 다른 인간들을 위해 그나마 해줄 수 있는 일이 있다면, 그들을 변화시키려는 시도 아닐까요. 당신도 바로 그런 일을 하고 있는 게 아니었습니까?"

"아니, 난 그런 일을 하고 있지 않아. 난 뭘 변화시켜야 할지도 모르고, 애당초 왜 다른 인간들을 변화시켜야 하는지도 모르겠네."

"그럼 돈 후앙, 저는 뭡니까? 저를 변화시키려고 저를 가르치시는 게 아니었습니까?"

"아니, 난 자네를 변화시키려고 그랬던 게 아냐. 어느 날 자네도 식자가 될지도 모르지. 그걸 미리 알 방도는 없지만 말이야. 하지만 그런다고 해서 자네가 변하지는 않아. 언젠가는 자네도 타인을 다른 방식으로 〈볼〉 수 있을지 모르고, 그럼 인간을 변화시키는 방법 따위는 없다는 걸 깨닫게 될 걸세."

"인간을 다른 방식으로 본다는 건 무슨 뜻입니까?"

"〈보게〉 되면 사람이 다르게 보인다네. 작은 스모크의 도움을 받으면 인간을 빛의 섬유로 〈볼〉 수 있지."

"빛의 섬유라고요?"

"그래. 흰 거미줄을 닮은 섬유. 머리에서 배꼽까지 순환하는 아주 가느다란 실들이네. 그래서 인간은 순환하는 실들로 이루어진 달걀 같다는 거야. 팔다리의 경우는 빛을 내면서 사방으로 뻗어나가는 빳빳한 털처럼 보인다네."

"모든 인간이 그렇게 보인단 말입니까?"

"그래. 게다가 모든 인간은 다른 만물과 맞닿아 있네. 손이 닿는다는 게 아니라, 배 한복판에서 튀어나온 긴 실 뭉텅이를 통해 외부와 이어져 있다는 뜻이네. 이 실 뭉텅이는 인간을 주위 환경과 연결해줌으로써 우리의 균형을 유지하고 안정시켜준다네. 그러니까 언젠가는 자네도 〈보고〉 깨달을지도 모르겠군. 왕이든 거지든 인간은 반짝이는 달걀이고, 뭔가를 변화시킬 방법은 없다는 사실을 말이야. 자넨 그런 반짝이는 달걀에서 뭘 변화시킬 수 있다고 생각하나? 도대체 뭘?"

2

돈 후앙을 다시 만나면서 새로운 주기가 시작되었다. 연극적인 언행과 유머감각을 구사해가며 끈기 있게 나를 가르치는 그를 만나는 것은 즐거웠고, 다시 예전 관계로 돌아오는 데도 전혀 시간이 걸리지 않았다. 나는 좀더 자주 그를 찾아와야겠다고 결심했다. 그동안 돈 후앙을 만나지 못한 것이 내게 얼마나 큰 손실이었는지를 절감했던 것이다. 게다가 특별히 그의 의견을 묻고 싶은 일도 있었다.

돈 후앙의 가르침에 관한 책을 완성한 후 나는 내가 참고하지 않았던 기록들을 다시 살펴보았다. 책은 비일상적 현실에 초점을 맞추고 있었기 때문에 그와는 직접적인 관련이 없는 방대한 양의 데이터를 그대로 폐기하는 수밖에 없었던 것이다.

그 기록을 다시 읽으면서 나는 숙련된 주술사라면 단지 '사회적 단서(cue)를 조작함으로써' 지극히 특수한 지각영역을 유도해낼 수 있다는 결론에 도달했다. 이런 조작적 절차의 성질에 관한 나의 가설은 특정한 지각영역을 유도해낼 수 있는 지도자가 존재한다는 것을 필수 전제로 한다.

나는 이 전제를 뒷받침할 특별한 시험 사례로 주술사들이 참가하는 페요테 집회를 예로 들었다. 그런 집회에서 주술사들은 명시적인 대화나 신호 교환 없이 그들이 경험하는 현실의 성질에 관한 합의에 도달하며, 참가자들은 그런 합의에 도달하기 위해 지극히 정교한 코드(符號)를 쓰고 있다는 것이 내 결론이었다. 그런 코드와 절차를 설명하기 위해 나는 복잡한 분석체계를 고안해냈다. 그런 연유로, 내 이론에 대한 개인적 의견과 조언을 얻기 위해서 나는 돈 후앙을 다시 만나러 갔던 것이다.

1968년 5월 21일

돈 후앙을 만나러 가는 길에 특이한 일은 일어나지 않았다. 사막의 기온이 섭씨 40도에 육박하는 탓에 나는 불쾌감에 시달렸다. 그래도 늦은 오후가 되자 열파는 사그라들었고, 초저녁에 돈 후앙의 집에 도착했을 때는 시원한 산들바람이 불고 있었다.

그리 피곤하지 않았기 때문에 우리는 그의 방에 함께 앉아 얘기를 나눴다. 나는 편안하고 느긋한 기분이었고, 대화는 몇 시간이나 계속되었다. 딱히 기록해두고 싶은 종류의 대화는 아니었다. 뭔가를 깊이 이해한다거나 거창한 의미를 찾아보려고 했던 것이 아니었기 때문이다. 우리는 날씨, 작물, 그의 손자, 야키 인디언, 멕시코 정부 따위에 관해 잡담을 나눴다. 내가 어둠 속에서 이야기 나누기를 얼마나 즐기는지를 돈 후앙에게 토로하자, 어둠 속에서 재잘거리는 것이 좋다니 내 수다스러운 성격에 잘 어울리는 말이라는 반응이 돌아왔다. 어차피 밤에 이렇게 죽치고 앉아서 할 수 있는 일이라곤 말밖에 없기 때문이라는 것이다. 나는 내가 즐기는 것은 단지 말을 한다는 행위 이상의 것이라고 반박하면서, 나는 지금 우리를 에워싼 어둠의 따스함을 만끽하고 있다고 말했다. 그러자 돈 후앙은 집에 있을 때는 어두워지면 무엇을 하느냐고 물었다. 나는 잘 시간이 될 때까지는 전등을 켜거나 밝게 조명된 거리에 나가 있는다고 대답했다.

"오!" 그는 당혹한 투로 말했다. "난 또 자네가 어둠을 쓰는 방법을 터득했다는 소린 줄 알았네."

"어둠을 어디에 쓸 수 있다는 겁니까?"

돈 후앙은 어둠 — 그의 표현을 빌리자면 '낮의 어둠' — 은 〈보기〉위해서는 최상의 시간이라고 말했다. 그는 묘한 억양으로 이 〈보기〉라는 단어를 강조했다. 나는 그게 무슨 뜻인지 알고 싶었지만, 그는 그런 얘기를 시작하기에는 너무 늦은 시각이라고 하며 응하지 않았다.

1968년 5월 22일

아침에 일어나자마자 나는 대뜸 내가 미토테라 불리는 페요테 집회에서 실제로 무슨 일이 일어났는지를 분석할 체계를 고안해냈다고 돈 후앙에게 말했다. 나는 연구 노트를 펼쳐서 소리 내어 읽었다. 내가 그 분석 얼개를 설명하기 위해 애쓰는 동안 그는 참을성 있게 귀를 기울이고 있었다.

나는 참가자들이 적절한 합의에 도달하기 위한 단서를 제공해줄 암묵적인 지도자를 필요로 한다고 주장했다. 그들은 메스칼리토(15쪽

참고)를 만나서 올바로 사는 법을 배우기 위해 미토테에 참가하지만, 서로 말이나 몸짓을 전혀 교환하지 않으면서도 메스칼리토의 존재나 그가 준 특정 가르침에 동의한다는 사실을 나는 지적했다. 적어도 내가 참석한 미토테에서는 그러는 것으로 알려져 있었다. 그들은 메스칼리토가 각자의 앞에 나타나서 어떤 가르침을 줬다는 사실에 동의했던 것이다. 내가 직접 경험한 바에 의하면 개개인에 대한 메스칼리토의 방문 형태와 그 뒤로 이어지는 가르침은 그 내용은 저마다 다를지언정 놀라울 정도의 동질성을 보여주고 있었다. 이런 동질성을 설명하려면 복잡 미묘한 단서 부여 체계의 존재를 상정하는 수밖에 없었던 것이다.

내가 고안한 분석 얼개를 돈 후앙에게 읽어주고 설명하는 데는 두 시간 가까이 걸렸다. 합의에 도달하는 정확한 절차가 무엇인지를 돈 후앙 자신의 입으로 설명해달라고 간청하면서 나는 긴 이야기를 끝맺었다.

내 설명이 끝나자 돈 후앙은 미간을 찌푸렸다. 혹시 내 설명이 너무 복잡했던 것일까, 돈 후앙은 깊은 생각에 잠긴 기색으로 침묵했다. 충분히 시간을 줬다는 판단이 서자 나는 내 분석에 대해 어떻게 생각하느냐고 물었다.

이렇게 질문하자마자 그의 찌푸린 표정은 웃는 낯으로 변했고, 미소는 곧 폭소로 이어졌다. 나는 따라 웃으려고 애쓰면서 불편한 기색으로, 뭐가 그렇게 웃기느냐고 물어봤다.

"자네 완전히 돌았군!" 그는 큰 소리로 말했다. "미토테처럼 중요한 행사에 참가하면서 누가 단서 따위에 신경을 쓴단 말인가? 농담 삼아 메스칼리토를 만나려는 사람이 있다고 정말로 생각하나?"

한순간 그가 대답을 회피하고 있다는 생각이 들었다. 이것은 내 질문에 대한 대답이 아니었기 때문이다.

"왜 단서 따위를 줘야 한단 말이지?" 돈 후앙은 완고한 어조로 되물었다. "자네도 몇 번이나 미토테에 참가해봤잖아. 뭘 느껴야 하는지, 또 뭘 해야 하는지 자네에게 얘기해주는 것은 오직 메스칼리토밖에는 없다는 걸 자네도 잘 알지 않나."

나는 그런 식의 설명은 있을 수 없다고 고집을 부리면서 그들이 어떻게 합의에 도달했는지 가르쳐달라고 재차 물었다.

"난 자네가 왜 왔는지 아네." 돈 후앙은 의미심장한 어조로 말했다. "하지만 단서 부여 체계 따위는 존재하지 않기 때문에 자네에게 도움을 줄 수가 없군."

"하지만 그 많은 사람들이 자신이 메스칼리토와 만났다는 사실에 관해 달리 어떻게 동의할 수 있단 말입니까?"

"그치들이 동의하는 건 〈봤기〉 때문이야." 돈 후앙은 연극적인 어조로 이렇게 대꾸하고 나서 짐짓 무심한 표정으로 이렇게 덧붙였다. "정 궁금하면 다시 미토테에 가서 직접 확인해보면 어때?"

나는 이것이 함정이라고 느꼈다. 나는 아무 말도 하지 않고 연구 노트를 챙겨 넣었다. 돈 후앙도 다시 권하지는 않았다.

잠시 후 그는 내 차로 친구 집까지 데려다달라고 부탁했다. 우리는 그날 대부분의 시간을 그곳에서 보냈다. 함께 대화를 나누던 중에 돈 후앙의 친구이자 집주인인 존이 페요테에 대한 내 공부는 어떻게 되었는지를 물었다. 존은 거의 8년 전에 내가 처음으로 페요테를 경험했을 때 페요테 단추*를 제공해준 장본인이었다. 나는 뭐라고 대답해야 할지 알 수 없었다. 그러자 돈 후앙이 대신 나서더니 나는 잘하고 있다고 대답해주었다.

돈 후앙의 집으로 돌아가는 길에, 존의 질문에 관해 한마디 하지 않을 수가 없다는 생각이 들었다. 나는 이런저런 얘기를 하다가 페요테는 내가 가지고 있지 않은 종류의 용기를 요구하기 때문에 더 이상 배우고 싶지도 않고, 내가 그만두겠다고 했던 것은 본심이라고 털어놓았다. 돈 후앙은 미소만 지으며 아무 말도 하지 않았다. 나는 집에 닿을 때까지 얘기를 계속했다.

우리는 현관 앞의 깨끗한 흙바닥에 앉았다. 맑고 더운 날이었지만 늦은 오후에는 산들바람이 불어와서 쾌적했다.

"자넨 왜 그런 일에 그토록 연연하나?" 느닷없이 돈 후앙이 물었다. "더 이상 배우고 싶지 않다고 말하는 게 벌써 몇 년째지?"

"3년 됐습니다."

"왜 그토록 끈질기게 주장하는 건가?"

"제가 당신을 배신했다고 생각하기 때문입니다, 돈 후앙. 그래서 자꾸 그런 언급을 하는 거겠죠."

"자넨 날 배신하거나 하지 않았어."

---

* Peyote buttons, 제례용으로 페요테 윗부분을 둥글게 잘라내서 말린 것.

"저는 당신을 실망시켰습니다. 도망쳤죠. 패배했다고 생각합니다."

"노력은 했잖나. 게다가 자넨 아직 패배하지 않았어. 내가 자네에게 가르쳐야 하는 건 지독하게 힘든 일이라네. 알고 보면 자네보다 내가 한층 더 힘들었을지도 몰라."

"하지만 돈 후앙, 당신은 포기하지 않고 계속 가르쳐주시지 않았습니까. 제 경우는 다릅니다. 앞장서서 포기했으니까요. 이렇게 다시 찾아온 것도 가르침을 받기 위해서가 아니라 단지 제 연구의 어떤 문제점에 관해 설명을 얻기 위해서입니다."

돈 후앙은 나를 흘끗 쳐다보더니, 고개를 돌렸다.

"다시 스모크의 안내를 받는 편이 나아."

그는 강한 어조로 말했다.

"아닙니다, 돈 후앙. 저는 더 이상 당신의 스모크를 쓸 수 없습니다. 스모크 때문에 아예 진이 빠진 것 같아서요."

"아직 시작도 안 했어."

"그러기엔 제 두려움이 너무 큽니다."

"그래, 두렵다는 거로군. 두려움은 전혀 신기한 일이 아니야. 두려움에 관해서는 생각하지 말게. 그 대신 〈보는〉 행위의 경이로움에 관해 생각해보라고!"

"저도 그런 경이로움에 관해 생각해보고 싶지만, 그럴 수가 없습니다. 당신의 그 스모크 생각을 하기만 하면 어떤 어둠 같은 것이 몰려와서 저를 덮치는 걸 느낍니다. 마치 이 지구상에는 더 이상 다른 사람이 존재하지 않고, 의지할 사람이 사라져버린 듯한 느낌에 사로잡히는 겁니다. 돈 후앙, 스모크는 저를 완전한 고독에 빠뜨립니다."

"그건 사실이 아냐. 이를테면 나를 보게. 스모크는 내 맹우盟友이고, 난 그런 고독감을 느끼지 않잖나."

"하지만 당신은 다릅니다. 두려움을 극복했으니까요."

돈 후앙은 상냥하게 내 어깨를 두드렸다.

"자넨 두려운 게 아냐."

그는 나직하게 말했다. 그의 목소리에는 묘하게 나를 탓하는 듯한 느낌이 깃들어 있었다.

"그럼 돈 후앙, 제가 두렵다고 하는 게 거짓말이란 말입니까?"

"거짓말 따위를 말하는 게 아닐세." 그는 단호한 어조로 말했다. "난 뭔가 다른 것에 관해 얘기하고 있어. 자네가 배우고 싶어하지 않는 것은 두려워서가 아냐. 뭔가 다른 이유가 있어."

나는 격한 어조로, 도대체 그 이유가 뭔지 가르쳐달라고 대꾸했다. 그러나 내가 아무리 간원해도 돈 후앙은 대답하지 않고 고개만 가로저을 뿐이었다. 마치 내가 그것을 모른다는 사실이 믿기지 않는다는 것처럼 말이다.

나는 나를 배움으로부터 멀어지게 만든 것은 타성惰性일지도 모르겠다고 말했다. 그러자 그는 '타성'이라는 단어의 뜻이 무엇인지를 물었다. 나는 사전을 꺼내서 해당 항목을 읽었다. "정지한 물체가 정지한 채로 있으려는 경향. 또는 움직이고 있는 물체가 외부 힘의 영향을 받지 않는 한 계속 같은 방향으로 움직이려고 하는 경향."

"'외부 힘의 영향을 받지 않는 한'이라." 그는 내가 한 말을 되풀이했다. "자네가 찾아낸 것 중에서는 가장 적절한 단어로군. 정신 나간 괴짜가 아닌 이상 자발적으로 식자가 되려는 사람은 없다네. 정신이 제대로 박힌 인간을 끌어들이려면 속임수를 쓰는 수밖에 없지."

"기꺼이 그런 과업에 착수할 사람은 얼마든지 있다고 생각됩니다만."

"그래. 하지만 그런 작자들은 포함되지 않아. 보통은 어딘가 이상한 경우가 대부분이거든. 겉으로는 멀쩡해 보여도 물을 가득 채우자마자 압력을 이기지 못하고 새기 시작하는 조롱박이나 마찬가질세.

나도 예전에 속임수를 써서 자네를 배움으로 이끈 적이 있었지. 내 은사恩師가 나한테 그랬던 것과 똑같은 방식으로 말이야. 안 그랬더라면 자넨 그만큼 많이 배우지 못했을 걸세. 아무래도 또 자네를 속여야 할 시기가 온 모양이로군."

여기서 그가 언급한 속임수란 내 도제수업의 가장 결정적인 순간 중 하나에 관한 것이었다. 몇 년이나 지난 일이지만 내 뇌리에는 방금 일어난 일처럼 선명하게 각인되어 있었다. 당시 돈 후앙은 교묘하기 그지없는 조작을 통해 주술사로 알려진 어떤 여자와의 직접적이고 소름 끼치는 대결로 나를 몰아갔던 것이다. 이 충돌은 그녀로 하여금 나에게 깊은 적대감을 품게 하는 결과를 가져왔다. 돈 후앙은 그 여자에 대한 나의 두려움을 이용해서 내게 도제수업을 계속해야 할 동기를 부여했다. 그녀의 공격으로부터 내 몸을 지키고 싶으면 주술을 더 배우는 수밖에 없다는 식으로 말이다. 그가 쓴 이런 '속임

수'의 결과는 너무나도 설득력이 강해서, 나 스스로도 살아남고 싶으면 주술을 최대한 습득하는 수밖에 없다고 확신했을 정도였다.

"또 그 여자를 가지고 저한테 겁을 줄 작정이라면 다시는 돌아오지 않겠습니다."

돈 후앙의 웃음소리가 지극히 유쾌했다.

"걱정 말게." 그는 안심하라는 듯이 말했다. "두려움을 이용한 속임수는 더 이상 자네한테는 먹히지 않을 테니까 말이야. 자넨 더 이상 두려움을 느끼지 않아. 하지만 자네가 어디에 있든 간에 속임수를 쓰는 건 가능해. 자네가 굳이 여기 와 있지 않아도 말이야."

그는 팔베개를 하고 잠들었다. 나는 두 시간쯤 뒤에 그가 깨어날 때까지 노트에 기록을 하고 있었다. 그 무렵 주위는 거의 어두워져 있었다. 돈 후앙은 내가 여전히 글을 끼적이고 있는 것을 보고 상체를 일으켜 앉더니 미소 지으며 글로 내 문제를 털어버렸는지를 물었다.

1968년 5월 23일

우리는 와하카Oaxaca(멕시코 남부의 주도州都) 얘기를 하고 있었다. 나는 돈 후앙에게 장이 열리는 날에 시내에 간 적이 한 번 있다고 말했다. 그날에는 근방에 사는 많은 인디언들이 음식과 온갖 싸구려 장신구 따위를 팔려고 모여든다. 나는 약초를 팔던 사내에게 특히 흥미를 느꼈다고 말했다. 그 사내는 잘게 찢어 바싹 말린 약초가 든 조그만 항아리들을 담은 목판을 지니고 다니면서, 항아리 하나를 들고 길 한복판에 서서 묘한 억양으로 악을 쓰듯이 약 선전을 하고 있었다. 이런 내용이었다.

> "여기 이 약으로 말할 것 같으면,
> 벼룩, 파리, 모기, 머릿니에 직방입니다.
> 돼지, 말, 염소, 소에 먹일 약도 있고,
> 사람이 먹는 만병통치약도 있습니다.
> 볼거리, 홍역, 신경통, 통풍에도 좋고,
> 심장, 간, 위장, 허리에도 좋습니다.
> 신사 숙녀 여러분, 여기 이 약은
> 벼룩, 파리, 모기, 머릿니에 직방입니다."

나는 약장수가 하는 소리에 한참 동안 귀를 기울였다. 온갖 병명을 죽 열거하면서 특효약이 있다고 선전하는 식이었는데, 네 가지 병명을 늘어놓은 다음에는 반드시 한 박자를 쉬어서 장단을 맞추곤 했다.

그러자 돈 후앙은 젊은 시절에는 그도 와하카의 장터에서 약초를 팔았고, 그때 외쳤던 약 선전 구호도 여전히 기억하고 있다고 했다. 그는 큰 소리로 그것을 되풀이해 보였다. 돈 후앙은 친구인 비센테와 함께 달인 약초를 팔고 다녔다고 한다.

"정말 잘 듣는 약이었어. 비센테 그 친구는 약초 달이는 데는 일가견이 있었거든."

나는 멕시코 여행을 하던 중에 바로 그 비센테를 만난 적이 있다고 돈 후앙에게 말했다. 돈 후앙은 놀란 기색으로 더 자세히 알고 싶어했다.

당시 나는 차를 몰고 두랑고(멕시코 북부의 주도)를 지나던 중이었는데, 문득 돈 후앙이 이 지방에 사는 자기 친구를 만나보라고 한 적이 있다는 사실을 떠올렸다. 그래서 나는 그를 찾아가서 잠시 얘기를 나눴다. 떠날 때 그는 식물이 든 자루를 하나 주면서 그중 하나를 다시 심는 방법을 내게 가르쳐주었다.

나는 아구아스 칼리엔테스 시로 가던 중에 길가에서 차를 멈추고 주위에 사람이 없는 것을 확인했다. 적어도 10분 동안 도로와 주위 경관을 유심히 관찰했다. 근처에 인가는 없었고, 길가에서 풀을 뜯는 소도 없었다. 나는 작은 언덕 위에 차를 세웠다. 그곳에서라면 앞과 뒤의 도로를 조망할 수 있었다. 내 시야에서 움직이는 것은 아무것도 없었다. 그 장소에 익숙해지기 위해 나는 몇 분을 더 기다렸고, 돈 비센테의 지시를 머리에 떠올려 기억해냈다.

나는 자루에서 식물 한 그루를 꺼내서 도로 동쪽에 있는 선인장밭으로 걸어가서 돈 비센테가 지시한 대로 그것을 심었다. 나는 그 식물에 뿌릴 작정으로 생수 한 병을 지니고 있었다. 땅을 파는 데 쓴 작은 쇠지렛대로 병뚜껑을 쳐서 병을 따려고 했지만 그러는 대신 생수가 든 유리병을 깨버렸고, 유리 파편이 윗입술을 스쳐 피가 났다.

나는 다른 병을 가지러 차로 돌아갔다. 짐칸에서 그것을 꺼내려고 했을 때 폴크스바겐 스테이션왜건을 탄 사내가 길가에서 멈추더니 도움이 필요하냐고 물었다. 내가 아무 문제도 없다고 대답하자 그는 차를 몰고 떠났다. 나는 식물을 심은 곳으로 돌아가서 물을 준 다음 차를 세운 곳으로 돌아가기 시작했다. 30미터쯤 갔을 때 사람들의 목소리가 들렸다. 서둘러 고속도로 변의 사면을 내려가자 내 차 근처에 세 명의 멕시코인이 있는 것이 보였다. 남자 둘에 여자 하나였다. 남자 하나는 앞범퍼에 앉아 있었다. 나이는 30대 후반쯤 되어 보였고, 중키에 머리는 곱슬곱슬한 흑발이었다. 등에는 봇짐을 지고, 후줄근한 바지에 해어진 분홍색 셔츠를 입고 있었다. 끈이 풀린 구두는 너무 커 보였고, 헐겁고 불편한 인상을 주었다. 사내는 땀을 뻘뻘 흘리고 있었다.

다른 사내는 차에서 6미터쯤 떨어진 곳에 서 있었다. 자그마한 체구에 범퍼에 앉은 사내보다 키가 작았고, 곧은 머리카락은 뒤로 넘겨 빗었다. 작은 봇짐을 지고 있었고, 40대 후반쯤 되어 보였다. 젊은 동료에 비하면 옷은 깔끔한 편이었다. 감색 윗도리에 하늘색 바지, 검은 구두가 눈에 띄었다. 땀은 전혀 흘리지 않았고, 어딘가 무관심하고 초연해 보였다.

여자는 40대 후반쯤 되어 보였다. 뚱뚱하고 얼굴색이 매우 검었다. 검은 카프리 바지에 흰 스웨터 차림이었고, 발에는 검고 뾰족한 구두를 신고 있었다. 봇짐은 지고 있지 않았지만 손에 휴대용 트랜지스터 라디오를 들고 있었다. 그녀는 매우 피곤한 기색이었고, 얼굴에는 송골송골 땀이 맺혀 있었다.

내가 다가가자 젊은 사내와 여자가 다가오더니 차에 태워달라고 했다. 나는 사람 태울 자리가 없다면서 짐을 가득 실은 탓에 발 디딜 틈도 없는 뒷좌석을 보여주었다. 그러자 사내는 내가 차를 천천히 운전해준다면 자기들은 뒷범퍼에 앉거나, 앞범퍼에 누워서 갈 수도 있지 않겠느냐고 말했다. 나는 말도 안 되는 소리라고 생각했지만, 그들의 부탁이 워낙 간곡했던 탓에 오히려 슬프고 불편한 기분이 되었다. 나는 버스 삯으로 쓰라면서 약간의 돈을 건넸다.

젊은 사내는 지폐를 받으며 고맙다고 했지만, 나이 든 쪽 사내는 경멸하듯이 내게 등을 돌리며 말했다.

"난 차에 타고 싶어. 돈 따위엔 관심이 없어." 그 사내는 말했다.

그러더니 몸을 돌려 다시 나를 마주 보았다. "음식이나 물을 줄 수는 없나?" 그는 물었다.

나는 그들에게 줄 만한 것을 전혀 가지고 있지 않았다. 그들은 잠시 우뚝 선 채로 나를 바라보더니 다른 곳으로 걸어가기 시작했다.

나는 차를 타고 시동을 걸었다. 찌는 듯이 더웠고, 엔진이 과열된 탓인지 시동이 잘 걸리지 않았다. 젊은 쪽 사내는 시동 모터가 공전하는 소리를 듣고 걸음을 멈췄고, 밀어줄 생각인지 차 뒤로 와서 섰다. 그러자 엄청난 불안감이 몰려왔다. 나는 격하게 헐떡이기 시작했다. 그제야 시동이 걸렸고, 나는 부리나케 차를 몰고 그 자리를 떠났다.

내 이야기가 끝나자 돈 후앙은 오랫동안 깊은 생각에 잠겨 있었다.

"왜 진작 얘기해주지 않았나?" 그는 나를 쳐다보지도 않고 말했다.

뭐라고 대답해야 할지 알 수 없었다. 나는 어깨를 으쓱하며 별로 중요한 일이라는 생각이 안 들었기 때문이라고 대답했다.

"지독하게 중요한 일이야!" 돈 후앙은 말했다. "비센테는 일류 주술사야. 그 친구가 자네한테 뭔가를 심으라고 준 건 그럴 만한 이유가 있었기 때문이라고. 게다가 그걸 심자마자 자넨 어디서 튀어나왔는지도 모를 세 사람과 조우했어. 거기에도 다 이유가 있다네. 그런 걸 무시하고 중요하지 않다고 믿어버리는 사람은 오로지 자네 같은 멍청이밖엔 없어."

돈 후앙은 내가 비센테를 만났을 때 정확히 어떤 일이 일어났는지를 알고 싶어했다.

나는 차를 몰고 시내를 지나가다가 장터를 지나게 됐다고 대답했다. 그때 문득 돈 비센테를 만나보면 어떨까 하는 생각이 들었던 것이다. 나는 장터로 걸어 들어가서 약초를 파는 구역으로 갔다. 좌판 세 개가 줄지어 놓여 있었지만 약초를 파는 사람은 다 뚱뚱한 여자들이었다. 나는 줄 끝까지 갔다가 모퉁이에 좌판이 또 하나 있는 것을 발견했다. 거기서 나는 마르고 자그마한 체구의 백발노인을 보았다. 그때 그는 어떤 여자에게 새장을 파는 중이었다.

그가 혼자가 될 때까지 기다렸다가 가서 비센테 메드라노를 아느냐고 물었다. 그는 말없이 나를 바라보았다.

잠시 후 노인은 "비센테 메드라노한테 무슨 볼일이 있나?"라고 물었다.

나는 친구를 대신해서 만나러 왔다고 말하며 돈 후앙의 이름을 댔다. 그러자 노인은 나를 흘끗 보더니 자신이 비센테 메드라노이며 만나서 반갑다고 했다. 그는 내게 앉으라고 권했다. 기쁘고 아주 편안한 기색이었고, 정말로 친절했다. 나는 나와 돈 후앙 사이의 친밀한 관계에 관해 얘기했다. 나는 돈 비센테와 나 사이에 즉각 유대감이 생겨났다는 인상을 받았다. 비센테는 20대 때부터 돈 후앙을 알고 지냈다고 했다. 돈 후앙에 관해서는 칭찬 일색이었다.

대화가 끝나갈 무렵 그는 활기찬 어조로 말했다. "후앙은 진정한 식자라네. 나 자신은 식물의 여러 힘을 잠깐 접해봤을 뿐이야. 난 식물의 치유적 특성에 관심이 있어서, 식물학 책을 사 모으기도 했었지. 최근에 다 팔아 치워버렸지만 말일세."

그러더니 그는 잠시 침묵하며 턱을 두어 번 문질렀다. 뭔가 적절한 단어를 찾고 있는 듯한 기색이었다.

"내 경우는 단지 잡다한 지식에만 통한 식자라고 해야 옳아. 난 내 인디언 형제인 후앙과는 다르다네."

돈 비센테는 또다시 침묵했다. 퀭한 눈빛으로 내 왼쪽 바닥을 응시하고 있었다.

그런 다음 나를 돌아보더니 거의 속삭이는 듯한 목소리로 말했다. "아, 내 인디언 형제는 정말이지 높디높게 날아올랐어!"

돈 비센테는 일어섰다. 우리들 사이의 대화는 끝난 듯했다.

만약 누군가 다른 사람이 인디언 형제 운운했다면 나는 그걸 천박하고 진부한 표현으로 느꼈을 것이다. 그러나 돈 비센테의 말투는 너무나도 진지했고, 눈빛도 정말 맑았기 때문에 나는 그의 인디언 형제가 높게 날아오르는 이미지를 머리에 떠올리며 고양감을 느꼈고, 그의 말이 진심에서 우러나온 것임을 확신했다.

"잡다한 지식이라니, 맙소사!" 돈 후앙은 내 얘기가 모두 끝나자 외쳤다. "비센테는 브루호(14쪽 참고)야. 자넨 왜 그 친구를 만나러 갔었나?"

나는 돈 후앙 자신이 나더러 돈 비센테를 만나러 가보라고 했었다는 사실을 상기시켰다.

"터무니없는 소리!" 돈 후앙이 극적인 어조로 외쳤다. "언젠가 자네가 〈보는〉 법을 익힌다면 내 친구인 비센테를 찾아가보라고 했지, 누가 그냥 찾아가보라고 했나. 자네가 내 말에 제대로 귀를 기울이지 않았다는 게 확실하군."

나는, 돈 비센테를 만났다고 해서 무슨 해가 된 것도 아니고 또 만나본 결과 그의 태도와 친절함에 감명을 받았으니 상관없지 않으냐고 반론했다.

돈 후앙은 고개를 설레설레 흔들며 반쯤 놀리는 듯한 말투로, 그가 나의 "이해 못할 행운"이라고 이름 붙인 것에 대해 그가 느낀 당혹감을 토로했다. 그는 나의 돈 비센테 방문을 조그만 막대기 하나만 달랑 들고 사자 굴로 들어가는 행위에 비유했다. 돈 후앙은 동요한 기색이었지만, 나는 그가 무엇을 우려하고 있는지를 도통 알 수가 없었다. 돈 비센테는 정말로 아름다운 인물이었다. 섬약하기 그지없지만, 묘하게 영적인 그의 두 눈은 마치 이 세상 사람 같지 않은 듯한 느낌을 주었던 것이다. 나는 돈 후앙에게 그토록 아름다운 인물이 어떻게 위험할 수 있느냐고 반문했다.

"자넨 구제불능의 멍청이야." 그는 굳은 표정으로 말했다. "비센테 본인은 자네한테 해를 끼치지 않아. 하지만 지식은 곧 힘이고, 일단 식자의 길에 들어선 사람은 그와 접촉하는 사람들에게 일어날지도 모르는 일에 대해서 더 이상 책임을 지지 않아. 자넨 자기 몸을 지킬 수 있는 능력을 갖춘 뒤에 비센테를 만나러 갔어야 했어. 비센테 본인이 아니라, 그 친구가 손에 넣은 힘으로부터 자네 몸을 지킨다는 뜻이야. 그 힘은 비센테의 것도, 그 누구의 것도 아니지만 말이야. 자네가 내 친구라는 얘기를 듣고, 비센테는 자네가 자기 몸을 지킬 줄 안다고 지레짐작하고 자네한테 선물을 준 거야. 자네가 무척이나 마음에 들었던 게 틀림없군. 그래서 엄청나게 큰 선물을 줬는데, 자넨 그걸 내팽개친 거야. 이렇게 아까울 수가!"

1968년 5월 24일

나는 돈 비센테의 선물이 무엇이었는지 가르쳐달라고 하루종일 끈덕지게 졸랐다. 나와 돈 후앙의 사고방식이 다르다는 사실을 감안해서 부디 설명을 부탁한다는 취지의 얘기를 이러쿵저러쿵 늘어놓았던 것이다. 돈 후앙에게는 자명한 일일지라도 나는 전혀 이해할 수 없는 경우가 있다는 식으로 말이다.

마침내 돈 후앙은 "식물을 몇 그루 주던가?"라고 내게 물었다.

나는 네 그루라고 대답했지만, 실은 정확하게 기억나지 않았다. 그러자 돈 후앙은 내가 돈 비센테와 작별하고 나서 길가에 차를 세웠을 때까지 정확히 무슨 일이 일어났는지를 알고 싶어했다. 그러나 그 역시 기억이 나지 않았다.

"식물의 수가 중요해. 사건이 어떤 순서로 일어났는지도 중요하고. 자넨 무슨 일이 일어났는지도 제대로 기억을 못하는데 내가 어떻게 그 친구의 선물이 뭔지를 알려줄 수 있겠나?"

나는 당시 있었던 일들을 일어난 순서대로 떠올려보려고 무진 애를 썼지만 소용이 없었다.

"일어났던 일들을 모두 기억해낼 수 있다면 적어도 자네가 어떻게 그 선물을 내팽개쳤는지는 가르쳐줄 수 있을 텐데."

돈 후앙은 크게 동요한 기색이었다. 그는 기억해보라고 조급하게 나를 다그쳤지만 내 기억은 거의 공백에 가까웠다.

"돈 후앙, 제가 뭘 잘못했다고 생각하십니까?" 나는 단지 얘기를 계속하기 위해서 이렇게 물었다.

"모든 걸 잘못했어."

"하지만 저는 돈 비센테의 지시를 빠짐없이 실행에 옮겼다고요."

"그래서 뭐? 그 친구 지시를 따라봤자 무의미하다는 걸 이해 못하겠나?"

"그건 왜요?"

"왜냐하면 그의 지시는 〈볼〉 수 있는 사람을 위해 고안된 거지, 순전히 운이 좋아서 죽지 않고 살아남은 멍청이를 위한 게 아니기 때문일세. 자넨 아무 준비도 없이 비센테를 만나러 갔어. 비센테는 자네를 마음에 들어했고, 선물을 줬지. 그리고 자넨 바로 그 선물 탓에 얼마든지 목숨을 잃을 수도 있었어."

"하지만 왜 돈 비센테는 저한테 그토록 위험천만한 걸 줬던 겁니까? 주술사라면 제가 아무것도 모른다는 걸 간파했어야 하는 게 아닙니까."

"아냐. 간파하지 못했을 거야. 자넨 마치 '아는' 것처럼 보이지만, 실제로는 거의 아는 게 없거든."

나는 나의 정체를 오도한 적은 절대로 없다고 말했다. 적어도 고의적으로는 말이다.

"그런 뜻으로 말한 게 아냐. 잘난 체하면서 허풍을 떨었다면 비센테는 자네를 〈보고〉 알아차렸을 거야. 자네의 경우는 허풍 떠는 것보다 더 질이 안 좋아. 내가 자네를 〈보면〉, 마치 뭐든지 아는 것처럼 보인다네. 하지만 난 그게 사실이 아니라는 걸 알아."

"제가 뭘 알고 있는 것처럼 보인다고요?"

"'힘'의 비밀, 브루호의 지식이지 뭐겠나. 그래서 비센테는 자네를 〈보고〉 선물을 줬는데, 자넨 마치 새로운 먹이를 얻은 배부른 개처럼 행동했어. 개는 먹이를 더 이상 먹고 싶지 않으면 다른 개들이 건드리지 못하도록 그 먹이에 오줌을 깔겨놓지. 자네가 그 선물에 대해 했던 것처럼 말이야. 그러니 이젠 실제로 무슨 일이 일어났는지를 알아낼 방법은 없네. 자넨 엄청난 걸 잃었어. 세상에, 그런 낭비를 하다니!"

돈 후앙은 잠시 침묵했다. 이윽고 그는 어깨를 으쓱하더니 미소 지었다.

"푸념해봤자 소용이 없겠지. 하지만 푸념을 안 하려야 안 할 수가 없군. 힘의 선물을 받는 건 일생에 한 번 있을까 말까 한 일이라네.

유일무이하고 귀중한 거야. 이를테면 내게 그런 선물을 해준 사람은 아무도 없네. 내가 아는 한 그런 선물을 한 번이라도 받아본 사람은 극소수에 불과해. 그토록 희귀한 걸 내버렸다니 수치스럽다고밖에는 할 수가 없군."

"무슨 뜻인지 알겠습니다, 돈 후앙. 그 선물을 다시 건질 방법은 없겠습니까?"

돈 후앙은 웃음을 터뜨렸다. 그는 "선물을 건져?"라고 몇 번이나 되풀이해서 말했다.

"거참 근사한 표현이로군. 정말 내 마음에 들어. 하지만 자네 손으로 내버린 선물을 다시 건져낼 방법 따위는 없다네."

1968년 5월 25일

오늘 돈 후앙은 거의 모든 시간을 할애해서 작은 짐승 잡는 덫을 놓는 방법을 내게 가르쳐주었다. 우리는 나뭇가지를 잘라서 다듬는 일에 오전 시간을 거의 다 썼다. 그에게 하고 싶은 질문이 많았다. 일하면서 말을 걸어보았지만, 그는 우리 두 사람 중에 손과 입을 동시에 놀릴 수 있는 사람은 나밖에 없다는 농담으로 내 질문을 받아넘겼다. 잠시 쉬려고 앉았을 때 나는 참지 못하고 질문을 했다.

"돈 후앙, 〈본다〉는 건 어떤 느낌입니까?"

"그걸 알기 위해서는 〈보는〉 법을 배우는 수밖에 없어. 말로는 안 돼."

"제가 알면 안 되는 비밀 같은 건가요?"

"아니. 단지 말로 설명할 수 없다는 뜻이야."

"그건 왜?"

"말해봤자 자넨 이해 못할 테니까."

"그래도 한 번 설명해봐 주십시오. 제가 이해할 수 있을지도 모르잖습니까."

"아냐. 자네 힘으로 알아내야 해. 그걸 배우고 나면 자넨 세상의 모든 것을 다른 방식으로 〈보게〉 될 걸세."

"그렇다면 돈 후앙, 당신은 더 이상 보통 방식으로 세계를 보지 않는다는 뜻입니까?"

"양쪽 방식으로 보네. 세계를 바라보고 싶을 땐 자네가 그러는 것처럼 바라보지. 그리고 〈보고〉 싶을 때는 내가 아는 방식으로 그걸 바라보고, 다른 방식으로 지각하는 거야."

"그렇게 〈볼〉 때마다 사물은 언제나 같은 모습을 하고 있습니까?"

"사물은 바뀌지 않아. 단지 그것들을 바라보는 방식이 바뀔 뿐이야."

"아니, 그런 뜻으로 말한 게 아닙니다. 만약 나무 한 그루가 있다고 칩시다. 당신이 그걸 〈볼〉 때마다 그 나무는 같은 모습을 유지하고 있습니까?"

"아니. 나무는 변해. 하지만 여전히 예전과 같아."

"하지만 같은 나무를 〈볼〉 때마다 다르게 보인다면, 그건 단지 환각일 수도 있지 않습니까."

돈 후앙은 웃음을 터뜨렸지만 한동안 아무 말도 하지 않았다. 뭔가 생각하고 있는 기색이었다. 이윽고 그는 입을 열었다. "자네가 사물을 바라볼 때는 〈보는〉 게 아냐. 자넨 단지 그걸 바라보고, 아마 그게 정말로 거기 있는지 확인하려고 하겠지. 하지만 자넨 〈보기〉와는 인연이 없으니까 사물을 바라볼 때마다 똑같다고 느끼는 걸세. 반면에 자네가 〈보는〉 법을 터득한다면, 어떤 사물이든 간에 〈볼〉 때마다 똑같지 않으면서도 여전히 예전과 같다고 느낄 거야. 이를테면 내가 인간은 달걀 같다고 말했던 거 기억나나? 난 같은 사람을 〈볼〉 때마다 달걀을 보네. 하지만 그건 예전과 같은 달걀은 아냐."

"하지만 그럴 경우엔 그 무엇도 분간할 수 없게 되지 않습니까. 똑같은 건 하나도 없으니까요. 〈보는〉 법을 터득하면 어떤 이점이 있습니까?"

"분간할 수 있네. 어떤 사물이든 있는 그대로를 〈볼〉 수 있거든."

"제가 지금은 사물을 있는 그대로 보고 있지 않다는 뜻입니까?"

"그래. 자네의 두 눈은 바라보는 법밖에는 배우지 못했네. 자네가 마주쳤던 세 인물을 예로 들어보지. 세 명의 멕시코인들 말이야. 자넨 그치들의 겉모습을 상세히 묘사했고, 어떤 옷을 입고 있었는지까지 내게 얘기해줬어. 하지만 내 입장에서 그건 자네가 그들을 전혀 〈본〉게 아니라는 사실을 증명해줬을 뿐이야. 자네에게 〈보는〉 능력이 있었다면 그 자리에서 그치들은 사람이 아니라는 걸 깨달았을 텐데 말이야."

"사람이 아니었다고요? 그럼 뭐란 말입니까?"

"사람이 아니었어. 단지 그뿐일세."

"하지만 그건 불가능합니다. 저나 당신하고 똑같은 인간이었는데요."

"아냐, 똑같지 않았어. 난 그걸 확신하고 있다네."

나는 그들이 혹시 유령이나 정령, 또는 죽은 사람들의 영혼이었느냐고 물었다. 그러자 유령이나 정령이나 영혼이 뭔지를 자기는 모른다는 대답이 돌아왔다.

나는 『웹스터 뉴월드 사전』을 집어들고 유령의 정의를 스페인어로 번역해서 그에게 들려주었다. '망자의 육체에서 떠나온 가상의 영혼이며, 생존 시의 모습을 유지한 채로 창백하고 흐릿한 망령의 형태로 생자들에게 나타나는 존재.' 정령의 정의는 다음과 같았다. '유령처럼 존재하거나 어떤 지역에 머물며, 선량하거나 아니면 사악한 성질을 뚜렷이 지닌 초자연적 존재.'

돈 후앙은 내 설명을 듣더니, 그들은 정령이라 부를 수도 있겠지만 내가 방금 읽어준 정의가 사실과 정확히 맞아떨어지지는 않는다고 대답했다.

"그럼 일종의 수호자라고 할 수 있을까요?"

"아니. 그치들은 뭔가를 수호하거나 하진 않아."

"그렇다면 감독자입니까? 우리를 감시하는?"

"선하지도 사악하지도 않은 힘일세. 브루호가 통달하는 여러 힘말이야."

"그렇다면 돈 후앙, 그들은 맹우(15쪽 참고)입니까?"

"그래. 식자의 맹우들이지."

8년 동안 돈 후앙을 알고 지내오면서, 그가 '맹우'를 거의 정의해주기 직전까지 갔던 것은 이번이 처음이었다. 맹우가 무엇인지 설명해달라고 족히 몇십 번은 조른 듯하지만 그는 내가 맹우가 무엇인지를 잘 알고 있고, 이미 아는 일을 입 밖에 내서 설명해달라는 것은 바보짓이라며 내 질문을 무시하기 일쑤였던 것이다. 맹우의 성질에 관해 돈 후앙이 직접 설명해준 것은 워낙 희귀한 사건이었기 때문에 나는 꼬치꼬치 캐묻지 않을 수가 없었다.

"맹우는 식물 안에 들어 있다고 하셨죠. 악마초하고 버섯 속에."

"그렇게 말한 적은 단 한 번도 없네." 돈 후앙은 확신에 찬 어조로 대꾸했다. "자넨 언제나 지레짐작으로 결론부터 내리는군."

"하지만 제 노트에는 그렇게 쓰여 있습니다만."

"뭘 쓰든 그건 자네 마음이지만 내가 그런 얘기를 했다고 주장하지는 말게."

돈 후앙의 은사의 맹우는 악마초(짐슨위드)이고, 돈 후앙 자신의 맹우는 작은 스모크라고 처음에 말하지 않았느냐고 내가 반문했다. 그리고 나중에는 맹우는 해당 식물 안에 들어 있다고 설명했던 것이다.

"아니, 그건 정확하지 않아." 돈 후앙은 찌푸린 표정으로 말했다. "내 맹우는 작은 스모크가 맞지만, 그렇다고 해서 내 맹우가 파이프로 피우는 혼합물이나 버섯, 또는 내 파이프 안에 들어 있다는 뜻은 아니라네. 맹우와 접촉하려면 그것들을 모두 써야 하고, 내가 그 맹우를 나 자신만의 이유로 작은 스모크라고 부르긴 하지만 말이야."

돈 후앙은 내가 목격한 세 사람 — 그는 이들을 사람이 아닌 자들 (los qué no son gente)이라 불렀다 — 은 실은 돈 비센테의 맹우들이었다고 말했다.

나는 다시, 돈 후앙이 맹우와 메스칼리토의 차이를 설명하면서 맹우는 눈으로 볼 수 없지만 메스칼리토는 쉽게 볼 수 있다고 말했던 사실을 들춰냈다.

여기서 우리는 긴 토론에 들어갔다. 돈 후앙은 맹우가 눈에 보이지 않는다는 관념을 도입한 것은 맹우가 어떤 형상이든 취할 수 있기 때문이라고 했다. 메스칼리토도 어떤 형상이든 취할 수 있다고 말하지 않았느냐고 내가 말하자 돈 후앙은 그가 말하는 〈보기〉란 통상적으로 '사물을 바라보는' 방식과는 다르며, 내가 계속 말만 하려고 하기 때문에 혼란을 겪는 것이라면서 대화 자체를 아예 중단해버렸다.

몇 시간 뒤에 돈 후앙 쪽에서 먼저 맹우를 화제에 올렸다. 나는 그가 나의 거듭되는 질문에 짜증스러워하고 있다는 인상을 받았기 때문에 더 이상 캐묻지 않고 있었는데 말이다. 그는 토끼 덫 놓는 법을 내게 가르쳐주는 중이었다. 나는 돈 후앙이 긴 막대기의 양쪽 끄트머리를 끈으로 비끄러맬 수 있도록 그것을 최대한 구부리고 있었다. 막대기는 상당히 가늘었지만 그것을 구부리기 위해서는 여전히 상당한 힘이 필요했다. 용을 쓰는 통에 내 머리통과 팔은 부들부들 떨렸다. 돈 후앙이 마침내 끈을 비끄러맸을 무렵 나는 거의 녹초가 되어 있었다.

우리는 앉아서 얘기를 나누기 시작했다. 돈 후앙은, 내가 뭔가를 이해하려면 무조건 그 사실에 관해 이야기를 해야 한다는 점은 명백하므로, 맹우에 관해서 마음대로 질문해도 좋다고 말했다.

"맹우는 스모크 안에 있는 게 아냐. 스모크는 맹우가 있는 곳으로 자네를 데려가 주고, 자네가 일단 맹우와 하나가 되고 나면 다시는 스모크를 피우지 않아도 돼. 그 시점부터 자넨 맹우를 마음대로 불러내서 뭐든 원하는 일을 시킬 수 있으니까 말이야.

맹우는 선하지도 악하지도 않고, 주술사가 자기 목적을 달성하기 위해 쓰는 힘일세. 내가 작은 스모크를 맹우로 선호하는 건 그것이 나한테 많은 걸 요구하지 않기 때문이야. 스모크는 언제나 한결같고, 공정하다네."

"돈 후앙, 맹우는 당신에게 어떻게 보입니까? 예를 들어 제가 본 세 사람, 제 눈에는 보통 인간처럼 보였던 존재들 말입니다. 당신이 봤으면 어떻게 보였을까요?"

"보통 인간처럼 보였겠지."

"그럼 진짜 인간하고 어떻게 구분할 수 있단 말입니까?"

"진짜 인간을 〈보면〉 빛을 발하는 달걀처럼 보이네. 하지만 사람이 아닌 자들은 언제나 사람 모습을 하고 있어. 맹우를 〈볼〉 수 없다고 한 건 바로 그런 뜻에서였네. 맹우들은 제각기 원하는 형상을 취한다네. 개나 코요테처럼 보일 때도 있고, 땅 위를 굴러다니는 마른 풀 뭉치처럼 보일 때조차 있어. 그 밖의 어떤 형상으로도 말이야. 유일한 차이가 있다면 그것들을 〈볼〉 경우, 그것들이 가장한 모습 그대로 보인다는 점이야. 자네가 〈볼〉 수 있다면, 모든 사물은 독자적인 존재방식을 가지고 있다는 알 수 있을 거야. 인간이 달걀처럼 보이고, 다른 존재들은 뭔가 다른 것으로 보이는 것처럼 말이야. 하지만 맹우의 경우는 오로지 그들이 보여주는 형상으로만 볼 수 있어. 눈을 속이는 데는 그것만으로도 충분해. 인간의 눈 말일세. 하지만 개는 절대 속지 않아. 까마귀도 마찬가지고."

"왜 그들은 우리를 속이려고 하는 겁니까?"

"난 우리 모두가 어릿광대라고 생각하네. 자기 자신을 속이잖나. 맹우들은 근처에 있는 아무것이나 골라서 그 외형을 두르고, 우리는 그걸 곧이곧대로 받아들이는 식이지. 우리가 단지 사물만을 바라보도록 스스로의 눈을 훈련한 건 그치들의 잘못이 아냐."

"돈 후앙, 저는 그들의 역할이 뭔지 아직도 잘 모르겠습니다. 우리 세계에서 맹우들이 하는 일이 뭡니까?"

"그건 우리 인간이 이 세계에서 하는 일이 무엇이냐고 묻는 것과 똑같아. 나도 정말 모르네. 우린 단지 이곳에 존재할 뿐이잖나. 그리고 맹우들도 우리처럼 여기에 존재할 뿐이야. 어쩌면 우리보다 더 먼저 와 있었는지도 모르겠군."

"더 먼저 와 있었다니 그게 무슨 뜻입니까?"

"우리 인간이 언제나 이곳에 있었던 건 아니라네."

"이곳이라면 이 나라를 말하는 겁니까, 아니면 우리가 사는 이 세계를 말하는 겁니까?"

이 점에 관해 또 긴 토론이 이어졌다. 돈 후앙은 그에게는 단 하나의 세계, 그가 발을 디디고 있는 장소밖에는 없다고 말했다. 나는 우리 인간이 언제나 이 세계에서 살았던 게 아니라는 사실은 어떻게 알아냈느냐고 물어보았다.

"그건 간단해. 우리 인간은 이 세계에 관해 거의 아는 게 없거든. 코요테는 우리보다 훨씬 더 많은 걸 알고 있는데도 말이야. 코요테는 세계의 겉모습에 속는 일이 거의 없지."

"그럼 우린 어떻게 코요테들을 잡아 죽일 수 있습니까? 코요테는 겉모습에 속지 않는다면서, 어떻게 그토록 쉽게 인간에게 죽임을 당한단 말이죠?"

돈 후앙은 내가 곤혹스러워할 때까지 나를 빤히 쳐다보고 있었다.

"우린 코요테를 덫이나 독이나 총을 써서 잡을 수 있어. 우리가 어떤 방법을 택하든 코요테가 쉬운 먹잇감이 되는 건 코요테가 인간의 책략에 익숙하지 않기 때문이야. 하지만 어떤 코요테가 거기서 살아남는다면, 다시는 그 녀석을 잡을 수 없다는 건 보장해도 좋네. 훌륭한 사냥꾼은 그걸 알기 때문에 같은 장소에다 한 번 이상은 절대로 덫을 놓지 않지. 코요테가 덫에 걸려 죽으면 다른 코요테들 모두가 그 장소를 맴도는 동료의 죽음을 〈볼〉 수 있거든. 그래서 그 덫이 있던 장소를 피하고, 심지어는 그 지역 전체를 피해 다니는 거야. 하지만 인간이 같은 인간이 죽은 장소에서 맴도는 죽음을 〈보는〉 일은 결코 없네. 그 존재를 의심할 수는 있겠지만, 〈보는〉 일은 결코 없는 거야."

"코요테는 맹우를 〈볼〉 수 있습니까?"

"물론이네."

"코요테한테 맹우는 어떤 모습으로 보일까요?"

"그건 코요테나 알 수 있는 일이야. 하지만 까마귀에게는 뾰족한 모자처럼 보인다는 얘긴 해줄 수 있겠군. 아래쪽이 둥글고 넓적하고, 위로 가면서 길고 뾰족해지는 모양을 하고 있어. 반짝이는 것도 있지만 대부분은 둔한 색깔을 하고 있고, 아주 육중해 보이지. 흠뻑 젖은 옷처럼 보인달까. 아주 불길한 생김새야."

"그럼 돈 후앙, 당신이 〈볼〉 때는 어떻게 보입니까?"

"이미 얘기하지 않았나. 자기들이 보여주고 싶은 모양으로 보인다고. 맹우는 어떤 모양이나 크기로도 변신할 수 있어. 조약돌이 될 수도 있고, 산 모양을 취할 수도 있다네."

"맹우들은 말하거나 웃거나 뭔가 소리를 냅니까?"

"인간들 사이에서는 인간처럼 행동하네. 짐승들 사이에서는 짐승처럼 행동하고 말이야. 짐승들은 보통 맹우를 두려워하지만, 평소에 자주 봐서 익숙하다면 그냥 내버려두곤 하지. 우리 인간들도 그와 비슷하게 행동한다네. 우리들 사이에는 꽤 많은 맹우들이 섞여 있지만 그냥 내버려두니까 말이야. 우리 눈에는 사물밖에는 보이지 않기 때문에, 눈치를 못 차리는 거지."

"그렇다면 길에서 제가 보는 사람들 중의 일부는 실제로는 사람이 아니란 말입니까?" 나는 돈 후앙의 말이 너무나도 당혹스러웠던 나머지 이렇게 반문했다.

"그들 중 일부는 사람이 아냐." 돈 후앙은 단호하게 말했다.

정말이지 터무니없는 주장이라는 생각이 들었지만, 돈 후앙이 순전히 어떤 효과만을 노리고 내게 그런 얘기를 할 거라고는 도저히 생각하기 힘들었다. 나는 그의 얘기가 마치 다른 행성에서 온 생물들이 등장하는 SF소설처럼 들린다고 실토했다. 그러자 방금 한 얘기가 내 귀에 어떻게 들리든 그는 개의치 않지만, 길가를 돌아다니는 사람들 중 일부는 사람이 아니라는 사실에는 변함이 없다는 대답이 돌아왔다.

"왜 돌아다니는 사람들 모두가 인간이라고 생각해야 하나?" 돈 후앙은 진지하기 그지없는 어조로 반문했다.

나는 이 질문에 제대로 대답하지 못했다. 단지 당연히 그럴 것이라는 신념을 가지도록 길들여져 있기 때문이라는 사실을 제외하면 말이다.

돈 후앙은, 많은 사람들로 북적대는 장소를 구경하는 것이 아주 재미있다고 말했다. 달걀처럼 보이는 사람들의 무리를 보면, 그 사이에 사람과 똑같아 보이는 존재를 발견할 때가 있다고 했다.

"그러면서 시간을 보내는 건 정말 즐거운 일이지." 그는 웃으며 말했다. "적어도 내 경우엔 그렇다네. 난 공원이나 버스정류소에 앉아서 구경하는 걸 좋아해. 어떤 때는 단박에 맹우를 찾아내지만, 그냥 진짜 사람들만 보일 때도 있어. 한번은 버스 안에 나란히 앉아 있는 두 맹우를 목격한 적도 있지. 지금까지 살아오면서 두 맹우가 함께 다니는 걸 본 건 그때가 유일무이했어."

"두 맹우가 함께 있는 걸 보았다는 건 당신에게 뭔가 특별한 의미가 있었습니까?"

"물론일세. 맹우가 하는 일에는 무엇이든 특별한 의미가 있어. 브루호는 그들의 행동에서 주력을 끌어낼 수 있거든. 설령 브루호가 자기만의 맹우를 갖고 있지 않다고 해도, 〈보는〉 방법을 알고 있는 한 맹우들의 행위를 관찰함으로써 힘을 부릴 수 있어. 내 은사는 내게 그 방법을 가르쳐주었고, 아직 나 자신의 맹우를 가지지 못했던 옛 시절에는 군중 속에 맹우가 있는지를 늘 살펴보곤 했지. 그리고 그렇게 해서 맹우를 발견할 때마다 나는 뭔가를 깨우쳤다네. 자네는 무려 세 맹우를 한꺼번에 만났어. 자네가 얼마나 엄청난 기회를 허비했는지 알겠나?"

우리가 토끼 덫을 모두 조립할 때까지 그는 더 이상 아무 말도 하지 않았다. 덫을 다 조립한 다음에 그는 내게로 몸을 돌리며 마치 갑자기 생각났다는 듯이 말했다. 맹우의 중요한 특징이 하나 더 있는데, 만약 두 명이 함께 있다면 언제나 같은 종류이며 자신이 목격했던 두 맹우도 두 명의 남자였다고 했다. 그런데 내 경우는 두 남자와 한 여자를 한꺼번에 보았으니 한층 더 기이하다는 얘기였다.

나는 맹우에 관해 잇달아 질문을 던졌다. 맹우는 어린아이 모습을 취할 수도 있는지, 그런 모습을 한 맹우들이 함께 있을 경우 같은 성별일지, 아니면 각기 다른 성별도 가능한지, 맹우는 다른 인종으로도 변신하는지, 혹시 남자와 여자와 그 자식으로 이루어진 가족으로 변신하는 경우는 없는지 등을 물었고, 마지막에는 혹시 자동차나 버스를 운전하는 맹우를 목격한 적은 없는지 물었다.

돈 후앙은 아무 대답도 하지 않았다. 단지 미소 띤 얼굴로 내가 말하도록 내버려두었을 뿐이었다. 내가 한 마지막 질문을 듣는 순간, 그는 웃음을 터뜨리며 내가 또 부주의한 표현을 썼다고 말했다. 자동차를 운전하는 맹우를 한 번이라도 〈본〉 적이 있느냐고 물었어야 한다는 얘기였다.

"모터사이클을 탄 맹우도 빼놓으면 안 되겠군. 안 그런가?" 그는 짓궂은 눈빛으로 말했다.

돈 후앙이 내 질문을 농담으로 받아들였다는 사실이 내심 웃기고 유쾌했던 나머지 나도 함께 웃음을 터뜨렸다.

이윽고 돈 후앙은 맹우는 무슨 일에든 먼저 나서거나 직접적인 영향을 끼치지는 못한다고 설명했다. 그러나 인간에 대해서만은 간접적으로 영향을 끼칠 수 있었다. 맹우는 인간의 최악의 면을 이끌어낼 수 있기 때문에 맹우와 접촉하는 것은 위험한 일이라고 했다. 그런 만남의 충격을 견뎌내기 위해서는 인간의 삶에서 불필요한 것들을 거둬내서 최소화할 필요가 있었고, 바로 그런 연유로 도제수업은 그토록 길고 고된 것이라는 얘기도 했다. 돈 후앙의 은사는 처음으로 맹우와 접촉했을 때 충동을 못 이기고 스스로에게 화상을 입혀서 마치 퓨마의 습격을 받은 것처럼 흉터투성이가 되었다고 한다. 돈 후앙 자신이 처음 만난 맹우는 그를 불타는 장작더미 속으로 떠밀었다. 그 탓에 무릎과 어깨에 조금 화상을 입었지만 그 맹우와 하나가 된 뒤에는 흉터가 사라졌다고 했다.

3

1968년 6월 10일에 나는 미토테에 참가하기 위해 돈 후앙과 함께 긴 여행을 시작했다. 이런 기회가 오기를 몇 달이나 기다려왔던 참이지만 내가 정말로 가고 싶은지에 대해서는 아직도 확신이 없는 상태였다. 아무래도 페요테 집회에 가면 결국 페요테를 먹어야 할지도 모른다는 두려움 탓에 주저했던 것 같다. 물론 그럴 생각은 추호도 없었다. 나는 돈 후앙에게 나의 이런 결심을 거듭 표명했다. 처음에는 그도 참을성 있게 들으며 그냥 웃기만 했지만, 나중에는 더 이상 내게서 두려움이 어쩌고 하는 얘기는 듣고 싶지 않다고 단호한 어조로 못을 박았다.

내 입장에서 말하자면 미토테는 내가 고안한 이론적 얼개를 확증하기 위한 최상의 기회였다. 우선 나는 그런 집회의 참가자들 사이에서 합의를 도출하기 위해서는 암묵적인 지도자가 필요하다는 생각을 완전히 버리지 않은 상태였다. 돈 후앙이 그 자신만의 어떤 이유 때문에 나의 이런 가설을 거부했다는 느낌을 불식할 수가 없었다. 그는 미토테에서 일어나는 모든 일을 〈보기〉의 맥락에서 설명하는 쪽이 훨씬 더 효과적이라고 생각하고 있었기 때문이다. 내가 나 자신의 방식으로 적절한 설명을 찾고 싶어한다는 사실은 돈 후앙이 내게 기대하는 것과는 일치하지 않는다는 생각도 들었다. 그래서 그는 자기 신념체계에 부합하지 않는 것과 마주쳤을 때 항상 그래왔듯이 내 이론적 설명을 거부했던 것이다.

길을 떠나기 직전 돈 후앙은, 내가 그 집회에 참석하는 목적은 단지 관찰하기 위한 것임을 확인해줌으로써 나의 불안감을 줄여주었다. 나는 고양감을 느꼈다. 참석자들이 합의에 도달하는 은밀한 절차를 찾아낼 수 있을 것이라고 거의 확신했기 때문이다.

우리는 늦은 오후에 출발했다. 해는 거의 지평선을 넘어가고 있었다. 나는 목덜미에 그 열기를 느끼며 차의 뒷유리에 칠 가리개를 준비해두지 않은 것을 후회했다. 언덕 정상에 도달하자 거대한 계곡이 내려다보였다. 눈앞의 수많은 언덕을 오르내리며 이어지는 도로는 지면 위에 깔아놓은 검고 거대한 리본처럼 보였다. 나는 언덕을 내려가기 전에 잠시 도로를 눈으로 훑어보았다. 도로는 멀리 보이는 나지막한 산들 사이로 사라질 때까지 줄곧 남쪽을 향해 뻗어가고 있었다.

돈 후앙은 똑바로 앞쪽을 바라보며 조용히 옆 좌석에 앉아 있었다. 오랫동안 두 사람 모두 한마디도 하지 않았다. 차 안은 찌는 듯했다. 창문을 모두 열어놓았지만 지독하게 더운 날이었기 때문에 거의 소용이 없었다. 안절부절 짜증스러운 기분이었다. 나는 너무 덥다고 불평하기 시작했다.

돈 후앙은 미간에 주름을 짓고 의아한 표정으로 나를 보았다.

"이맘때면 멕시코 어디를 가도 이렇게 더워. 우리가 어떻게 할 수 있는 일이 아니잖나."

나는 돈 후앙을 쳐다보진 않았지만 그가 나를 주시하고 있다는 사실을 알고 있었다. 비탈길을 내려가면서 차가 속력을 냈다. 도로 표지가 어렴풋하게 보였다. 바도Vado. 도로가 아래로 푹 꺼진 곳이 있다는 경고다. 꺼진 부분이 실제로 눈에 들어왔을 때 차는 이미 상당히 빨리 달리고 있었다. 속력을 좀 늦추기는 했지만 차체에 덜컥하는 충격이 왔고, 우리 몸은 위아래로 요동쳤다. 나는 속력을 한층 더 늦췄다. 우리는 도로 양쪽에 가축을 방목하는 구역을 통과하던 중이었다. 차에 치여 죽은 말이나 소의 시체를 보는 일도 부지기수였고, 어떤 곳에서는 아예 차를 멈추고 말들이 도로를 지날 때까지 기다려야 했다. 나는 점점 침착성을 잃고 짜증을 내고 있었다. 나는 그것을 무더위 탓으로 돌렸다. 어릴 적부터 워낙 더위를 못 참았고, 여름만 되면 질식할 듯한 기분에 빠져 숨을 제대로 쉬지도 못할 정도였다고 내가 돈 후앙에게 말했다.

"자넨 이제 어린애가 아냐."

"그래도 이렇게 더우니 숨 쉬기가 힘듭니다."

"흐음. 내가 어릴 적에는 배를 곯은 탓에 숨 쉬기가 힘들어지곤 했지." 돈 후앙이 나직하게 말했다. "어릴 적에는 지독하게 배가 고프다는 느낌밖에 몰랐어. 급기야는 배가 퉁퉁 부어오르면서 숨이 막히더군. 하지만 그건 어렸을 때 얘기야. 이젠 숨도 막히지 않고, 배가 고프다고 해서 두꺼비처럼 배가 부풀어 오르지도 않아."

나는 말문이 막혔다. 나 자신을 막다른 골목에 몰아넣은 끝에, 이제는 옹호하고 싶지도 않은 주장을 옹호해야 하는 상황에 빠져들고 있다는 느낌이 몰려왔다. 사실 견디기 힘들 정도로 덥지는 않았다. 나를 정말로 동요하게 만든 것은 목적지까지 1,600킬로미터나 차를 몰고 가야 한다는 생각이었다. 그 힘든 일을 해야 한다는 생각에 짜증을 내고 있었던 것이다.

"어디 들러서 요기를 좀 하죠." 나는 말했다. "해가 지고 나면 이 더위도 좀 수그러들지 모르겠군요."

돈 후앙은 미소 지으며 나를 쳐다보았고, 앞으로 한참 동안은 깔끔한 장소 따위는 나오지 않을 거라고 말했다. 그러면서 길가 좌판에서는 절대로 뭘 사 먹지 않는다는 것이 내 원칙이 아니었느냐고 반문했다.

"설사병 걸리는 게 두렵지 않아?"

나는 돈 후앙이 나를 비꼬고 있다는 사실을 알고 있었지만, 그는 여전히 그저 물어보는 듯한 진지한 표정을 바꾸지 않았다.

"자네 언동을 보고 있자니 마치 밖에서 설사병이 매복하고 있는 게 아닌가 하는 생각이 드는군. 차에서 내리자마자 자네한테 달려들려고 말이야. 자넨 오도 가도 못하고 있어. 더위를 피하려다가 설사병에 잡히지 않을까 하고 말이야."

돈 후앙의 말투가 워낙 진지했던 탓에 나는 결국 웃음을 터뜨리고 말았다. 그런 다음 우리는 오랫동안 침묵했다. 로스 비드리오스Los Vidrios, 즉 '유리'라는 뜻의 트럭 휴게소에 도착했을 무렵에는 이미 주위가 컴컴해져 있었다.

돈 후앙은 차 안에 앉은 채로 외쳤다. "오늘 메뉴가 뭐야?"

"돼지고기요." 건물 안에서 여자가 외쳤다.

"자네 안전을 위해서라도 오늘 차에 치여 죽은 돼지라면 좋겠군." 돈 후앙은 껄껄 웃으며 내게 말했다.

우리는 차에서 내렸다. 도로 양쪽의 나지막한 야산들은 마치 거대한 화산폭발로 흘러나온 용암이 굳어서 생긴 듯한 느낌이었다. 어둑어둑한 하늘을 배경으로 우뚝 솟아오른, 검고 삐죽삐죽한 봉우리들은 쪼개진 유리조각을 지면에 박아 만든 거대하고 위협적인 벽처럼 보였다.

음식을 먹으면서 나는 이 장소가 왜 '유리'라고 불리는지 알 것 같다고 돈 후앙에게 말했다. 산들이 유리조각 같은 모양을 있기 때문에 이런 이름을 붙인 것이 분명했다.

돈 후앙은 이곳이 로스 비드리오스라고 불리는 이유는 유리를 잔뜩 실은 트럭이 바로 이곳에서 뒤집어졌고, 그러면서 깨진 유리조각들이 몇 년 동안이나 길가에 방치되어 있었기 때문이라고 단언했다.

나는 그가 또 익살을 부리고 있다고 생각하고 진담이냐고 되물었다.

"못 믿겠으면 여기 있는 사람한테 물어보지 그래?"

나는 옆 테이블에 앉아있던 사내에게 물었다. 그러자 그는 미안한 표정을 지으며 모르겠다고 대답했다. 나는 주방에서 일하는 여자들에게 가서 같은 질문을 했지만, 역시 같은 반응이 돌아왔을 뿐이었다. 그냥 이곳이 '유리'라고 불린다는 사실밖에는 모른다는 것이다.

"내 말이 옳아." 돈 후앙은 낮은 목소리로 말했다. "멕시코인들은 자기 주위에 있는 것들에 신경을 쓰는 작자들이 아니거든. 유리산이 있다는 건 눈치 못 채도, 산더미 같은 유리조각을 몇 년이든 그냥 내 버려두리라는 것만은 내가 보장할 수 있네."

상상만 해도 너무나 웃기는 일이라 우리는 둘 다 웃음을 터뜨렸다.

식사를 마치자 돈 후앙은 내게 기분이 어떠냐고 물었다. 나는 좋다고 대답했지만 실은 여전히 어딘가 메스꺼운 느낌에 시달리고 있었다. 돈 후앙은 나를 찬찬히 바라보았고, 나의 불편함을 감지한 듯했다.

"일단 멕시코로 오겠다고 결심한 이상, 그런 시시콜콜한 두려움 따위는 모두 내버려야 해." 그는 준엄한 말투로 말했다. "오겠다고 결심했을 때 진작에 그랬어야 했어. 자네가 여기에 온 건, 오고 싶었기 때문이야. 그게 전사戰士의 방식이야. 몇 번이고 얘기했듯이, 가장 효과적으로 사는 방법이란 전사처럼 사는 것이라네. 어떤 결정을 내리기 위해서 오만 가지 생각에 싸여 고민을 해도 무방하지만, 일단 결정을 내린 다음에는 모든 고민과 생각을 깨끗이 털어버리고 자네 만의 길을 가란 말일세. 그 뒤에도 자네가 내려야 할 결정은 무수히 많아. 그게 바로 전사의 길이라네."

"돈 후앙, 저도 그렇게 행동했습니다. 적어도 가끔은 말입니다. 하지만 그걸 지속시키는 게 너무 힘들어서…"

"상황이 불확실해지면 전사는 자신의 죽음에 대해 생각한다네."

"그러는 건 한층 더 어렵습니다. 대부분의 사람에게 죽음이란 아주 모호하고 멀리 떨어져 있는 것이니까요. 아무도 자기의 죽음 따위를 생각하지는 않습니다."

"왜?"

"왜 그런 생각을 해야 합니까?"

"그건 간단해. 우리의 정신을 단련시켜주는 건 오직 죽음에 대한 생각밖에는 없다네."

로스 비드리오스를 떠날 무렵에는 워낙 어두워진 탓에 삐죽삐죽한 산의 윤곽이 컴컴한 하늘에 떠 있는 것처럼 보였다. 나는 한 시간 이상 묵묵히 차를 달렸다. 피곤했다. 마치 얘깃거리 자체가 없어서 아무 얘기도 하지 않는 기분이었다. 도로는 거의 비어 있었고, 이따금 반대편에서 오는 차를 지나칠 뿐이었다. 도로를 남하하는 사람은 우리밖에 없는 듯했다. 나는 이 사실이 묘하다고 느꼈고, 혹시 뒤에서 오는 다른 차는 없는지 알아보려고 계속 뒷거울을 보았다. 그러나 다른 차는 보이지 않았다.

잠시 후 나는 다른 차를 찾아보는 일을 그만두고 이번 여행에 관해 생각하기 시작했다. 그러면서 주위를 에워싼 어둠에 비해 우리 차의 전조등이 극단적일 정도로 밝다는 사실을 깨달았고, 다시 뒷거울을 보았다. 눈부신 빛이 보이더니, 뒤이어 마치 땅에서 솟아난 듯한 두 개의 광점光點이 출현했다. 한참 뒤쪽의 언덕 정상에 도달한 자동차의 전조등이었다. 전조등 불빛은 한동안 보이다가 마치 손으로 가리기라도 한 것처럼 어둠 속으로 자취를 감췄다. 다음 순간 불빛은 또 다른 언덕배기에서 다시 출현했고, 또 사라졌다. 나는 불빛이 이렇게 나타났다 사라졌다 하는 광경을 한참 동안 관찰하고 있었다. 그러던 중 뒤차가 우리와 점점 가까워지고 있다는 생각이 들었다. 전조등 불빛이 점점 더 크고 밝아지는 것을 보니 우리를 따라잡고 있는 것이 틀림없었다. 그래서 나는 일부러 가속페달을 밟았다. 나는 이유를 알 수 없는 불안감에 시달리고 있었다. 돈 후앙은 이런 내 상태를 알아차린 듯했다. 아니면 내가 속력을 올렸다는 사실에 주목했을 뿐인지도 모르겠다. 그는 나를 쳐다보았고, 고개를 돌려 멀리서 따라오는 전조등 불빛을 바라보았다.

돈 후앙은 무슨 문제가 있느냐고 물었다. 나는 몇 시간 동안이나 후방에 차가 없었는데, 그동안 줄곧 우리를 따라온 것처럼 보이는 차의 전조등 불빛을 방금 갑자기 본 탓이라고 대답했다.

돈 후앙은 쿡쿡 웃더니 저것이 정말로 다른 차라고 생각하느냐고 물었다. 차가 아니면 무엇이냐고 내가 반문하자, 그는 우리 뒤를 따라오는 것이 단순한 자동차 이상의 것이라고 생각하니까 불안한 것 아니냐고 되물었다. 그러나 나는 그것이 주행 중인 차나 트럭일 것이라는 주장을 굽히지 않았다.

"달리 무엇일 수가 있단 말입니까?" 나는 큰 소리로 말했다. 돈 후앙의 캐묻는 듯한 말투 때문에 신경이 날카로워진 탓이었다.

그는 고개를 돌려 나를 직시했고, 천천히 고개를 끄덕였다. 마치 지금부터 하려는 말을 음미해보는 듯이.

"저것들은 죽음의 얼굴에 달린 불빛이라네." 그는 나직한 목소리로 말했다. "죽음은 그걸 모자처럼 쓴 다음 질주해오지. 저것들은 우리 뒤에서 달려오는 죽음의 불빛이거든. 게다가 점점 가까워지고 있어."

등골이 서늘해졌다. 잠시 후 나는 다시 뒷거울을 보았지만, 불빛은 더 이상 보이지 않았다.

나는 돈 후앙에게 뒤차는 멈춰 섰든가, 아니면 길에서 벗어난 것이라고 말했다. 그는 뒤를 돌아보지 않았다. 단지 기지개를 켜며 하품을 했을 뿐이었다.

"아냐. 죽음은 결코 멈춰 서는 법이 없네. 가끔 저렇게 불을 끌 뿐이야."

우리는 6월 13일에 멕시코 북동부에 도착했다. 자매처럼 보이는 비슷한 외모를 가진 인디언 노파 두 명과 젊은 여자 네 명이 어도비 벽돌로 지은 작은 집의 현관에 서 있었다. 집 뒤꼍에는 오두막 한 채와, 지붕 일부와 한쪽 벽만 남은 채 다 허물어져 가는 헛간이 하나 있었다. 여자들이 우리를 기다리고 있었다는 사실은 명백했다. 내 차가 이곳에서 몇 킬로미터 떨어진 곳에서 포장도로를 벗어났을 때 피어오른 흙먼지를 본 듯했다. 집은 깊은 골짜기 안에 자리 잡고 있었다. 현관문에서 돌아다보니 도로는 초록색 언덕 사면을 높게 가로지르는 긴 흉터처럼 보였다.

돈 후앙은 차에서 내려 두 노파와 잠시 얘기를 나눴다. 그들은 현관 앞에 놓인 나무 걸상들을 손으로 가리켰다. 돈 후앙은 와서 앉으라고 내게 손짓했다. 노파 한 사람이 우리와 함께 앉았고, 나머지는 모두 집 안으로 들어갔다. 젊은 여자 두 명은 현관에 남아서 호기심 어린 눈으로 나를 훑어보았다. 내가 손을 흔들어 보이자 그들은 킥킥 웃으며 집 안으로 뛰어들어갔다. 몇 분 뒤에 젊은 청년 두 명이 다가와서 돈 후앙에게 인사를 건넸지만, 내게는 말을 걸지 않았고, 시선조차 보내지 않았다. 그들은 돈 후앙과 짧게 얘기를 나눴다. 이윽고 돈 후앙은 자리에서 일어났고, 여자들을 포함한 전원이 800미터쯤 떨어진 다른 집으로 걸어갔다.

거기서 우리는 또 다른 무리를 만났다. 돈 후앙은 나더러 현관에서 기다리라고 말하고 혼자 안으로 들어갔다. 집 안을 들여다보니 돈 후앙과 같은 연배의 인디언 노인이 나무 걸상에 앉아 있는 것이 보였다.

주위는 아직 완전히 어두워진 상태는 아니었다. 한 무리의 인디언 남녀가 집 앞에 정차한 낡은 트럭 주위에 서 있었다. 나는 스페인어로 말을 걸었지만 그들은 대답하는 것을 의도적으로 피했다. 내가 뭐라고 말할 때마다 여자들은 킥킥 웃었고, 남자들은 예의 바르게 미소 지으며 다른 데로 시선을 돌리곤 했다. 마치 내 말을 알아듣지 못하는 듯한 태도였지만, 나는 그들이 모두 스페인어를 한다는 사실을 알고 있었다. 자기들끼리 그 언어로 얘기를 나누고 있었으니까 말이다.

잠시 후 돈 후앙과 아까 본 노인이 집에서 나오더니 트럭 운전석 옆자리에 나란히 올라타 앉았다. 이것이 다들 트럭의 짐칸에 올라타라는 신호였던 듯했다. 짐칸 좌우에는 난간이 아예 없었기 때문에 트럭이 움직이기 시작하자 나를 포함해서 짐칸 위에 있던 사람들은 모두 차체의 갈고리에 비끄러맨 기다란 밧줄을 움켜잡아야 했다.

트럭은 흙길을 천천히 나아갔다. 그러다가 가파른 비탈이 나오자 멈춰 섰다. 운전사를 제외한 모든 사람이 아래로 뛰어내렸고, 느릿느

릿 올라가는 트럭을 뒤따르기 시작했다. 그러던 중 두 청년이 짐칸으로 껑충 뛰어오르더니 밧줄을 쓰지 않고 가장자리에 걸터앉았다. 여자들은 깔깔 웃으며 그렇게 계속 그렇게 위험천만한 자세로 있어보라며 청년들을 도발했다. 돈 후앙과 돈 실비오라고 불리는 예의 노인도 뒤에서 함께 걷고 있었지만 청년들의 광대질에는 개의치 않는 듯했다. 길이 다시 편평해지자 일동은 다시 트럭에 올라탔다.

한 시간쯤 그렇게 나아갔다. 짐칸 바닥은 지독하게 딱딱하고 불편했기 때문에 나는 짐칸 천장을 잡고 서서 트럭이 오두막집들이 몇 채 모여 있는 장소 앞에 멈춰 설 때까지 줄곧 그 자세를 유지했다. 그곳에는 더 많은 사람들이 있었다. 그 무렵에는 사방이 어두컴컴해져 있었다. 열린 현관문 옆에 매달린 석유램프가 발하는 희미한 노란 빛으로 겨우 몇 사람의 얼굴을 분간할 수 있는 정도였다.

일동은 트럭에서 내려 집에 있는 사람들과 어울렸다. 돈 후앙은 나더러 밖에서 기다리고 있으라고 재차 지시했다. 나는 트럭의 앞흙받이에 등을 기대고 서 있었다. 1~2분 뒤에 세 명의 청년이 나와 합류했다. 그중 하나는 4년 전에 내가 마지막으로 참석했던 미토테에서 만난 적이 있는 사내였다. 그는 내 양 팔뚝을 잡고 스페인어로 "좋아 보이네요" 하고 속삭였다.

우리는 조용히 트럭 앞에서 기다렸다. 덥고 바람이 센 밤이었다. 근처에서 시냇물이 졸졸 흐르는 소리가 들렸다. 내 지인이 내게 혹시 담배 없느냐고 속삭였다. 나는 담뱃갑을 돌렸다. 담뱃불 빛으로 손목시계를 보니 9시였다.

곧 집 안에서 한 무리의 사람들이 나왔고, 세 청년은 다른 곳으로 걸어갔다. 돈 후앙이 다가오더니 모든 사람에게 내가 모임에 끼는 것에 대해 충분히 설명했으니 나는 환영받을 것이고, 미토테에서는 물 시중을 들면 된다고 했다. 이제 출발이라고 했다.

여자 열 명과 남자 열한 명으로 이루어진 무리가 집을 나섰다. 앞에서 선도하는 사내는 체격이 건장한 축이었고, 나이는 50대 중반쯤으로 보였다. 사람들은 그를 뭉툭하다는 뜻의 모초Mocho라는 별명으로 불렀다. 모초는 잰걸음으로 성큼성큼 걸어가면서 손에 든 등유램프를 좌우로 움직였다. 처음에는 그냥 무심코 그러는 줄 알았지만, 잠시 후 나는 그가 장애물이나 지나기 힘든 곳을 램프로 일일이 비춰주고 있다는 사실을 깨달았다. 우리는 한 시간 가까이 걸었다. 여자들은 잡담을 나누며 이따금 나직한 웃음소리를 냈다. 돈 후앙과 예의 노인은 줄 앞쪽에서 나아갔다. 나는 맨 끝이었다. 어떤 곳을 걷고 있는지 알기 위해 나는 길에서 시선을 떼지 않았다.

돈 후앙과 함께 밤중에 야산을 돌아다니는 것은 4년 만이었지만, 내 체력은 예전에 비해 크게 떨어진 상태였다. 나는 자꾸 발을 헛디디며 본의 아니게 돌멩이를 찼다. 무릎의 탄력이 사라진 탓에 길에 기복이 있을 때마다 지면이 상하로 요동치는 느낌에 시달렸다. 일행 중에서는 내가 가장 시끄러운 소리를 내며 걸었고, 그 탓에 싫어도 놀림거리가 되어야 했다. 내가 발을 헛디딜 때마다 누군가가 꼭 농담하듯이 "엇"이라고 소리 내며 놀렸고, 그러면 모두가 일제히 웃음을 터뜨리곤 했다. 앞에 있는 여자 뒤꿈치를 실수로 걸어찼을 때는 "누가 제발 이 불쌍한 애한테 촛불 좀 갖다 줘요!"라고 소리치는 통에 모두 폭소를 터뜨렸다. 그러나 가장 치욕적인 경험은 내가 발을 헛디디면서 앞사람의 몸을 붙잡았을 때였다. 앞에 있던 사내는 내가 매달리는 통에 균형을 잃고 잠깐 비틀거렸을 뿐이지만, 상황에 걸맞지 않은 터무니없이 과장된 비명을 질렀던 것이다. 배를 잡고 웃느라고 일행 모두가 잠시 멈춰서야 했을 정도였다.

어떤 시점에서 선두에 있던 사내가 들고 있던 램프를 위아래로 흔들었다. 목적지에 닿았다는 신호인 듯했다. 나는 오른쪽으로 조금 떨어진 곳에 있는 나지막한 집의 윤곽을 알아볼 수 있었다. 일행은 각자 다른 방향으로 뿔뿔이 흩어졌다. 나는 돈 후앙의 모습을 찾아보았지만 어둠 속에서는 찾기가 쉽지 않았다. 나는 잠시 소란스럽게 주위를 돌아다니다가 바위 위에 앉아 있는 그를 발견했다.

돈 후앙은, 내 임무는 집회에 참가하는 사내들의 물시중을 드는 것이라고 다시금 말했다. 집회의 절차에 관해서는 이미 몇 년 전에 그에게 배운 적이 있어서 세세한 부분까지 빠짐없이 기억하고 있었지만, 그는 확인해봐야 한다면서 다시 한 번 어떻게 해야 하는지를 일러주었다.

그런 다음 우리는 남자들이 모두 모여 있는 집 뒤꼍으로 갔다. 모닥불이 타오르고 있었다. 거기서 5미터쯤 떨어진 곳의 공터에 돗자리가 깔려 있었는데, 아까 우리를 선도한 모초가 먼저 그곳에 가서 앉았다. 나는 그의 왼쪽 귀 상단이 잘려나가 없는 것을 보았다. 그의 별명은 여기서 유래한 것이리라. 모초 오른쪽에는 돈 실비오가, 왼쪽에는 돈 후앙이 앉았다. 모초는 모닥불을 마주 보고 앉아 있었다. 청년 하나가 그에게 다가오더니 페요테 단추들이 든 납작한 바구니를 그 앞에 놓았다. 그런 다음 그 청년은 모초와 돈 실비오 사이에 앉았다. 다른 청년 하나가 작은 바구니 두 개를 가지고 와서 페요테 단추가 든 바구니 옆에 내려놓고 모초와 돈 후앙 사이에 앉았다. 그러자 다른 청년 둘이 다가와서 각각 돈 실비오와 돈 후앙 곁에 앉았다. 이로써 일곱 명으로 이루어진 원진圓陣이 완성되었다. 여자들은 집 안에 머물러 있었다. 또 다른 청년 두 명은 모닥불이 꺼지지 않도록 밤새 지피는 역할을 맡았고, 10대 소년 한 명과 나는 동이 틀 때까지 계속될 의식儀式이 끝난 뒤에 일곱 명의 참가자들에게 물을 가져다주는 임무를 맡고 있었다. 소년과 나는 근처의 바위 옆에 앉았다. 모닥불과 물이 든 통은 참가자의 원을 사이에 두고 같은 거리에 위치해 있었다.

우두머리인 모초가 자신의 페요테 노래를 불렀다. 두 눈은 감겨 있었고, 몸이 상하로 들썩거렸다. 아주 긴 노래였다.* 어떤 언어인지는 알아들을 수 없었다. 이윽고 모든 참가자가 한 사람씩 자신의 페요테 노래를 불렀다. 딱히 미리 정해둔 순서를 따라서 하는 것 같지는 않고, 그냥 마음이 내키면 부르는 듯했다. 그러던 중 모초가 페요테 단추가 든 바구니에서 단추 두 개를 집어들고, 바구니를 원진 한복판에 다시 내려놓았다. 돈 실비오가 같은 행동을 되풀이했고, 그다

---

* 페요테 의식을 통해 '메스칼리토'라는 존재와 관계를 맺은 사람은 그로부터 자신만이 부를 수 있는, 오직 자신에게만 의미가 있는 노래를 받게 된다.

음은 돈 후앙 차례였다. 독립된 무리를 이루고 있는 듯한 남은 청년 네 명은 시계 반대방향을 따라 각자 단추 두 개씩을 집어들었다.

일곱 명의 참가자 각자가 자기 노래를 부르고 두 개씩의 페요테 단추를 네 번 연이어 씹어 먹었다. 그런 다음 말린 과일과 건육이 들어 있는 두 바구니를 자기들 사이에서 돌렸다.

그들은 밤새도록 이 주기를 반복했지만, 각자의 동작에서 딱히 어떤 질서를 찾아낼 수는 없었다. 서로에게 말을 거는 일도 없었고, 오히려 자기만의 세계에 침잠해 있는 것처럼 보였다. 다른 사람이 무엇을 하고 있는지에 관심을 보인 적이 단 한 번도 없었던 것이다.

그들은 동이 트기 전에 일어섰고, 대기하고 있던 청년과 나는 그들에게 물을 가져다주었다. 그런 다음 나는 주위를 돌아다니며 내가 어디 와 있는지를 파악해보려고 했다. 어젯밤에 내가 본 집은 어도비 벽돌로 지은 벽에 초가지붕을 얹은 나지막한 단칸 오두막이었다. 주위 경치는 극히 암울했다. 오두막은 이런저런 풀이 자란 황량한 평지에 위치해 있었다. 덤불과 선인장이 섞여 있었지만 나무는 한 그루도 눈에 띄지 않았다. 집 너머로 가볼 생각은 나지 않았다.

여자들은 아침에 떠났다. 남자들은 집 주위를 조용히 돌아다녔다. 정오 무렵, 우리는 모두 어젯밤과 똑같은 순서대로 앉았다. 페요테 단추와 동일한 크기로 잘라낸 건육 조각들이 담긴 바구니가 한 바퀴 돌았다. 몇몇 사내는 자신의 페요테 노래를 불렀다. 한 시간쯤 지나자 다들 일어서서 제각각의 방향으로 걸어갔다.

여자들은 불과 물시중 드는 사람들을 위해 귀리죽이 든 냄비를 하나

남기고 갔다. 나는 죽을 조금 먹고 오후 시간 대부분은 낮잠을 잤다.

날이 어두워지자 불을 맡은 청년들이 또다시 모닥불을 지피면서 페요테를 먹는 과정이 또다시 시작되었다. 이것은 어젯밤과 대충 비슷한 순서로 진행됐고, 동이 트자 종료되었다.

나는 그날 밤 내내 일곱 명의 참가자 전원의 동작을 하나도 남김 없이 관찰하고 기록하려고 무던히 애를 썼다. 그들 사이에 존재할지도 모르는 언어적 또는 비언어적 의사소통 체계를 티끌만큼이라도 탐지하고 싶었기 때문이다. 그럼에도 불구하고, 숨겨진 체계를 밝혀줄 동작 따위는 전혀 찾아볼 수 없었다.

이른 저녁시간이 되자 페요테를 먹는 차례가 또다시 개시됐다. 아침 무렵이 되자 나는 내가 짜둔 계획이 완전히 실패했음을 자인하는 수밖에 없었다. 암묵적인 지도자를 지목해줄 실마리 따위는 존재하지 않았고, 참가자들 사이에서 어떤 형태로든 이루어졌을 것으로 추정되는 은밀한 의사소통이라든지 합의체계에 관련된 그 어떤 흔적도 찾아내지 못했던 것이다. 나는 해가 남아 있는 동안 앉아서 노트의 기록을 정리하려고 했다.

나흘째 밤, 사내들이 다시 모이자 어떤 이유에서인지 나는 이것이 마지막 집회임을 직감했다. 내게 귀띔해준 사람은 아무도 없었지만, 나는 그들이 내일 해산하리라는 사실을 알고 있었다. 나는 물통 옆에 다시 앉았고, 일동 모두가 이미 정해진 순서에 따라 자기 위치로 돌아갔다.

둥글게 모여 앉은 일곱 사내의 행동은 지난 사흘 밤 동안 내가 관찰했던 것과 판박이였다. 나는 지금까지 그래왔던 것처럼 그들의 행동에 주의를 완전히 몰입했다. 그들이 한 모든 동작, 모든 말, 모든 몸짓을 하나도 빠짐없이 기록하고 싶었기 때문이다.

그러던 중 귓속에서 희미하게 윙 하는 소리가 들렸다. 일상생활에서도 흔히 경험하는 귀울림이었기 때문에 나는 거기에 별다른 주의를 기울이지 않았다. 윙 하는 소리는 점점 더 커졌지만 여전히 통상적인 육체적 감각의 범위 안에 머물러 있었다. 그때 나는 사내들의 모습과 귀에서 들리는 울림에 반반씩 주의를 기울이려고 했다. 그러자 어느 순간 사내들의 얼굴이 밝아진 것처럼 보였다. 마치 불을 켠 듯한 느낌이랄까. 그러나 전깃불이나 램프 빛과는 어딘가 달랐다. 모닥불 빛이 얼굴에 반사된 것도 아니었다. 오히려 얼굴 자체가 무지갯빛 내지는 분홍색 광채를 발한다는 쪽에 더 가까웠다. 어렴풋하기는 했지만, 내가 앉아 있는 곳에서도 충분히 그것을 감지할 수 있었다. 귀울림이 한층 더 커지는 느낌이 왔다. 함께 앉아 있던 10대 소년을 보니 이미 곯아떨어져 있었다.

그 무렵에는 분홍색 광채가 한층 더 뚜렷해져 있었다. 나는 돈 후앙 쪽을 보았다. 그는 눈을 감고 있었다. 돈 실비오도, 모초도 마찬가지였다. 나머지 네 청년의 눈은 볼 수 없었다. 두 명은 상체를 앞으로 수그린 자세였고, 다른 두 명은 내게서 등을 돌리고 있었기 때문이다.

나는 관찰에 한층 더 몰입했다. 그러나 내가 실제로 윙윙거리는 소리를 듣고 있으며, 사내들 위에 떠 있는 분홍색 광채를 실제로 보고 있다는 사실을 완전히 깨닫지는 못하고 있었다. 잠시 뒤에야 나는 어렴풋한 분홍색 빛과 윙윙 소리가 매우 안정적으로 지속되고 있다는 사실을 깨달았다. 한순간 나는 엄청난 당혹감에 사로잡혔고, 그러자마자 어떤 생각이 뇌리를 가로질렀다. 내가 바라보고 있는 광경과는 아무 상관도 없고, 내가 그곳에 간 목적과도 전혀 관계가 없는, 어렸을 적에 어머니가 내게 했던 어떤 말이 기억났던 것이다. 이 생각은 마음을 산만하게 하는 아주 엉뚱한 것이었다. 나는 그 생각을 떨쳐버리고 오로지 관찰에만 전념하려고 했지만, 마음먹은 대로 되지 않았다. 그 생각이 다시 떠올랐던 것이다. 게다가 아까보다 더 강하고 강박적으로 말이다. 그러자마자 나를 부르는 어머니의 목소리가 뚜렷하게 들렸다. 그녀가 슬리퍼를 끄는 소리와 웃는 소리가 들렸다. 나는 어머니를 찾아 뒤를 돌아보았다. 나는 내가 어떤 환각이나 신기루 같은 것에 의해 과거로 시간을 거슬러와서, 어머니를 보게 될 것으로 생각했던 것이다. 그러나 내 눈에 들어온 것이라고는 곁에서 잠든 소년밖에는 없었다. 그가 시야에 들어오자 나는 화들짝 놀랐고, 한순간이나마 편하고 명징明澄한 기분으로 되돌아왔다.

다시 사내들 쪽을 보았다. 그들의 위치에는 전혀 변화가 없었다. 그러나 아까 목격한 빛은 사라져 있었다. 귀울림도 마찬가지였다. 나는 안도했다. 어머니의 목소리가 들리는 환청 현상은 끝났다고 생각했기 때문이다. 너무나도 뚜렷하고 생생한 목소리였었다. 나는 순간적으로나마 그 목소리에 사로잡힐 뻔했다고 혼잣말로 거듭 되뇌었다. 돈 후앙이 나를 바라보고 있다는 사실을 어렴풋하게 자각하고 있었지만, 이제는 아무래도 상관없었다. 지금 나를 사로잡고 있는 것은 나를 부르던 어머니 목소리의 기억이었다. 나는 필사적으로 뭔가 다른 생각을 떠올려보려고 했다. 그러자 또다시 어머니의 목소리가 들려왔다. 마치 바로 뒤에서 말하는 것처럼 뚜렷하게. 그녀는 내 이름을 불렀다. 나는 재빨리 뒤를 돌아보았지만 내 눈에 들어온 것이라고는 오두막과 그 너머에 산재한 덤불들의 검은 윤곽뿐이었다.

내 이름을 부르는 소리를 듣자 엄청난 고뇌가 몰려왔다. 나도 모르게 흐느낌이 새어나왔다. 추웠고, 지독하게 고독했다. 나는 흐느껴 울기 시작했다. 바로 그 순간, 나는 누군가의 보살핌을 받아야 한다고 절실하게 느꼈다. 고개를 돌려 돈 후앙을 보았다. 그는 나를 응시하고 있었다. 그를 보고 싶지는 않았기 때문에 눈을 감았다. 그러자 어머니가 보였다. 평소 때처럼 어머니를 머리에 떠올린 것이 아니었다. 내가 본 것은 내 곁에 서 있는 어머니의 뚜렷한 비전(幻視)이었다. 절망감이 몰려왔다. 나는 몸을 떨었고, 도망치고 싶었다. 어머니의 모습은 내 마음을 너무나 크게 어지럽혔고, 그 페요테 집회에서 내가 추구하던 목적과는 너무나 이질적인 것이었다. 의식적으로 그것을 피할 방법이 없다는 점은 명백했다. 정말로 그 광경이 사라지기를 바랐다면 아마 눈을 뜰 수도 있었겠지만, 그러는 대신 나는 그것을 찬찬히 뜯어보았다. 그녀의 모습을 단지 바라보기만 한 것이 아니라, 강박적으로 면밀히 조사하듯 관찰했던 것이다. 마치 외부에서 침입한 듯한 기묘한 감정이 나를 에워쌌고, 나는 갑자기 어머니의 사랑이라는 끔찍할 정도의 중하重荷를 느꼈다. 내 이름을 부르는 소리를 들었을 때는 마치 갈가리 찢기는 듯한 기분이었다. 어머니의 기억은 나의 내부를 고뇌와 우수로 가득 채웠지만, 그런 그녀를 관찰하면서 나는 내가 그녀를 좋아한 적이 한 번도 없다는 사실을 깨달았다. 이 깨달음은 충격으로 다가왔다. 사념과 이미지들이 봇물처럼 터져나왔다. 그러는 동안 어머니의 환영은 사라졌던 것이 틀림없다. 환영은 더 이상 중요하지 않았다. 지금 인디언 사내들이 무엇을 하고 있는지도 더 이상 궁금하지 않았다. 사실 미토테 따위는 아예 안중에도 없었다. 나는 일련의 경이로운 사념에 몰입해 있었다. 여기서 경이롭다는 표현을 쓴 것은 이 사념들은 사념 이상의 것들이었기 때문이다. 그것들은 정서적인 확신에 해당하는 완전한 감정단위들이었고, 어머니와 나 사이의 관계의 성질을 보여주는 부인할 수 없는 증거였다.

어느 순간, 이 경이로운 사념들의 유입이 멈췄다. 나는 사념들이 유동성을 잃고 완전한 감정단위로서의 특질을 상실했다는 사실을 깨달았다. 그래서 나는 다른 것들에 관해 생각하기 시작했다. 나의 마음은 두서없이 부유하고 있었다. 나는 가까운 친척들 생각을 했지만, 이런 생각들은 시각적인 이미지를 수반하지는 않았다. 그런 다음 나는 돈 후앙을 보았다. 그는 서 있었다. 다른 사내들도 모두 서 있었다. 그들은 물이 있는 곳으로 걸어오기 시작했다. 나는 옆으로 비키면서 여전히 자고 있는 소년의 몸을 팔꿈치로 찔렀다.

돈 후앙이 차에 올라타자마자 나는 내가 경험한 놀라운 환시에 대해 일어난 순서대로 얘기하기 시작했다. 그는 크게 기뻐하며 웃었고, 내가 본 환시는 징조이며, 내가 메스칼리토를 처음 경험했을 때와 맞먹는 전조前兆라고 말했다. 내가 처음으로 페요테를 먹었을 때 보인 반응을 그가 지극히 중요한 전조라고 해석했던 것이 기억났다. 사실, 그는 바로 그 사건 때문에 내게 가르침을 전수해주기로 결심했던 것이다.

돈 후앙은 미토테의 마지막 밤에 메스칼리토가 내 몸 위에 너무나도 뚜렷하게 떠 있었기 때문에 모든 사람들이 싫어도 나를 향해 몸을 돌려야 했다고 말했다. 내가 그를 바라보았을 때 그가 나를 응시하고 있었던 것은 바로 그런 이유에서였다.

나는 내가 환시한 내용에 대한 돈 후앙의 해석을 듣고 싶었지만, 그는 얘기하고 싶어하지 않았고, 내가 무엇을 경험했든 간에 그 전조에 비하면 그것은 난센스에 불과하다고 말했다.

돈 후앙은 내 머리 위에 떠 있던 메스칼리토의 빛에 관해 계속 얘기했고, 모두가 그것을 보았다고 했다.

"정말이지 대단한 광경이었어. 그보다 더 나은 전조는 찾아보려야 찾아볼 수 없었을 거야."

돈 후앙과 내가 각각 다른 사고경로를 따라가고 있다는 점은 명백했다. 그는 자신이 전조라고 해석한 사건들의 중요성에 주의를 기울였지만, 나는 내가 본 환시의 시시콜콜한 내용에만 몰두하고 있었던 것이다.

"전조 따위엔 관심 없습니다." 나는 말했다. "저한테 무슨 일이 일어났는지를 알고 싶을 뿐입니다."

돈 후앙은 마치 마음을 상하기라도 한 것처럼 미간을 찌푸렸고,

잠시 딱딱한 표정이 되어 침묵했다. 그런 다음 그는 나를 바라보며 단호하기 그지없는 어조로 말했다. 메스칼리토가 나를 지극히 상냥하게 대했고, 그 빛으로 나를 완전히 감쌌으며, 단지 근처에 있었다는 점을 제외하면 아무런 노력도 하지 않았던 나에게 일부러 가르침을 줬다는 사실만이 유일하게 중요한 일이라고 말이다.

4

1968년 9월 4일 나는 돈 후앙을 만나러 소노라 주로 갔다. 지난번에 그를 방문했을 때 사오라는 부탁을 받은 것이 있어서 도중에 에르모시죠(소노라의 주도)에 들렀다. 일반에게는 판매되지 않는, 바카로나라는 이름의 테킬라였다. 그가 술을 싫어한다는 사실을 알고 있었기 때문에, 그의 부탁을 들었을 때는 묘한 느낌을 받았다. 그러나 나는 네 병을 사서 그에게 선물할 다른 물건들이 든 상자에 함께 넣었다.

"헛, 네 병이나 사오다니!" 돈 후앙은 그 상자를 열어보고 웃음을 터뜨렸다. "한 병만 사오라고 했잖나. 바카노라를 내가 마실 거라고 생각했나 보군. 하지만 이건 내 손자 녀석인 루시오를 위한 걸세. 이걸 건넬 때는 반드시 자네가 주는 선물이라고 해야 해."

돈 후앙의 손자와는 2년 전에 만난 적이 있었다. 당시 스물여덟이었고, 180센티미터를 넘는 큰 키에 분수에 맞지 않을 정도로 옷매무새가 화려했다는 기억이 있다. 대다수 야키 인디언들은 작업복이나 리바이스 청바지 차림에 밀짚모자를 쓰고, 과라체라고 불리는 수제 샌들을 신는다. 그러나 루시오는 터키석 구슬을 줄줄이 박아넣은 주름장식이 있는 검정색의 비싼 가죽재킷에 텍사스 카우보이 모자를 썼고, 도안된 글자가 박히고 수제 장식이 달린 부츠를 신고 있었다.

루시오는 내 선물을 받자 크게 기뻐하며 술병을 들고 집으로 들어 갔다. 어디 숨겨둘 작정인 듯했다. 돈 후앙은 가벼운 말투로 술을 쟁 여두고 혼자 마셔서는 안 된다고 말했다. 루시오는 쟁여두는 것이 아 니라 그날 저녁에 친구들을 불러 함께 마실 때까지 잘 보관해둘 뿐이 라고 말했다.

그날 저녁 7시경에 나는 루시오의 집으로 돌아갔다. 주위가 어두 워져서 작은 나무그늘에 서 있는 두 사내의 모습이 어렴풋하게 보일 뿐이었다. 내가 오기를 기다리던 루시오와 그의 친구 중 한 사람이었 다. 그들은 회중전등을 켜고 집 안으로 나를 안내했다.

루시오의 집은 맨땅에 초벽을 세워 지은 엉성한 두 칸짜리 오두막 이었다. 오두막의 너비는 6미터쯤 되었고, 메스키트 나무로 된 비교 적 가느다란 들보로 지탱되어 있었다. 야키족의 다른 집들과 마찬가 지로 편평한 초가지붕을 얹고, 집의 앞벽 전체에 라마다ramada라고 불리는, 너비가 3미터쯤 되는 일종의 차양이 부착되어 있었다. 라마 다 지붕이 짚이 아닌 얼기설기 엮은 나뭇가지로 이루어져 있는 것은 그늘막 역할을 충분히 하면서도 시원한 바람이 잘 통할 수 있도록 하 기 위해서였다.

집 안으로 들어가면서 나는 서류가방에 넣어둔 녹음기를 켰다. 루 시오는 자기 친구들을 한 명씩 소개해주었다. 집 안에는 돈 후앙을 포함해서 여덟 명의 사내가 있었다. 모두 들보에 매달린 등유램프로 밝게 조명된 방 한복판에 편한 자세로 앉아 있었다. 돈 후앙은 나무 상자에 앉아 있었다. 나는 길이 2미터의 두터운 목재를, 흙바닥에 박아넣은 갈라진 나뭇가지 두 개에 못 박아서 만든 벤치 끄트머리에 앉아 돈 후앙을 마주보았다.

돈 후앙의 모자는 그의 곁에 놓여 있었다. 짧게 자른 백발이 등유 램프가 발하는 빛을 받고 한층 더 희게 반짝였다. 나는 그의 얼굴을 바라보았다. 램프 빛이 목과 이마의 깊은 주름을 부각시킨 탓인지 평소보다 더 가무잡잡하고 나이 들어 보였다.

등유램프의 녹색을 띤 백열광 아래에 떠오른 다른 사내들의 얼굴도 모두 피곤하고 나이가 들어 보였다.

루시오는 모든 사람을 향해 스페인어로 말했다. 그는 내가 에르모시죠에서 사다준 바카로나 한 병을 따서 나눠 마시겠다고 큰 소리로 선언했다. 그는 옆방으로 가서 술병을 가지고 나와서 코르크 마개를 딴 다음 조그만 금속제 잔과 함께 내게 건넸다. 나는 잔에다 술을 아주 조금 따른 다음 들이켰다. 바카로나는 보통 테킬라에 비해 더 향기롭고 진한 느낌이었다. 그리고 더 독했다. 나는 참지 못하고 기침을 했다. 내가 술병을 옆사람에게 건네자 그도 잔에 조금 따라 마셨다. 이런 식으로 한 순배가 돌았다. 그러나 돈 후앙은 마시지 않고 건네받은 술병을 가장 마지막 차례였던 루시오 앞에 놓았다.

모두가 앞다투어 처음 딴 병에 든 술의 깊고 그윽한 향을 칭송했고, 이 술이 치와와 주의 고산지대에서 만들어진 것이 틀림없다는 데 의견을 같이했다.

다시 한 잔씩 마셨다. 사내들은 입맛을 다시며 다시 칭찬을 늘어놓았고, 과달라하라 주 근방에서 만들어진 테킬라와 치와와의 고산

지대에서 만들어진 테킬라 사이의 뚜렷한 차이에 관해 활발한 토론을 벌였다.

두 순배가 돌았을 때도 돈 후앙은 술을 마시지 않았다. 나도 아주 조금 따라 마셨을 뿐이지만 다른 사람들은 잔에 가득 따라 마셨다. 한 순배가 더 돌자 병이 비었다.

"다른 병을 가져와, 루시오." 돈 후앙이 말했다.

루시오가 마음을 정하지 못하고 우물쭈물하는 기색을 보이자 돈 후앙은 무심한 태도로 내가 루시오를 위해 네 병을 사왔다고 사람들에게 말했다.

루시오와 같은 연배의 베니그노라는 사내가 내가 눈에 띄지 않도록 등 뒤에 슬쩍 놓아둔 서류가방을 보더니 테킬라 외판원이냐고 물었다. 돈 후앙은 나는 외판원이 아니며, 사실은 그를 만나기 위해 소노라로 왔을 뿐이라고 대답했다.

"카를로스는 메스칼리토에 관해 배우고 있어. 내가 가르치고 있지."

돈 후앙이 말했다.

일동은 일제히 나를 쳐다보며 예의 바른 미소를 지어 보였다. 자그마하고 여윈 체구를 한 바헤아라는 이름의 나무꾼이 한순간 나를 똑바로 바라보더니 잡화점 주인은 내가 야키족의 땅에서 광물을 채굴하려고 하는 미국회사가 보낸 스파이라고 비난하더라고 말했다. 이 말을 들은 사내들은 모두 터무니없다는 표정으로 분개한 기색을 보였다. 어차피 그들 모두는 야키족 언어로 멕시코인을 의미하는 요리Yori인 잡화점 주인에 대해 별로 좋은 감정을 가지고 있지 않았다.

루시오는 옆방으로 가서 바카노라를 한 병 더 가지고 돌아왔다. 그는 그것을 따서 잔에 가득 따랐고, 술병을 옆사람에게 넘겼다. 대화의 방향은 미국회사가 소노라에 올 가능성과 그것이 야키족에게 끼칠 영향에 관한 것으로 흘러갔다. 술병이 다시 루시오에게 돌아왔다. 그는 술이 얼마나 많이 남아 있는지를 알아보려고 술병을 들여다봤다.

"걱정하지 말라고 하게." 돈 후앙은 내게 속삭였다. "다음에 올 때 더 가지고 오겠다고 해."

나는 루시오 쪽으로 몸을 기울이고 다음에 올 때는 적어도 여섯 병은 가지고 오겠다고 장담했다.

어떤 시점이 되자 다들 말수가 적어지며 대화가 끊기기 시작했다. 돈 후앙은 내게 몸을 돌리고 큰 소리로 말했다. "여기 이 친구들한테 메스칼리토를 만난 얘기를 해주면 어때? 미국회사가 소노라에 오면 어떻게 될지에 대해 이러쿵저러쿵하는 것보다는 그쪽이 훨씬 더 재미있을 것 같은데."

"할아버지, 메스칼리토는 페요테 아닌가요?" 루시오는 흥미를 느낀 듯했다.

"그렇게 부르는 사람들도 있지." 돈 후앙은 메마른 어조로 대꾸했다. "난 메스칼리토라고 부르는 쪽을 선호하지만 말이야."

"그 빌어먹을 물건은 사람을 미치게 만들어." 키가 크고 몸이 실팍한 중년 사내 헤나로가 말했다.

"메스칼리토가 사람을 미치게 만든다는 건 헛소리야." 돈 후앙은 나직하게 말했다. "그게 사실이라면, 이 카를로스는 여기서 자네들과 이야기하고 있는 대신 병원에서 구속복 신세를 지고 있을 테니까 말이야. 이 친구는 그걸 먹었다네. 잘 보라고. 멀쩡하잖아."

바헤아가 배시시 미소를 지으며 "그걸 어떻게 알 수 있어요?"라고 반문하자 모두가 웃음을 터뜨렸다.

"그럼 날 봐." 돈 후앙이 말했다. "나는 거의 일생 동안 메스칼리토를 알고 지내왔지만, 단 한 번도 해를 입은 적이 없어."

사내들은 웃지는 않았지만 돈 후앙의 말을 진지하게 받아들이지 않는 기색이 역력했다.

"그런 반면," 돈 후앙은 말을 이었다. "메스칼리토가 방금 자네가 얘기했듯이 사람들을 미치게 만든다는 건 사실이네. 하지만 그건 자신이 뭘 하는지도 모르고 그를 찾아가는 작자들에게만 해당하는 얘기야."

돈 후앙과 비슷한 연배로 보이는 에스퀘레라는 노인이 고개를 설레설레 흔들며 나직하게 웃었다.

"뭘 하는지 '모른다니,' 그게 무슨 뜻이야, 후앙?" 그가 물었다. "지난번 만났을 때도 같은 얘기를 했던 것 같은데."

헤나로가 받아서 말했다. "페요텐지 뭔지 하는 걸 먹으면 정말로 미치잖아. 위촐Huichol 인디언들이 그걸 먹는 걸 본 적이 있는데, 마치 광견병에라도 걸린 것처럼 행동하더라고. 입에서 게거품을 뿜고 토하고 오줌을 싸고… 그런 난리가 없었어. 그 빌어먹을 물건을 먹다가는 간질에 걸릴지도 몰라. 살라스 씨라고, 정부에서 파견 나온 기술자한테서 들은 얘기야. 알다시피 간질은 평생 간다고."

"그건 짐승보다 못한 운명이로군." 바헤아가 엄숙한 어조로 촌평했다.

"헤나로, 자넨 위촐 인디언들에게서 자네가 보고 싶은 것만을 보았군." 돈 후앙이 말했다. "우선 자넨 메스칼리토를 알게 된다는 게 실제로 어떤 건지 본인들한테 물어볼 생각조차도 하지 않았어. 내가 아는 한 메스칼리토 때문에 간질에 걸린 사람은 단 한 명도 없네. 정부에서 나왔다는 그 기사는 요리이고, 실상에 대해서는 아무것도 몰라. 정말로 메스칼리토를 아는 그 많은 사람들 모두가 미쳤다고 생각하는 건 설마 아니겠지?"

"미쳤거나, 아니면 상당히 비슷한 상태가 아니라면 그런 짓을 할 리가 없잖아." 헤나로가 대꾸했다.

"그 많은 사람들이 모두 미쳤다면 그치들의 일은 누가 맡아 한단 말인가? 다들 어떻게 살아가느냐고?" 돈 후앙이 반문했다.

"'저쪽' ― 이것은 미국을 의미했다 ― 에서 온 마카리오 말로는 누구든 그걸 먹은 사람은 평생 고생한대." 에스퀘레가 말했다.

"정말로 그런 말을 했다면 마카리오는 거짓말쟁이야." 돈 후앙이 말했다. "자기가 뭔 소리를 하고 있는지도 모르고 있는 게 뻔해."

"사실 좀 거짓말을 많이 하긴 하죠." 베니그노가 말했다.

"마카리오가 누구야?" 내가 물었다.

"이 근처에 사는 야키 인디언." 루시오가 말했다. "애리조나 주 출신이고, 전쟁 때는 유럽에 가 있었다는군. 온갖 허풍을 치는 버릇이 있지."

"글쎄 자기 계급이 대령이었대!" 베니그노가 말했다.

이 말에는 모두가 웃음을 터뜨렸고, 화제는 마카리오가 한 황당한 이야기들로 옮겨갔지만, 돈 후앙은 다시 메스칼리토에 관해 얘기하기 시작했다.

"마카리오가 거짓말쟁이인 걸 다들 알고 있으면서 메스칼리토에 관해 얘기한 건 어떻게 믿나?"

"페요테 얘긴가요, 할아버지?" 루시오가 물었다. 마치 이 단어의 뜻을 이해하려고 정말로 애를 쓰는 듯한 말투였다.

"빌어먹을! 그렇다니까!"

돈 후앙의 날카롭고 퉁명스러운 대답에 루시오는 자기도 모르게 움찔했다. 한순간 그들 모두가 두려움에 사로잡힌 듯한 기색이었다. 그러자 돈 후앙은 활짝 웃으며 부드러운 어조로 말을 이었다.

"마카리오는 지가 무슨 얘길 하는지도 모른다는 걸 자네들은 아직도 모르겠나? 메스칼리토에 관해 얘기하려면, 알아야 한다는 걸 몰라?"

"아, 또 그 얘기로구면." 에스퀘레가 말했다. "그놈의 지식이라는 게 도대체 뭐야? 자넨 마카리오 그 녀석보다 더 처치곤란이야. 그 녀석은 알든 모르든 간에 적어도 자기 마음속에 있는 말을 하잖나. 난 그 알아야 한단 얘기를 자네에게서 몇십 년 동안이나 들어왔어. 도대체 우리가 뭘 알아야 한다는 거지?"

"돈 후앙은 페요테에 정령이 있다고 했습니다." 베니그노가 말했다.

"난 들판에 자란 페요테를 봤지만 정령이나 그딴 건 한 번도 못 봤는데." 바헤아가 끼어들었다.

"메스칼리토는 정령 같다고 할 수도 있겠지." 돈 후앙은 설명했다. "하지만 그를 알기 전에는 그가 정말로 무엇인지를 알 수가 없어. 방금 에스퀘레는 내가 몇 년 동안이나 그런 얘기를 해왔다고 불평했지. 맞아, 사실이야. 하지만 자네들이 이해 못하는 건 내 잘못이 아니라네. 바헤아는 누구든 그걸 먹는 사람은 짐승처럼 된다고 했지. 글쎄, 내 의견은 달라. 자기가 짐승보다 더 높은 존재라고 생각하는 사람은 짐승보다도 못한 삶을 살기 마련이지. 여기 있는 내 손자를 보게나. 제대로 쉬지도 못하고 일만 하면서 살잖나. 마치 노새처럼 일하기 위해서 산다고 할 수 있어. 그리고 이 녀석이 하는 일 중에서 짐승 같지 않은 것이 있다면 술을 먹고 취하는 일 정도야."

모두 웃음을 터뜨렸다. 아직도 청소년인 듯해 보이는 빅토르라는 젊은이는 다른 누구보다도 더 높다란 웃음소리를 냈다.

엘리히오라는 이름의 젊은 농부는 지금까지 단 한 마디도 하지 않았다. 그는 비에 젖지 말라고 집 안에 쌓아놓은 화학비료 부대에 등을 기댄 자세로 내 오른쪽에 앉아 있었다. 어릴 적부터 루시오와는 친구 사이라고 했다. 루시오보다는 키가 작고 땅딸막했지만 힘이 세 보이는 실팍한 몸을 하고 있었다. 엘리히오는 돈 후앙이 하는 말에 관심을 기울이는 것처럼 보였다. 바헤아가 뭐라고 막 반박하려고 할 때 엘리히오가 먼저 끼어들었다.

"페요테가 이 모든 걸 어떤 식으로 바꿀 수 있다는 겁니까? 제가 보기에 사람은 평생을 노새처럼 일만 하면서 살 운명인 것 같은데요."

"메스칼리토는 모든 걸 변화시킨다네." 돈 후앙은 대답했다. "그래도 우리가 다른 사람들과 마찬가지로 노새처럼 일해야 한다는 사실에는 변함이 없지만 말이야. 내가 메스칼리토 안에 정령이 있다고 한 건 그가 인간을 변화시키는 정령 같은 것이기 때문이야. 눈에 보이고, 만질 수도 있고, 우리를 변화시키는 정령이지. 때로 그게 우리 의지에 반할 때조차도 말이야."

"페요테는 사람을 미치게 만들어." 헤나로가 말했다. "그러면 물론 본인은 자기가 변했다고 믿겠지. 안 그래?"

"그게 어떻게 우리를 변화시킬 수 있습니까?" 엘리히오가 거듭 물었다.

"그는 우리에게 올바르게 사는 법을 가르친다네." 돈 후앙은 말했다. "그를 아는 사람들을 도와주고 지켜주지. 자네들이 살아가는 삶은 삶이라고 할 수도 없는 거야. 만사를 의도적으로 하면서 느낄 수 있는 행복이 뭔지를 전혀 모르니까 말이야. 수호자가 없으니까!"

"그게 무슨 뜻이지?" 헤나로가 분개한 듯이 말했다. "우리에겐 수호자가 있어. 주 예수 그리스도과 성모 마리아, 과달루페의 어린 성모님이 계시잖나.* 다들 우리를 수호해주시지 않나?"

"정말이지 멋진 수호자의 무리로군!" 돈 후앙은 비꼬듯이 말했

---

* 멕시코인들은 16세기 과달루페에 나타났다는 성모에 대한 신심이 깊다.

106

다. "그래서, 그분들이 자네한테 지금보다 더 나은 방식으로 사는 법을 가르쳐줬나?"

"그건 사람들이 그 말씀에 귀를 기울이지 않기 때문이야." 헤나로가 항의했다. "단지 악마에게만 관심을 기울이는 거지."

"진짜 수호자라면 억지로라도 귀를 기울이게 만드는 법이라네." 돈 후앙은 말했다. "메스칼리토가 자네들의 수호자가 된다면 싫든 좋든 그 말에 귀를 기울이는 수밖에 없어. 눈으로 볼 수 있으니, 그가 하는 말을 따라야 하는 거지. 메스칼리토는 자네들이 존경심을 가지고 그를 접하게끔 만들 거야. 자네들이 수호자들에게 접근하는 방식과는 딴판이지."

"후앙, 그게 무슨 뜻이야?" 에스퀘레가 물었다.

"자네들이 수호자를 접하는 방식이란, 한 사람은 깡깡이를 켜고 춤꾼은 가면에다 각반에 짤랑이를 매달고 춤을 추고, 남은 작자들은 그 옆에서 술판을 벌이는 꼴이나 마찬가지란 뜻이네. 어이 베니그노, 자네도 춤꾼이었던 적이 있잖아. 그게 어땠는지 말해보게."

"3년 하다가 그만뒀습니다." 베니그노가 말했다. "너무 힘들어서요."

"루시오한테 물어보지 그러나." 에스퀘레가 비꼬듯이 말했다. "자네 손자는 일주일 만에 때려치웠잖아!"

돈 후앙을 제외한 모든 사람이 웃음을 터뜨렸다. 루시오는 멋쩍은 표정으로 씩 웃고는 바카로나를 두 모금이나 꿀꺽 들이켰다.

"그건 힘든 게 아니라 바보 같은 짓이야." 돈 후앙이 말했다. "춤꾼인 발렌시오한테 춤추는 일이 좋으냐고 물어보라고. 안 그렇다고 할걸! 단지 춤추는 일에 익숙해졌을 뿐이야. 난 몇십 년이나 그 친구가 춤추는 걸 보아왔는데, 그때마다 똑같은 동작에서 실수를 하더군. 자기 춤솜씨를 자랑할 때를 제외하면 실제로는 전혀 자랑스러워하지 않아. 춤을 아예 사랑하지 않기 때문에 몇 년이고 똑같이 틀린 동작을 되풀이하는 거지. 처음에 했던 실수가 그대로 굳어버린 거야. 본인은 더 이상 그걸 알아차리지도 못하지만."

"원래 그런 식으로 추도록 배운 겁니다." 엘리히오가 말했다. "저도 토림에서 춤꾼이었던 적이 있어서, 배운 그대로 춰야 한다는 걸 압니다."

"발렌시오는 어차피 춤꾼으로는 별 볼 일이 없어." 에스퀘레가 말했다. "그 말고도 춤꾼들은 또 있잖나. 예를 들어 사카테카는 어때?"

"사카테카는 식자야. 자네들과는 급이 달라." 돈 후앙은 준엄한 어조로 말했다. "사카테카가 춤을 추는 건 그게 그의 성향이기 때문이라네. 단지 내가 말하고 싶었던 건 춤꾼이 아닌 자네들은 춤을 즐기지 않는다는 뜻이었어. 아마 제대로 추는 춤을 본다면 자네들 중에서도 몇몇은 즐거워할지도 모르지만 말이야. 하지만 자네들은 춤에 관해서는 거의 아는 게 없기 때문에 아무 쓸모도 없는 한심한 즐거움에만 매달리는 거야. 자네들 모두가 술고래인 건 바로 그 때문이지. 여기 우리 손자부터 그렇잖나!"

"작작해요, 할아버지!" 루시오가 항의했다.

"루시오는 게으르지도 않고, 멍청하지도 않아." 돈 후앙은 개의치 않고 말을 계속했다. "하지만 술 퍼먹는 것 빼놓고 이 녀석이 하는 일이 도대체 뭔가?"

"가죽 재킷 사는 일!" 헤나로가 끼어들자 일동은 폭소를 터뜨렸다.

루시오는 바카로나를 꿀꺽꿀꺽 들이켰다.

"그렇다면 페요테는 그런 걸 어떻게 변화시키나요?" 엘리히오가 물었다.

"루시오가 수호자를 찾으려 한다면 인생이 달라지겠지. 정확히 어떻게 달라질지는 모르지만, 적어도 달라질 거라는 점은 확실해."

"술을 끊는다는 얘깁니까?" 엘리히오가 재차 물었다.

"그럴 수도 있겠지. 루시오는 테킬라 말고도 자기 삶을 만족시켜줄 뭔가 다른 걸 필요로 하고 있으니까 말이야. 그 다른 것이 뭐가 될지는 모르겠지만, 수호자는 그걸 제공해줄 가능성이 있어."

"그럼 페요테는 아주 맛나단 얘기로군요." 엘리히오가 말했다.

"맛나다고는 안 했네."

"맛도 없으면서 어떻게 그걸 즐길 수 있단 말입니까?"

"삶을 더 즐길 수 있게 해주거든."

"하지만 맛이 없는데 어떻게 삶을 더 즐길 수 있게 해준단 말입니까?" 엘리히오는 끈덕지게 되물었다. "도무지 말이 안 되는 것 같아서."

"왜 말이 안 돼?" 헤나로가 확신에 찬 어조로 말했다. "페요테는 사람을 미치게 만들잖아. 그러니까 뭘 하든 간에 인생이 엄청 즐거워지는 건 당연하지."

일동은 또다시 웃음을 터뜨렸다.

"말이 되는군." 돈 후앙은 태연하게 말을 계속했다. "우리가 아는 일이 얼마나 적고, 〈볼〉 수 있는 것이 얼마나 많은지를 안다면 자네들도 이해할 거야. 사람을 미치게 만드는 건 술이야. 술은 심상心象을 흐릿하게 만들지. 반면에 메스칼리토는 모든 것이 명료해지게 해준다네. 너무나도 잘 볼 수 있게 해주는 거야. 너무나도!"

루시오와 베니그노는 서로 얼굴을 쳐다보더니 그 애기는 예전에도 귀가 아프도록 들었다는 듯한 표정으로 씩 웃었다. 헤나로와 에스퀘레는 짜증 난 듯이 동시에 말하기 시작했다. 빅토르의 높다란 웃음소리가 일동의 목소리 위로 울려 퍼졌다. 돈 후앙의 이야기에 유일하게 관심을 느낀 사람은 엘리히오 하나뿐인 듯했다.

"어떻게 페요테가 그런 일들을 다 한단 말입니까?" 엘리히오가 물었다.

"우선 그와 아는 사이가 되어야 하네." 돈 후앙이 설명했다. "내가 보기엔 그게 가장 중요한 부분이야. 그런 다음엔 그에게 바쳐져야 하지. 정말로 그를 안다고 말할 수 있게 되기까지는 여러 번 만나야 해."

"그다음엔요?"

엘리히오가 이렇게 묻자, 헤나로가 끼어들었다. "그다음엔 엉덩이를 까고 지붕에 똥을 싸야 할걸."

일동은 배를 잡고 웃었다.

"그다음에 일어나는 일은 전적으로 자네에게 달렸네." 돈 후앙은 자제심을 잃지 않고 태연하게 말했다. "두려움 없이 그에게 다가가면 그가 어떻게 하면 더 나은 삶을 살 수 있는지를 조금씩 가르쳐줄 거야."

긴 침묵이 흘렀다. 사내들은 피곤한 기색이었다. 술병은 텅 비었다. 루시오는 주저하는 것이 역력한 기색으로 또 한 병을 땄다.

"카를로스에게도 페요테가 수호자인가요?" 엘리히오가 농담투로 물었다.

"글쎄. 카를로스는 지금까지 세 번 먹어봤으니 직접 물어보지 그래."

모두 호기심 어린 표정으로 나를 돌아보았다. 엘리히오가 물었다. "정말로 먹었어?"

"응. 먹었어."

돈 후앙이 청중에게 한 방을 먹인 듯했다. 그들은 다들 내 경험 이야기를 듣고 싶어하거나, 그게 아니라도 예의상 대놓고 나를 비웃을 수는 없었기 때문이다.

"그거 먹고 입안이 아프지는 않았어?" 루시오가 물었다.

"아팠지. 게다가 지독한 맛이었어."

"그럼 왜 그런 걸 먹은 거야?" 베니그노가 물었다.

나는 서구인에게 페요테에 관한 돈 후앙의 지식은 가장 매혹적인 것 중 하나라는 것을 그들에게 공들여 설명하기 시작했다. 지금까지 그가 얘기한 것은 모두 사실이며, 원한다면 각자가 직접 체험해볼 수 있다고 말이다.

나는 사내들이 모두 경멸감을 감추는 듯 은근한 미소를 짓고 있다는 사실을 깨달았다. 큰 당혹감이 몰려왔다. 내가 정말로 하고 싶은 얘기를 남에게 전달하는 일에 얼마나 서툰지를 뼈저리게 느꼈다. 나는 좀더 이야기를 계속했지만 이미 기가 꺾인 상태였고, 결국은 돈 후앙이 이미 했던 얘기를 되풀이하고만 말았다.

돈 후앙이 나를 도와 격려하듯이 말했다. "메스칼리토를 처음 만나러 왔을 때, 자넨 수호자를 찾으러 온 게 아니었어. 그렇지?"

나는 메스칼리토가 수호자가 될 수 있다는 사실을 전혀 몰랐고, 단지 호기심과 그것에 관해 알고 싶다는 뜨거운 열망만으로 움직였다고 실토했다.

돈 후앙은 그런 내 의도에는 거짓이 없었다는 것을 거듭 확언하면서, 바로 그 때문에 메스칼리토가 나에게 좋은 영향을 끼쳤다고 말했다.

"하지만 그 때문에 토하고 오줌 싸고 난리 치지 않았어?" 헤나로가 끈질기게 되물었다.

나는 그런 일도 있었다고 시인했다. 일동은 일제히 웃음을 터뜨렸지만, 자제하는 기색이 역력했다. 나는 그들이 나를 한층 더 경멸하게 되었다고 느꼈다. 엘리히오를 빼고는 모두 별 관심이 없는 듯했다. 그는 나를 빤히 쳐다보고 있었다.

"거기서 뭘 봤는데?" 그가 물었다.

돈 후앙이 이들을 위해 내 경험을 자세히 얘기해주도록 재촉했기 때문에 나는 내가 지각했던 형상들을 차례대로 묘사했다. 내 이야기가 끝나자 루시오가 촌평했다.

"페요테가 그렇게 괴상한 거라면 난 안 해본 게 정말 다행이야."

"내가 말한 대로잖아." 헤나로가 바헤아에게 말했다. "그걸 먹으면 머리가 돌아버린다니까."

"하지만 카를로스는 지금 미치지 않았잖나. 그건 어떻게 설명할 셈인가?" 돈 후앙이 헤나로에게 물었다.

"안 미쳤는지 어떻게 알아?" 헤나로가 맞불을 놓았다.

이 말에는 돈 후앙조차도 모두와 함께 웃음을 터뜨렸다.

"그때 안 두려웠어?" 베니그노가 물었다.

"정말 두려웠지."

"그런데 왜 굳이 했던 거야?" 엘리히오가 물었다.

"알고 싶어서라고 했잖아." 루시오가 나 대신 대답해주었다. "카를로스는 우리 할아버지처럼 되어가는 것 같아. 두 사람 모두 알고 싶다, 뭐 이런 얘기를 줄기차게 되풀이하지만, 도대체 뭘 알고 싶은 건지 아는 사람은 아무도 없어."

"그걸 말로 설명하는 건 불가능해." 돈 후앙은 엘리히오에게 말했다. "왜냐하면 그건 사람마다 다르기 때문이지. 유일한 공통점이 있다면, 메스칼리토는 각자에게 은밀하게 자신의 비밀을 밝혀준다는 사실뿐이라네. 헤나로가 메스칼리토에 대해서 어떻게 생각하고 있는지를 알았으니까 메스칼리토를 만나라고 추천은 못 하겠군. 하지만 내가 뭐라고 하든, 또 헤나로가 어떻게 느끼든 간에, 메스칼리토는 헤나로에게 전적으로 유익한 영향을 끼칠 수 있다네. 하지만 그걸 확인할 수 있는 사람은 헤나로 본인밖에 없어. 내가 '안다'고 한 건 바로 그런 뜻이라네."

이렇게 말하고 돈 후앙은 자리에서 일어났다. "이제 집에 갈 시간이군. 루시오는 취했고 빅토르는 곯아떨어졌으니."

이틀 뒤인 9월 6일에 루시오와 베니그노와 엘리히오가 나와 함께 사냥을 가기 위해 내가 묵고 있는 집으로 왔다. 내가 노트에 필기를 계속하고 있는 동안 그들은 침묵을 지켰다. 이윽고 베니그노가 나에게, 마음의 준비를 하라는 듯 은근한 미소를 띠며 중요한 얘기가 있다고 말했다.

잠시 어색한 침묵이 흐른 뒤에 그는 웃음을 터뜨리며 말했다. "루시오 이 친구가 페요테를 먹겠대."

"정말?" 나는 루시오에게 물었다.

"응. 그래도 괜찮을 것 같아."

그러자 베니그노는 웃음을 참으려고 애쓰면서 말했다.

"자네가 모터사이클을 사주면 페요테를 먹을 용의가 있다는군."

루시오와 베니그노는 서로 얼굴을 마주 보면서 폭소를 터뜨렸다.

"미국에선 모터사이클 한 대에 얼마쯤 해?" 루시오가 물었다.

"백 달러 정도면 살 수 있겠지." 나는 말했다.

"거기선 그리 큰돈이 아니군. 그렇지? 그쯤이면 쉽게 사줄 수 있겠네. 안 그래?" 베니그노가 물었다.

"글쎄, 자네 할아버지에게 먼저 물어볼게." 내가 루시오에게 말했다.

"설마, 안 돼!" 루시오가 반발했다. "그 얘긴 절대 하면 안 돼. 알면 모두 망쳐놓을 게 뻔해. 우리 할배는 기인奇人이잖아. 게다가 너무 나이를 먹고 정신이 오락가락해서 자기가 뭘 하는지도 모른다고."

"그래도 옛날엔 진짜 주술사였는데 말이야." 베니그노가 이렇게 덧붙였다. "그러니까, 진짜배기였다는 뜻이야. 친척들한테 들었는데 최고였다더군. 하지만 페요테를 먹고 나서는 완전히 수그러들었어. 게다가 이젠 너무 나이를 먹었고."

"그리고 지금은 페요테에 관한 재미도 없고 똑같은 얘기를 귀가 아프도록 되풀이하기만 하지." 루시오가 말했다.

"페요테가 어쩌고 하는 얘긴 정말 헛소리일 뿐이야." 베니그노가 말했다. "실은 우리 두 사람도 한 번 해본 적이 있어. 루시오가 자기 할배한테서 얻어온 게 한 부대나 있었거든. 그래서 어느 날 밤 읍내로 가면서 그걸 씹어봤지. 얼어죽을! 입안이 갈가리 찢겨서 엉망이 됐어. 맛도 지독했고!"

"그걸 삼켰어?" 나는 물었다.

"그냥 뱉어냈어. 그 빌어먹을 부대도 내팽개쳐버렸고." 루시오가 말했다.

두 사람 모두 그 사건이 정말 웃겼다고 생각하는 듯했다. 그러는 동안에도 엘리히오는 한마디도 하지 않았다. 평소처럼 과묵했고, 웃으려 하지도 않았다.

"엘리히오, 넌 그걸 시험해보고 싶어?" 나는 물었다.

"아니. 난 아냐. 모터사이클을 사준다 해도 난 싫어."

루시오와 베니그노는 이 말이 정말로 웃겼는지 또 배를 잡고 웃었다.

"그렇기는 해도, 돈 후앙이 해준 얘기 때문에 마음이 뒤숭숭해진 건 사실이야." 엘리히오가 말했다.

"우리 할배는 너무 늙어서 노망이 든 거야." 루시오는 확신에 찬 어조로 단언했다.

"그래. 너무 늙었지." 베니그노가 맞장구쳤다.

돈 후앙에 관한 이 두 젊은이의 견해는 유치한 데다가 근거도 없어 보였다. 나는 그의 인격을 변호해주는 것이 내 의무라고 느꼈다. 그래서 내가 보기에 돈 후앙은 과거에만 그랬던 것만 아니라 지금도 위대한 주술사이며, 아마 가장 위대한 주술사일지도 모른다고 말해주었다. 그리고 나는 그에게서 뭔가 특별한 것, 뭔가 기이하기 그지없는 느낌을 받는다고 덧붙였다. 그러면서 그가 일흔 살을 넘긴 고령임에도 불구하고 우리 모두를 합친 것보다도 더 활기차고 강인하다는 사실을 생각해보라고 했다. 나는 돈 후앙이 눈치채지 못하도록 그에게 몰래 다가가는 게 가능한지 직접 한 번 해보라고 두 청년을 부추겼다.

"그런 식으로 몰래 다가가는 건 불가능해." 루시오는 자랑스러운 투로 말했다. "우리 할아버지는 브루호라고."

나는 그들이 아끼는 돈 후앙이 너무 늙어서 노망이 들었다고 말했던 사실을 상기시키면서, 노망든 사람은 주위에서 일어나는 일을 알아차리지 못한다는 사실을 지적했다. 그리고 내가 돈 후앙의 예민함에 경탄한 것은 한두 번의 일이 아니라고 덧붙였다.

"아무리 늙었어도 브루호에게 몰래 다가가는 건 불가능해." 베니그노가 확신한다는 투로 말했다. "하지만 잠들어 있을 때는 가능해. 세비카스라는 사내가 바로 그런 일을 당했었지. 사악한 주술을 쓰는 걸 견디다 못한 사람들한테 죽임을 당했거든."

나는 그에게 가능한 한 상세하게 그 사건에 관해 얘기해달라고 부탁했다. 그러나 그들은 그 사건이 그들이 태어나기도 전이나, 아니면 아주 어렸을 적에 일어났기 때문에 잘 모른다고 했다. 그러자 엘리히오가 나서서, 그 사람들은 내심 세비카스가 실은 그냥 바보에 불과하다고 믿었고, 진짜 주술사를 해칠 수 있는 사람은 아무도 없다고 주장했다. 나는 주술사에 대한 그들의 견해를 더 듣고 싶어서 계속 질문을 해봤지만 다들 이 주제에 대해서는 별로 관심이 없는 듯했다. 그런 얘기를 하고 있기보다는 빨리 나가서 내가 가져온 22구경 라이플을 쏘아보고 싶어서 안달이었던 탓도 있었다.

우리는 빽빽하게 자란 덤불 쪽으로 걸어가면서 한동안 침묵했다. 이윽고 선두에 있던 엘리히오가 뒤를 돌아보며 내게 말했다. "아마 미친 건 우리일지도, 돈 후앙의 말이 맞는 건지도 몰라. 우리가 사는 꼴을 보라고."

그러자 루시오와 베니그노가 발끈했다. 나는 중재를 시도했다. 나는 내가 엘리히오의 말에 동의하고, 내 삶의 방식에 어딘가 문제가 있다고 느낀다고 그들에게 말했다. 그러자 베니그노는 돈도 있고 차

117

도 가진 내가 삶에 대해 불평을 하다니 말이 안 된다고 했다. 그렇다면 오히려 한 뙈기나마 자기 땅을 가지고 있는 그들 쪽이 더 낫지 않느냐고 내가 반론하자, 그들은 자기들 땅의 소유주는 연방은행이라고 입을 모아 말했다. 나는 내 차를 소유한 건 내가 아니라 캘리포니아에 있는 은행이며, 내 인생은 단지 그들의 인생과 다를 뿐이지 더 나은 것은 아니라고 말했다. 그 무렵 우리는 이미 관목이 빽빽이 자란 숲에 와 있었다.

사슴이나 멧돼지는 눈에 띄지 않았지만, 토끼 세 마리를 잡았다. 돌아가는 길에 우리는 루시오 집에 들렀고, 루시오는 아내가 토끼 스튜를 끓여줄 거라고 말했다. 베니그노는 테킬라 한 병과 우리가 마실 탄산음료를 사려고 잡화점으로 갔다. 그가 돌아왔을 때는 돈 후앙도 함께였다.

"우리 할아버지가 거기서 맥주라도 사고 있었어?" 루시오가 웃으며 물었다.

"초대받아서 온 게 아냐." 돈 후앙이 말했다. "혹시 카를로스가 에르모시죠로 갈 예정이 없는지 물어보려고 잠깐 들린 거야."

나는 내일 떠날 예정이라고 말했다. 우리가 얘기를 나누는 동안 베니그노가 탄산음료 병을 돌렸다. 엘리히오는 자기 것을 돈 후앙에게 건넸다. 야키족 풍습에서 이런 대접을 사양하는 것은 설령 상대방을 생각해서 하는 행동이라고 해도 도저히 용납될 수 없는 결례이기 때문에 돈 후앙은 조용히 그것을 건네받았다. 나는 내 탄산음료 병을 엘리히오에게 주었고, 엘리히오는 물론 그것을 받아야 했다. 그래서 베니그노가 자기 병을 내게 주었다. 그러나 루시오는 이미 자기 것을 모두 들이킨 뒤였다. 야키족의 예절이 어떤 결과를 가져올지를 미리 상상했던 것이 틀림없다. 루시오는 슬픈 표정을 한 베니그노를 돌아보고 웃으며 말했다. "네 몫을 빼앗겨 버렸군."

돈 후앙은 자기는 탄산음료를 아예 마시지 않는다면서 베니그노의 손에 자기 병을 들려주었다. 우리는 말없이 라마다 아래의 흙마루에 앉았다.

엘리히오는 어딘가 불안한 기색으로 모자챙을 자꾸 만지작거렸다. "간밤에 하셨던 얘기에 대해 생각을 좀 해봤습니다." 그는 돈 후앙에게 말했다. "페요테가 어떻게 우리 삶을 바꿔놓을 수 있습니까? 어떻게요?"

돈 후앙은 대답하지 않았다. 그는 엘리히오를 한순간 뚫어지게 응시하더니 야키 말로 노래를 부르기 시작했다. 완전한 노래라기보다는 짧은 낭송에 가까웠다. 일동은 한참 동안 침묵했다. 내가 돈 후앙에게 방금 부른 야키 노래를 번역해달라고 부탁했다.

"그건 야키만을 위한 것이었어." 돈 후앙이 덤덤하게 대꾸했다.

나는 의기소침해졌다. 방금 그가 뭔가 지극히 중요한 얘기를 했다는 확신이 있었던 것이다.

"엘리히오는 인디언일세." 돈 후앙이 말했다. "그리고 인디언답게 엘리히오에겐 아무것도 없다네. 우리 인디언들은 아무것도 갖고 있지 않아. 자네가 이 주변에서 보는 모든 것은 요리들의 소유야. 야키에겐 분노, 그리고 이 땅이 아무 대가도 받지 않고 우리에게 제공해주는 것밖에는 남아 있지 않아."

한동안 아무도 입을 열지 않았다. 이윽고 돈 후앙이 일어서서 작별인사를 하고 밖으로 나갔다. 우리는 그가 길모퉁이 너머로 사라질 때까지 그의 뒷모습을 바라보았다. 우리는 모두가 불안한 표정이었다. 루시오는 횡설수설에 가까운 어조로, 할아버지가 오래 있지 않은 것은 토끼 스튜를 워낙 싫어하기 때문이라고 말했다. 엘리히오는 자기만의 생각에 잠겨 있는 것처럼 보였다. 베니그노는 나를 돌아보더니 큰 소리로 말했다. "지금까지 한 일 때문에 너와 돈 후앙에겐 하느님의 벌이 내릴 거야."

루시오가 웃기 시작했고, 베니그노도 따라 웃었다.

"작작해둬, 베니그노. 네 허튼소리엔 이제 질렸어."

엘리히오가 침울한 목소리로 말했다.

1968년 9월 15일

토요일 밤 9시였다. 돈 후앙은 루시오 집 앞의 흙마루 한복판에서 엘리히오를 마주 보고 앉아 있었다. 돈 후앙은 루시오 앞에 페요테 단추가 든 자루를 내려놓고 몸을 조금씩 앞뒤로 흔들며 노래를 불렀다. 루시오와 베니그노와 나는 엘리히오 뒤쪽으로 1.5미터쯤 떨어진 벽에 등을 기대고 앉아 있었다. 처음에는 껌껌했다. 우리는 집 안에서 등유램프를 켜두고 돈 후앙이 오기를 기다렸고, 이윽고 도착한 돈 후앙은 라마다 아래의 흙마루로 우리를 불러내서 각자 어디 앉아야 하는지를 지정해주었던 것이다. 잠시 후 눈이 어둠에 익숙해진 뒤에는 일동 모두의 모습을 뚜렷하게 볼 수 있었다. 나는 엘리히오가 두려움에 떨고 있다는 사실을 깨달았다. 온몸을 덜덜 떨고, 이를 딱딱거리고 있다. 머리와 등이 간헐적으로 경련했다.

돈 후앙이 엘리히오에게 말했다. 두려워하지 말고 수호자를 신뢰하며, 그 밖의 잡생각 따위는 아예 하지도 말라는 지시였다. 그는 아무렇지도 않게 페요테 단추 한 개를 집어들어 엘리히오에게 내밀며 아주 천천히 씹으라고 명령했다. 엘리히오는 강아지처럼 낑낑거리며 화들짝 뒤로 물러났다. 빠르고 거친 그의 숨소리는 마치 풀무질하는 소리를 연상케 했다. 엘리히오는 모자를 벗고 이마를 닦았다. 그가 양손에 얼굴을 묻었다. 나는 그가 울고 있다고 생각했다. 길고 긴장된 순간이 지나간 후 엘리히오는 어느 정도 자제력을 되찾았다. 그는 상체를 곧추세우고 여전히 한 손으로 얼굴을 가린 채로 페요테 단추를 받아들고 씹기 시작했다.

강렬한 불안감이 나를 엄습했다. 그제야 나는 내가 엘리히오 못지않게 두려움에 사로잡혀 있다는 사실을 깨달았다. 내 입안은 실제로 페요테를 먹었을 때와 비슷하게 바싹 말라 있었다. 엘리히오는 단추 하나를 오랫동안 씹고 있었다. 나를 사로잡은 긴장감은 점점 더 강해지기만 했다. 숨이 더 가빠지고 어느새 나도 씩씩대고 있었다.

돈 후앙은 한층 더 큰 소리로 노래를 부르기 시작했고, 엘리히오에게 페요테 단추를 하나 더 건넸다. 엘리히오가 그것을 모두 씹어 먹자 말린 과일을 건네며 아주 천천히 씹으라고 말했다.

엘리히오는 주기적으로 일어서서 덤불로 들어갔다. 그러던 중에 그가 물을 찾자, 돈 후앙은 물을 마시지는 말고 단지 입안을 가시기만 하라고 지시했다.

엘리히오가 단추 두 개를 더 씹어 먹자 돈 후앙은 그에게 건육을 건넸다.

엘리히오가 열 개째의 페요테를 씹어 먹었을 무렵 나는 불안감을 이기지 못하여 거의 토하기 직전이었다.

갑자기 엘리히오가 앞으로 고꾸라져 이마를 땅에 부딪쳤다. 몸을 굴려 왼쪽으로 눕더니 경련하듯이 꿈틀거렸다. 손목시계를 보니 11시 20분이었다. 엘리히오는 한 시간 이상 흙마루에 누운 채로 몸을 뒤척이며 덜덜 떨고 신음했다.

돈 후앙은 엘리히오 앞의 원래 자리에 줄곧 앉아 있었다. 그가 부르는 페요테 노래가 거의 중얼거림에 가까워졌다. 내 오른쪽에 앉아 있는 베니그노는 크게 신경을 쓰는 기색이 아니었다. 그 옆의 루시오는 옆으로 누워 코를 골고 있었다.

엘리히오는 몸을 뒤틀었다. 그는 양손을 다리 사이에 끼운 자세로 오른쪽 옆구리를 바닥에 대고 나를 향해 옆으로 누웠다. 갑자기 그의 몸이 껑충 뛰어오르더니 두 다리를 조금 구부리면서 등을 대고 누웠다. 그는 왼손을 물결치듯이 들어올려 뻗쳤다. 지극히 자유분방하고 우아한 동작이었다. 오른손이 같은 동작을 되풀이하더니, 양팔이 번갈아가며 물결치듯이 천천히 움직이기 시작했다. 하프 주자의 손놀림을 연상케 하는 동작이었다. 동작이 조금씩 더 격렬해지기 시작했다. 두 팔은 눈에 보일 정도로 부들거리면서 피스톤처럼 상하로 움직였다. 그와 동시에 좌우의 손목이 앞으로 돌며 손가락을 와들와들 떨었다. 아름답고 조화로우며 마음을 홀리는 광경이었다. 그 더할 나위 없는 율동과 근육 통제력에 나는 경탄했다.

이윽고 엘리히오는 마치 그를 감싼 힘에 저항하려는 듯이 천천히 일어섰다. 몸이 부들부들 떨렸다. 엘리히오는 몸을 쭈그리더니 다시 똑바로 일어섰다. 두 팔과 몸통과 머리는 마치 전기가 통한 것처럼 간헐적으로 부들부들 떨렸다. 마치 그의 외부에 있는 어떤 힘이 그를 유도하거나 움직이는 것 같았다.

돈 후앙의 노랫소리가 갑자기 커졌다. 루시오와 베니그노는 잠에서 깨어 눈앞의 광경을 흥미 없다는 듯한 눈초리로 보더니 다시 잠들었다.

엘리히오는 위로, 위로 올라가는 것처럼 보였다. 어딘가를 등반하고 있는 것이다. 손을 오므리며 내 시야 밖에 있는 물체를 움켜잡는 것처럼 보였다. 그는 몸을 끌어올리고 한숨 돌리기 위해 잠시 멈춰 섰다.

나는 엘리히오의 눈이 보고 싶어서 다가가보려고 했지만 돈 후앙이 사나운 얼굴로 노려보는 바람에 화들짝 놀라 제자리로 돌아왔다.

그러자 엘리히오가 도약했다. 최후의 엄청난 도약이었다. 그가 목적지를 눈앞에 두고 있다는 사실은 명백했다. 엘리히오는 헉헉거리고 쌕쌕거리며 용을 썼다. 마치 바위 선반에 매달려 있는 것처럼 보였다. 그러나 무엇인가가 그를 따라잡으려 하고 있었다. 그는 미친 듯이 절규했다. 손이 미끄러지면서 추락하기 시작한 것이다. 몸이 뒤로 젖혀지며 활처럼 휘었고, 머리끝에서 발끝까지의 근육이 잔물결처럼 경련했다. 아름답다는 생각이 들 정도로 협조된 움직임이었다. 잔물결이 백 번쯤 지나간 뒤에, 엘리히오의 몸은 삼베 부대처럼 축늘어졌다.

잠시 후 그는 마치 얼굴을 보호하려는 듯이 양팔을 앞으로 뻗었다. 그는 가슴을 바닥에 댄 자세로 두 다리를 뻗었다. 위로 약간 구부린 다리는 지면에서 10센티미터쯤 위에 떠 있었기 때문에 마치 엎드린 채로 엄청난 속도로 미끄럼을 타거나 날아가고 있는 것처럼 보였다. 그는 머리를 한껏 뒤로 젖히고, 두 팔로 눈을 완전히 가리고 있었다. 그의 주위에서 강풍이 쉭쉭거리는 것조차 느낄 수 있었다. 나는 헐떡이다가 무의식중에 째지는 듯한 비명을 올렸다. 루시오와 베니그노가 잠에서 깨더니 신기한 듯이 엘리히오를 쳐다보았다.

"모터사이클을 사준다고 약속하면 당장 이걸 씹을게." 루시오가 커다란 목소리로 말했다.

나는 돈 후앙을 쳐다보았다. 그는 단호하게 고개를 가로저었다.

"염병할!" 루시오는 이렇게 중얼거리고는 다시 잠들어버렸다.

엘리히오는 일어서서 걷기 시작했고, 나를 향해 두 걸음 걸어오더니 멈춰 섰다. 행복감에 가득 찬 표정으로 웃고 있는 것이 보였다. 그는 휘파람을 불려고 했다. 뚜렷한 소리는 나오지 않았지만 화음으로 이루어진 노래였다. 단 두 소절뿐이었지만 엘리히오는 그것을 계속 되풀이했다. 잠시 후 휘파람 소리가 뚜렷해지면서 곧 날카로운 선율로 변했다. 엘리히오는 알아들을 수 없는 말을 중얼거렸다. 그가 휘파람으로 부는 곡의 가사인 듯했다. 그는 몇 시간 동안이나 이 과정을 되풀이했다. 반복적이고 단조로운 아주 단순한 노래였지만, 묘하게 아름다운 느낌이었다.

엘리히오는 노래를 부르며 무엇인가를 바라보고 있는 듯했다. 그가 나에게 한 번 바싹 다가온 순간, 어둑어둑했지만 그의 눈이 보였다. 퀭한 시선은 어딘가에 못 박혀 있었다. 엘리히오는 미소 짓고 킥킥 웃었다. 그는 신음하고 한숨을 쉬면서 걸어다니다가 앉았고, 다시 일어나서 걸었다.

갑자기 무엇인가가 그를 확 밀친 듯했다. 허리가 마치 눌린 것처럼 뒤로 푹 꺾였다. 한순간 엘리히오는 발끝만으로 균형을 잡으며 거의 원에 가까운 자세가 될 때까지 몸을 젖혔다. 뒤로 뻗은 양손으로 땅을 짚고 있었다. 그는 또다시 풀썩 쓰러졌다. 지면에 누워서 몸 전체를 쭉 뻗은 모습은 묘하게 경직된 느낌을 주었다.

한동안 훌쩍이며 신음하는가 싶더니 엘리히오는 이내 코를 골기 시작했다. 돈 후앙은 삼베 부대로 그의 몸을 덮어주었다. 시간은 오전 5시 35분이었다.

루시오와 베니그노는 벽에 등을 기대고 어깨를 맞댄 채로 잠들어 있었다. 돈 후앙과 나는 오랫동안 조용히 앉아 있었다. 그는 피곤한 기색이었다. 나는 침묵을 깨고 엘리히오의 상태에 관해 물었다. 돈 후앙은 엘리히오와 메스칼리토의 만남은 예외적일 정도로 대성공을 거뒀다고 말했다. 메스칼리토는 첫 만남에서 그에게 노래를 하나 가르쳐주었는데, 이것은 실로 놀랄 만한 일이라고 했다.

나는 왜 루시오에게 모터사이클을 미끼로 페요테를 조금 먹어보게 하지 않았느냐고 물었다. 그런 조건하에서 접근했다면 메스칼리토는 루시오를 죽였을 것이라는 대답이 돌아왔다. 돈 후앙은 자기 손자를 설득하기 위해 모든 것을 신중하게 준비했었다는 사실을 시인하며, 나와 루시오 사이의 우정이 그가 짠 전략의 핵심에 있었다고 말했다. 돈 후앙은 그에겐 루시오가 늘 걱정거리였고, 한동안 함께 살았던 적도 있어서 아주 가까운 사이였다고 했다. 하지만 루시오는 일곱 살이었을 때 중병에 걸렸고, 경건한 가톨릭 신자였던 돈 후앙의 아들은 과달루페의 성모에게 루시오의 목숨을 살려준다면 성스러운 춤 결사에 루시오를 가입시키겠다고 서약했다. 루시오는 병에서 회복했고, 그 맹세를 실천해야만 했다. 그리고 도제가 된지 단 일주일 만에 그는 서약을 깨기로 결심했다. 루시오는 그 결과로 자기가 죽을 것이라고 생각하고 마음의 준비를 하고 하루종일 죽음이 찾아오기를 기다렸다고 한다. 모두가 그런 그를 조롱했고, 이 사건은 두고두고 이야깃거리가 되었다.

돈 후앙은 오랫동안 아무 말도 하지 않았다. 그만의 사념에 완전히 몰입해 있는 것처럼 보였다.

"내가 짠 계획은 루시오를 위한 것이었지만, 찾아낸 건 엘리히오였어. 어차피 무리라는 건 알고 있었지만 좋아하는 사람에겐 어느 정도 무리를 할 필요가 있지. 마치 인간을 개조하는 일이 가능하다는

126

듯이 말이야. 루시오도 어릴 적에는 용기가 있었지만 자라면서 그걸 잃어버렸다네."

"루시오에게 요술을 걸 수는 없습니까?"

"요술을 걸어? 뭣 때문에?"

"그러면 변해서 용기를 되찾을지도 모르잖습니까."

"용기는 요술과는 관계가 없어. 용기는 개인적인 거야. 요술은 사람들을 무해하게 만들거나, 병들게 하거나, 바보로 만드는 방법이야. 요술로는 전사를 만들어낼 수가 없네. 전사가 되기 위해서는 수정처럼 맑아져야 해. 엘리히오처럼 말이야. 엘리히오는 정말 용기 있는 친구야!"

엘리히오는 삼베 부대를 덮고 평화롭게 코를 골고 있었다. 이미 날이 다 밝아 있었다. 구름 한 점 없이 새파란 하늘이 보였다.

"엘리히오가 한 여행에 대해 알 수만 있다면 세상을 다 줘도 좋을 것 같습니다. 얘기해달라고 부탁해도 괜찮을까요?"

"그 어떤 일이 있어도 그런 짓을 하면 안 돼!"

"왜요? 저도 제가 경험한 걸 당신에게 얘기하지 않습니까."

"그것하곤 달라. 혼자만 알고 있는 건 자네 성향이 아니지. 하지만 엘리히오는 인디언이고, 그가 경험한 여행은 온전히 그만의 것이라네. 루시오가 그랬다면 좋았겠지만."

"당신이 할 수 있는 일은 없습니까?"

"없네. 유감스럽게도 해파리에게 뼈를 만들어줄 방법 따위는 없거든. 그건 나의 우행愚行에 불과했어."

해가 얼굴을 내밀었다. 햇살 때문에 눈이 더 뻐근했다.

"예전에도 몇 번이고 그런 얘기를 하셨죠. 주술사에게 어리석은 행동 따위를 할 여유는 없다고요. 돈 후앙 당신은 어리석은 짓과는 인연이 없다고 생각했습니다만."

돈 후앙은 날카로운 눈으로 나를 쳐다보았다. 그는 일어서서 엘리히오를 흘끗 보고는 다시 루시오를 바라봤다. 그는 머리에 모자를 얹더니 위쪽을 툭툭 쳤다.

"자기가 하는 일이 아무 쓸모도 없다는 걸 뻔히 알면서도 어느 정도 무리를 하는 건 가능하다네." 그가 미소 지으며 말했다. "그러기 위해서는 자신의 행동이 아무 쓸모도 없는데도 마치 그 사실을 모르는 것처럼 밀고 나가야 한다는 사실을 먼저 알고 있어야 하지만 말이야. 그게 바로 주술사의 통제된 우행이라네."

5

1968년 10월 3일에 나는 돈 후앙의 집으로 돌아왔다. 오로지 엘리히오의 입문의식을 둘러싼 사건들에 관해 물어보려는 목적에서였다. 당시 일어났던 일들을 기록한 노트를 다시 읽어보면서 의문이 거의 끊임없이 쏟아져 나왔던 것이다. 내가 원하는 것은 정확한 답이었기 때문에 나는 가장 적절하다고 생각되는 단어를 골라서 미리 만들어둔 질문 목록을 지니고 있었다.

나는 이렇게 운을 뗐다. "돈 후앙, 그날 밤 저는 〈본〉 겁니까?"

"거의 그러기 직전까지 갔지."

"그럼 당신은 제가 엘리히오의 몸동작을 〈보고〉 있는 걸 〈본〉 겁니까?"

"그래. 자네가 엘리히오가 받은 가르침의 일부를 〈볼〉 수 있도록 메스칼리토가 허락하는 걸 〈보았던〉 거야. 그런 허락을 받지 못했으면 자넨 단지 그 자리에 앉아 있거나 누워 있는 사내의 모습밖에는 못 봤을걸. 지난번 미토테에서는 사내들이 뭘 하고 있는지 눈치 못 챘지?"

지난번 미토테에서 나는 특이한 동작을 하는 사내를 한 명도 보지 못했다. 기록을 보아도 고작 몇몇 사내가 다른 사람들보다 더 자주

129

덤불 속으로 들어갔다는 사실밖에는 찾을 수 없다는 점을 시인할 수밖에 없었다.

"하지만 자네는 엘리히오가 받은 모든 가르침을 거의 〈보기〉 직전까지 갔어." 돈 후앙이 말을 이었다. "그 점을 곰곰이 생각해보게. 메스칼리토가 자네한테 얼마나 너그러운지를 정말 모르겠나? 내가 아는 한 메스칼리토는 사람을 그토록 상냥하게 대하는 법이 없었어. 그 누구에 대해서도 말이야. 그런데도 자네는 그의 관대함을 전혀 대수롭지 않게 여기는군. 자넨 어떻게 그토록 퉁명스럽게 그에게 등을 돌릴 수가 있나? 아니, 이렇게 말하는 쪽이 나을지도 모르겠군. 자넨 도대체 뭘 얻으려고 그런 식으로 메스칼리토에게 등을 돌리나?"

나는 돈 후앙이 또 나를 궁지로 몰아넣고 있다고 느꼈다. 나는 그의 질문에 대답할 수가 없었다. 내가 도제수업을 그만둔 것은 나 자신을 구하기 위해서라고 줄곧 믿고 있었지만 무엇으로부터, 또는 무엇을 위해 나를 구하려는 것인지는 나도 전혀 알 수가 없었다. 당장 화제를 바꾸고 싶었기 때문에 나는 치밀하게 계산해둔 질문들을 물어보는 것은 포기하고 가장 중요한 질문을 던졌다.

"통제된 우행이라고 부르는 것에 관해 더 얘기해주실 수는 없을까요."

"뭘 알고 싶은데?"

"부탁입니다. 통제된 우행이란 정확하게 무엇을 의미하는 겁니까?"

돈 후앙은 껄껄 웃으며 손바닥으로 자기 허벅지를 철썩 때렸다.

"이게 바로 통제된 우행이야!" 그는 이렇게 말했고, 웃으면서 다시 자기 허벅지를 때렸다.

"어, 그게 무슨…?"

"엄청난 세월이 걸리긴 했어도 자네가 마침내 나의 통제된 우행에 관해 물어봤다는 사실이 기쁘군. 하지만 난 자네가 끝내 물어보지 않았더라도 털끝만큼도 개의치 않았을 거야. 그렇지만 난 기쁨을 느끼는 쪽을 선택했네. 마치 자네가 그걸 물어봤다는 사실에 연연하는 것처럼 말이야. 마치 내가 연연해한다는 사실이 중요하다는 것처럼. 이게 바로 통제된 우행이야!"

우리는 큰 소리로 웃었다. 나는 그를 포옹했다. 그가 해준 설명을 완전히 이해할 수는 없었지만 유쾌한 느낌을 받았기 때문이다.

우리는 평소처럼 집 현관 바로 앞의 흙마루에 앉아 있었다. 오전 10시경이었다. 돈 후앙은 앞에 식물 씨앗을 잔뜩 쌓아놓고 지스러기를 골라내고 있었다. 내가 돕겠다고 하자 그는 거절했다. 씨앗은 중앙 멕시코에 사는 그의 친구가 보낸 선물이고, 나는 그것에 손을 댈 수 있을 만큼 충분한 힘이 없다고 했다.

"돈 후앙, 당신은 누구를 상대로 통제된 우행을 합니까?" 긴 침묵이 흐른 후에 물었다.

돈 후앙은 껄껄 웃었다.

"모든 사람에게!" 그는 미소 지으며 이렇게 외쳤다.

"그럼 언제 그걸 실행에 옮기시는지?"

"내가 행동할 때면 언제나."

나는 이 시점에서 생각을 정리할 필요를 느껴서, 통제된 우행이란 그의 행동이 전혀 진지한 것이 아니라서 배우가 하는 연기에 불과하다는 뜻이냐고 물어보았다.

"나는 언제나 진지하게 행동하지. 하지만 그것들은 모두 배우의 연기에 불과해."

"그렇다면 당신이 하는 모든 행동은 통제된 우행이란 얘기가 되지 않습니까!" 나는 깜짝 놀라 반문했다.

"맞아. 모든 행동이 그렇지."

"하지만 당신의 모든 행동이 통제된 우행에 불과하다는 건 말이 안 됩니다." 나는 항의했다.

"왜?" 그는 알 수 없는 표정을 지으며 물었다.

"그게 사실이라면 당신에겐 그 무엇도 중요하지 않고, 당신은 그 어떤 일이나 사람에 대해서도 전혀 개의치 않는다는 뜻이 되지 않습니까. 저를 예로 들어보죠. 제가 식자가 되든 말든, 죽든 말든, 무슨 일을 하든 말든 당신은 정말로 개의치 않는단 말입니까?"

"바로 그거야! 난 개의치 않아. 내게 자네란 존재는 루시오나, 내가 지금까지 살면서 만난 모든 사람들과 마찬가지로 통제된 우행이라네."

나는 묘한 공허감을 느꼈다. 돈 후앙이 굳이 내게 신경을 써야 할 이유가 세상 어디에도 없다는 사실은 명백했지만, 한편으로는 그가 늘 일부러 신경을 써서 나를 돌봐주었다고 거의 확신하고 있었기 때문이다. 나와 함께 시간을 보낼 때면 언제나 전심전력을 다해 나를 돌봐주었는데, 어떻게 그런 소리를 할 수 있단 말인가. 문득 돈 후앙은 내게 짜증을 내고 있는 것일지도 모른다는 생각이 들었다. 결국 나는 그의 가르침을 받기를 포기하지 않았던가.

"아무래도 서로 다른 얘기를 하고 있다는 생각이 듭니다. 저를 예로 든 건 잘못이었을지도 모르겠군요. 제 말은, 당신에게도 통제된 우행과는 다른 식으로 애착을 느끼는 무엇인가가 있을 거라는 겁니다. 그 어떤 일에도 상관하지 않는다면 살아가는 것 자체가 불가능하지 않습니까."

"그건 자네한테나 해당하는 일이야. 자넨 온갖 일들에 다 애착을 갖고 있으니까 말이야. 자넨 내게 통제된 우행이 뭔지를 물었고, 난 나 자신이나 다른 사람들과 관련해서 내가 하는 모든 행동이 통제된 우행이라고 대답했네. 왜냐하면 내겐 그 무엇도 중요하지 않거든."

"돈 후앙, 제가 지적하고 싶은 건 바로 그 점입니다. 그 무엇도 중요하지 않다면, 어떻게 계속 숨을 쉬며 살아갈 수가 있는 겁니까?"

돈 후앙은 웃음을 터뜨렸고, 대답할지 대답하지 말지 망설이는 기색으로 잠시 침묵하다가, 대뜸 일어서더니 집 뒤꼍으로 갔다. 나는 그를 따라갔다.

"돈 후앙, 잠깐만 기다려주십쇼. 정말로 알고 싶어서 그럽니다. 방금 하신 말이 무슨 뜻인지 꼭 설명을 들어야겠습니다."

"설명 자체가 불가능한 건지도 몰라. 자네가 인생의 어떤 부분들에 연연하는 건 그것들이 중요하다고 느끼기 때문이네. 자네에게 자네의 행동은 확실히 중요하겠지. 하지만 나의 경우엔 그 어떤 일도 더 이상 중요하지 않다네. 내가 하는 행동도, 다른 인간들이 하는 그 어떤 행동도 말이야. 하지만 내가 계속 살아가는 건 내게 의지가 있기 때문이야. 나는 평생 동안 나의 의지를 단련해왔네. 그것이 정돈되고 완전해져서 내겐 그 어떤 일도 중요하지 않다는 사실이 더 이상 중요하지 않게 된 수준에 이를 때까지 말이야. 바로 그 의지가 내 삶의 우행을 통제하고 있는 거야."

그는 쭈그리고 앉더니 커다란 삼베 천 위에 말리려고 널어놓은 약초를 손가락으로 훑었다.

나는 얼떨떨한 상태였다. 내가 한 질문이 설마 이런 방향으로 흘러갈 줄은 꿈에도 생각지 못했기 때문이다. 한참을 침묵하던 중에 그럴듯한 반론이 떠올랐다. 사람들이 하는 행위들 중 어떤 것은 엄청난 중요성을 가지고 있다고 믿는데, 핵전쟁이야말로 그런 행동의 가장 극적인 예가 아니겠느냐고 나는 반문했다. 핵전쟁으로 지구상의 모든 생명이 파괴된다면 그건 의심할 여지 없이 엄청난 사건이 아니겠는가.

"자넨 생각을 하기 때문에 그런 믿음이 생기는 거야. 삶에 관해 생각하고 있는 거지." 돈 후앙은 눈을 번득이며 말했다. "자넨 〈보고〉 있지 않거든."

"제가 〈볼〉 수 있다면 생각이 바뀔 거라는 말입니까?"

"일단 〈보는〉 법을 터득한 사내는 자신이 우행 말고는 아무것도 없는 세계에 홀로 서 있다는 사실을 깨닫는다네." 알쏭달쏭한 대답이 돌아왔다.

돈 후앙은 여기서 잠시 말을 멈추고, 마치 자신의 말이 내게 어떤 영향을 끼쳤는지를 가늠해보려는 듯이 나를 바라보았다.

"자네의 행동뿐만 아니라 다른 인간들의 행동이 자네 눈에 중요하게 비치는 이유는 그것들이 중요하다고 〈배운〉 탓이야."

그는 이 '배운다'라는 단어를 묘한 억양으로 발음했기 때문에 그것이 무슨 뜻인지 물어보지 않고는 배길 수가 없었다.

돈 후앙은 약초에서 손을 떼더니 나를 바라보았다.

"우린 모든 것에 대해 생각을 하도록 배운다네. 그래서 우린 자신이 바라보는 것에 대해 생각하는 동안 눈이 그것을 바라보도록 훈련시키지. 우리는 자신이 중요하다는 생각을 이미 하면서 자신을 바라보고 있어. 그러니 자신이 중요하게 '느껴질' 수밖에 없는 거야! 하지만 〈보는〉 법을 배운 사람은 더 이상 자신이 바라보는 것들에 대해 생각을 할 수가 없다는 사실을 깨닫지. 그리고 자신이 바라보는 것에 대해 생각을 할 수 없으면 모든 것은 중요하지 않게 되는 거야."

돈 후앙은 내가 어리둥절해하는 기색을 알아차렸음이 틀림없다. 방금 한 얘기를 내게 이해시키려는 듯이 세 번이나 되풀이했기 때문이다. 그가 한 얘기는 처음에는 횡설수설로밖에는 들리지 않았지만, 곰곰이 생각해보니 지각의 어떤 측면에 관한 매우 세련된 견해라는 느낌이 더 강해졌다.

나는 그가 요점을 더 명쾌하게 설명해주게 만들 좋은 질문을 찾아보려고 애썼지만 뾰족한 생각이 떠오르지 않았다. 갑자기 녹초가 된 기분이었다. 더 이상 내 생각을 제대로 정리할 수가 없었다.

돈 후앙은 내가 느낀 피로를 감지한 듯 내 팔을 가볍게 쳤다.

"이 약초들을 다듬게. 그런 다음 정성껏 찧어서 이 단지에 넣는 거야."

그는 내게 커다란 커피 단지를 건네주고 자리를 떴다.

돈 후앙은 몇 시간 뒤 늦은 오후가 돼서야 집으로 돌아왔다. 약초 찧는 일은 일찌감치 끝마쳤기 때문에 나는 충분한 시간 여유를 가지고 메모를 했다.

당장 하고 싶은 질문들이 있었지만 돈 후앙은 내 질문에 대답해줄 기분이 아닌 듯했고, 대뜸 지독하게 배가 고프니 요기부터 해야겠다고 말했다. 그는 부뚜막에 불을 지피고 뼈를 고은 육수가 담긴 냄비를 올려놓았다. 그는 내가 사온 식료품 봉지들을 들여다보고는 채소 몇 개를 꺼내어 작게 썰어서 냄비 안에 던져 넣었다. 그런 다음 그는 돗자리에 누워 샌들을 차듯이 벗어버리고는 나더러 부뚜막 옆에 앉아서 불을 때라고 했다.

주위에는 땅거미가 지고 있었다. 내가 앉은 곳에서는 구름 낀 서쪽 하늘이 보였다. 두꺼운 구름 덩어리의 가장자리는 누리끼리하게 물들어 있었지만, 구름 한복판은 거의 검은색에 가까웠다.

구름이 정말 아름답다고 말하려고 했지만 돈 후앙 쪽이 나보다 빨랐다.

"가장자리는 솜털 같지만 한복판은 두껍군." 그는 구름을 가리키며 말했다.

바로 내가 하려던 말이었다는 사실에 놀란 나머지 나는 펄쩍 뛰었다.

"저도 구름 얘기를 하려고 했습니다."

"그럼 내가 선수를 친 거로군." 돈 후앙은 어린애처럼 천진난만하게 웃으며 말했다.

내 질문에 대답해줄 기분인지를 묻자, "뭘 알고 싶은데?"라는 대답이 돌아왔다.

"아까 들은 통제된 우행 얘기로 마음이 정말 뒤숭숭해서요. 그게 무슨 뜻인지 정말 이해를 못하겠습니다."

"물론 이해 못하겠지. 자넨 그걸 생각해보려고 했지만, 내가 한 얘긴 자네 생각과는 아귀가 맞지 않으니까 말이야."

"그래도 생각을 안 할 수가 없습니다. 왜냐하면 돈 후앙, 그건 제가 직접 뭔가를 이해할 수 있는 유일한 방법이기 때문입니다. 예컨대 어떤 사람이 〈보는〉 법을 배우면 온 세계의 모든 것이 무가치해지는 겁니까?"

"무가치해진다고는 안 했어. 중요하지 않다고 했을 뿐이야. 모든 것이 동등해지고, 따라서 더 이상 중요하지 않게 되는 거야. 이를테면 나는 결코 내 행동이 자네의 행동보다 더 중요하다고 주장하지 않고, 어떤 일이 다른 일보다 더 본질적이라고 주장하지도 않아. 따라서 모든 것은 평등해지고, 바로 그 평등함에 의해서 그 중요성을 잃는 거지."

나는 그가 '보기(seeing)'라고 부르는 것이 단지 사물을 '바라보는 (looking)' 행위보다 실질적으로 '더 나은 방식'을 의미한다는 뜻으로 그렇게 말했는지를 물었다. 그러자 인간의 눈은 양쪽 기능을 수행할 수 있지만, 어느 쪽도 다른 쪽보다 더 낫거나 한 것은 아니라는 대답이 돌아왔다. 그러나 자신의 눈을 단지 바라볼 수만 있도록 훈련시키는 것은 불필요한 손실이라는 것이 돈 후앙의 의견이었다.

"이를테면, 웃기 위해서는 눈을 써서 바라보아야 한다네. 우리는 오직 사물을 바라봄으로써만 우리 세계의 우스꽝스러운 부분을 포착할 수 있기 때문이지. 반면에 눈으로 〈볼〉 때는, 모든 것이 너무나도 평등해지기 때문에 그 무엇도 우습지 않지."

"그렇다면 돈 후앙, 〈보는〉 사람은 아예 웃지도 못한다는 뜻입니까?"

그는 잠시 침묵했다.

"아마 결코 웃지 않는 식자가 있을지도 모르겠군. 그런 식자와 마주친 적은 없지만 말이야. 내가 아는 식자들은 다들 〈보는〉 동시에 바라보기 때문에, 웃을 줄 알아."

"식자는 울 줄도 압니까?"

"아마 그렇겠지. 우리는 눈으로 바라보기 때문에 웃거나 울고, 크게 기뻐하기도 하고, 슬퍼하고 즐거워하기도 하니까 말이야. 개인적으로 나는 슬픈 걸 좋아하지 않기 때문에 보통 나를 슬프게 만들 만한 뭔가를 목격하면 눈으로 그걸 바라보는 대신 〈보는〉 쪽으로 그냥 바꾼다네. 하지만 뭔가 웃기는 것과 마주치면 그냥 바라보고 웃지."

"그렇다면 돈 후앙, 당신의 웃음은 진짜 웃음이지 통제된 우행은 아니란 얘기가 되지 않습니까."

돈 후앙은 잠시 나를 빤히 쳐다보았다.

"내가 자네와 얘기를 나누는 건 자네가 나를 웃게 해주기 때문일세. 자넬 보고 있으면 꼬리가 복슬복슬한 사막쥐가 생각나거든. 그 쥐는 다른 쥐가 구멍을 파고 숨겨놓은 먹이를 빼앗으려고 그 구멍에 자기 꼬리를 집어넣고 위협하다가 꼬리가 빠져나오지 않아 옴짝달싹 못할 때가 있어. 자네가 자기 질문에 사로잡혀 옴짝달싹 못하는 것처럼 말이야. 하지만 조심해야 해! 때로는 구멍에 박힌 꼬리를 억지로 빼내려다가 아예 꼬리가 잘려나가는 수도 있으니까 말이야."

이 비유가 정말 우스워서 나는 웃음을 터뜨렸다. 돈 후앙은 꼬리가 복슬복슬한 뚱뚱한 다람쥐처럼 보이는 조그만 설치류를 실제로 내게 보여준 적이 있다. 그 뚱뚱한 쥐가 자기 꼬리를 잘라버리는 광경을 상상하니 어딘가 애처로운 동시에 지독하게 웃겼던 것이다.

"내 웃음은 내가 하는 다른 모든 행동과 마찬가지로 진짜야. 하지만 그건 아무 쓸모도 없는 고로, 통제된 우행이기도 하네. 웃음은 그 무엇도 변화시키지 못하지만 난 여전히 웃으니까 말이야."

"하지만 돈 후앙, 제가 보기에 그건 쓸모가 없지 않습니다. 당신을 즐겁게 해주지 않습니까."

"아냐! 내가 즐거운 건 날 즐겁게 해주는 것을 바라보기를 내가 택하기 때문이야. 그러면 내 눈은 우스꽝스러운 부분을 포착하고, 그래서 웃는 거지. 이미 수없이 얘기하지 않았나. 최상의 상태에 도달하려면 언제나 마음이 깃든 길을 택해야 한다고 말이야. 그러면 아마도 늘 웃을 수 있을 테니까."

그럼 우는 것은 웃는 것에 비해 열등하거나, 아니면 적어도 우리를 약하게 만드는 행위인 것으로 해석해야 하느냐고 나는 물었다. 그러자 돈 후앙은 이 두 행위 사이에 본질적인 차이는 존재하지 않으며 양쪽 모두 중요하지 않다고 말했다. 그러나 돈 후앙 자신은 웃는 쪽을 선호한다고 했다. 왜냐하면 그의 몸은 울 때보다 웃을 때 더 기분이 좋아지기 때문이란다.

여기서 나는 무엇인가를 선호한다면 그것은 평등한 것이 아니지 않으냐고 반문했다. 돈 후앙이 우는 것보다 웃는 쪽을 더 선호한다면, 후자가 실제로 더 중요한 것이 아니냐고 말이다.

그러자 그는 선호하는 것이 있다고 해서 평등하지 않은 것은 아니라고 고집스럽게 주장했다. 나는 모든 것이 그토록 평등하다면, 논리적으로 죽음을 선택해도 무방한 것이 아니냐고 반박했다.

"많은 식자가 바로 그런 선택을 하지. 어느 날 갑자기 자취를 감추는 식으로 말이야. 그럼 사람들은 그가 그의 소행에 앙심을 품은 누군가에 의해 죽었다고 생각하곤 하지. 하지만 그들이 죽음을 선택한 건 그러든 말든 상관이 없기 때문이야. 반면에 나는 살아가고 웃는 쪽을 선택했네. 그쪽이 중요해서 그런 게 아니라 내 성향이 그쪽에 더 가깝기 때문이야. 내가 선택한다고 말하는 건 〈보기〉 때문이지만, 그렇다고 해서 내가 사는 쪽을 선택했다는 뜻은 아냐. 내가 뭘 〈보든〉 간에, 내 의지가 나로 하여금 살아가게 만드는 거야.

지금 자네가 나를 이해 못하는 건 바라보이는 대로 생각하고 생각되는 대로 생각하는 습관에 빠져 있기 때문이라네."

나는 이 말에 엄청나게 흥미가 당겨서 무슨 뜻인지 설명해달라고 간청했다.

돈 후앙은 마치 다른 표현들을 찾아내서 방금 자신이 한 얘기를 재구성할 시간을 벌려는 것처럼 같은 얘기를 여러 번 되풀이하다가 마침내 요점을 간추려냈다. 여기서 '생각한다'는 말은 세계의 모든 것에 대해 우리가 예외 없이 가지고 있는 통념을 뜻하며, 〈보기〉는 그런 습관을 제거해준다는 것이다. 따라서 내가 〈보는〉 법을 터득하기 전까지는 그가 한 말을 제대로 이해하지 못할 것이라는 얘기였다.

"하지만 돈 후앙, 그 무엇도 중요하지 않다면 제가 〈보는〉 법을 터득하는 것도 중요하지 않은 것 아닙니까?"

"좋든 나쁘든 간에 사람은 배우기 위해 사는 거라고 말한 적이 있지 않나. 나는 〈보는〉 법을 배웠고, 그 무엇도 중요하지 않다고 말하고 있네. 그리고 이번에는 자네가 그럴 차례야. 언젠가는 자네도 〈보고〉, 그럼으로써 뭐가 중요한지 안 중요한지를 알 수 있게 될지도 몰라. 나에겐 그 무엇도 중요하지 않지만, 자네에겐 모든 것이 중요할지도 모르지. 식자는 행동하며 살지, 행동에 관해 생각하거나 행동을 마친 뒤에 자기가 무슨 생각을 할지를 생각하면서 살지는 않는다는 걸 자네도 이젠 알잖나. 식자는 마음이 깃든 길을 골라서 그걸 따라가네. 식자는 주위를 바라보고 기뻐하며 웃음을 터뜨리다가, 〈보고〉 아는 거야. 식자는 자기 삶이 너무나 빨리 지나가리라는 사실을 아네. 식자는 자신이 다른 사람들과 마찬가지로 어디에도 안 간다는 걸 알고 있어. 식자는 〈보고〉 알기 때문에 다른 것보다 중요한 것 따윈 없다는 걸 알아. 바꿔 말해서 식자에게는 명예도, 존엄성도, 가족도, 이름도, 나라도 없고, 단지 살아가야 할 삶만이 존재할 뿐이라네. 그리고 이런 상황하에서 다른 인간들과 식자 사이를 이어주는 유일한 끈은 통제된 우행밖에는 없어. 그런 연유로 식자는 노력하고, 땀을 흘리고, 헐떡인다네. 겉보기에는 보통 사람과 하등 다르지 않지. 그의 삶의 우행이 통제되고 있다는 점을 제외하면 말이야. 다른 것보다 중요한 것 따윈 없는데도, 어떤 행위를 선택해서 마치 그것이 자신에게는 의미가 있는 것처럼 행동하는 거야. 통제된 우행은 식자로 하여금 자기가 하는 행동은 의미 있는 행동이라고 말하게 하고, 마치 의미가 있는 것처럼 행동하게 하지만, 정작 본인은 그게 사실이 아니라는 걸 알아. 그래서 그는 그런 행동을 끝마친 뒤에 평온하게 물러서지. 자기가 한 행동이 선하든 선하지 않든, 성공했든 실패했든 본인은 전혀 관심을 가지지 않는다네.

반면에 식자는 완전히 무감동해지는 쪽을 택하고 아예 행동에 나서지 않을 수도 있어. 마치 무감동한 것이 본인에게는 정말 중요한 일인 것처럼 행동하는 거지. 그럴 경우도 역시 진실이라네. 그게 바로 그의 통제된 우행이기 때문이지."

나는 모든 것이 중요하지 않다는 사실을 알고 있음에도 불구하고, 식자로 하여금 어떤 특정한 방식으로 행동하게끔 하는 동기가 무엇인지를 알고 싶었고, 그 부분을 돈 후앙에게 이해시키려고 무진 애를 썼다.

돈 후앙은 대답하기 전에 나직하게 웃었다.

"자넨 자기 행동에 관해 생각을 해. 그래서 자네는 그 행동이 자네가 생각하는 그만큼 중요하다고 믿지 않을 수 없게 되는 거야. 실제로는 인간의 그 어떤 행동도 전혀 중요하지 않은데 말이야. 전혀! 하지만 자넨 내게 물었지. 그 어떤 일도 중요하지 않다면 내가 어떻게 계속 살아갈 수 있느냐고. 차라리 죽는 쪽이 더 쉽지 않느냐고. 그게 바로 자네가 말하고 믿고 있는 것이야. 왜냐하면 자네는 삶에 대해 '생각' 을 하고 있기 때문이지. 지금 자네가 〈보는〉 것이란 어떤 것일지에 대해 생각을 하고 있는 것과 마찬가지로 말일세. 방금 자넨 그것에 관한 생각을 시작할 수 있도록 나한테 그걸 설명해달라고 한 거야. 평소 자네가 늘 하던 방식대로 말이야. 하지만 〈보기〉의 경우는 생각과는 전혀 상관이 없기 때문에 난 〈보는〉 것이 어떤 것인지를 자네에게 설명해줄 수가 없다네. 자넨 내가 왜 통제된 우행을 하는지 그 이유를 설명해달라는 것 같은데, 통제된 우행은 〈보기〉와 아주 닮았다는 얘기밖에는 해줄 수가 없군. 그건 생각해서 이해할 수 있는 게 아니거든."

돈 후앙은 하품을 하며 바닥에 눕더니 팔다리를 쭉 뻗었다. 뼈마디에서 뚝뚝하는 소리가 났다.

"자네는 너무 오래 여길 떠나 있었던 것 같군. 자넨 생각이 너무 많아서 탈이야."

돈 후앙은 곧 일어서서 집 옆쪽의 덤불로 걸어 들어갔다. 나는 냄비가 계속 끓도록 장작불을 더 지폈다. 곧 등유램프를 켜야 할 것 같았지만 어둑어둑하니 기분이 좋았다. 부뚜막에서 타고 있는 불은 글을 쓸 수 있을 정도로 밝았고, 내 주위를 불그스름한 빛으로 물들였다. 나는 노트를 내려놓고 누웠다. 피곤했다. 방금 돈 후앙과 나눈 대화에서 유일하게 가슴에 사무친 부분이 있다면 그것은 그가 나를 전혀 마음에 두지 않는다는 사실이었다. 이 고백은 내게는 엄청난 충격으로 다가왔다. 몇 년 동안이나 나는 그를 전적으로 신뢰해오지 않았던가. 그러지 않았더라면 그의 지식을 배운다는 상상만으로도 두려움을 못 이기고 얼어붙었을 것이다. 그런 신뢰의 기반이 되어준 전제는 그가 개인적으로 내 걱정을 해준다는 생각이었다. 사실을 말하자면 나는 언제나 돈 후앙을 두려워했지만, 그를 신뢰했기 때문에 그런 두려움을 억누를 수 있었던 것이다. 그런 장본인이 이 신뢰의 기반을 제거해버린 탓에 더 이상 기댈 곳이 없어진 나는 깊은 무력감을 느꼈다.

매우 기이한 불안감이 나를 사로잡았다. 나는 너무나 동요된 나머지 부뚜막 앞에서 왔다갔다하기 시작했다. 왜 저렇게 오래 걸리는 것일까. 나는 조바심을 내며 돈 후앙이 돌아오기를 기다렸다.

잠시 후 그가 돌아와서 부뚜막 앞에 앉자 나는 참지 못하고 내가 느끼는 두려움에 대해 하소연을 늘어놓았다. 내가 이렇게 고민하는 것은 흐름의 중간에서 방향을 전환하는 것은 내게는 불가능한 일이기 때문이라고 말했다. 그리고 그를 신뢰했던 덕분에 그의 삶의 방식을 내 방식보다 본질적으로 더 합리적 — 그게 아니라면 적어도 더 효율적 — 인 것으로 여기고 존중하게 되었던 사실을 털어놓았다. 그러나 아까 그가 한 말은 그런 감정에 변화를 강요하는 종류의 것이었고, 그 탓에 지금 나는 엄청난 갈등에 빠져버렸다는 사실을 토로했다. 그 점을 설명하기 위해서 나는 나와 같은 문화권에 속한 한 노인의 얘기를 예로 들었다. 그 노인은 자신이 진리의 옹호자임을 믿어 의심치 않고 평생을 살아온 부유하고 보수적인 변호사였다. 1930년대 초반 뉴딜 정책이 미국을 강타하면서 그는 당시의 요동치는 정치 상황에 적극적으로 참여했다. 그는 뉴딜 정책이 가져올 변화가 국가에 유해하다는 사실을 절대적으로 확신했고, 그가 지켜온 삶의 방식에 대한 신념과 자기 생각이 옳다는 확신에 힘입어 그가 정치적 악으로 간주한 것과 맞서 싸우기로 맹세한 것이다. 그러나 시대의 조류는 한 사람이 어떻게 하기에는 너무나 강했다. 그는 10년 동안 정치무대와 사생활의 영역에서 고투했지만, 제2차 세계대전이 발발하면서 그의 노력은 완전히 수포로 돌아갔다. 정치적, 이념적 패배를 겪은 뒤 남은 것은 쓰디쓴 회한뿐이었다. 그는 그 후 25년 동안 고향을 떠나 자발적인 망명객으로 살아갔다. 내가 그를 만났을 때 그는 84세였고, 얼마 남지 않은 여생을 보내기 위해 고향의 양로원으로 돌아온 참이었다. 그가 고뇌와 자기연민에 빠져 삶을 어떻게 허비했는지를 생각하면, 나는 그가 그렇게 오래 살아왔다는 사실이 영 믿기지가 않았다. 그러나 그는 어떤 이유에서인지 나를 마음에 들어했고, 우리는 곧잘 긴 대화를 나누곤 했다.

마지막으로 그를 만났을 때 그는 다음과 같은 말로 우리 사이의 대화를 끝맺었다. "시간을 들여 내 인생을 되돌아보았네. 내가 살던 시대의 쟁점은 오늘날에는 단지 지나간 옛날 얘기에 불과해. 게다가 재미있지도 않은. 어쩌면 나는 존재하지도 않는 것을 좇아서 몇십 년이나 되는 인생을 허비한 것인지도 모르겠어. 최근 들어서는, 뭔가 농담거리밖에는 안 되는 걸 신념이라고 굳게 믿었던 게 아닌가 하는 생각이 자꾸 들어. 그럴 만한 가치가 있는 게 아니었는데도 말이야. 이젠 나도 그걸 아네. 그런다고 해서 잃어버린 40년을 되찾을 수 있는 건 아니지만 말이야."

나는 통제된 우행에 관한 돈 후앙의 설명이 나를 의심암귀疑心暗鬼에 빠지게 했고, 그 때문에 마음에 갈등이 일어났다고 말했다.

"정말로 그 어떤 것도 중요하지 않다는 말이 사실이라면 설령 식자가 된다 해도 방금 얘기한 그 노인처럼 공허해지고, 상황은 전혀 나아지지 않았다는 느낌에 빠질 수밖에 없지 않겠습니까."

"그렇지 않아." 돈 후앙은 단호하게 부인했다. "자네 친구가 고독한 건 〈보는〉 걸 모르고 죽어야 하기 때문이야. 그는 살아오면서 단지 나이를 먹기만 했고, 자기연민이 쌓인 탓에 본인도 도저히 어쩔 수가 없는 처지가 된 걸세. 승리를 좇았지만 단지 패배밖에는 못 겪었기 때문에 40년을 허비했다고 느끼는 거지. 승리와 패배는 똑같은 거라는 사실을 그가 아는 일은 결코 없을 거야.

그런데 자넨 자네가 다른 모든 것과 동등하다고 하니까 내가 두려워졌다. 이건가? 그건 어린애 같은 태도야. 인간이란 배우기 위해 사는 것이고, 전쟁에 임한 것처럼 지식을 향해 전진해야만 하네. 이 얘기는 이미 수도 없이 했을 텐데. 지식이나 전쟁에 임할 때는 두려움과 존경심, 그리고 자신이 전쟁에 임한다는 자각과 절대적인 자신감을 가지고 나아가야 해. 내가 아니라 자네 자신을 신뢰하란 말일세.

146

그러니까 자넨 그 친구의 삶의 공허함이 두려운 거로군. 하지만 식자의 삶에는 공허함이란 없다네. 정반대야. 모든 것이 철철 넘칠 정도로 가득 차 있거든."

돈 후앙은 일어서서 마치 공중에 있는 무엇을 어루만지기라도 하듯이 양팔을 내밀었다.

"모든 게 넘치도록 가득 차 있어." 그는 되풀이했다. "그리고 모든 것이 동등해. 난 그저 나이만 먹은 자네 친구와는 달라. 내가 그 어떤 것도 중요하지 않다고 한 건 자네 친구가 말하는 것과는 다른 뜻으로 한 말이야. 그 친구가 그렇게 힘들여 투쟁할 만한 가치가 없었다고 실토한 건 그가 패배했기 때문이야. 하지만 내겐 승리도, 패배도, 공허함도 없네. 모든 것이 넘치도록 가득하고, 모든 것은 동등하고, 내 삶은 투쟁할 만한 가치가 있었어.

식자가 되려면 전사처럼 행동해야지, 칭얼거리는 어린애처럼 굴어서는 안 되네. 결코 포기하지 않고, 불평하지도 않고, 위축되지도 않고 노력하는 거야. 직접 〈보고〉, 그 무엇도 중요하지 않다는 사실을 깨달을 때까지."

돈 후앙은 나무숟가락으로 냄비를 저었다. 요리가 다 된 듯했다. 그는 냄비를 불에서 내려 벽 가의 직사각형 블록 위에 놓았다. 어도 비 벽돌을 쌓아 만든 이 블록은 그가 평소에 선반이나 탁자로 쓰곤 하는 것이었다. 그는 한쪽 발로 두 개의 조그만 상자를 밀었다. 이 상자는 벽의 지주에 등을 대고 앉으면 아주 편안한 의자가 되었다. 그는 나더러 상자에 앉으라고 손짓한 다음 사발에 수프를 부었다. 돈 후앙은 씩 웃었다. 그는 마치 내가 와 있는 것이 정말로 기쁜 듯이 눈을 반짝이고 있었다. 그는 내 쪽으로 사발을 살짝 밀었다. 너무나 따뜻하고 친절한 기색으로 그랬기 때문에 마치 그에 대한 나의 신뢰감을 회복시키려는 제스처처럼 느껴졌다. 나는 멍청이가 된 기분이었다. 이런 느낌을 털어내려고 일부러 내 숟가락을 찾아보았지만 어디로 갔는지 보이지 않았다. 수프는 사발을 입에 대고 바로 마시기에는 너무 뜨거웠기 때문에 그것이 식는 동안 나는 통제된 우행이란 식자가 더 이상 그 누구도 좋아할 수 없다는 뜻인지 물어봤다.

돈 후앙은 수프를 먹다 말고 웃었다.

"자넨 누구를 좋아한다, 싫어한다 하는 일에 지나치게 신경을 쓰는군. 식자는 단지 좋아할 뿐이라네. 누구, 혹은 무엇을 좋아하든 그건 식자 마음이지만, 통제된 우행을 써서 그 사실에 신경을 쓰지 않는 거야. 지금 자네가 하고 있는 것과는 정반대의 일이지. 누군가에게 호감을 가지거나 누군가의 호감을 사거나 하는 건 인간으로서 할 수 있는 일의 전부가 아니라네."

그는 고개를 한쪽으로 갸우뚱한 채로 잠시 나를 응시했다.

"그 점을 잘 생각해보게나."

"돈 후앙, 한 가지 더 묻고 싶은 것이 있습니다. 우리가 웃는 건 두 눈으로 바라보기 때문이라고 하셨지만, 저는 우리가 웃는 건 생각하기 때문이라고 생각합니다. 예를 들자면 맹인도 웃지 않습니까."

"아냐. 맹인은 웃지 않아. 단지 웃음으로 몸이 조금 떨 뿐이야. 태어날 때부터 맹인이었던 사람은 세계의 우스꽝스러운 부분을 바라본 적이 한 번도 없기 때문에 상상하는 수밖에 없어. 따라서 우리들처럼 폭소하지는 않는다네."

우리는 더 이상 아무 얘기도 하지 않았다. 나는 아늑한 행복감을 느꼈다. 우리는 말없이 음식을 먹었다. 돈 후앙이 웃기 시작했다. 내가 마른 가지를 써서 채소를 건져 먹고 있었기 때문이다.

1968년 10월 4일

오늘 〈보기〉에 관해 조금 더 얘기해줄 생각이 없느냐고 돈 후앙에게 물었다. 그는 잠시 생각하는 기색이었다. 그러더니 그는 씩 웃으면서, 내가 또 행동하는 대신 말을 하는 평소의 습관에 빠져 있다고 말했다.

"〈보고〉 싶으면 스모크한테 안내를 받아야 해." 그는 단호하게 말했다. "더 이상 이 얘긴 하지 않겠네."

나는 그를 도와 말린 약초를 다듬고 있는 중이었다. 우리는 오랫동안 단 한 마디의 말도 하지 않고 일했다. 오랫동안 침묵할 것을 강요받으면 나는 언제나 불안감을 느낀다. 특히 돈 후앙 곁에 있을 때는 말이다. 갑자기 나는 강박적이고 거의 도전적인 어조로 질문을 내뱉었다.

"사랑하는 사람의 죽음을 맞을 때 식자는 통제된 우행을 어떻게 실행합니까?"

돈 후앙은 이 뜬금없는 질문에 깜짝 놀란 기색이었다. 그는 의아해하는 눈으로 나를 바라보았다.

"손자인 루시오를 예로 들어보죠. 그가 죽는 경우에도 당신의 행동은 통제된 우행입니까?"

"아니, 내 아들인 에우랄리오 쪽을 예로 드는 편이 더 나을 거야." 돈 후앙은 조용히 대답했다. "팬아메리칸 하이웨이(알래스카에서 아르헨티나 남단에 이르는 국제도로) 공사 현장에서 일하다가 바위에 깔려 죽었지. 에우랄리오가 죽은 순간 그 아이에 대한 나의 행동은 통제된 우행이었네. 내가 폭파 구획에 도달했을 때 그 아이는 거의 죽어 있었지만 몸이 워낙 튼튼했던 탓에 아직도 경련하면서 몸부림을 치고 있더군. 난 내 아들 앞에 서서 도로공사 인부들한테 내 아들의 몸을 더 이상 움직이지 말라고 했네. 인부들은 내 말에 따랐고, 빙 둘러서서 엉망이 된 내 아들의 몸을 내려다보고 있었어. 나도 함께 서 있었지만, 바라보지는 않았네. 눈을 바꿔서 내 아들의 개인적 삶이 해체되어 마치 수정같이 투명한 안개처럼 그 한계를 넘어 걷잡을 수 없이 확산돼가는 광경을 〈보고〉 있었던 거야. 삶과 죽음은 바로 그런 식으로 섞이면서 확산한다네. 내 아들이 죽는 순간 내가 했던 일은 이거야. 누구든 그럴 수밖에 없고, 그게 바로 통제된 우행이라네. 〈보고〉 있지 않았다면 아들이 움직임을 멈추는 광경을 바라보았을 테고, 마음속 깊은 곳에서 통곡이 솟구쳐 올라오는 걸 느꼈겠지. 아들의 건장한 몸이 지상을 활보하는 모습을 다시는 볼 수 없으리라는 사실을 실감했을 테니까 말이야. 하지만 난 그러는 대신 아들의 죽음을 〈보는〉 쪽을 택했고, 그 행위에 슬픔이나 감정은 존재하지 않았네. 아들의 죽음은 그 밖의 다른 모든 것들과 동등한 것이었거든."

돈 후앙은 잠시 침묵했다. 슬픈 기색이었지만 이내 미소를 짓더니 내 머리를 툭 쳤다.

"그러니까 사랑하는 사람의 죽음을 맞을 경우, 내 통제된 우행은 눈을 바꾸는 거라고 할 수 있겠지."

나는 내가 사랑하는 사람들을 생각해봤다. 그러자 숨이 막힐 듯한 자기연민의 파도가 몰려와 나를 덮쳤다.

"돈 후앙, 당신은 운이 좋군요. 당신은 눈을 바꿔서 〈볼〉 수 있지만, 저는 단지 바라볼 수밖에 없으니까요."

그는 내 반응이 웃긴다는 듯 웃음을 터뜨렸다.

"운이 좋다니, 터무니없는 소리! 그게 얼마나 힘든데."

우리는 함께 웃었다. 긴 침묵이 흐른 후 나는 또다시 꼬치꼬치 캐묻기 시작했다. 단지 나 자신의 슬픔을 떨쳐내고 싶어서였는지도 모른다.

"돈 후앙, 제가 지금까지 하신 말을 제대로 이해한 거라면, 식자의 삶에서 통제된 우행이 아닌 유일한 행동은 맹우나 메스칼리토를 상대로 한 것들이겠군요. 안 그렇습니까?"

"맞아." 그는 껄껄 웃으며 말했다. "내 맹우하고 메스칼리토는 인간과는 아예 비교할 수 없는 존재들이니까 말이야. 내 통제된 우행은 오로지 나 자신, 그리고 같은 인간들과 함께 있을 때 내가 하는 행동에만 해당하네."

"하지만 식자가 자신의 맹우나 메스칼리토에 대해 하는 행동까지 통제된 우행으로 간주할 논리적인 가능성 또한 있지 않을까요? 어떻습니까?"

돈 후앙은 나를 빤히 쳐다보았다.

"또 생각하고 있군. 식자는 생각을 하지 않기 때문에 그런 가능성과는 마주치려야 마주칠 수가 없어. 나를 예로 들어볼까. 내가 이렇게 얘기하는 건 내가 다른 인간들을 〈볼〉 수 있기 때문이야. 하지만 난 내 맹우를 꿰뚫어 〈볼〉 수 없기 때문에 맹우를 이해할 수가 없어. 꿰뚫어 〈볼〉 수도 없는 존재를 상대로 어떻게 내 우행을 통제할 수 있겠나? 내 맹우나 메스칼리토를 상대할 때의 나는, 〈보는〉 법을 알고 있지만 그렇게 해서 〈본〉 것을 이해하지 못하여 당황해하는 한 인간에 불과하다네. 결코 주위의 모든 것을 다 이해하지는 못하리라는 사실을 잘 알고 있는 인간이지.

자네를 예로 들어보지. 자네가 식자가 되든 못 되든 내겐 전혀 중요하지 않다네. 하지만 메스칼리토가 그걸 중요하게 여긴다는 사실은 명백해. 중요하지 않다면 그렇게까지 공을 들여가며 자네에게 관심을 보이지는 않았을 테니까 말이야. 난 메스칼리토가 관심을 보인다는 걸 알아차리고 거기에 맞춰서 행동해왔지만, 그가 그러는 이유가 뭔지는 결코 알지 못한다네."

6

1968년 10월 5일에 중부 멕시코 여행에 나서려고 함께 차에 올라 탔을 때, 돈 후앙은 잠깐 기다리라면서 나를 제지했다.

"예전에도 말한 적이 있는데," 그는 진지한 표정으로 말했다. "주술사의 이름이나 위치를 다른 사람에게 밝히면 절대로 안 돼. 내 이름이나 내가 어디 있는지를 밝히면 절대로 안 된다는 건 자네도 당연히 알고 있으리라고 믿네. 앞으로 만날 내 친구에 관해서도 똑같은 부탁을 해야겠어. 헤나로라는 친구이고, 우린 그의 집에 가서 잠시 머무를 거야."

나는 내가 돈 후앙의 신뢰를 배반한 적은 단 한 번도 없다는 점을 강조했다.

"나도 알아." 그는 진지한 표정을 바꾸지 않고 말했다. "하지만 자기도 모르게 경솔해지는 일이 있지는 않을까 해서."

내가 말도 안 된다고 반박하자 돈 후앙은, 주술에 관련해서 조금이라도 부주의한 짓을 한다는 것은 즉각적이고 무의미한 죽음의 가능성 ― 사려 깊고 조심스럽게 행동하기만 하면 회피할 수 있는 ― 을 함부로 가지고 노는 것이나 다름없음을 지적하고 싶었을 따름이라고 했다.

"이 얘긴 더 이상 하지 않겠네. 일단 우리 집을 떠난 뒤에는 헤나로에 관해 얘기하지도 않고, 생각하지도 않기로 하지. 마음을 가다듬게. 그 친구를 만날 때는 한 치의 의구심도 없는 명료한 상태여야 하니까 말이야."

"어떤 종류의 의구심을 얘기하시는 겁니까?"

"모든 의구심을 얘기하는 거야. 그 친구를 만날 때는 수정처럼 맑은 정신으로 있어야 하네. 그 친구는 자네를 〈볼〉 테니까 말이야!"

돈 후앙의 묘한 경고를 듣고 나는 강한 불안감에 사로잡혔다. 차라리 돈 후앙을 그 친구라는 사람의 집 근처까지만 차로 데려다주고, 나는 아예 만나지 않는 편이 낫지 않겠느냐고 말했을 정도였다.

"방금 한 얘기는 단지 주의하라는 뜻이었네. 자넨 이미 비센테라는 주술사를 만났다가 죽을 뻔했잖나. 이번에는 조심해야 해!"

중앙 멕시코에 도착한 우리는 돈 후앙의 지인 집에다 차를 세워두고 이틀을 걸어갔다. 마침내 우리는 산 중턱에 자리 잡은 조그만 오두막에 도착했다. 돈 후앙의 친구는 마치 우리를 기다리고 있었던 것처럼 문간에 서 있었다. 나는 즉시 그를 알아보았다. 출판된 책을 가지고 돈 후앙을 만나러 왔을 때 짧게나마 인사를 나눈 적이 있었다. 당시에는 흘끗 보기만 하고 찬찬히 뜯어보지는 않은 탓에 돈 후앙만큼이나 나이를 먹었다는 인상밖에는 남아 있지 않았다.

그러나 자기 집 문간에 서 있는 그를 보자 생각했던 것보다 훨씬 더 젊다는 사실을 깨달았다. 60대 초반쯤 되었을까. 돈 후앙보다 키가 작고 더 날씬한 그의 피부는 매우 검었고, 체격은 매우 단단했다. 약간 길게 기른 희끗희끗하지만 풍성한 머리카락이 귀와 이마를 덮고 있었다. 얼굴은 둥글고 단단해 보였다. 높은 매부리코와 검은 눈은 맹금류를 연상케 했다.

그는 먼저 돈 후앙에게 말을 걸었다. 돈 후앙은 맞다는 듯이 고개를 끄덕이고 짤막한 대화를 주고받았다. 스페인어가 아니었기 때문에 무슨 얘기를 하는지는 알 수 없었다. 곧 돈 헤나로는 나를 마주보았다.

"내 누추한 오두막에 온 걸 환영하네." 그는 미안한 듯 스페인어로 말했다.

내가 멕시코의 여러 시골 지역에서 들어왔던 정중하고 고풍스러운 말투였다. 하지만 그렇게 말하면서 그는 별다른 이유도 없이 활짝 웃었다. 나는 그가 통제된 우행을 실행하고 있다는 사실을 깨달았다. 실제로 그는 자기 집이 누추하든 말든 전혀 개의치 않고 있는 것이다. 나는 돈 헤나로가 무척 마음에 들었다.

이틀 동안 우리는 산으로 가서 식물을 채집했다. 돈 후앙과 돈 헤나로와 나는 날마다 동틀 녘에 출발했다. 두 노인은 산속의 어떤 특정 지점으로 함께 갔고, 나는 숲이 있는 곳에 홀로 남겨졌다. 그렇게 있으면서도 나는 크나큰 고양감을 느꼈다. 나는 시간 가는 것을 잊었다. 혼자 있어야 한다는 사실도 두렵지 않았다. 이틀 동안 나는 기이할 정도의 능력을 발휘하여 돈 후앙이 지정해준 특정 식물들을 찾아내는 섬세한 작업에 몰두했는데, 아주 특이한 경험이었다.

우리는 늦은 오후가 되면 돈 헤나로의 집으로 돌아왔는데, 너무나도 피곤했던 탓에 나는 그 즉시 곯아떨어졌다.

그러나 사흘째는 달랐다. 그날은 세 사람이 함께 일했고, 돈 후앙은 어떤 식물들을 골라내는 방법을 내게 가르쳐주라고 돈 헤나로에게 부탁했다. 우리는 정오 무렵에 귀가했고, 두 노인은 마치 트랜스 상태에 빠지기라도 한 것처럼 오랫동안 침묵하며 집 앞에 앉아 있었다. 그러나 자고 있는 것은 아니었다. 내가 두어 번 그들 주위를 돌아다녔을 때, 돈 후앙이 내 움직임을 눈으로 좇고 있는 것을 보았던 것이다. 돈 헤나로도 마찬가지였다.

"식물은 따기 전에 우선 말부터 걸어야 해." 돈 후앙은 문득 생각났다는 듯이 말했고, 마치 내 주의를 끌려는 듯이 같은 말을 세 번 되풀이했다. 몇 시간 만에 처음으로 한 말이었다.

"해당 식물을 〈보기〉 위해서는 직접 말을 나눠야 하네." 그는 말을 이었다. "개인적으로 아는 사이가 될 필요가 있는 거야. 그럼 식물은 그것에 관해 자네가 알고 싶어하는 것을 뭐든지 가르쳐줄 걸세."

늦은 오후의 일이었다. 돈 후앙은 납작한 바위 위에 앉아 서쪽 산들을 마주 보고 있었다. 돈 헤나로는 돈 후앙 곁에 깐 돗자리에 앉아 북쪽을 바라보고 있었다. 이곳에 처음 왔던 날에 돈 후앙은 이 지점들이 그들의 '장소'이며 나는 어디든 두 사람 반대편의 땅바닥에 앉아야 한다고 내게 말했었다. 우리가 이렇게 자리를 잡고 앉아 있는 동안은 나는 줄곧 남동쪽을 바라보고 있어야 하며, 그와 돈 헤나로를 볼 때는 단지 흘끗흘끗 바라보기만 해야 한다는 지시도 있었다.

"그게 식물을 대할 때의 방식이 맞지?" 돈 후앙이 이렇게 말하며 돈 헤나로 쪽으로 고개를 돌리자, 돈 헤나로는 그렇다는 듯이 고개를 끄덕였다.

나는 내가 산에서 그의 그런 지시를 따르지 않은 것은 식물을 상대로 말을 거는 것이 좀 바보스럽게 느껴졌기 때문이라고 말했다.

"주술사는 농담을 하지 않는다는 사실을 아직도 이해 못하는군." 그는 준엄한 태도로 말했다. "주술사가 〈보려고〉 하는 건 힘을 얻기 위해서야."

돈 헤나로는 나를 빤히 쳐다보고 있었다. 나는 노트에 메모를 하고 있었는데, 그는 그 사실에 당혹해하는 기색이었다. 돈 헤나로는 나를 보며 미소 지으며 고개를 설레설레 흔들더니 돈 후앙에게 뭐라고 말했다. 돈 후앙은 어깨를 으쓱했다. 내가 글을 쓰고 있는 광경은 돈 헤나로에게는 상당히 괴이하게 보였음이 틀림없다. 돈 후앙의 경우는 아마 내가 글을 쓰는 모습에 익숙해진 탓에 자기가 말하는 동안 내가 글을 써도 더 이상 이상하게 느끼지 않는 것인지도 모른다. 그러나 돈 헤나로는 계속 웃음을 터뜨렸고, 결국 나는 대화의 맥을 끊지 않기 위해서 글 쓰는 일을 멈추는 수밖에 없었다.

주술사는 언제나 무엇을 하든 죽음과 대면하고 있기 때문에, 그가 하는 행동을 농담으로 받아들여서는 결코 안 된다고 돈 후앙은 재차 강조했다. 그러고는 우리가 차로 여행했을 때 우리 뒤를 따라오던 죽음의 빛을 내가 어떻게 바라보았는지를 돈 헤나로에게 얘기했다. 돈 헤나로가 배를 잡고 웃다 못해 땅에서 데굴데굴 구르는 것을 보니 정말로 웃겼던 듯하다.

돈 후앙은 나에게 미안하다며 자기 친구는 원래 저렇게 잘 웃는다고 했다. 그가 아직도 구르고 있나 하며 돈 헤나로 쪽을 보았을 때, 나는 그가 실로 기이한 행동을 하고 있는 것을 보았다. 팔이나 손을 쓰지 않고 정수리만으로 물구나무를 서 있었던 것이다. 게다가 마치 앉아 있을 때처럼 양반다리를 하고 있었다. 나는 이 괴상한 자세에 너무나도 놀란 나머지 펄쩍 뛰었다. 돈 헤나로가 인간의 신체구조상 도저히 가능할 법하지 않은 일을 하고 있다는 사실에 생각이 미쳤을 무렵, 그는 어느새 정상적인 자세로 앉아 있었다. 그러나 돈 후앙은 사정을 알고 있는지 폭소를 터뜨리며 돈 헤나로의 재주를 찬양했다.

돈 헤나로는 내가 느낀 당혹감을 알아차린 듯했다. 그는 잘 보라는 듯이 손뼉을 짝짝 치고는 또다시 몸을 굴렸다. 처음에는 지면을 구르는 동작이라고 생각했던 것이 실은 앉은 자세에서 앞으로 몸을 수그리며 지면에 머리를 갖다 대는 동작임을 알 수 있었다. 그런 동작을 몇 번 되풀이하다가 여세를 몰아 몸을 거꾸로 세운 순간, 내 눈에는 그가 '머리로 물구나무를 서는' 터무니없는 자세를 취한 것처럼 보였던 것이다.

웃음소리가 잦아들자 돈 후앙은 다시 말을 이었다. 매우 엄한 말투였다. 나는 정신을 바짝 차리고 그의 말을 듣기 위해 몸을 뒤척여 자세를 바꿨다. 보통 내가 그의 말에 한층 더 집중하려는 기색을 보일 때면 언제나 미소 지었던 것과는 달리, 그는 전혀 웃는 낯이 아니었다. 돈 헤나로는 내가 다시 글을 쓰기 시작할 것을 예상하는 듯한 표정으로 나를 빤히 쳐다보았지만, 나는 더 이상 메모를 하지 않았다. 돈 후앙은 식물을 채집하면서 말을 걸라는 평소의 지시를 내가 따르지 않았다면서 나를 질책했다. 그는 내가 죽인 식물들은 나를 죽일 수도 있었고, 늦든 이르든 간에 나를 병들게 할 것이 뻔하다고 말했다. 그러면서 내가 식물들을 다치게 한 탓에 병에 걸린다면 나는 그것을 대수롭지 않게 여기고 그저 감기 기운 정도로 치부할 것이라고 덧붙여 말했다.

이 대목에서 두 사람은 또다시 웃음을 터뜨렸지만 돈 후앙은 곧 진지한 태도로 돌아와서, 만일 내가 자신의 죽음을 의식하지 않는다면 내 삶 전체는 단지 사적인 혼돈에 지나지 않을 것이라고 말했다. 지극히 준엄한 표정이었다.

"자신의 삶과 자신의 죽음 말고 인간에게 달리 뭐가 있겠나?" 그는 말했다.

나는 이 대목은 반드시 기록할 필요가 있겠다고 판단하고 다시 메모를 하기 시작했다. 돈 헤나로는 나를 빤히 쳐다보며 미소 지었다. 그러더니 고개를 조금 젖히고 콧구멍을 부풀렸다. 그는 콧구멍 근육을 자유자재로 통제할 수 있는 것이 분명했다. 평소 때보다 거의 두배 가까운 크기가 되었기 때문이다.

돈 헤나로의 익살스러운 행동에서도 가장 우스꽝스러웠던 부분은 몸짓 자체보다 그것에 대해 본인이 보인 반응이었다. 콧구멍을 부풀린 다음 그는 웃음을 터뜨리며 쓰러졌고, 또다시 아까처럼 거꾸로 앉아 머리로 물구나무를 서는 기묘한 자세를 취했다.

돈 후앙은 뺨에 눈물이 흘러내릴 때까지 웃고 있었다. 나는 조금 곤혹스러워하며 불안한 웃음소리를 냈다.

"헤나로는 글 쓰는 걸 좋아하지 않아." 돈 후앙은 이렇게 설명했다.

나는 노트를 치웠지만 돈 헤나로는 자신은 전혀 신경을 쓰지 않으니까 글을 써도 상관없다고 말했다. 그래서 나는 다시 노트를 가져다 메모를 하기 시작했다. 그러자 그는 아까와 똑같은 우스꽝스러운 동작을 했고, 두 노인은 또다시 웃음을 터뜨렸다.

돈 후앙은 웃으면서 나를 보았고, 자기 친구는 내 흉내를 내고 있는 것이라고 말했다. 내게는 글을 쓸 때마다 콧구멍을 부풀리는 버릇이 있고, 돈 헤나로는 노트에 기록하면서 주술사가 되려는 것은 정수리로 물구나무를 서는 것만큼이나 황당한 일이라고 생각하기 때문에 머리만으로 앉은 몸을 지탱하는 우스꽝스러운 자세를 만들어냈다는 것이다.

"어쩌면 자넨 그게 뭐가 재미있느냐고 생각할지도 모르겠군." 돈 후앙은 말했다. "하지만 머리로 앉을 수 있는 재주를 가진 사람은 오직 헤나로밖에는 없어. 기록을 해서 주술사가 되는 법을 배울 생각을 하는 사람이 자네밖에는 없는 것처럼 말이야."

두 사람은 또다시 폭소를 터뜨렸고, 돈 헤나로는 또다시 그 믿기 힘든 동작을 되풀이했다.

나는 돈 헤나로가 정말로 마음에 들었다. 그의 동작은 우아하고 직관적이었다.

"돈 헤나로, 죄송합니다." 나는 메모장을 가리키며 말했다.

"괜찮아." 그는 이렇게 말하고 다시 껄껄 웃었다.

그런 상황에서 더 이상 글을 쓴다는 것은 불가능했다. 두 사람은 식물이 어떻게 실제로 사람을 죽이는지, 또 주술사들이 그런 목적에 식물을 이용하는 방법에 관해 긴 대화를 나눴다. 그러는 동안 두 사람은 모두 마치 내가 글을 쓸 것을 기대하는 듯한 표정으로 나를 유심히 지켜보고 있었다.

"카를로스는 안장 얹히기를 싫어하는 말 같다네." 돈 후앙이 말했다. "아주 조심조심 다뤄야 해. 저 봐, 자네 때문에 겁을 먹고 글을 안 쓰잖나."

돈 헤나로는 콧구멍을 부풀렸고, 오만상을 찌푸리고 입을 오므리더니 짐짓 간원하는 듯한 어조로 말했다. "어이, 왜 그래, 카를로스. 글을 쓰라고! 엄지손가락이 떨어져나갈 때까지 써!"

돈 후앙은 일어서면서 양팔을 쭉 뻗고 허리를 한껏 젖히며 기지개를 켰다. 고령임에도 불구하고 그의 몸은 강인하고 유연해 보였다. 그가 집 옆의 덤불 속으로 들어가자 나는 돈 헤나로와 혼자 남겨졌다. 나를 쳐다보는 그의 시선을 느끼고 나는 어색하게 시선을 딴 데로 돌렸다.

"설마 날 아예 안 볼 작정인 건 아니지?" 그는 지독히도 우스꽝스러운 억양으로 말했다.

그는 콧구멍을 부풀리더니 부들부들 떨게 만들었다. 그러더니 일어서서 허리를 한껏 젖히고 양팔을 쭉 뻗으며 돈 후앙이 했던 동작을 따라 했지만, 몸이 뒤틀린 탓에 실로 희한한 자세가 되었다. 정교하기 그지없는 팬터마임의 감각과 지극히 우스꽝스러운 느낌이 결합된, 실로 형언하기 힘든 몸동작이었다. 나는 이 광경에 매료되었다. 장인의 솜씨로 돈 후앙을 회화화했다고나 할까.

바로 그 순간 돌아온 돈 후앙은 이 몸짓을 보고 한눈에 그 의미를 깨달은 듯했다. 그는 쿡쿡 웃으며 자리에 앉았다.

"바람은 어느 쪽에서 불어오고 있어?" 돈 헤나로가 무심한 어조로 물었다.

돈 후앙은 서쪽을 향해 고개를 까닥해 보였다.

"그럼 난 바람 불어오는 곳으로 가야겠군." 돈 헤나로는 진지한 표정으로 말했다.

그러고는 내게 몸을 돌리더니 손가락을 흔들어 보였다.

"이상한 소리가 들려와도 신경 쓰지 마. 헤나로가 똥을 쌀 땐 산이 흔들리니까."

그는 덤불 안으로 뛰어들었고, 다음 순간 나는 기이하기 그지없는 소리를 들었다. 굵고 섬뜩한, 우르릉 하는 소리였다. 나는 이것을 어떻게 받아들여야 할지 알 수 없었다. 실마리를 찾아보려고 돈 후앙을 보았지만, 그는 배를 잡고 폭소하고 있었다.

1968년 10월 17일

무엇 때문에 돈 헤나로가 나에게 자신이 '다른 세계'라고 부르는
것에 관해 얘기하기 시작했는지는 기억이 나지 않는다. 그는 대大주
술사는 독수리이고, 더 정확하게 말하자면 독수리로 변신할 수 있다
고 했다. 그런 반면 사악한 흑黑주술사는 테콜로테tecolote, 즉 올빼미
라고 했다. 사악한 주술사는 밤의 자식이기 때문에 그런 인물에게 가
장 쓸모가 있는 동물은 퓨마 같은 들고양이류 내지는 야금류, 특히
올빼미라고 했다. 브루호스 리리코스brujos liricos, 즉 잡다한 신통력에
만 관심을 가진 딜레탕트(취미 수준의) 주술사들은 다른 동물들을 선호
한다고 그는 말했다. 예컨대 까마귀 같은. 그러자 말없이 귀를 기울
이던 돈 후앙이 웃었다.

돈 헤나로는 돈 후앙에게 몸을 돌리고 말했다. "사실이야. 후앙,
자네도 알잖아."

그런 다음 그는 대주술사라면 제자를 데리고 여행에 나설 수 있
고, 다른 세계를 이루는 열 개의 층層을 실제로 뚫고 지나갈 수 있다
고 했다. 독수리가 되었을 경우에 한해서 대주술사는 가장 밑바닥 층
에서 출발해서 차례로 다른 층들을 뚫고 꼭대기까지 도달할 수 있었
다. 흑주술사와 딜레탕트들은 기껏해야 세 개의 층을 통과하는 것이
한계라고 그는 말했다.

돈 헤나로는 통과 단계를 다음처럼 설명했다. "우선 밑바닥 층에
서 출발해. 자네 스승은 자네를 데리고 날고, 얼마 안 되어서 쾅! 하

면서 첫 번째 층을 통과하지. 그러고는 조금 뒤에 또 쾅! 하면서 두 번째 층을 통과해. 또 쾅! 하면 세 번째 층을 통과하는 거고…."

돈 헤나로는 이런 식으로 쾅쾅거리며 다른 세계의 열 번째 층에 도달했다. 그의 얘기가 끝나자 돈 후앙은 나를 바라보며 의미심장하게 미소 지었다.

"말하는 건 헤나로의 특기가 아니야. 하지만 자네가 배우고 싶어 한다면 사물의 균형에 관해서 기꺼이 가르쳐 줄걸."

돈 헤나로는 그렇다는 듯이 고개를 끄덕였다. 입을 오므리더니 눈을 반쯤 감는다.

그의 이런 제스처는 실로 유쾌하게 느껴졌다.

돈 헤나로가 일어서자 돈 후앙도 일어섰다.

"좋아." 돈 헤나로가 말했다. "그럼 당장 가자고. 먼저 집으로 가서 네스토르하고 파블리토가 올 때까지 기다리면 돼. 지금쯤이면 그 친구들도 일이 끝났을 거야. 목요일에는 일찍 끝나거든."

두 사람 모두 내 차에 올라탔다. 돈 후앙은 앞좌석에 앉았다. 나는 아무 질문도 하지 않고 그냥 시동을 걸었다. 돈 후앙은 네스토르의 집으로 가는 길을 가르쳐주었다. 그 집에 도착하자 돈 헤나로는 집 안으로 들어갔고, 잠시 후 네스토르와 파블리토와 함께 나왔다. 이 두 청년은 그의 도제라고 했다. 모두 내 차에 탄 다음 돈 후앙은 서쪽 산으로 이어지는 길로 가자고 했다.

비포장도로 옆에 차를 세워두고 우리는 너비가 5미터에서 6미터쯤 되는 강의 둑길을 따라 걸어갔다. 이윽고 차를 세워둔 곳에서도 보였던 폭포에 도달했다. 늦은 오후였고, 매우 경치가 좋은 곳이었다. 거대하고 검푸른 구름이 우리 머리 위로 마치 천장처럼 높이 떠 있었다. 구름은 가장자리 윤곽이 뚜렷하고 거대한 반원 모양을 하고 있었다. 서쪽에 자리 잡은 코르딜레라 센트랄(中央山系)의 높은 산들 사면에는 비가 내리고 있는 듯했다. 비는 초록색 봉우리 위로 드리워진 희끄무레한 장막처럼 보였다. 동쪽에는 길고 깊은 골짜기가 있었다. 골짜기 위에는 구름이 점점 떠 있을 뿐, 해가 쨍쨍 비치고 있었다. 이 두 지역의 대조적인 모습이 장관을 연출하고 있었다. 우리는 폭포 바로 아래에서 멈춰 섰다. 폭포의 높이는 50미터쯤 되어 보였다. 폭포수 떨어지는 소리가 주위를 압도하고 있었다.

돈 헤나로가 허리에 띠를 찼다. 띠에는 적어도 일곱 개의 물건이 매달려 있었는데, 모두 조그만 조롱박처럼 보였다. 그는 목끈 달린 모자를 등 뒤로 넘기고 허리춤에 찬 두꺼운 양모제 주머니에서 머리띠를 꺼내서 이마에 둘렀다. 머리띠 역시 색색의 양모로 만들어져 있었는데, 선명한 노란색이 가장 돋보였다. 그는 머리띠에 독수리 것으로 보이는 깃털 세 개를 꽂았다. 나는 깃털을 꽂은 위치가 서로 대칭적이지 않다는 것을 깨달았다. 깃털 하나는 오른쪽 귀 뒤쪽에 꽂았고, 다른 하나는 이마 쪽으로 10센티미터쯤 떨어진 곳에 꽂았고, 세 번째 깃털은 왼쪽 관자놀이 위에 꽂았다. 그런 다음 그는 샌들을 벗어 허리춤에 걸거나 비끄러매고 판초 겉옷 위로 예의 허리띠를 조였다. 띠는 가죽끈을 엮어서 만든 것처럼 보였는데, 동여맸는지 죔쇠로 죄었는지는 알 수 없었다. 돈 헤나로는 폭포를 향해 걸어갔다.

돈 후앙은 둥그런 돌을 움직이지 않도록 지면에 고정시킨 다음 그 위에 앉았다. 남은 두 청년도 각자 돌을 하나씩 가져와서 그의 왼쪽으로 가서 앉았다. 돈 후앙은 자기 오른쪽을 가리키며 내게 돌을 가져와서 앉으라고 말했다.

"우린 여기서 줄을 짓고 있어야 해." 그는 자신과 두 청년이 일렬로 앉아 있다는 사실을 내게 지적해주었다.

그 무렵 돈 헤나로는 폭포 바닥에 도달해서 폭포수 오른쪽에 난 길을 오르고 있었다. 우리가 앉아 있는 곳에서 보니 상당히 가팔라 보였다. 돈 헤나로는 무성하게 자란 관목들을 난간처럼 이용했다. 한순간 그는 발을 헛디뎌서 마치 진흙땅 위에 있는 것처럼 미끄러질 뻔했다. 다음 순간에 또 똑같은 일이 일어나는 것을 보았을 때는, 혹시 돈 헤나로는 저런 비탈을 오르기에는 너무 나이를 먹은 것이 아닌가 하는 생각이 뇌리를 스쳤다. 길이 끝나는 목적 지점에 도달하기까지 나는 그가 몇 번이나 미끄러지고 비틀거리는 것을 보았다.

그가 바위를 올라가기 시작했을 때는 걱정이 앞섰다. 도대체 무엇을 하려는 것인지 감을 잡을 수가 없었기 때문이다.

"저기서 뭘 하고 있는 겁니까?" 나는 돈 후앙에게 속삭였다.

돈 후앙은 나를 바라보려고도 하지 않고 "올라가는 게 보이잖아"라고 대꾸했다.

돈 후앙은 돈 헤나로를 똑바로 응시하고 있었다. 그의 시선은 그쪽에 아예 고정되어 있었다. 그는 반쯤 눈을 감고 있었고, 양손을 가랑이 사이에 넣고 상체를 꼿꼿이 세운 자세로 돌 가장자리에 앉아 있었다.

나는 두 청년 쪽을 보려고 몸을 약간 내밀었다. 그러자 돈 후앙은 세차게 손짓하며 제자리로 돌아가라는 시늉을 했다. 나는 그 즉시 본래 자세로 돌아왔다. 두 청년을 흘끗 보았을 뿐이지만, 그들도 돈 후앙 못지않게 돈 헤나로에게 주의를 집중하고 있는 듯했다.

돈 후앙은 다시 손을 들어 폭포수 쪽을 가리켰다.

다시 그쪽을 바라보자 상당한 높이까지 암벽을 기어오른 돈 헤나로의 모습이 보였다. 내가 본 순간 그는 바위 선반 위에서 조금씩 움직이며 거대한 바위를 우회하는 중이었다. 두 팔을 활짝 펼치고 마치 그 바위를 껴안은 듯한 자세였다. 돈 헤나로는 천천히 오른쪽을 향해 움직이다가 갑자기 발을 헛디뎠다. 나는 무의식중에 숨을 훅 들이켰다. 한순간 그의 몸 전체가 공중에 떴다. 나는 그가 분명히 추락할 것으로 생각했지만, 그는 추락하지 않았다. 그는 오른손으로 무엇인가를 움켜잡았고, 지극히 민첩한 동작으로 다시 바위 선반에 두 발을 올려놓았던 것이다. 그러나 이동을 재개하기 전에 돈 헤나로는 고개를 돌리고 우리 쪽을 바라보았다. 흘끗 본 것에 불과했지만, 고개를 돌리는 돈 헤나로의 동작은 너무나도 양식화樣式化된 듯한 모습이어서 의아한 느낌이 들기 시작했다. 그때 문득, 돈 헤나로가 방금도 지금까지 미끄러질 때마다 했던 것과 똑같은 동작을 되풀이한 것이라는 생각이 떠올랐다. 당시 나는 그가 꼴사나운 실수를 저지르고 무안했던 나머지 혹시 우리가 보고 있는지 확인하려고 우리 쪽을 바라본 것이라고 지레짐작했던 것이다.

돈 헤나로는 정상을 향해 조금 올라가다가 또다시 발을 헛디뎠고, 위험천만하게도 처마처럼 튀어나온 바위에 대롱대롱 매달렸다. 이번에는 왼손으로 매달려 있었다. 다시 몸의 균형을 되찾자 그는 또 고개를 돌리고 우리를 보았다. 암벽 정상에 도달하기 전까지 그는 두 번 더 발을 헛디뎠다. 우리가 앉아 있는 위치에서 폭포 정상의 폭은 6미터에서 7미터쯤 되어 보였다.

돈 헤나로는 잠시 꼼짝도 않고 그 자리에 서 있었다. 나는 돈 헤나로가 폭포 위에서 무엇을 할 작정인지 돈 후앙에게 묻고 싶었지만, 돈 후앙은 친구 쪽을 바라보는 일에 온 정신을 쏟고 있는 것처럼 보였기 때문에 도저히 그럴 수 있는 분위기가 아니었다.

그때 느닷없이 돈 헤나로가 물로 뛰어들었다. 전혀 예상 못한 행동에 놀란 나머지 뱃속이 철렁했다. 도저히 믿기 힘든, 괄목할 만한 도약이었다. 한순간 나는 그의 몸이 포물선을 그리며 개울 한복판을 향해 날아가는 연속적인 모습을 다중노출 사진으로 본 듯한 생생한 느낌을 받았다.

놀라움이 가라앉은 후 나는 그가 폭포수 가장자리에 있는 바위 위에 착지해 있다는 사실을 깨달았다. 우리가 앉아 있는 위치에서 그 바위는 거의 보이지 않았다.

돈 헤나로는 오랫동안 그 위에 머물렀다. 세찬 물결에 맞서 악전고투하고 있는 것처럼 보였다. 두 번이나 폭포수 절벽 가장자리에 매달렸지만 도대체 무엇을 잡고 있는지는 확인이 불가능했다. 그는 균형을 되찾고 바위 위에 쭈그리고 앉았다. 그리고 다시 범처럼 도약했다. 그가 착지한 옆의 바위는 여기서는 거의 보이지 않았는데, 폭포 수 가장자리에서 튀어나온 아주 작은 원추형 돌기에 가까웠다.

돈 헤나로는 거의 10분 가까이 그곳에 머물렀다. 미동도 하지 않는 모습이 너무나도 인상적이었던 탓에 나도 모르게 몸이 떨렸다. 일어서서 주위를 좀 걸어다니고 싶었지만 돈 후앙은 내가 안절부절못하는 것을 눈치채고 가만히 있으라고 단호하게 명령했다.

돈 헤나로의 정지 상태는 믿기 힘들 정도로 엄청나고 불가사의한 공포 속으로 날 빠뜨렸다. 그가 더 이상 저 바위에 머물러 있는다면 자제력을 잃어버릴 것만 같았다.

느닷없이 돈 헤나로가 또 도약했다. 이번에는 폭포수 반대쪽 기슭을 향해. 그는 고양이처럼 네 발로 착지했다. 그는 잠시 웅크린 자세로 있다가, 몸을 일으키고 폭포수 반대편을 바라보았고, 아래쪽에 있는 우리를 내려다보았다. 그는 미동도 않고 우리를 바라보고 있었다. 마치 눈에 보이지 않는 난간을 쥐고 있는 것처럼 양손을 옆구리께에 대고 있었다.

이 자세에는 어딘가 지극히 우아한 느낌이 있었다. 그의 몸은 너무나도 민첩하고, 너무나도 섬약해 보였다. 머리띠에 깃털을 꽂고, 검은 판초 차림에 맨발인 돈 헤나로는 여태껏 내가 본 가장 아름다운 인간의 모습을 하고 있었다.

그는 갑자기 양팔을 획 들어올리면서 고개를 들고 재빨리 도약하며 측면을 향해 일종의 공중제비를 돌았다. 그의 모습은 방금 서 있던 둥근 바위 뒤로 사라졌다.

바로 그 순간 커다란 빗방울이 뚝뚝 떨어지기 시작했다. 돈 후앙이 일어섰고, 두 청년도 함께 일어섰다. 이들의 동작이 너무나도 느닷없었던 탓에 나는 어안이 벙벙해졌다. 돈 헤나로의 엄청난 곡예에 감동한 나머지 나는 감정이 한껏 고양된 상태였다. 당장이라도 최고의 명인인 그에게 가서 갈채를 보내고 싶었다.

혹시 그가 내려오지 않을까 해서 폭포 왼쪽을 열심히 바라보았지만 그의 모습은 보이지 않았다. 돈 헤나로에게 무슨 일이 일어났는지 말해달라고 끈질기게 물어도 돈 후앙은 대답해주지 않았다.

"빨리 여길 떠나는 편이 낫겠군." 돈 후앙은 말했다. "곧 비가 지독하게 쏟아질 테니까 말이야. 우선 네스토르하고 파블리토를 집까지 데려다줘야 하니까 갈 길이 멀어."

"돈 헤나로하고 아직 작별인사도 안 했는데요." 내가 불평했다.

"그 친구는 이미 자네한테 작별인사를 했어." 돈 후앙은 거친 투로 대꾸했다.

그는 잠시 내 얼굴을 들여다보고는 곧 찌푸린 얼굴을 펴고 씩 웃었다.

"잘 가라고 하더군. 자네하고 있는 게 즐거웠대."

"그래도 이리로 돌아올 때까지 기다려야 하는 거 아닙니까?"

"아냐!" 돈 후앙은 날카롭게 말했다. "어디에 가 있든 간에 그냥 내버려둬. 아마 그 친구는 다른 세계로 날아가는 독수리가 되었을지도 모르고, 저 위에서 그냥 죽었을지도 모르지. 이젠 아무래도 상관없어."

1968년 10월 23일

돈 후앙은 문득 생각난 듯이 가까운 시일 내에 중앙 멕시코로 또 여행할 예정이라고 말했다.

"돈 헤나로를 만나러 가시는 겁니까?"

"그럴지도 모르겠군." 그는 내게 시선을 주지 않은 채로 말했다.

"돈 헤나로는 괜찮습니까? 그러니까, 폭포 꼭대기에서 뭔가 안 좋은 일을 당한 건 아니죠?"

"아무 일도 안 당했어. 멀쩡해."

잠시 여행 계획에 대한 이야기를 하던 중에 내가 돈 헤나로와 함께 지냈던 일이나 그가 한 농담이 정말 즐거웠다고 말하자, 돈 후앙은 웃음을 터뜨리며 돈 헤나로는 정말 어린아이처럼 천진난만한 친구라고 말했다. 그런 다음 긴 침묵이 흘렀다. 돈 헤나로의 가르침에 관해 물어보려면 어디서부터 얘기를 풀어야 할지를 몰라서 나는 고민에 고민을 거듭했다. 돈 후앙은 나를 보더니 짓궂은 어조로 말했다. "헤나로의 가르침에 관해 물어보고 싶어서 좀이 쑤시는 모양이군. 그렇지?"

당혹스러운 나머지 나는 웃음을 터뜨렸다. 나는 당시 폭포에서 일어났던 모든 일을 도저히 머릿속에서 떨쳐낼 수가 없었다. 기억에 남아 있는 모든 것들을 세부까지 다지고 또 다지면서 음미해본 결과, 믿기 힘들 정도로 엄청난 육체적 위업을 목격했다는 확신이 생겼던 것이다. 돈 헤나로가 그 누구도 비견할 수 없는 균형의 달인이라는 점에는 의심의 여지가 없었다. 그가 수행한 모든 동작은 극도로 양식화된 것이었다. 그것들이 뭔가 복잡한 상징적 의미를 지니고 있었다는 것은 말할 나위도 없었다.

"예. 그 가르침이 뭔지 궁금해 죽겠습니다."

"솔직하게 말하자면 자네 입장에서는 시간 낭비였어. 헤나로의 가르침은 〈볼〉 수 있는 사람을 위한 것이었거든. 파블리토하고 네스토르는 아직 완벽하게 〈보는〉 능력은 없지만 그럭저럭 요점을 파악할 수는 있었어. 하지만 자네는 단지 그걸 바라보려고 거기까지 간 꼴이야. 난 헤나로에게, 자네는 아주 묘하게 꽉 막힌 멍청이지만 직접 가르침을 받으면 막힌 데가 뚫릴지도 모른다고 얘기했었다네. 하지만 자넨 그렇게 되지 않았어. 하지만 그건 중요하지 않네. 〈본다〉는 건 무척 힘든 일이니까 말이야.

그 뒤에 난 자네가 헤나로와 말을 나누는 걸 원하지 않았기 때문에 빨리 떠나와야 했던 거야. 그건 유감이지만, 그대로 머물렀다면 더 안 좋았을 거야. 헤나로는 큰 위험을 무릅쓰고 자네에게 뭔가 엄청난 걸 보여주려고 했어. 자네가 그걸 못 〈본〉 건 유감이라고밖에 할 수 없군."

"그렇다면 돈 후앙, 그 가르침이 무엇인지를 얘기해주신다면 저도 제가 정말로 〈본〉 것이 무엇인지를 알아낼 수 있지 않을까요."

돈 후앙은 배를 잡고 폭소했다.

"자네의 가장 큰 장점은 질문하는 능력이로군."

이 화제에 관해서는 더 이상 말하지 않으려는 기색이 역력했다.

172

우리는 평소처럼 그의 집 앞 흙마루에 앉아 있었다. 돈 후앙이 갑자기 일어서서 안으로 들어갔다. 나는 그의 뒤를 따라 들어가면서 내가 본 것을 얘기하게 해달라고 졸랐다. 나는 기억에 남아 있는 사건들을 순서에 따라 충실히 묘사했다. 돈 후앙은 내가 얘기하는 동안 줄곧 미소를 머금고 있었다. 내 얘기가 끝나자 그는 고개를 설레설레 저었다.

"〈보는〉 건 지극히 힘든 일이야."

나는 그게 무슨 뜻인지 설명해달라고 간청했다.

"〈보는〉 건 말로 설명할 수 있는 게 아닐세." 그는 단호한 어조로 말했다.

더 이상 아무 얘기도 해줄 생각이 없다는 것이 확실했기 때문에 나는 포기하고 그가 부탁한 심부름을 하기 위해 집 밖으로 나갔다.

집에 돌아왔을 때는 이미 어두워져 있었다. 우리는 집 안에서 간단하게 요기를 하고 라마다 아래로 나갔다. 흙마루에 앉자마자 돈 후앙은 돈 헤나로의 가르침에 관해 이야기하기 시작했다. 내가 마음의 준비를 할 여유도 전혀 주지 않고 말이다. 노트도 갖고 있지 않았지만 어차피 너무 어두워서 글을 쓰는 것은 불가능했고, 등유램프를 가지러 집 안으로 다시 들어감으로써 그가 하는 이야기의 맥을 끊고 싶지도 않았다.

균형의 달인인 돈 헤나로는 매우 복잡하고 힘든 동작을 할 수 있다고 돈 후앙은 말했다. 머리로 물구나무를 서는 것은 바로 그런 동작들 중 하나였고, 돈 헤나로는 그것을 통해 내가 노트에 글을 쓰면서 〈보는〉 것은 불가능하다는 것을 몸소 보여주려고 했다는 것이다. 손을 짚지 않고 머리만으로 물구나무를 서는 것은 잘 봐주더라도 한 순간밖에는 지속시킬 수 없는 괴상한 곡예에 불과했다. 〈보는〉 일을 글로 표현하려고 한다는 것은 돈 헤나로의 관점에서는 그와 똑같은 행위였다. 바꿔 말해서, 머리로 물구나무를 서는 것과 마찬가지로 괴상망측하고 불필요한 헛짓이라는 뜻이다.

돈 후앙은 어둠 속에서 나를 주시하더니 짐짓 과장된 어조로, 돈 헤나로가 머리로 물구나무를 서면서 장난을 치고 있을 때 나는 그것을 〈보기〉 직전까지 갔다고 말했다. 돈 헤나로도 그 사실을 깨닫고 같은 동작을 여러 번 되풀이했지만, 나는 그 즉시 실마리를 놓쳐버렸기 때문에 결국 소용이 없었다고 했다.

그래도 돈 헤나로는 개인적으로 내게 호감을 갖고 있기 때문에 그 뒤에도 매우 극적인 방법을 써서 나를 다시 그 〈보기〉 직전의 상태로 이끌어주려고 애썼다고 돈 후앙은 말했다. 신중하게 생각해본 후에, 돈 헤나로는 폭포를 가로지르는 균형의 묘기를 내게 보여주기로 결심했다는 것이다. 돈 헤나로는 폭포야말로 내가 아슬아슬하게 서 있던 지각의 가장자리나 마찬가지라고 느꼈고, 나도 자기처럼 그것을 가로지를 수 있을 것으로 확신했다고 한다.

그런 다음 돈 후앙은 돈 헤나로가 보여준 위업에 대해 설명해주었다. 예전에도 말했듯이 인간은 〈보는〉 사람의 눈에는 빛의 섬유 같은 것으로 이루어진 빛나는 존재이며, 낱낱의 실들은 앞에서 뒤로 순환하면서 달걀을 닮은 형태를 유지한다고 했다. 또 이 달걀을 닮은 존재의 가장 경탄할 만한 특징은 배꼽 부위에서 튀어나오는 긴 실뭉치라고 말한 적도 있음을 지적했다. 돈 후앙은 이 실들이야말로 인간의 삶에 가장 중요한 것이라고 말했다. 이 실들이야말로 돈 헤나로의 균형의 비밀이었고, 그의 가르침은 폭포를 뛰어넘는 곡예와는 아무 상관도 없었다. 돈 헤나로가 보여준 균형의 위업은 그가 이 '촉수를 닮은' 실들을 사용하는 방법에서 나온 것이다.

돈 후앙은 처음 입을 열었을 때만큼이나 느닷없이 이 얘기를 중단하더니 전혀 엉뚱한 화제를 가지고 이야기하기 시작했다.

1968년 10월 24일

나는 돈 후앙을 붙들고, 내가 균형에 관한 가르침을 또 받을 일은 결코 없으리라는 예감이 드니 내 힘만으로는 절대 알아낼 수 없는 모든 관련사항을 자세히 설명해달라고 졸랐다. 그러자 돈 후앙은 돈 헤나로가 내게 다른 가르침을 줄 일은 없을 것이라는 점에 한해서는 내 말이 맞다고 대답했다.

"그 밖에 알고 싶다는 게 뭔가?"

"그 촉수를 닮은 실들이란 게 뭡니까?"

"인간의 몸에서 뻗어 나오는 촉수야. 〈보는〉 능력이 있는 주술사에게는 뚜렷하게 보인다네. 주술사들은 사람을 상대할 때 그 촉수들을 〈보고〉 그에 따라 행동하지. 약한 사람은 아주 짧고 눈에 거의 보이지도 않는 촉수들을 가지고 있지만, 강한 사람들은 밝고 긴 것들을 가지고 있다네. 헤나로의 촉수를 예로 들자면, 그건 너무나도 밝아서 거의 밧줄처럼 두꺼워 보여. 그 실들을 보면 해당 인물이 건강한지 아니면 아픈지, 못된지 친절한지, 기만적인지 아닌지를 알 수 있다네. 촉수들을 보면 그가 〈볼〉 줄을 아는지도 알 수 있어. 그래서 우린 실로 이해하기 힘든 문제에 부닥쳤던 거야. 헤나로는 자네를 〈본〉 순간, 내 친구인 비센테가 그랬던 것과 마찬가지로 자네가 〈볼〉 수 있다는 사실을 알아차렸다네. 내가 자네를 〈보는〉 경우에도 자네는 〈볼〉 수 있는 것처럼 〈보이지만〉, 나는 자네가 실제로는 그러지 못한다는 사실을 알고 있어. 정말이지 불가사의한 일이야! 헤나로는 그 사실을 받아들이지 못했어. 자네는 기이한 멍청이라고 내가 경고했지만 말이야. 결국 헤나로는 직접 그걸 〈봐야겠다고〉 결심했고, 그래서 자네를 폭포로 데려갔던 거라네."

"저는 왜 〈볼〉 수 있다는 인상을 남에게 주는 걸까요?"

돈 후앙은 대답하지 않았다. 한참을 침묵하고 있었던 것 같다. 다른 질문은 아예 하고 싶지도 않았다. 마침내 그는 입을 열어, 이유를 알고는 있지만 어떻게 설명해야 할지 모르겠다고 말했다.

"자넨 세계의 모든 것을 쉽게 이해할 수 있다고 생각하고 있어. 자네가 하는 모든 일은 쉽게 이해할 수 있는 것들의 연속이기 때문이지. 폭포에서 헤나로가 개울을 건너는 모습을 바라봤을 때, 자넨 그 친구가 공중제비 넘기의 달인이라고 생각했겠지. 자네가 기껏 머리에 떠올릴 수 있었던 건 그게 전부였으니까 말이야. 그리고 앞으로도 줄곧 그렇게밖에는 생각 못하겠지. 하지만 헤나로는 실제로 폭포를 뛰어넘거나 하진 않았다네. 정말로 그런 식으로 도약했다면 살아남지 못했을걸. 그러는 대신 헤나로는 그 자신의 멋진 빛나는 실들 위에서 균형을 잡고 있었던 거야. 그것들을 길게, 그러니까 그 위로 굴러갈 수 있을 정도로 길게 늘여서 폭포를 가로질렀던 걸세. 그러면서 어떻게 하면 그 촉수들을 길게 만들어서 정확하게 움직일 수 있는지를 직접 시연해 보였던 거지.

파블리토는 헤나로의 거의 모든 동작을 〈보고〉 있었네. 반면 네스토르는 가장 확연한 움직임들밖에는 〈보지〉 못했어. 미묘한 세부사항들은 놓쳤던 거지. 하지만 자넨 아무것도 〈본〉 게 없어."

"어디에 주의해야 할 지 제게 미리 귀띔해주셨더라면 저도…."

돈 후앙은 내 말을 끊고, 내게 미리 알려줬다면 돈 헤나로를 훼방하는 꼴밖에는 안 되었을 것이라고 잘라 말했다. 무슨 일이 일어날지를 내가 미리 알고 있었다면 나 자신의 실들이 동요하면서 돈 헤나로의 실들에게 간섭했을 것이 뻔하다는 것이다.

"자네가 〈볼〉 수만 있었다면, 헤나로가 첫발을 디딘 순간부터 알아차렸을 걸세. 폭포 옆 사면을 올라가는 헤나로는 결코 미끄러진 게 아니라는 걸 말이야. 그때마다 그 친구는 자기 촉수들을 내보내고 있었던 거야. 두 번은 그것들로 바위를 감아서 깎아지른 암벽에 파리처럼 달라붙기까지 했네. 정상에 도달해서 폭포수를 가로지를 준비가 된 뒤에는 촉수들을 개울 한복판에 있는 작은 바위에 집중시켰고. 그 바위에 촉수들을 단단히 비끄러맨 뒤에는 그것들이 자기를 잡아당기도록 놓아두었던 거라네. 헤나로는 결코 도약하지 않았고, 그 덕에 폭포수 바로 가장자리에 있는 조그만 바위의 미끄러운 표면에도 안전하게 착지할 수 있었던 거야. 헤나로의 실들은 언제나 그 친구가 이용한 모든 바위에 단단히 감겨 있었다네.

헤나로가 첫 번째 바위 위에 그리 오래 머물지 않았던 건, 남은 실들을 물살이 가장 센 곳에 있는 그보다 훨씬 작은 바위에 모두 비끄러매두고 있었기 때문일세. 그런 다음 촉수들이 자기를 끌어당기게 해서 그 바위 위에 착지했던 거지. 그건 그 친구가 보여준 동작 중에서도 가장 걸출한 것이었어. 그 바위 표면은 사람이 매달리기엔 너무 작아서 실들의 일부를 여전히 첫 번째 바위에 집중시키고 있지 않았다면 세찬 물결에 몸이 휩쓸려버렸을 테니까 말이야.

그 두 번째 위치에서 오래 머물렀던 건 촉수들을 다시 폭포 반대편 기슭으로 내보내야 했기 때문이야. 그것들을 단단히 비끄러맨 뒤에는 첫 번째 바위에 집중되어 있던 실들을 풀어야 했어. 극히 어려운 작업이었지. 그럴 수 있는 사람은 헤나로밖에는 없을지도 몰라. 그러다가 헤나로는 미끄러질 뻔했다네. 아마 우리를 놀리려고 일부러 그랬는지도 모르지만, 그걸 확인할 방법은 없겠지. 나는 정말로 미끄러진 거라고 생각하지만 말이야. 왜냐하면 그때 헤나로의 몸이 경직하면서 수면 위로 마치 눈부신 광선처럼 보이는 걸 쏘았거든. 아마 그 광선만으로도 폭포를 가로지를 수 있었을 거야. 건너편 기슭에 도달했을 때 그 친구는 일어서서 자신의 실들을 마치 빛의 다발처럼 반짝이게 했다네. 오직 자네를 위해서 그랬던 거야. 자네가 〈볼〉 줄 알았다면 틀림없이 〈보였을〉 거야.

헤나로는 자네를 지켜보면서 그렇게 서 있다가 곧 자네가 아무것
도 못 〈보았다〉는 사실을 알아차렸다네."

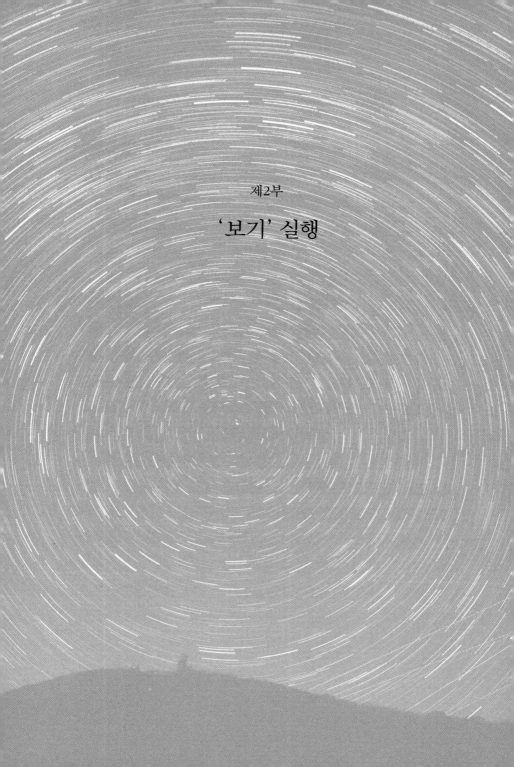

제2부

'보기' 실행

7

나는 1968년 11월 8일 낮에 돈 후앙의 집에 도착했지만 그는 집에 없었다. 어디로 가야 찾을 수 있을지도 알 수 없었기 때문에 나는 그냥 앉아서 기다렸다. 이유는 몰라도 나는 그가 곧 귀가하리라는 사실을 알고 있었다. 잠시 후 돈 후앙이 집으로 들어왔다. 그는 내게 고개를 까닥해 보였다. 우리는 인사를 나눴다. 그는 피곤한 기색이었고, 이내 돗자리에 눕더니 연거푸 하품을 했다.

나는 〈보기〉라는 것에 집착하고 있었기 때문에 그의 환각성 스모크 혼합물을 다시 피울 각오가 되어 있었다. 그러나 이것은 정말로 쉽지 않은 결정이었던 고로 그와 좀더 의논해보고 싶었다.

"돈 후앙, 저는 〈보는〉 법을 배우고 싶습니다." 내가 대뜸 말했다. "하지만 뭔가의 힘을 빌려서 그러고 싶지는 않군요. 그 스모크 혼합물을 또 피우고 싶지는 않다는 뜻입니다. 혹시 그것을 쓰지 않고도 〈보는〉 법을 배울 수는 없을까요?"

돈 후앙은 상체를 일으켜 앉은 다음 잠시 나를 응시하더니 다시 누웠다.

"안 돼! 오로지 스모크를 쓰는 방법밖에는 없어."

"하지만 제가 돈 헤나로하고 있었을 때도 〈보기〉 직전까지 갔다고

183

하시지 않았습니까."

"자네 내부의 뭔가가 마치 혜나로의 행동을 정말로 인식하고 있는 것처럼 빛을 발하고 있었다는 뜻이었어. 하지만 실제로는 그냥 바라보고 있었던 것에 불과했지. 자네 안에 〈보는〉 것 같아 보이지만 실제로는 〈보는〉 것이 아닌 뭔가가 존재한다는 점은 명백해. 하지만 자넨 워낙 꽉 막혀 있기 때문에 스모크의 도움을 받는 것 말고는 달리 방도가 없네."

"왜 꼭 스모크를 피워야 하는 겁니까? 자신의 힘만으로 〈보는〉 법을 배울 수는 없는 건가요? 저는 진심으로 그걸 터득하고 싶습니다. 그것만으로도 충분하지 않습니까?"

"아니, 그것만으론 충분하지 않아. 〈보기〉는 그렇게 단순한 것이 아냐. 순식간에 흘러가는 그 세계를 잠깐만이라도 보기 위해 필요한 민첩성을 자네에게 줄 수 있는 건 스모크밖에 없다네. 그게 없다면 자넨 단지 바라보는 수밖에 없을 거야."

"순식간에 흘러가는 세계가 뭡니까?"

"주술사들이 〈보는〉 세계는 자네가 생각하는 세계와는 달라. 끊임없이 변화하고 움직이면서 언뜻 스쳐 지나가는 세계라고나 할까. 자신의 힘만으로도 순식간에 흘러가는 세계를 이해할 수 있을지도 모르지만, 그러다가는 몸이 그 긴장을 못 이겨서 쇠약해지기 때문에 본인에겐 하등 도움이 안 돼. 반면에 스모크를 쓰면 그런 피로에는 전혀 시달리지 않아도 돼. 스모크는 자네에게 세계의 순간적인 움직임을 파악할 수 있는 민첩성을 부여해주고, 그와 동시에 몸이 축나지 않도록 체력을 고스란히 보존해주거든."

"알았습니다!" 나는 비장한 표정을 지으며 외쳤다. "더 이상 변죽을 울리지는 않겠습니다. 스모크를 피우죠."

돈 후앙은 나의 과장된 언동을 웃어넘겼다.

"작작해둬. 또 잘못 넘겨짚는군. 스모크에게 안내를 맡기기로 마음먹는 것만으로 정말로 〈보는〉 게 가능해지리라고 생각하나? 실제로는 그보다 훨씬 더 힘들어. 그 어떤 일도 실제로 경험해보면 생각보다 훨씬 더 힘든 법이지."

돈 후앙은 잠시 침묵했다.

"지금까지 나는 자네를 아주 신중하게 다뤄왔어. 그리고 나의 그런 행동은 의도적인 것이었다네. 왜냐하면 자네가 내 지식을 이해하는 것이 메스칼리토가 바라는 바였기 때문이야. 하지만 자네에게 가르쳐주고 싶은 걸 모두 가르칠 시간적 여유가 내게 없다는 걸 난 알아. 단지 길을 보여줄 시간밖에는 없으니까, 그 후에는 자네도 내가 그래 온 것과 같은 방식으로 알아서 나아가기를 기대하는 수밖에 없지. 자네가 나보다 게으른데다가 고집도 한층 더 센 점은 받아들이는 수밖에 없겠지만 말이야. 하지만 자네는 다른 관점들을 가지고 있고, 앞으로 자네의 삶이 어떤 방향을 향하게 될지는 나도 예상할 수가 없군."

돈 후앙의 신중한 말투와 그 태도의 어떤 부분이 내 안에 두려움과 고독감과 기대가 뒤섞인 낯익은 감정을 불러일으켰다.

"자네도 자신이 어디에 서 있는지를 곧 알게 될 걸세." 돈 후앙이 의미심장한 어조로 말했다.

그는 더 이상 말하지 않았다. 잠시 후 그는 집 밖으로 나갔다. 나도 그 뒤를 따라나섰지만, 흙마루에 앉아야 할지 아니면 가져온 선물 꾸러미를 차에서 꺼내와야 할지 마음을 정하지 못한 채로 그냥 그의 앞에 서 있었다.

"위험한 일이 될까요?" 나는 무슨 말이든 하고 싶어서 이렇게 운을 뗐다.

"모든 일은 위험한 법이야."

돈 후앙은 더 이상은 말할 기분이 아닌 듯했다. 그가 구석에 쌓아둔 작은 꾸러미들을 끌어모아 그물주머니에 넣고 있었지만 나는 굳이 도우려고 하지 않았다. 내 도움이 필요하다면 그쪽에서 먼저 말했을 것이기 때문이다. 그런 다음 그는 자기 돗자리에 누우면서 나에게도 긴장을 풀고 좀 쉬라고 했다. 나는 내 돗자리에 누워 잠을 청했지만 피곤하지 않았다. 어젯밤 나는 돈 후앙의 집에서 차로 세 시간밖에는 걸리지 않는 곳에 있는 모텔에 묵으면서 해가 중천에 뜰 때까지 푹 자두었기 때문이다. 돈 후앙도 자고 있지는 않았다. 눈을 감고는 있었지만, 눈에 띄지 않을 정도로 머리통을 까딱까딱하고 있는 것이 보였다. 혹시 속으로 뭔가를 읊고 있는 것일까.

"일단 요기를 해야겠군." 돈 후앙이 느닷없이 이렇게 말하는 바람에 나는 놀라 움찔했다. "자넨 모든 기력을 끌어모아야 하니까 말이야. 최상의 몸 상태를 유지하고 있어야 해."

그가 수프를 끓여 주었지만 나는 별로 배가 고프지 않았다.

다음날인 11월 9일에 돈 후앙은 내게 아주 소량의 음식만을 먹게 한 후 쉬라고 말했다. 나는 오전 내내 누워 있었지만 긴장을 풀 수가 없었다. 돈 후앙의 속내를 전혀 알 수가 없었다. 그러나 가장 안 좋은 것은, 나 자신의 속내가 어떤지도 확실하지 않다는 점이었다.

오후 3시경에 우리는 라마다 아래 흙마루에 앉아 있었다. 나는 무척 배가 고파서 뭐든 요기를 좀 하자고 여러 번 말했지만 돈 후앙은 그때마다 안 된다고 했다.

"자넨 3년 동안이나 혼합물을 직접 조제하지 않았어." 그가 갑자기 말했다. "그래서 지금은 내 혼합물을 피우는 수밖에 없으니 자네를 위해서 내가 모아온 거라고 해두지. 소량만 피우면 돼. 내가 파이프 대통을 한 번 재워주겠네. 자넨 그걸 피운 다음 쉬어. 그럼 곧 다른 세계의 문지기가 올 걸세. 그러면 자넨 아무 짓도 하지 말고 관찰만 하게. 그것이 어떻게 움직이는지를 지켜보고, 그것이 하는 모든 일을 지켜보란 말일세. 자네 목숨은 자네가 얼마나 잘 지켜보느냐에 달려 있을지도 몰라."

돈 후앙이 이 대목에서 느닷없이 입을 다물었기 때문에 나는 무슨 말을 해야 할지, 무슨 생각을 해야 할지조차 알 수 없었다. 나는 잠시 알아들을 수 없는 말을 웅얼거렸다. 생각을 제대로 정리할 수가 없었다. 결국 가장 먼저 뇌리에 뚜렷하게 떠오른 의문을 내뱉었다.

"그 문지기라는 건 누굽니까?"

돈 후앙은 더 이상의 대화를 단호하게 거부했다. 그러나 나는 너무 불안한 나머지 입을 달을 수가 없었다. 나는 제발 그 문지기에 관해서 얘기해달라고 필사적으로 간청했다.

"자네가 직접 〈볼〉 수 있어." 그가 무심한 투로 말했다. "그건 다른 세계를 지키는 존재라네."

"어떤 세계를 말하시는 겁니까? 죽은 자의 세계?"

"아냐. 그건 죽은 자의 세계가 아니고, 기타 그 어떤 것의 세계도 아닌 그냥 또 하나의 세계일 뿐이라네. 말로 설명해봤자 소용없어. 자네가 직접 〈보는〉 수밖에 없네."

돈 후앙은 이렇게 말하고 집 안으로 들어갔다. 나는 그의 방까지 그를 따라갔다.

"돈 후앙, 잠깐만 기다려주십쇼. 무슨 일을 할 작정입니까?"

그는 대답하지 않고 꾸러미에서 파이프를 꺼낸 다음 방 한복판의 돗자리에 앉아서, 묻는 듯한 눈으로 나를 바라보았다. 내가 동의하기를 기다리고 있는 듯한 기색이었다.

"어리석은 친구 같으니라고." 돈 후앙이 나직한 어조로 말했다. "자넨 두려운 게 아냐. 단지 두렵다고 말하고 있을 뿐이야."

그는 좌우로 천천히 고개를 흔들었다. 그런 다음 스모크 혼합물이 든 조그만 주머니를 꺼내 혼합물을 대통에 재웠다.

"두렵습니다, 돈 후앙. 저는 정말로 두렵습니다."

"아니, 자네가 느끼는 건 두려움이 아냐."

나는 어떻게든 시간을 벌어보려고 내가 지금 느끼고 있는 감정의 성질에 관해 장광설을 늘어놓기 시작했다. 나는 정말로 두렵다고 고집을 부렸지만 돈 후앙은 내가 숨을 헐떡이지도 않고 심장박동도 평소보다 더 빨라지지 않았다는 점을 지적했다.

　잠시 그가 한 지적에 관해 생각해보았다. 돈 후앙 말이 틀린 것이 아닐까. 실제로 내 몸은 사람이 무서움을 느낄 때의 징후를 많이 보이고 있고, 기분부터가 이렇게 절박하지 않는가. 마치 주위의 모든 것이 불길한 운명의 예감에 푹 젖어 있는 듯한 느낌이었다. 속이 울렁거리고 안색도 파리해졌다. 손에서는 계속 땀이 배어나왔다. 그러나 본심을 털어놓자면, 정말로 두려운 것은 아니라는 사실을 나도 알고 있었다. 지금까지 살아오면서 수없이 경험한 탓에 이제는 익숙한 나의 일부가 되어버린 공포감을 전혀 찾아볼 수가 없었던 것이다. 내가 돈 후앙 앞을 쉴 새 없이 왔다갔다하며 주절거리는 동안 그는 파이프를 쥐고 돗자리에 앉아 묻는 듯한 표정으로 나를 바라보고만 있었다. 한참 뜸을 들여 숙고해본 결과, 나는 지금 내가 느끼고 있는 감정은 두려움이 아니라 깊은 불쾌감이라는 결론을 내리지 않을 수 없었다. 환각성 식물을 흡입함으로써 야기되는 사고의 혼란을 단지 머릿속에서 상상해보는 것만으로도 불편해하고 있었던 것이다.

　돈 후앙은 나를 흘끗 쳐다보더니 마치 뭔가 멀리 있는 것을 애써 탐지하려는 듯이 내 뒤쪽을 곁눈질했다.

　나는 그가 강한 어조로 앉아서 긴장을 풀라고 명령할 때까지 줄곧 그의 앞을 서성거리고 있었다. 그리고 우리는 몇 분 동안 조용히 앉아 있었다.

　"자네, 명료한 의식을 잃고 싶지 않아서 그러는 거지?" 느닷없이 그가 말했다.

"바로 그겁니다, 돈 후앙."

그는 유쾌한 듯이 껄껄 웃었다.

"식자의 두 번째 적인 명료함이 자네 앞에 우뚝 서 있군."

돈 후앙은 걱정 말라는 듯이 말했다. "자넨 두려운 게 아냐. 단지 명료한 상태를 잃는 것이 싫은 거야. 하지만 자넨 멍청한 탓에 그걸 공포라고 부르는 거지."

그는 쿡쿡거리며 웃었다.

"숯을 가져오게."

상냥하고 왠지 안심이 되는 말투였다. 나는 반사적으로 일어나 집 뒤꼍으로 가서, 불붙은 작은 숯덩어리를 몇 개 집어 작은 석판 위에 올려놓은 다음 그것을 들고 방으로 돌아왔다.

"흙마루로 나와." 집 밖에서 돈 후앙이 큰 소리로 나를 불렀다.

그는 내가 평소에 앉는 자리에다 돗자리를 깔아놓았다. 내가 그의 곁에 숯덩이를 내려놓자 그는 숨을 불어 불씨를 돋웠다. 그는 자리에 앉으려고 하는 나를 제지하며 돗자리 오른쪽 가장자리에 앉으라고 했다. 그런 다음 파이프 대통 안에 숯덩이를 하나 넣고 내게 건넸다. 나는 파이프를 받아들었다. 묵묵히 나를 이 순간까지 유도한 돈 후앙의 단호함은 경탄스러울 정도였다. 달리 할 말도 없었다. 더 이상 변명거리를 생각해낼 수가 없었던 것이다. 내가 느끼는 것은 두려움이 아니라 단지 명료한 상태를 잃는 것이 싫은 것일 뿐임을 나는 확신했다.

"뻐금뻐금 피워." 돈 후앙이 나직하게 명령했다. "이번엔 거기 재워놓은 것만 피우면 돼."

파이프를 한 모금 빨자 쉭 하고 혼합물에 불이 붙는 소리가 났다. 그러자마자 얼음막이 입안과 코안을 덮는 것 같은 느낌을 받았다. 다시 한 모금 빨자 얼음막은 내 가슴속까지 확장해 들어왔다. 마지막 한 모금을 빨았을 무렵에는 몸속이 모두 '차가운 따스함' 같은 기이한 감각으로 덮여버린 느낌이었다.

돈 후앙은 내 손에서 파이프를 빼앗아 대통을 자기 손바닥에 대고 탁 쳐서 남은 찌꺼기를 털어냈다. 그런 다음 항상 그러듯이 손가락에 침을 발라 대통 안쪽을 문질렀다.

온몸의 감각이 사라졌지만 움직일 수는 있었다. 나는 좀더 편하게 앉기 위해 몸을 뒤척였다.

"이제 무슨 일이 일어납니까?"

이렇게 말을 입 밖으로 내려니 조금 힘이 들었다.

돈 후앙은 지극히 신중한 동작으로 파이프를 파이프집에 넣은 다음 긴 천으로 둘둘 말았다. 그런 다음 그는 상체를 곧추세우고 나를 마주 보았다. 현기증이 났다. 나도 모르게 눈이 자꾸 감기려고 했다. 돈 후앙은 내 몸을 세차게 흔들며 깨어 있으라고 명령하면서, 여기서 잠들면 죽는다는 걸 잘 알고 있지 않느냐고 했다. 이 말에 나는 화들짝 놀라 정신을 차렸다. 돈 후앙이 방금 한 말은 아마 내 잠을 깨우기 위해 한 소리일지도 모르지만, 한편으로는 말뜻 그대로 사실일 수도 있다는 생각이 들었던 것이다. 나는 최대한 눈을 크게 떴다. 돈 후앙은 나의 그런 모습을 보고 웃음을 터뜨리면서, 눈을 뜬 채로 잠시 기다리면 어떤 시점부터 다른 세계의 문지기를 볼 수 있게 될 것이라고 말했다.

몸 전체가 짜증스러울 정도로 뜨거워졌다. 그래서 자세를 바꿔보려고 했지만 더 이상 몸이 말을 듣지 않았다. 돈 후앙과 얘기하고 싶었지만, 단어들이 내 안의 너무나 깊숙한 곳에 묻혀 있는 탓에 입 밖으로 꺼낼 수가 없었다. 나는 왼쪽 옆구리를 아래로 하고 쓰러졌고, 어느새 바닥에서 돈 후앙을 바라보고 있었다.

돈 후앙은 내 몸 위로 상체를 수그리면서, 그를 바라보지 말고 내 눈앞에 있는 돗자리의 한 지점을 뚫어지게 바라보라고 내게 속삭였다. 그것도 한쪽 눈, 왼쪽 눈으로만 그래야 하며, 그러고 있으면 조만간에 문지기를 볼 수 있을 것이라고 했다.

나는 그가 말한 지점에 시선을 못 박고 있었지만 아무것도 보이지 않았다. 그러다가 문득 조그만 각다귀 한 마리가 눈앞에서 붕붕거리고 있다는 사실을 깨달았다. 각다귀는 돗자리 위에 내려앉았다. 나는 그 움직임을 눈으로 좇았다. 각다귀가 내 눈앞으로 다가왔다. 너무나 바싹 다가와서 초점이 안 맞아 흐릿하게 보일 정도였다. 그러다가 갑자기 내가 일어섰다는 느낌을 받았다. 이것은 실로 기이한 경험이었기 때문에 숙고해볼 가치가 있었지만, 그럴 만한 시간적 여유는 없었다. 나는 내가 평소의 눈높이로부터 전방을 똑바로 바라보고 있다는 느낌을 온몸으로 느끼고 있었는데, 그때 내 눈에 들어온 광경은 내 존재를 구성하는 낱낱의 입자까지도 송두리째 흔들어놓았다. 이렇게밖에는 그때 내가 겪은 감정적 충격을 묘사할 방법이 없다. 나와 조금밖에 떨어지지 않는 곳에서, 엄청나게 거대한 괴물 같은 존재가 나를 마주 보고 있었던 것이다. 정말이지 괴물이라고밖에는 할 수 없었다! 그 아무리 황당무계한 공상 속의 괴물도 내가 조우한 것과는 비교가 되지 않았다. 나는 망연자실하게 그것을 바라보았다.

그나마 처음으로 깨달았던 것은 그것의 덩치였다. 이유는 몰라도, 그것의 키는 무려 30미터에 육박하는 게 틀림없다는 생각이 들었다. 똑바로 서 있는 것처럼 보였지만 어떻게 그렇게 서 있는지는 알 수 없었다. 그다음에 알아차린 것은 그것에 두 개의 날개가 달려 있다는 사실이었다. 두 개의 짧고 널따란 날개였다. 그 순간, 나는 내가 이 짐승을 일상적인 광경을 볼 때와 같은 방식으로 살펴보려고만 하고 있었다는 사실을 자각했다. 그러니까, 그것을 그냥 바라보려고만 했던 것이다. 그러나 사실 내게 익숙한 방식으로 그것을 바라보는 것은 불가능했다. 실제로는 그것의 특징을 하나씩 알아차리는 것에 가까웠다. 마치 조각을 하나씩 맞춰가는 동안 점점 그 전모가 드러나는 그림처럼 말이다. 괴물의 몸통은 다발진 검은 털로 뒤덮여 있었다. 긴 주둥이에서는 침이 질질 흘러내리고 있었다. 툭 튀어나오고 둥그런 눈은 두 개의 희고 거대한 공 같았다.

그때 그것이 날갯짓을 하기 시작했다. 새처럼 퍼드덕거리는 것이 아니라, 눈에 보이지도 않을 정도로 빠르고 미세하게 진동하는 쪽에 가까웠다. 괴물은 속도를 올리며 내 앞에서 원을 그리기 시작했다. 날아다닌다기보다는 지면 위로 겨우 10센티미터쯤 되는 곳을 엄청난 속도로 휙휙 미끄러진다는 편이 더 정확했다. 한순간 나는 그 움직임에 넋을 빼앗겼다. 동작 자체는 볼품없다는 생각이 들었지만 그 속도와 민첩성만은 대단했다.

그것은 날개를 진동시키며 내 앞에서 두 번 원을 그렸다. 입에서 질질 흐르는 침 같은 것이 사방에 튀었다. 그것은 곧 몸을 돌리더니 믿기 힘들 정도로 엄청난 속도로 멀리까지 미끄러져 가면서 사라졌다. 내가 그것이 사라진 방향을 뚫어지게 바라본 것은 달리 할 일이 없었기 때문이다. 머릿속의 생각을 일관되게 정리할 수가 없게 하는, 실로 묘한 감각에 나는 사로잡혔다. 그렇다고 다른 곳으로 갈 수도 없었다. 마치 지금 내가 있는 곳에 단단히 접착되기라도 한 듯한 느낌이었다.

그러자 멀리서 구름 비슷한 것이 보였다. 다음 순간 그 거대한 짐승은 또다시 내 눈앞에서 전속력으로 빙빙 돌고 있었다. 그러면서 날개가 점점 내 눈으로 접근해왔고, 급기야는 나를 때렸다. 내 몸의 어떤 부분이었든 간에, 실제로 그 날개에 맞았다고 느꼈던 것이다. 나는 일찍이 경험한 적 없는 격렬한 고통의 와중에서 목청이 터져라 절규했다.

그다음에 기억나는 것은 돗자리에 앉아 있는 내 이마를 돈 후앙이 문지르고 있었다는 사실뿐이다. 그는 나무 잎사귀로 내 팔다리를 문지르다가 집 뒤꼍의 관개수로로 나를 데려갔다. 그는 내 옷을 벗기고 내 몸을 물에 완전히 담갔다가 끌어올리기를 여러 번 되풀이했다.

내가 관개수로의 얕은 바닥에 누워 있는 동안 돈 후앙은 이따금 내 왼발을 들어올려 발바닥을 툭툭 쳤다. 잠시 후 나는 간지럼을 느꼈다. 그는 그것을 알아차리고 이제 괜찮아졌다고 말했다. 나는 옷을 입고 그와 함께 집으로 돌아갔다. 내 돗자리에 앉아서 말을 하려고 했지만, 사고 자체는 매우 명료했음에도 불구하고 내가 하고 싶은 말에 집중을 할 수가 없었다. 말을 한다는 행위가 이토록 큰 정신집중을 요구한다는 사실이 그저 놀라울 따름이었다. 뭔가 말하려면 주위 사물을 바라보는 일을 그만두어야 한다는 사실도 깨달았다. 나는 내가 아주 깊숙한 층에서 꼼짝 못하게 얽혀 있고, 말을 하고 싶으면 잠수부처럼 표층으로 올라와야만 한다는 인상을 받았다. 마치 내가 발하는 단어들에 의해 끌려올라오는 것처럼, 표면까지 올라와야만 하는 것이었다. 평소 때와 완전히 똑같은 헛기침을 하는 데까지는 두 번 갔다. 그런 다음에는 무엇이든 원하는 말을 할 수 있겠다는 느낌이 들었지만 나는 그러지 않았다. 그냥 바라보기만 해도 되는 기묘한 침묵의 층에 머물러 있는 편이 더 좋았던 것이다. 나는 돈 후앙이 〈보기〉라고 부르는 것을 접하기 시작했다고 느꼈고, 그 사실에 기분이 매우 흡족해졌다.

나중에 돈 후앙은 내게 수프와 토르티야를 주며 먹으라고 명령했다. 나는 음식을 먹는 데 아무 문제도 없었고, 내가 '〈보는〉 힘'이라고 간주한 것을 놓치지도 않았다. 나는 주위의 모든 것에 초점을 맞추고 응시해보았다. 나는 내가 모든 것을 〈볼〉 수 있다고 확신했지만, 아무리 생각해도 예전과 똑같은 세계로밖에는 보이지 않았다. 나는 주위가 껌껌해질 때까지 〈보기〉 위해 애를 쓰다가 결국은 피로를 못 이기고 누워서 잠들었다.

돈 후앙이 담요를 덮어주었을 때 잠에서 깼다. 머리가 지끈거리고 속이 울렁거렸다. 그러다가 좀 있으니 기분이 나아져서 다음날까지 푹 잤다.

아침이 되자 원래의 나로 되돌아와 있었다. 나는 조급하게 질문을 던졌다. "제게 무슨 일이 일어났던 겁니까?"

돈 후앙은 조용히 웃었다. "자넨 문지기를 찾으러 갔고, 물론 그걸 찾아냈어."

"하지만 그건 도대체 뭐였습니까?"

"다른 세계로 가는 길목에 있는 수호자, 문지기, 감시자." 돈 후앙은 당연하다는 듯이 말했다.

나는 그 불길하고 추악한 짐승의 모습을 자세히 묘사하려고 했지만 그는 나의 그런 시도를 무시해버리고, 내 체험은 전혀 특별한 것이 아니며 누구든지 할 수 있는 것이라고 잘라 말했다.

나는 그 문지기의 존재가 너무나도 충격적이었기 때문에 당시에는 그것에 대해 제대로 생각조차 할 수 없었다고 실토했다.

돈 후앙은 웃음을 터뜨리며 툭하면 과장하는 나의 버릇을 놀렸다.

"그게 무엇이었든 간에, 저를 때렸습니다. 그건 당신이나 저만큼이나 현실적인 존재였어요."

"물론 그건 현실이었지. 자네도 고통을 느꼈잖아. 안 그래?"

그 체험을 떠올리면서 나는 점점 더 흥분했다. 돈 후앙은 진정하라고 하면서 정말로 그것이 무서웠느냐고 물었다. 그는 '정말로'라는 단어를 강조했다.

"극도로 겁에 질린 상태였습니다. 지금까지 살아오면서 그토록 엄청난 공포를 경험한 적은 없었습니다."

"에이, 자넨 그렇게까지 두려워하지는 않았어." 그는 웃음을 터뜨렸다.

"맹세해도 좋습니다." 나는 열을 내어 반박했다. "움직일 수만 있었다면 울부짖으면서 도망쳤을 겁니다."

이 대답이 정말로 웃겼는지 돈 후앙은 폭소를 터뜨렸다.

"돈 후앙, 그런 괴물을 제게 보여준 목적이 뭐였습니까?"

그러자 그는 진지한 표정이 되어 나를 응시했다.

"그건 문지기였어. 그리고 〈보고〉 싶다면 자넨 그 문지기를 이겨내야 해."

"하지만 돈 후앙, 제가 그런 놈을 도대체 어떻게 이긴단 말입니까? 키가 30미터는 되어 보이던데요."

돈 후앙은 너무나 크게 웃는 바람에 눈물이 뺨 위로 굴러떨어질 지경이었다.

"오해가 없도록 제가 본 것에 관해 얘기하도록 해주시지 않겠습니까?"

"꼭 그래야만 직성이 풀리겠다면 그러게. 얘기해봐."

내가 기억에 남아 있는 모든 것을 늘어놓았지만 돈 후앙의 태도는 달라지지 않았다.

"딱히 새로운 것도 없구만 그래." 그가 미소를 띠면서 말했다.

"하지만 그런 놈을 저보고 어떻게 이겨내란 말입니까? 도대체 뭐로?"

돈 후앙은 상당히 오랫동안 침묵하다가 나를 마주 보며 말했다.

"자넨 정말로 두려워하고 있진 않았어. 다치긴 했지만, 무서워하진 않았어."

그는 방에 쌓여 있는 부대에 등을 기대며 팔베개를 했다. 아예 이 얘기는 끝났다는 기색이었다. 그러다가 라마다 지붕을 올려다보며 느닷없이 말했다.

"사실 문지기는 누구나 〈볼〉 수 있는 존재라네. 어떤 사람들에게는 하늘을 찌를 정도로 크고 무시무시한 짐승으로 보이곤 하지. 자넨 운이 좋았어. 자네 경우에는 겨우 30미터밖에는 안 됐으니까 말이야. 그럼에도 불구하고 그 비밀은 너무나도 단순하다네."

돈 후앙은 잠시 말을 멈추고 어떤 멕시코 노래를 흥얼거리다가 말했다.

"다른 세계의 문지기는 각다귀야." 마치 자기 말에 내가 어떻게 반응하는지를 가늠하고 있는 듯이 느릿느릿한 말투였다.

"방금 뭐라고 하셨습니까."

"다른 세계의 문지기는 각다귀라고. 자네가 어제 조우한 건 각다 귀였다네. 그리고 그 각다귀를 이겨내기 전에는 거기에 더 이상 접근 할 수가 없어."

한순간 돈 후앙의 말을 부인하고 싶었지만, 내가 본 환시를 순서 대로 떠올려본 뒤에는 그것을 인정하는 수밖에 없었다. 어떤 순간에 나는 각다귀를 보고 있었는데, 그다음 순간 일종의 신기루가 출현하면서 내가 괴물을 목격하고 있었다는 사실을 말이다.

"하지만 돈 후앙, 어떻게 한 마리의 각다귀가 저를 다치게 할 수 있었단 말입니까?" 나는 아연실색하며 물었다.

"자네를 다치게 한 건 각다귀가 아니라 다른 세계의 문지기였어. 언젠가는 자네도 용기를 내서 그걸 이겨낼 수 있을지도 모르지. 하지만 지금은 아냐. 지금 그건 침을 질질 흘리는 키가 30미터나 되는 괴물이니까 말이야. 어차피 지금은 그런 얘기를 해봤자 아무 소용도 없어. 그 앞에 섰다는 건 딱히 대단한 일도 아니니까 말이야. 그러니까 그놈에 대해 더 알고 싶다면 다시 한 번 그 문지기를 찾아가는 수밖에 없네."

이틀 뒤인 11월 11일에 나는 또다시 돈 후앙의 스모크 혼합물을 피웠다.

내가 문지기를 찾아가기 위해서 그것을 한 번 더 피우고 싶다고 요청했기 때문이다. 즉흥적으로 그랬던 것이 아니라 오랜 숙고 끝에 내린 결정이었다. 공포나 명료함을 잃는 것에 대한 불쾌감은 내가 문지기에 대해 느낀 호기심에 비하면 아무것도 아니었다.

절차는 예전과 동일했다. 돈 후앙은 파이프 대통에 혼합물을 한 번 재웠고, 내가 그것을 전부 피우자 파이프를 청소한 다음 치워놓았다.

이번에는 효과가 나타나는 속도가 현저하게 느렸다. 조금 어지러운 느낌이 오자 돈 후앙은 양손으로 내 머리통을 잡고 내가 왼쪽으로 눕도록 도와주었다. 그는 발을 쭉 뻗고 힘을 빼라고 말하고, 내가 오른팔을 가슴에 댈 수 있도록 도와주었다. 그러면서 내 오른손 손목을 돌려서 바닥에 갖다 대게 하여 그쪽 손바닥에 체중이 실리도록 했다. 나는 그가 뭘 하고 있는지를 이해하지 못했기 때문에 내 편에서는 아무런 행동도 하지 않았다.

돈 후앙은 내 앞에 앉더니 아무 걱정도 하지 말라고 했다. 문지기는 곧 올 것이고, 나는 관람석 맨 앞줄에서 단지 그것을 〈보기〉만 하면 된다고 했다. 그러더니 문득 생각난 듯이 문지기가 큰 고통을 가할 수도 있지만 그것을 피할 방법이 하나 있다고 하면서 내 오른팔을 가리켰다. 이틀 전에는 더 이상은 무리라고 판단했기 때문에 나를 일으켜 앉혔지만, 이번에는 일부러 이런 자세를 취하게 했기 때문에 내가 원한다면 언제든지 팔을 지렛대 삼아 몸을 일으키면 된다는 것이었다.

그가 그 얘기를 마칠 무렵 내 몸의 감각은 거의 사라져 있었다. 근육이 말을 듣지 않아서 스스로 몸을 일으키는 것은 불가능하다는 사실을 지적하려고 했지만 말을 할 수가 없었다. 그러나 돈 후앙은 나의 이런 생각을 예상한 듯했고, 이런 경우에는 내 의지력을 발휘하는 것이 관건이라고 설명했다. 그러면서 몇 년 전에 내가 처음으로 버섯 혼합물을 피웠을 때의 일을 기억해보라고 했다. 그때 나는 땅바닥에 쓰러졌는데, 그가 나의 '의지'라고 불렀던 것의 작용에 의해 벌떡 일어섰었다. 바꿔 말해서, "생각만으로 일어섰던" 것이다. 사실, 일어서려면 그 방법밖에는 없다고 돈 후앙은 말했다.

몇 년 전에 내가 실제로 무엇을 했는지는 전혀 기억나지 않았기 때문에 돈 후앙이 해준 말은 아무 소용이 없었다. 지독한 절망감이 몰려오는 것을 느끼면서 나는 눈을 감았다.

돈 후앙이 내 머리카락을 움켜잡고 머리통을 세차게 흔들면서, 눈을 감지 말라고 엄하게 명령했다. 그러자 나는 눈을 떴을 뿐만 아니라 놀랄 만한 일을 해냈다. 입을 열고 "그때 어떻게 일어섰는지는 저도 잘 모르겠습니다"라고 말했던 것이다.

나는 화들짝 놀랐다. 목소리의 억양이 왠지 무척 단조로웠지만, 그것이 내 목소리임에는 틀림이 없었다. 그럼에도 불구하고 그 말을 내가 했을 리는 결코 없다고 믿었다. 1분 전만 해도 아예 말을 할 수 없지 않았던가.

나는 돈 후앙을 보았다. 그는 얼굴을 한쪽으로 돌리더니 웃었다.

"제가 말한 게 아닙니다."

다시금 내 목소리를 들으면서 나는 화들짝 놀랐다. 고양감을 느꼈다. 이런 조건하에서 말을 한다는 것은 매우 기분이 들뜨는 일이었다. 내가 어떻게 말을 할 수 있는지 돈 후앙에게 설명을 조르고 싶었지만, 또다시 내가 단 한 마디도 말할 수 없어졌다는 사실을 깨달았다. 나는 용을 쓰면서 내 생각을 입 밖에 내어 말하려고 했지만 아무 소용도 없었다. 결국은 그러기를 포기했다. 그러자 바로 그 순간, 거의 부지불식간에 이런 말이 흘러나왔다. "누가 말하고 있는 거죠, 누가 말하고 있는 거죠?"

나의 이 질문이 돈 후앙을 폭소하게 만들었다. 배를 잡고 웃다가 옆으로 쓰러질 정도였다.

무슨 말을 하고 싶은지를 정확하게 아는 한 단순한 말은 할 수 있는 것 같아 보였다.

"제가 말하는 겁니까? 제가 말하는 겁니까?" 나는 물었다.

그러자 돈 후앙은, 허튼짓을 그만두지 않으면 나를 혼자 놀게 내버려두고 자기는 라마다 아래로 가서 낮잠이나 자겠다고 말했다.

"놀고 있는 게 아닙니다."

진심이었다. 생각은 아주 또렷했지만 몸은 마비된 상태였다. 아무 감각도 없었지만 과거에 비슷한 상황에서 경험했던 것처럼 숨이 막히지는 않았다. 아무것도 느끼지 못했기 때문에 오히려 편한 느낌이랄까. 나 자신의 수의근에 대해서 아무런 통제력도 행사할 수 없음에도 불구하고 말은 할 수가 있었다. 그러자 말을 할 수 있다면 돈 후앙의 지적대로 일어날 수도 있지 않을까 하는 생각이 들었다.

"일어나." 나는 영어로 말했다. 그러자 나는 눈 깜짝할 새에 서 있었다.

돈 후앙은 도저히 믿기지 않는다는 듯이 머리를 설레설레 흔들고 집 밖으로 걸어나갔다.

"돈 후앙!" 나는 세 번 연달아 그를 불렀다.

그가 돌아왔다.

"눕게 해주십시오."

"자네 힘으로 누워. 혼자서도 잘 하고 있잖아."

나는 말했다. "누워." 그러자마자 방 안의 광경이 시야에서 사라졌다. 아무것도 볼 수 없었다. 잠시 후 방과 돈 후앙의 모습이 다시 시야에 들어왔다. 나는 아마 흙바닥에 얼굴을 박고 쓰러져 있었는데, 돈 후앙이 그런 나의 머리카락을 잡고 머리를 들어준 것이 아닐까 하는 생각이 들었다.

"고맙습니다." 나는 단조로운 어조로 아주 천천히 말했다.

"천만에." 그는 내 억양을 흉내 내어 대꾸하면서 또 폭소를 터뜨렸다.

이윽고 그는 나무 잎사귀 몇 개를 집어서 그것으로 내 팔과 발을 문지르기 시작했다.

"뭘 하는 겁니까?"

"자네 몸을 문질러주고 있어." 그는 괴로울 정도로 단조로운 나의 말투를 흉내 내어 말했다.

그는 웃느라고 온몸을 부들거리고 있었다. 그의 눈은 반짝거리고 매우 상냥한 빛을 띠고 있었다. 나는 그가 좋았다. 돈 후앙은 자애롭고 공정하고 재미있는 사람이라고 느꼈다. 함께 웃을 수는 없었지만, 할 수만 있었다면 기꺼이 그랬을 것이다. 그때 또다시 한 차례 고양감이 엄습하여 나는 웃음을 터뜨렸다. 그것은 너무나 큰 소리여서 돈 후앙도 한순간 아연실색할 정도였다.

"아무래도 도랑으로 데려가야겠군. 이대로 놓아뒀다가는 죽을 때까지 광대짓을 할 테니."

그는 나를 일으켜 세우고 방 안을 걸어다니게 했다. 조금씩 두 발과 다리의 감각이 돌아오다가 결국은 온몸의 감각이 돌아왔다. 내 귀는 알 수 없는 압력으로 당장에라도 터질 듯한 느낌이었다. 다리나

팔에 쥐가 났을 때의 감각과 비슷했다. 목덜미와 정수리의 두피 아래가 천근처럼 무거웠다.

돈 후앙은 서둘러 집 뒤꼍의 관개수로로 나를 데려갔고, 옷도 벗기지 않고 그대로 물에 담갔다. 차가운 물은 압박감과 아픔을 조금씩 줄여주다가 마침내는 완전히 없애 주었다.

집으로 돌아와서 옷을 갈아입고 앉자 또다시 예의 무심한 기분을, 그저 가만히 있고 싶다는 욕구가 느껴졌다. 그러나 그런 욕구는 마음의 명료함이나 집중력이 아니라 일종의 우울함과 육체적 피곤함 때문에 일어난 것이었다. 이윽고 나는 잠이 들었다.

1968년 11월 12일

오늘 아침에는 돈 후앙과 함께 근처 야산으로 식물을 채집하러 갔다. 극히 험준한 지형을 누비면서 10킬로미터쯤 걸어야 했기 때문에 나는 녹초가 되었다. 내가 한숨만 돌리자고 제안했다. 우리는 땅바닥에 앉아서 쉬었다. 그러자 돈 후앙이 내 수행이 진척되어서 기쁘다면서 말문을 열었다.

"그때 말을 한 사람이 저였다는 걸 이젠 압니다. 하지만 그때는 제가 아닌 다른 사람이었다고 철석같이 믿었던 겁니다."

"물론 말한 사람은 자네였어."

"그런데 어떻게 제 목소리인 줄을 몰랐을까요?"

"작은 스모크는 그런 식으로 작용한다네. 자기 입으로 말하고도 깨닫지를 못하지. 몇천 마일이나 이동하고도 그 사실을 깨닫지 못하는 것처럼 말이야. 또 그런 식으로 사물을 그대로 뚫고 지나갈 수도 있어. 작은 스모크는 몸을 없애주고, 그러면 자넨 바람처럼 자유로워지거든. 사실 바람보다 더 낫다고 할 수 있지. 바람은 바위나 벽이나 산에 가로막힐 수 있으니까 말이야. 작은 스모크는 자네를 공기처럼 자유롭게 해준다네. 공기보다도 더 자유롭다고 할 수 있겠지. 공기는 무덤 속에 갇히면 퀴퀴해지지만, 작은 스모크의 도움을 받으면 그 누구도 자네를 막거나 가둘 수가 없거든.”

돈 후앙의 말을 듣자 희열과 의구심이 뒤섞인 감정이 솟구쳐 올랐다. 압도적인 불안감이 몰려오면서 나는 딱히 꼬집어 말할 수 없는 죄의식을 느꼈다.

“정말로 그런 일을 할 수 있다고요?”

“자넨 어떻게 생각하나? 차라리 자네가 미쳤다고 생각하고 싶다는 건가?” 그는 신랄한 어조로 되물었다.

“글쎄요 돈 후앙, 당신은 그런 일을 쉽게 받아들일 수 있겠죠. 하지만 제겐 불가능한 얘깁니다.”

“나도 쉽지 않았어. 내가 자네에게는 없는 무슨 특권 같은 거라도 갖고 있다고 생각하나? 이런 일을 받아들이는 건 자네에게도, 내게도, 그 밖의 어떤 사람에게도 똑같이 어려운 일이야.”

“하지만 돈 후앙, 당신은 이런 일들에 익숙하지 않습니까.”

“그건 사실이지만, 그렇게 되기까지는 엄청나게 고생했다네. 자네가 앞으로 겪게 될 고생도 지금까지 내가 겪은 고생에는 아마 절대로 못 미칠걸. 자넨 뭘 하든 간에 결국은 묘하게 성공해버리는 경향이 있으니까 말이야. 내가 어제 자네가 했던 일을 성취하기 위해서 얼마나 악전고투해야 했었는지 자넨 상상도 못할 거야. 자넨 결정적인 순간마다 무엇인가의 도움을 받고 있다네. 자네가 여러 힘을 터득하는 방식을 보면 달리 설명할 도리가 없어. 예전에 메스칼리토를 상대했을 때도 자넨 그런 식이었고, 얼마 전에는 작은 스모크를 상대로 같은 일을 했잖나. 그러니까 자네가 실로 엄청난 재능을 타고났다는 사실에만 마음을 두고, 그 밖의 생각들은 미뤄두라구."

"정말 간단하게 말씀하시지만 그건 사실이 아닙니다. 전 머릿속이 뒤숭숭해서 미칠 지경이라구요."

"곧 원래 상태로 돌아올 거야. 굳이 지적하자면 예컨대 자넨 몸을 돌보지 않은 탓에 너무 살이 쪄버렸어. 지금까지 아무 말도 안 한 건 본인이 알아서 할 때까지 내버려둬야 하는 게 원칙이기 때문이야. 자넨 몇 년이나 여길 떠나 있었지만 난 자네가 돌아올 거라고 했고, 실제로 이렇게 돌아왔지. 나도 똑같은 경험을 했다네. 수행을 그만두고 5년 반 동안 떠나 있었어."

"왜 그만뒀던 겁니까?"

"자네하고 똑같은 이유에서야. 싫었거든."

"그럼 왜 돌아왔습니까?"

"자네가 돌아온 것과 같은 이유이지. 달리 살아갈 방법이 없었어."

이 말은 내게 큰 충격을 주었다. 실제로 나는 달리 살아갈 방법은 아마 없을 것이라고 생각한 적이 있었기 때문이다. 그 얘기를 다른 사람에게 한 적은 한 번도 없었는데 돈 후앙이 정확하게 내 속내를 맞춘 것이다.

기나긴 침묵이 흐른 뒤에 내가 물었다.

"돈 후앙, 어제 제가 한 일은 뭡니까?"

"자넨 일어나고 싶었을 때 일어났어."

"하지만 어떻게 그럴 수 있었는지 모르겠습니다."

"그 기술을 완벽하게 습득하려면 시간이 걸린다네. 하지만 거기서 중요한 건 자네가 그 방법을 알고 있다는 점이야."

"하지만 전 그 방법을 모릅니다. 바로 그게 문제입니다. 정말로 모르니까요."

"물론 자넨 알고 있어."

"돈 후앙, 그건 절대로 사실이 아닙니다. 맹세할 수도…."

그는 내가 끝까지 말할 틈을 주지 않고 일어서서 가버렸다.

나중에 우리는 다른 세계의 문지기에 관해 다시 얘기를 나눴다.

"제가 뭘 체험했든 간에 그걸 진짜 현실이라고 믿는다면, 그 문지기는 믿기 힘들 정도로 지독한 고통을 야기할 수 있는 거대한 괴물이라는 얘기가 됩니다. 반면에 사람이 의지를 써서 엄청나게 먼 곳까지 여행할 수 있다는 사실을 믿는다면, 응당 그런 괴물도 의지의 힘으로 사라지게 할 수 있지 않을까요. 안 그렇습니까?"

"엄밀하게 말하자면, 아냐. 의지를 써서 문지기를 사라지게 할 수는 없네. 하지만 의지를 써서 그것이 자네에게 해를 끼치는 걸 막을 수는 있어. 물론 그 일을 정말로 성공시킨다면 길이 열리는 거야. 자네는 문지기 곁을 마음대로 지나갈 수 있고, 그러는 동안 문지기는 속수무책으로 가만히 구경할 수밖에 없다네. 미친 듯이 빙빙 돌 수조차 없어."

"어떻게 하면 그럴 수 있습니까?"

"방법은 이미 알고 있지 않나. 지금 자네에게 필요한 건 오직 연습이야."

나는 서로의 세계를 지각하는 방식의 차이에서 생겨난 오해가 있는 것 같다고 말했다. 내가 뭔가를 안다는 것은 내가 무엇을 했는지를 완전히 자각하고 나중에도 그것을 마음대로 되풀이할 수 있다는 것을 의미한다. 그러나 이번 경우에는 내가 스모크의 영향하에서 무엇을 했는지조차 모르고 있고, 설령 목숨이 걸려 있다 해도 나는 그것을 되풀이할 수가 없기 때문에 그것은 아는 것이 아니라고 설명했다.

돈 후앙은 호기심 어린 눈으로 나를 바라봤다. 내가 한 말을 우스워하는 기색이었다. 그는 모자를 벗더니 관자놀이께를 긁적였다. 짐짓 당혹한 시늉을 할 때면 늘 하던 버릇이다.

"정말이지 자넨 아무 알맹이도 없는 말을 하는 데는 일가견이 있군 그래?" 그는 웃으며 말했다. "이미 얘기했듯이 식자가 되려면 불굴의 의지를 갖고 있어야만 해. 하지만 자넨 수수께끼로 스스로를 헷갈리게 하려는 불굴의 의지를 갖고 있는 것 같군. 게다가 온 세계가 마치 설명할 수 있는 일로만 이루어져 있다는 듯이 모든 걸 설명하려고 들어. 지금은 앞길을 막은 문지기나 자기 의지를 써서 움직이는 문제에 직면하고 있고 말이야. 이 세계에서는 극소수의 일만이 자네 방식으로 설명된다는 생각을 한 번이라도 머리에 떠올린 적이 있나? 문지기가 정말로 자네 앞길을 가로막고 있고, 실제로 자네를 크게 해칠 수 있다는 얘기를 할 때, 난 내가 무슨 얘기를 하고 있는지를 아네. 사람은 자기 의지를 써서 움직일 수 있다는 얘기를 할 때도 난 그게 무슨 뜻인지를 알아. 움직이는 방법에 관해서는 자네에게 조금씩 가르쳐줄 생각이었지만, 난 자네가 이미 그럴 줄 안다는 걸 깨닫게 되었다네. 자넨 모른다고 주장하지만 말이야."

"하지만 정말로 모르는데요." 나는 반박했다.

"자넨 알아, 멍청한 친구 같으니." 돈 후앙은 엄한 어조로 말하고는 미소 지었다. "자네를 보고 있으면 훌리오라는 아이를 트랙터 운전석에 앉혔을 때의 일이 생각나는군. 그 아이는 한 번도 그걸 운전해본 적이 없었지만 어떻게 운전하면 되는지를 이미 알고 있었다네."

"무슨 뜻인지는 저도 압니다, 돈 후앙. 하지만 여전히 다시 그럴 수 있을 것 같진 않군요. 그때 제가 뭘 했는지가 확실하지 않은 탓입니다."

"엉터리 주술사는 세계의 모든 일을 스스로도 확신이 없는 설명을 동원해서 설명하려고 하는 법이지. 그래서 모든 건 요술이 되어버리는 거야. 하지만 자네도 그런 작자와 별 차이가 없어 보이는군. 자넨 자기 방식으로 모든 걸 설명하고 싶어하지만, 자기가 한 설명에 확신이 없기는 매한가지니까 말이야."

8

 돈 후앙이 느닷없이 나에게 주말에 집으로 돌아갈 작정이냐고 물었다. 나는 월요일 아침에 떠날 생각이라고 대답했다. 1969년 1월 18일 토요일 정오 무렵의 일이었다. 우리는 오랫동안 근처 야산을 돌아다니다가 돌아와서 라마다 밑에 앉아 쉬고 있었다. 돈 후앙은 일어서서 집 안으로 들어가더니 잠시 후 나를 불렀다. 그는 내 돗자리를 앞에 깔고 자기 방 한복판에 앉아 있었다. 나더러 앉으라는 시늉을 하고는 한마디도 하지 않고 파이프 꾸러미를 풀더니, 파이프집에서 파이프를 꺼낸 다음 대통에 그의 스모크 혼합물을 재우고 불을 붙였다. 조그만 숯덩이들을 잔뜩 담은 납작한 질그릇까지 방 안에 가져다 놓고 있었다.

 그것을 피울 생각이 있는지 물어보지도 않았다. 그저 파이프를 내게 건네며 뻐끔뻐끔 빨라고 명령했을 뿐이었다. 나는 주저하지 않고 그의 지시에 따랐다. 돈 후앙은 내 기분을 정확하게 짚은 듯했다. 내가 문지기에 대해 주체할 수 없는 호기심을 느끼고 있다는 사실이 그의 눈에도 확연했던 게 틀림없다. 그가 구슬리고 달래지도 않았지만 나는 대통의 혼합물을 금세 모두 피웠다.

 내가 보인 반응은 예전과 동일했고, 돈 후앙 역시 예전과 똑같은 방식으로 지시를 내렸다. 그러나 이번에는 나를 직접 도와주는 대신에 오른팔을 돗자리에 괴고 왼쪽 옆구리를 아래로 하고 누우라는 구두지시만 했다. 주먹을 쥐어야 더 안정적인 자세를 취할 수 있다면 그러라고 했다.

그래서 나는 오른손으로 주먹을 쥐었다. 체중을 실을 때는 손바닥으로 지탱하는 것보다 주먹으로 그러는 쪽이 더 편하다는 사실을 깨달았기 때문이다. 졸리지는 않았다. 한동안 온몸이 후끈거리는가 싶더니 곧 모든 감각이 사라졌다.

돈 후앙은 오른손으로 머리를 괴고 옆으로 누운 자세로 나를 마주 보고 있었다. 모든 것이 완벽하게 평온한 상태였다. 모든 촉감을 잃어버린 나의 몸조차도 예외가 아니었다. 너무나도 안온한 기분이었다.

"정말 좋군요." 나는 말했다.

돈 후앙은 서둘러 몸을 일으켰다.

"헛소리 따윈 하지 마." 그는 강한 어조로 질책했다. "말하면 안 돼. 말을 하면 엄청나게 기력을 낭비하고, 그러면 문지기는 자네를 각다귀 죽이듯이 쉽게 뭉개버릴 거야."

자기가 예로 든 비유가 우스웠는지 그는 웃기 시작했지만, 갑자기 입을 다물었다.

"말하면 안 돼. 부탁이니 제발 말하지 말게." 그는 진지한 표정이 되어 말했다.

"아무 말도 할 생각이 아니었습니다." 내가 말했다. 그 말을 할 생각은 추호도 없었는데 말이다.

212

돈 후앙은 일어섰다. 그가 집 뒤꼍으로 걸어가는 것이 보였다. 다음 순간 나는 내 돗자리 위에 각다귀 한 마리가 내려앉았다는 사실을 깨달았다. 이 사실은 일찍이 경험한 적이 없는 종류의 불안감을 몰고 왔다. 고양감과 고뇌와 공포가 뒤범벅된 감정이라고나 할까. 무엇인가 초월적인 것이 내 눈앞에서 전개되기 직전이라는 사실을 나는 완벽하게 자각하고 있었다. 다른 세계를 지키는 각다귀. 실로 황당한 생각이다. 큰 소리로 웃고 싶었지만 곧 이 고양감이 내 주의를 산만하게 하고 있으며, 그 탓에 내가 확인하고 싶었던 이행移行 단계를 놓칠 수 있다는 생각이 머리를 스쳤다. 지난번에 내가 문지기를 보려고 했을 때는 우선 왼눈으로 각다귀를 바라보았고, 그런 다음에는 어느새 일어서서 양쪽 눈으로 그것을 보고 있었다. 하지만 그런 이행이 어떻게 일어났는지는 확인하지 못했다.

눈앞의 돗자리 위에서 각다귀가 빙빙 돌고 있는 것을 보다가 나는 내가 양쪽 눈으로 그것을 보고 있다는 사실을 깨달았다. 각다귀가 내게 바싹 접근했다. 어느 시점부터는 양쪽 눈으로 볼 수 없었기 때문에 나는 지면과 같은 높이에 위치한 왼눈으로 시점을 옮겼다. 그렇게 시점을 바꾼 순간, 어느새 내가 몸을 수직으로 세우고 믿기 힘들 정도로 거대한 짐승을 바라보고 있다는 느낌을 받았다. 짐승은 검게 번쩍거렸다. 몸 앞부분을 뒤덮은 길고 징그러운 검은 털은 매끄럽게 번들거리는 비늘 사이의 틈새를 숭숭 뚫고 나온 날카로운 바늘처럼 보였다. 털들은 다발로 엮여 있었다. 몸통은 두껍고 둥글고 거대했다. 두 날개는 몸길이에 비해 넓고 짧았다. 두 개의 툭 튀어나온 하얀 눈과 긴 주둥이를 가지고 있는 탓에 짐승은 이번에는 오히려 악어를 닮아 보였다. 머리에는 길쭉한 귀 내지는 뿔이 두 개 달려 있었고, 주둥이에서 침을 흘리고 있었다.

나는 그것에 시선을 고정시키려고 애썼고, 그제야 내가 사물을 바라보는 보통 방식으로는 그것을 바라볼 수 없다는 사실을 분명히 자각했다. 문득 묘한 생각이 떠올랐다. 문지기의 몸을 바라보자 그것을 이루는 부분 하나 하나가 독립적으로 살아 있다는 느낌을 받았던 것이다. 마치 인간의 눈처럼 말이다. 그러자 인체 중에서, 나에게, 그 사람이 살아 있는지 어떤지를 알려줄 수 있는 부위는 오직 눈밖에 없다는 사실을 난생처음으로 깨달았다. 그런 반면, 이 문지기는 '무수히 많은 눈'을 가지고 있었던 것이다.

이것은 주목할 만한 발견이라고 생각했다. 이 체험을 하기 전에 나는 각다귀를 거대한 짐승으로 보이게 하는 '왜곡' 현상을 표현할 수 있는 비유가 무엇인지를 생각해보았는데, '현미경을 통해 벌레를 보는 듯한'이라는 표현이 가장 적절하겠다는 결론을 내렸었다. 그러나 그것은 사실이 아니었다. 문지기를 관찰한다는 행위는 단지 확대된 벌레를 바라보는 것보다 훨씬 더 복잡한 일이었다.

문지기는 내 눈앞에서 빙빙 돌기 시작했다. 그러다가 어느 순간 정지했다. 나는 그것이 나를 바라보고 있다고 느꼈다. 그러자 그것이 아무 소리도 내지 않는다는 사실에 생각이 미쳤다. 문지기의 춤은 무음無音이었다. 경탄할 만한 것은 바로 그 모습이었다. 툭 튀어나온 두 눈, 소름 끼치는 주둥이, 거기서 흘러내리는 침, 징그러운 털. 그리고 그것들 모두를 압도하는 엄청난 크기. 나는 그것이 날개를 움직이는 방식을 자세히 관찰하면서 어떻게 아무 소리도 내지 않고 날개를 진동시키는지를 알아내려고 애썼다. 나는 그것이 거대한 소금쟁이처럼 지면에서 미끄럼을 타는 모습을 관찰했다.

악몽 속에서 튀어나온 것 같은 눈앞의 괴물을 관찰하는 동안, 나는 사실 고양감을 느끼고 있었다. 그것을 제압할 비밀을 알아냈다고 정말로 믿었던 것이다. 문지기는 단지 무성영화의 스크린 위에서 움직이는 그림자에 불과하다는 생각이 들었다. 따라서 그것은 내게 해를 끼칠 수가 없었다. 단지 소름 끼치는 모습을 하고 있을 뿐이었다.

문지기는 나를 마주 보고 미동도 않고 서 있다가, 갑자기 날개를 떨면서 내게로 등을 돌렸다. 그 등은 오색영롱한 갑옷처럼 보였다. 눈이 부실 지경이었지만 빛깔 자체는 구토를 유발하는 종류의 것이었다. 내가 가장 싫어하는 색깔이었던 것이다. 문지기는 잠시 내게 등을 돌리고 있다가, 곧 날개를 떨면서 다시 내 시야 밖으로 활강해 갔다.

나는 아주 묘한 딜레마에 직면했다. 나는 그것이 단지 분노한 모습만을 보여주고 있다는 사실을 깨달음으로써 내가 그것을 이겼다고 진정으로 믿고 있었다. 나의 그런 믿음은 내가 스스로 인정하는 것보다 더 많은 것을 알고 있다는 돈 후앙의 주장에 기인한 것이었는지도 모른다. 하여튼 간에, 나는 문지기를 이겨내고 길을 열었다고 느꼈던 것이다. 그러나 그다음부터는 어떻게 해야 할지 알 수가 없었다. 돈 후앙은 그런 경우에 어떻게 하라고 말해주지 않았다. 나는 몸을 돌려 뒤를 돌아보려고 했지만 움직일 수가 없었다. 그러나 전방 180도의 시야 대부분은 아주 뚜렷하게 볼 수 있었다. 그리고 그런 내 눈에 비친 것은 뿌옇고 노리끼리한 지평선이었다. 기체로 이루어진 것 같은 느낌이었고, 일종의 레몬색이 눈에 보이는 모든 것을 뒤덮고 있었다. 마치 유황 증기로 가득한 고원高原에 와 있는 듯한 기분이었다.

갑자기 문지기가 지평선의 한 지점에서 다시 모습을 드러냈다. 그것은 내 앞에 멈춰 서기 전에 큰 원을 한 번 그렸다. 크게 벌린 아가리는 거대한 동굴 같았다. 이빨은 없었다. 그것은 한순간 날개를 진동시키는가 싶더니 나를 향해 돌진해왔다. 투우의 황소처럼 실제로 돌진해와서 그 거대한 날개로 내 눈을 후려쳤던 것이다. 나는 고통으로 절규하며 위로 날아올랐다. 정확하게는 위를 향해 나 자신을 사출射出한 듯한 느낌에 가까웠다. 그렇게 해서 나는 문지기와 노란 고원 너머에 있는 다른 세계로, 인간의 세계로 날아왔다. 정신을 차려보니 나는 돈 후앙의 방 한복판에 서 있었다.

1969년 1월 19일

"그땐 정말로 문지기를 이겼다고 생각했습니다."

"자넨 그걸 농담이라고 하나."

돈 후앙은 어제부터 내게 한마디도 하지 않았지만 나는 딱히 개의치 않았다. 일종의 몽상에 푹 잠긴 상태에서, 뚫어지게 바라보기만 하면 나도 〈볼〉 수 있을 것 같은 기분을 또 맛보고 있었던 것이다. 그러나 딱히 특이한 것은 보이지 않았다. 하지만 말을 하지 않는 것은 긴장을 푸는 데 큰 효과가 있었다.

돈 후앙은 내 체험을 순서대로 말해보라고 했다. 그가 특히 관심을 보인 부분은 내가 목격한 문지기의 등 부분의 빛깔이었다. 내 이야기가 끝나자 돈 후앙은 한숨을 쉬었다. 깊이 우려하는 기색이었다.

"그 빛깔이 문지기의 등에 떠올라 있어서 자넨 정말로 운이 좋았어." 그는 진지한 얼굴로 말했다. "만약 그게 몸 앞부분에 떠올라 있었거나, 최악의 경우 머리에 떠올라 있었다면 지금쯤 자네는 죽어 있었을 거야. 자넨 문지기를 두 번 다시 〈보려고〉 해서는 안 되네. 그 평원을 가로지르는 건 자네 성향에는 안 맞아. 하지만 난 자네가 그걸 통과할 수 있을 거라고 생각했었지. 이제 그 얘긴 더 이상 하지 않기로 하세. 그건 어차피 여러 개의 길 중 하나에 지나지 않으니까 말이야."

돈 후앙답지 않은 무거운 말투가 마음에 걸렸다.

"제가 문지기를 또 〈보려고〉 하면 무슨 일이 일어나는데요?"

"그럼 문지기는 자네를 데리고 가버릴 거야. 입에 물고 그 평원으로 끌고 가서 영원히 내버려뒀겠지. 문지기는 자네 성향이 거기에 안 맞는다는 걸 알고 피하라고 경고했던 거야."

"문지기는 그걸 어떻게 알았을까요?"

돈 후앙은 오랫동안 나를 빤히 쳐다보고 있었다. 그러다가 뭔가 말하려고 했지만 결국은 입을 다물어버렸다. 적당한 표현을 찾지 못하겠다는 듯이.

"난 언제나 자네의 그 질문공세에 넘어가는 것 같군." 그는 미소 지으며 말했다. "방금 아무 생각도 없이 질문했지?"

나는 아니라고 항변하면서 문지기가 내 성향을 알았다는 사실이 정말로 의아했기 때문이라고 거듭 주장했다.

그러자 돈 후앙은 눈에 묘한 빛을 띠며 말했다. "게다가 자넨 자네의 성향에 관해 문지기한테는 추호도 발설한 적이 없다, 이건가?"

우스꽝스러울 정도로 진지한 말투였기 때문에 두 사람 모두 결국 참지 못하고 웃음을 터뜨렸다. 그러나 잠시 후 돈 후앙은 그 세계의 수호자이자 감시자인 그 문지기는 브루호가 공유할 권리가 있는 수많은 비밀을 알고 있다고 말했다.

"그것도 브루호가 〈보는〉 방법 중 하나라네. 하지만 그건 자네에게 맞는 분야가 아니니까 더 얘기해봤자 아무 소용도 없어."

"스모크는 문지기를 〈보는〉 유일한 방법입니까?"

"아니. 그것 없이도 〈볼〉 수 있어. 그럴 줄 아는 사람들은 많네. 내가 스모크를 선호하는 건 그쪽이 더 효율적이고 덜 위험하기 때문이야. 만약 스모크의 도움 없이 문지기를 〈보려고〉 한다면, 제때에 몸을 피하지 못할 공산이 커. 자네 경우를 예로 들자면, 문지기가 등을 돌렸을 때 적대적인 색깔을 보여준 건 명백히 자네에게 주는 경고였네. 그런 다음 문지기는 자리를 떴지만, 다시 돌아왔을 때도 자네가 여전히 그 자리에 있는 걸 보고 돌진해왔던 거야. 하지만 자넨 준비가 되어 있었기 때문에 도약했어. 작은 스모크가 자네에게 필요한 보호막을 제공해줬던 거지. 자네가 그 도움 없이 그 세계로 갔더라면 문지기한테 잡혀서 결코 빠져나오지 못했을 거야."

"왜요?"

"자네의 움직임은 너무 느렸을 테니까. 그 세계에서 살아남으려면 번개처럼 빨라야 한다네. 방에서 나갔던 건 내 실수지만, 그건 자네가 더 이상 말하기를 원치 않았기 때문이야. 자넨 워낙 말이 많아서 본인이 원하지 않는 경우에조차 말을 하잖나. 내가 함께 있었더라면 자네 머리를 들어줬겠지. 그래도 자넨 자네 힘으로 도약할 수 있었으니 오히려 더 잘 됐다고 해야겠군. 하지만 그런 위험은 무릅쓰지 않는 편이 낫네. 문지기는 섣불리 가지고 놀 수 있는 존재가 아냐."

9

돈 후앙은 향후 석 달 동안이나 문지기에 관해 얘기하기를 의도적
으로 피했다. 나는 이 기간 중 세 번 그를 찾아갔지만, 그럴 때마다
그는 내게 심부름을 시켰고, 심부름이 끝난 뒤에는 그냥 집으로 가라
고 말했을 뿐이었다. 1969년 4월 24일에 네 번째로 그의 집을 방문
해서 함께 저녁을 먹고 부뚜막 옆에 앉았을 때, 나는 마침내 이의를
제기했다. 나는 최근의 그의 행동이 이해가 안 된다고 하소연했다.
나는 얼마든지 배울 준비가 되어 있음에도 불구하고 내가 와 있지도
못하게 하는 이유가 뭐냐고 물었다. 그의 환각성 버섯을 쓰는 행위에
대한 혐오감을 극복하는 것은 정말 힘들었고, 돈 후앙 자신도 말했듯
이, 내게는 낭비할 시간이 없지 않은가.

돈 후앙은 나의 불만에 참을성 있게 귀를 기울였다.

"자넨 너무 약해. 기다려야 할 때는 서두르고, 서둘러야 할 때는
기다리잖나. 게다가 생각이 너무 많아. 지금은 시간을 낭비할 여유가
없다고 생각하지만, 얼마 전까지만 해도 자네는 더 이상 스모크를 피
우지 않을 거라고 생각하고 있었지. 자네의 삶은 너무 느슨해. 작은
스모크를 만날 수 있을 정도로 팽팽하지 못하다는 뜻이야. 난 자네를
돌볼 책임이 있기 때문에 자네가 바보 멍청이처럼 죽는 건 원하지 않

네."

나는 당황했다.

"그럼 돈 후앙, 저는 어떻게 해야 할까요? 마음이 급해서."

"전사戰士처럼 살아야 해! 이미 얘기했듯이 전사는 자기 행동에 책임을 져야 하네. 그 행동이 아무리 사소한 것일지라도 말이야. 자넨 뭔가 생각이 나면 금방 실행에 옮기는데, 그건 잘못된 행동일세. 문지기 건이 실패한 건 바로 그 생각 때문이라는 걸 모르나."

"제가 어떻게 실패했다는 겁니까?"

"모든 것에 대해 생각을 했기 때문이야. 자넨 문지기에 관해 생각을 했고, 그 때문에 그걸 이기지 못했어. 우선 자넨 전사처럼 살아야 하네. 그건 자네도 잘 알고 있는 것 같네만."

나는 변명을 하려고 입을 열었지만, 돈 후앙은 손짓으로 나를 제지하고 말을 계속했다.

"자네의 삶은 상당히 팽팽해. 사실, 헤나로의 제자인 파블리토나 네스토르보다 더 팽팽하다고 할 수도 있겠지. 하지만 그치들은 〈볼〉 수 있는데 자네는 그러지를 못해. 자네 삶은 엘리히오보다 더 팽팽하지만 아마 그 아이는 자네보다 먼저 〈볼〉 수 있을 거야. 난 바로 그 부분이 걸리는 거야. 헤나로조차도 영문을 몰라 하더군. 자넨 내가 한 모든 지시를 충실하게 수행했어. 난 내 은사가 배움의 첫 단계에서 내게 가르쳐준 모든 걸 자네에게 전수해줬네. 그 규칙은 언제나 올바르고, 그 절차는 절대로 변경될 수 없어. 자네도 해야 할 일을 하나도 빠짐없이 수행했지만 여전히 못 〈보고〉 있어. 하지만 헤나로처럼 〈볼〉

줄 아는 사람에게 자네는 마치 〈보는〉 것처럼 보인다네. 나도 그런 줄 알았다가 속았지. 성공했다 싶으면 자넨 휙 돌아서서 〈볼〉 줄 모르는 멍청이처럼 행동하곤 했어. 물론 자네 입장에서는 당연한 행동이었 겠지만 말이야."

돈 후앙의 말을 듣고 나는 깊은 고뇌에 빠졌다. 왜 그랬는지는 모르지만 눈물을 쏟기 직전이었다. 나는 내 어린 시절에 관해 얘기하기 시작했다. 그러자 봇물 터지듯이 자기연민이 솟구쳐 올랐다. 돈 후앙은 나를 잠깐 응시하더니 눈을 돌렸다. 마치 나를 꿰뚫어보는 듯한 시선이었다. 나는 그가 실제로 두 눈을 써서 나를 붙잡고 있다는 느 낌을 받았다. 마치 두 손가락으로 살짝 나를 집고 있는 듯한 감각이 었다. 그러자 기이한 울렁거림이 찾아왔다. 명치께에 간지러운 듯한, 기분 좋은 서러움이라고 할 만한 느낌이 찾아왔던 것이다. 나는 내 복부를 의식했고, 그것이 발하는 열을 느꼈다. 더 이상 조리가 선 말 을 할 수가 없어서 웅얼거리다가 급기야는 입을 다물어버렸다.

"아마 그건 약속 때문인지도 몰라." 돈 후앙이 오랜 침묵 끝에 이 렇게 말했다.

"방금 뭐라고 하셨습니까."

"자네가 오래전에 한 약속 때문이라고."

"무슨 약속을 얘기하시는 겁니까?"

"자네 입으로 말해보라고. 기억이 안 나나?"

"안 납니다만."

"예전에 자넨 뭔가 아주 중요한 약속을 한 적이 한 번 있어. 자네가 못 〈보는〉 건 아마 그 약속 탓인지도 모른다는 생각이 드는군."

"무슨 얘기를 하시는지 모르겠습니다."

"자네가 했던 약속 얘기를 하고 있는 거야! 그걸 떠올려보라고."

"돈 후앙, 그 약속이 뭔지 아신다면 제게 먼저 얘기해주시면 어떻습니까?"

"안 돼. 그래 봤자 자네에겐 아무 도움도 안 돼."

"제가 저 자신에게 한 약속입니까?"

한순간 그는 내가 도제수업을 그만두려고 결심했을 때의 일에 관해 얘기하고 있는 것이 아닌가 하는 생각이 들었다.

"아냐. 아주 오래전에 일어났던 일일세."

나는 웃었다. 돈 후앙이 나를 놀리고 있다고 생각했기 때문이다. 슬그머니 장난기가 발동하면서 나도 돈 후앙을 속여 넘길 수도 있다는 생각에 도리어 마음이 들뜨는 것을 느꼈다. 나는 돈 후앙이 나와 마찬가지로 문제의 약속에 대해 전혀 갈피를 잡지 못하고 있다고 확신했다. 여기저기를 되는 대로 찔러보며 즉흥적인 얘기를 지어내고 있는 것이 분명했다. 나는 기쁜 마음으로 맞장구를 쳐주기로 했다.

"혹시 우리 할아버지한테 한 약속일까요?"

"아냐." 그의 눈이 번득였다. "그리고 자네 할머니한테 한 약속도 아냐."

돈 후앙이 이 '할머니'라는 단어를 실로 우스꽝스러운 억양으로 발음한 탓에 나는 웃음을 터뜨렸다. 그가 모종의 덫을 놓고 있는 것이 아닌가 하는 생각이 들었지만, 나는 이 게임이 끝날 때까지 기꺼이 동참할 용의가 있었다. 나는 내가 과거에 뭔가 지극히 중요한 언질을 주었을 가능성이 있는 인물들을 일일이 열거하기 시작했다. 그럴 때마다 돈 후앙은 아니라고 대답했다. 이윽고 그는 내 어린 시절로 화제를 돌렸다.

"자네의 어린 시절은 왜 그렇게 슬펐나?" 그는 진지한 얼굴로 물었다.

나는, 좀 힘들었을지는 몰라도 정말로 슬픈 정도까지는 아니었다고 대답했다.

"다들 그렇게 느끼곤 하지." 그는 다시 내게로 시선을 돌리고 말했다. "나도 어릴 적에는 아주 불행했고 두려움에 가득 차 있었다네. 인디언으로 살아간다는 건 힘든 일이거든. 정말로 힘들지. 하지만 그 무렵의 기억은 내겐 더 이상 아무 의미도 갖고 있지 않네. 그냥 힘들었다, 그뿐이야. 나는 〈보는〉 법을 터득하기도 전에 이미 삶의 괴로움에 대해 생각하기를 그만두었다네."

"저도 제 어린 시절에 관해서는 생각하지 않습니다."

"그렇다면 자넨 왜 슬퍼하는 건가? 왜 흐느껴 울고 싶은 건가?"

"저도 모르겠습니다. 아마 어릴 적 생각을 하면 저 자신과 그 밖의 모든 인간이 불쌍해 보이기 때문인지도 모르겠군요. 그냥 무력해지고, 슬퍼지는 느낌입니다."

돈 후앙은 나를 뚫어지게 바라보았다. 그러자 또다시 내 복부를 두 손가락으로 집히는 듯한 기괴한 감각이 찾아왔다. 나는 시선을 돌렸다가 다시 그를 흘끗 돌아보았다. 그는 내 몸 너머의 어딘가 먼 곳을 응시하고 있었다. 그의 눈은 흐릿하고 초점이 맞아 있지 않았다.

"어릴 적 자네가 한 약속이야." 잠깐 침묵이 흐른 뒤에 돈 후앙이 말했다.

"제가 뭘 약속했는데요?"

그는 대답하지 않았다. 눈을 감고 있다. 나는 무심결에 미소를 떠올렸다. 나는 그가 암중모색을 하고 있다는 사실을 알고 있었다. 그러나 거기 호응하면서 맞장구를 쳐주자는 원래의 내 결심은 무디어진 상태였다.

"어렸을 적에 난 비쩍 말랐고, 언제나 겁에 질려 있었지."

"저도 그랬습니다."

"가장 생생하게 기억하는 건 멕시코 군인들이 우리 어머니를 죽였을 때 느꼈던 공포와 슬픔이라네." 마치 여전히 고통을 느끼고 있는 듯한 나직한 말투였다. "어머니는 가난하고 초라한 인디언 여자였네. 그때 세상을 하직한 건 차라리 자비였는지도 모르겠군. 자식이었던 나도 함께 죽고 싶었어. 하지만 군인들은 나를 잡고 때리더군. 내가 어머니에게서 안 떨어지려고 하니까 말채찍으로 내 손을 쳐서 손가락을 부러뜨렸네. 난 아무 고통도 느끼지 않았지만 더 이상 무엇을 움켜잡을 수가 없었어. 그렇게 해서 군인들은 나를 질질 끌고 갔다네."

돈 후앙은 말을 멈췄다. 아직 눈을 감은 상태였고, 입술이 미세하게 떨리고 있었다. 나는 깊은 슬픔의 감정이 솟구치는 것을 자각했다. 나 자신의 어린 시절의 이미지가 봇물처럼 터져 나오기 시작했다.

"그때 당신은 몇 살이었습니까, 돈 후앙?" 나는 그저 내 슬픔을 얼버무릴 목적으로 말했다.

"일곱 살이었던가. 야키 전쟁으로 큰 난리가 났던 시절이었지. 우리 어머니는 음식을 만들고 있었는데 느닷없이 멕시코 군인들이 몰려와서 아무 이유도 없이 죽인 거야. 어머니가 그런 식으로 죽었다고 사실 뭐가 달라지는 건 아니지만, 그 점은 여전히 마음에 걸려. 왜 그런지는 나도 모르겠네. 그냥 마음에 걸리는 거야. 나는 우리 아버지도 죽었다고 생각했지만, 실제로는 부상당한 채 살아 있더군. 나중에 군인들은 우리 인디언들을 소떼처럼 화차에 몰아넣고 문을 잠갔어. 우린 며칠 동안을 그렇게 짐승처럼 어둠 속에 갇혀 지냈지. 그래도 연명할 수 있었던 건 군인들이 가끔 먹을 걸 화차 안에 던져주었기 때문이었다네.

아버지는 상처가 악화돼서 그 화차 안에서 죽었다네. 고통과 고열로 섬망상태에 빠져서도 줄곧 너는 살아남아야 한다고 말하시더군. 아버지는 죽는 순간까지도 계속 그 말만 되풀이했어.

그 후에는 다른 인디언들이 나를 돌봐줬네. 먹을 걸 주고, 나이 든 여자 치유사는 내 손의 부러진 뼈를 맞춰줬다네. 그리고 보다시피 지금도 이렇게 살아 있지. 삶은 내겐 좋지도, 나쁘지도 않았어. 단지 힘들었을 뿐이야. 어린아이에게 삶이란 힘든 법이고, 때로는 공포 그 자체이기도 하다네."

우리는 오랫동안 잠자코 있었다. 한 시간쯤 완전한 침묵이 흘렀던 것 같다. 나는 감정적으로 큰 혼란을 겪고 있었다. 여전히 의기소침했지만 정확히 왜 그런지 알 수 없었다. 나는 회한의 감정을 맛보았다. 얼마 전까지만 해도 돈 후앙에게 적당히 맞장구를 쳐줄 심산이었는데, 그가 갑자기 자기 어린 시절을 회상함으로써 상황을 완전히 뒤집어놓았던 것이다. 단순하고 간결한 그의 술회는 내 마음속에 묘한 감회를 불러일으켰다. 고통을 겪는 어린아이에 대한 생각은 내게는 언제나 민감한 주제였다. 돈 후앙에 대한 공감이 순식간에 자기혐오로 바뀌어버렸다. 지금까지 나는 메모를 하는 데만 정신이 팔려 있었다. 돈 후앙의 삶을 마치 단순한 임상기록에 불과한 것처럼 다뤄왔던 것이다. 내가 노트를 찢어발기기 직전까지 갔을 때, 돈 후앙이 발끝으로 내 장딴지를 툭 건드리며 내 주의를 환기시켰다. 그는 내 몸에서 발산되는 광포한 빛을 〈볼〉 수 있다고 하면서, 혹시 지금부터 자신을 두들겨 팰 작정인지 궁금하다면서 웃었다. 그의 웃음소리는 나의 음울한 기분을 씻어주는 청량제처럼 작용했다. 돈 후앙은 내가 곧잘 폭력적인 충동에 사로잡히지만 속내는 그렇게 악하지 않으며, 대부분의 경우 그 폭력은 나 자신을 향한 것이라고 일러줬다.

"맞는 말씀입니다, 돈 후앙."

"물론 맞아." 그는 웃으며 말했다.

돈 후앙은 내 어린 시절 애기를 해보라고 부추겼다. 그래서 나는 두려움과 고독으로 점철된 그 시기에 대해 이야기를 시작했고, 내 딴에는 생존과 기백(spirit)을 유지하기 위한 불가능에 가까운 투쟁으로 간주하고 있던 것에 관해 열심히 설명하기 시작했다. 돈 후앙은 '기백을 유지한다'고 한 나의 표현이 우스웠던지 웃음을 터뜨렸다.

나는 오랫동안 애기를 계속했고, 돈 후앙은 진지한 표정으로 귀를 기울였다. 그러던 중 어느 시점에서 그의 눈이 또다시 나를 '움켜잡는' 것을 느끼고 입을 다물었다. 돈 후앙은 잠시 침묵하더니 내게 굴욕을 준 사람은 아무도 없으며, 내 속내가 못되지 않은 것은 바로 그 때문이라고 말했다.

"자넨 아직 패배하지 않았어."

그가 이 말을 너덧 번이나 되풀이했기 때문에 나는 그 말이 무슨 뜻이냐고 반문하지 않을 수가 없었다. 패배한다는 것은 피할 수 없는 삶의 조건 중 하나라고 돈 후앙은 설명했다. 인간은 승리하거나 패배하기 마련이고, 그 결과에 따라 박해자나 희생자가 된다. 본인이 〈보는〉 법을 터득하지 않는 한 이 두 조건은 결코 사라지지 않고 그를 옭아매지만, 〈보기〉는 승리나 패배나 괴로움이라는 환상을 타파하게 해준다고 그는 말했다. 그러면서 그는 내가 누군가에게 굴욕당하는 기억을 얻게 될 일을 피하기 위해서라도 승리자로 남아 있는 동안에 〈보는〉 법을 터득해야 한다고 덧붙였다.

나는 그의 말에 반박했다. 나는 어떤 일에서도 이겨본 적이 없으며, 내 삶은 오히려 패배한 삶에 가깝다고 말이다.

돈 후앙은 웃으면서 자기 모자를 바닥에 내던졌다.

"자네의 삶이 그토록 패배적이라면, 이 모자를 밟아봐." 그가 놀리듯이 도전했다.

나는 진지하게 반박을 계속했다. 돈 후앙도 진지해졌다. 그는 눈을 실처럼 가늘게 뜨고 나를 보고 있었다. 내가 내 삶을 패배라고 생각하는 것은 패배 자체 말고 다른 이유가 있기 때문이라고 그는 말했다. 그러더니 그는 예기치 않은 행동을 했다. 느닷없이 내 좌우 관자놀이에 손바닥을 갖다 댔던 것이다. 내 눈을 똑바로 들여다보는 그의 눈이 이글거렸다. 나는 놀란 나머지 무의식중에 깊게 숨을 들이켰다. 그는 내 머리에서 손을 뗀 다음 여전히 나를 응시하며 벽에 등을 기댔다. 이런 일련의 동작은 너무나도 빨랐던 탓에 그가 긴장을 풀고 벽에 편하게 등을 기댔을 때까지도 나는 심호흡을 하던 중이었다. 현기증이 몰려왔고, 불편했다.

"어린 소년이 우는 게 〈보여〉." 잠시 침묵했다가 돈 후앙이 말했다.

그는 마치 내가 제대로 이해를 못한다는 듯이 같은 말을 여러 번 되풀이했다. 우는 소년이란 어린 시절의 내 얘기인 것 같았기 때문에 나는 그 말에 별로 주의하지 않았다.

"어이!" 그는 내 주의를 환기했다. "어린 소년이 우는 게 〈보여〉."

나는 그 소년이 혹시 나냐고 물었다. 그는 아니라고 대답했다. 그래서 나는 그것이 내 삶에 대한 환시인지, 아니면 돈 후앙 자신의 삶의 기억일 뿐인지를 물었다. 그는 대답하지 않았다.

"어린 소년이 〈보여〉." 그는 되풀이했다. "울고 있어. 울고 있어."

"제가 아는 소년입니까?"

"응."

"제 아들인가요?"

"아냐."

"지금도 울고 있습니까?"

"지금도 울고 있어." 확신에 찬 어조였다.

나는 돈 후앙이 내가 아는 어떤 어린 소년의 모습을 보고 있고, 그 소년이 지금 이 순간에 울고 있는 것이라고 생각했다. 그래서 내가 아는 어린 소년들의 이름을 일일이 열거했지만, 돈 후앙은 그 아이들은 내가 한 약속과는 상관이 없으며, 울고 있는 어린 소년만이 그 약속과 중대한 관련이 있다고 말했다.

나는 돈 후앙이 엉뚱한 소리를 하고 있다고 느꼈다. 그는 내가 어린 시절에 누군가에게 어떤 약속을 했으며, 지금 이 순간에 울고 있는 아이가 그 약속과 중대한 관련이 있다고 주장했던 것이다. 나는 무슨 얘기인지 영문을 모르겠다고 말했다. 돈 후앙은 침착한 어조로, 방금 어린 소년이 우는 것을 "보았다"고 말했고, 그 어린 소년은 다쳤다고 덧붙였다.

나는 그의 주장을 조금이라도 아귀가 맞는 형태로 짜 맞추어보려고 했지만, 아무리 생각해보아도 내 머릿속에 있는 그 어떤 기억과도 결부시킬 수가 없었다.

"도저히 모르겠습니다. 아무리 애를 써봐도 누구한테 그토록 중요한 약속을 한 기억은 없는데요. 특히 어린아이를 상대로는 말입니다."

돈 후앙은 또다시 눈을 가늘게 떴고, 바로 이 순간 울고 있는 아이는 내가 어린 시절 알고 지내던 아이라고 말했다.

"제 어린 시절에 알고 지내던 아이인데, 지금도 울고 있단 말입니까?"

"그 아이는 지금 울고 있어." 그는 잘라 말했다.

"자신이 지금 무슨 말을 하고 있는지 알고 있습니까, 돈 후앙?"

"알아."

"말도 안 됩니다. 제가 어렸을 적에 어린애였던 아이가 어떻게 지금도 어린애일 수 있단 말입니까?"

"어린 소년이 맞고, 지금 울고 있어." 그는 고집스럽게 말했다.

"제가 알아들을 수 있게 설명해주십시오."

"아냐. 자네가 나한테 설명해줘야 해."

아무리 머릿속을 뒤져봐도 돈 후앙이 도대체 무슨 얘기를 하고 있는 것인지 알 수가 없었다.

"그 아인 울고 있어! 울고 있어!" 돈 후앙은 최면적이기까지 한 어조로 되풀이했다. "그리고 지금 자네를 껴안고 있어. 그 아인 다쳤어! 다쳤어! 그리고 지금 자네를 바라보고 있어. 그 아이의 시선을 못 느끼겠나? 지금 무릎을 꿇고 자네를 껴안고 있어. 그 아인 자네보다 어려. 자네를 향해 달려왔는데, 팔이 부러졌군. 그 아이의 팔을 느껴? 그 어린 소년은 단추처럼 작고 납작한 코를 가지고 있어. 맞아! 저건 단추코야."

귀가 웅웅거리기 시작하면서 나는 돈 후앙의 집 안에 있다는 감각을 상실했다. '단추코'라는 단어를 듣자마자 내 이런 시절의 어떤 장면이 생생히 되살아났던 것이다. 나는 단추 같은 코를 가진 소년을 알고 있었다! 돈 후앙은 내 삶에서 가장 은밀한 영역을 비집고 들어왔던 것이다. 이제는 그가 말하는 약속이 무엇을 의미하는지 알 수 있었다. 고양감과 절망감이 밀려왔고, 돈 후앙과 그의 교묘하기 이를 데 없는 방식에 대해 외경심이 솟구치는 것을 느꼈다. 그는 도대체 무슨 수로 내 어린 시절의 단추코 소년에 관해 알아낸 것일까? 돈 후 앙이 내 마음속에 불러일으킨 옛 기억에 마음이 뒤숭숭해진 나머지 나는 여덟 살 시절의 과거로 되돌아갔다. 어머니는 2년 전에 나를 떠 났고, 나는 이모들 집에 얹혀살면서 내 생애에서 가장 끔찍한 나날을 보내고 있었다. 이모들은 2개월씩 교대로 나를 데려가서 어머니처럼 살뜰하게 나를 보살펴주었다. 그러나 이모들은 대가족을 이루고 각 자 다른 집에 살고 있었고, 그들이 아무리 신경을 써서 보호해주려고 해도 나는 무려 22명이나 되는 사촌 형제들과 경쟁을 벌여야 했다. 그들의 심술궂은 행동은 때로는 상상을 초월할 정도였다. 그래서 나 는 사방을 적에게 둘러싸여 있다고 느꼈고, 지옥 같았던 몇 년 동안 그들을 상대로 절망적이고 야비한 전쟁을 벌였던 것이다. 어떻게 그 럴 수 있었는지는 아직도 잘 모르겠지만, 마침내 나는 모든 사촌 형 제를 제압하는 데 성공했다. 정말로 승리자가 되었던 것이다. 더 이 상 문제가 될 만한 경쟁자는 없었다. 그러나 나는 그 사실을 깨닫지 못했고, 당연히 학교생활로까지 이어진 그 전쟁을 어떻게 끝내야 하 는지도 몰랐다.

내가 다니던 시골 학교에서는 다른 학년들끼리 뒤섞여서 공부를 했고, 1학년과 3학년들 자리는 단지 떼어놓은 책상들만으로 격리되 어 있었다. 납작한 코를 가진 탓에 '단추코'라는 별명으로 놀림받던 어린 소년을 만난 것은 바로 그곳이었다. 그는 1학년이었다. 일부러 그런 것은 아니었지만 나는 좀 심할 정도로 그를 못살게 굴었다. 그 러나 그런 내 행동에도 불구하고 그는 나를 좋아하는 듯했다. 언제나 나를 졸졸 따라다녔고, 교장을 고민하게 만든 몇 가지 장난을 내가 치는 것을 목격하고도 비밀을 지켜주기까지 했다. 그래도 나는 그를 계속 놀림감으로 삼았다. 어느 날 나는 육중한 이동식 칠판을 고의적으로 넘어뜨린 적이 있었다. 칠판은 그를 직격했다. 그가 앉아 있던 책상이 충격의 일부를 흡수해줬지만, 쇄골이 부러지는 것까지 막아주지는 못했다. 그는 쓰러졌다. 그를 일으켜 세운 나는 내게 매달린 채로 나를 바라보는 소년의 눈에서 고통과 공포를 보았다. 덜렁거리는 팔을 붙잡고 고통스러워하는 소년을 보았을 때 나는 견디기 힘든 충격을 받았다. 나는 몇 년 동안이나 사촌 형제들과 사납게 싸운 끝에 승리했다. 적들을 모두 무찌르고 강자가 되었다는 사실에 도취해 있었던 것이다. 단추코를 가진 어린 소년이 처량하게 우는 모습이 내 승리감을 박살 낸 바로 그 순간까지는 말이다. 바로 그 시점에서 나는 싸우기를 그만두었고, 어떤 식으로든 다시는 싸워 이기지 않겠다고 굳게 다짐했다. 나는 소년이 팔을 절단해야 할 것이라고 생각했고, 만약 그가 낫는다면 다시는 승리 따위에 도취하지 않겠다고 맹세했다. 그 소년을 위해 더 이상의 승리를 포기했던 것이다. 적어도 당시의 나는 그렇게 이해했다.

돈 후앙은 내 인생의 곪은 상처를 터뜨렸다. 현기증이 났다. 나는 망연자실한 상태였다. 도저히 어찌할 수 없는 슬픔이 찾아왔다. 나는 그것에 굴복했고, 내가 한 행위의 중하重荷가 나를 짓누르는 것을 느꼈다. 단추코를 가진 와킨이라는 이름의 그 어린 소년에 대한 기억이 내 안에 불러일으킨 고뇌가 너무나도 생생했던 탓에 나는 흐느껴 울었다. 아무것도 가진 것이 없었던 그 소년, 의사에게 갈 돈도 없을 정도로 가난해서 결국 제대로 뼈를 맞추지도 못한 어린 와킨에 대해 내가 느낀 슬픔을 나는 돈 후앙에게 털어놓았다. 그런 그에게 내가 줄 수 있었던 것이라고는 어린아이의 유치한 승리밖에는 없었던 것이다. 너무나도 수치스러웠다.

"평정을 되찾게, 웃기는 친구." 돈 후앙은 단호하게 말했다. "자넨 충분히 줬어. 자네의 승리는 강했고, 자네만의 것이었잖나. 그것만으로도 충분해. 이제 자넨 그 약속을 바꿔야 하네."

"어떻게 바꾸란 말입니까? 그냥 바꾼다고 말하면 됩니까?"

"그런 종류의 약속은 단지 입으로 말한다고 바뀌는 게 아냐. 곧 어떻게 하면 그걸 바꿀 수 있는지를 알게 될지도 모르겠군. 그러면 〈보는〉 것조차 가능해질지도 몰라."

"그것에 관해 충고해주실 건 없습니까?"

"인내심을 가지고 기다려야 해. 자신이 기다리고 있다는 사실을 알고, 뭘 기다리는지를 아는 상태에서 말이야. 그게 전사의 방식일세. 만약 그게 자네의 약속을 지키는 일이라면 자네가 그걸 지키고 있다는 사실을 자각해야 해. 그러면 기다림도 끝날 때가 올 거고, 그 뒤로는 더 이상 자네의 약속을 지키지 않아도 될 거야. 그 어린 소년의 삶을 위해 자네가 해줄 수 있는 건 아무것도 없어. 오직 그 소년만이 자네가 한 행위를 무효화할 수 있다네."

"하지만 어떻게?"

"자기 자신의 욕구를 완전히 없애는 방법으로. 그 소년이 자기 자신을 희생자로 보는 한은 그의 인생은 지옥이나 마찬가지일 걸세. 그리고 자네가 같은 생각을 하고 있는 한은 그 약속의 효력도 지속될 거야. 우리를 불행하게 만드는 건 바로 욕망이라네. 하지만 욕망을 완전히 없애는 방법을 터득하기만 한다면 우리가 얻는 것은 아무리 사소한 것이더라도 진정한 선물이 되지. 그러니까 평정을 되찾게. 자넨 와킨에게 좋은 선물을 했어. 가난하다거나 결핍되었다는 건 단지 생각에 불과해. 증오도, 허기도, 고통도 마찬가지야."

"돈 후앙, 저는 도저히 믿지 못하겠습니다. 어떻게 허기나 고통이 단지 생각에 불과할 수 있단 말입니까?"

"지금 나에겐 생각에 불과하다네. 내가 아는 건 그게 다야. 난 그 위업을 이뤘다네. 우리에겐 단지 그러는 능력밖에는 없어. 명심하게, 우리 삶을 관장하는 힘들에 대항하려면 그 방법밖에는 없다는 사실을. 그 능력이 없으면 우린 티끌이나 다름없고, 바람에 날리는 흙먼지에 불과해."

"돈 후앙, 당신이 그랬다는 사실은 전혀 의심하지 않지만, 어떻게 저나 어린 와킨처럼 단순한 인간들이 그런 일을 성취할 수 있단 말입니까?"

"우리 인생을 관장하는 힘들에 대항한다는 선택은 오직 본인에게 달려 있네. 지금까지 수십 번, 수백 번 얘기했잖나. 오직 전사만이 살아남을 수 있다고. 전사는 자신이 기다리고 있으며, 또 뭘 기다리고 있는지를 안다네. 그렇게 기다리는 동안 전사는 아무것도 원하지 않고, 고로 아무리 사소한 걸 얻더라도 모자라지 않고 남아도는 거야.

전사는 먹을 필요가 있으면 그럴 방법을 찾아낼 수 있네. 배가 고프지 않기 때문이지. 전사는 무엇인가가 자기 몸을 아프게 하면 그걸 막을 방법을 찾아낼 수 있어. 아픔을 느끼지 않기 때문이야. 배가 고프거나 고통을 느낀다는 건 스스로를 내던졌고, 더 이상 전사가 아니라는 뜻이야. 그런 자는 배고픔과 고통의 힘에 휩쓸려서 파멸을 맞는다네."

나는 계속 반박하고 싶었지만 그만두었다. 내가 반박하는 행위를 통해서 내게 그토록 깊고 강렬한 인상을 남긴 돈 후앙의 엄청난 위업의 파괴적인 영향력으로부터 나를 지키기 위한 장벽을 쌓고 있는 것일 뿐이라는 사실을 깨달았기 때문이다. 도대체 어떻게 알아냈던 것일까? 혹시 내가 비일상적 현실상태에 깊숙이 몰입해 있을 때 그 단추코 소년에 관한 얘기를 그에게 했던 것일까. 그런 얘기를 했다는 기억은 없었지만, 그런 조건하에서는 내가 그것을 기억하지 못하는 것도 무리는 아니었다.

"돈 후앙, 제가 했던 약속에 관한 내용을 어떻게 알아내셨습니까?"

"자네를 〈본〉 덕이야."

"제가 메스칼리토를 먹었을 때 〈본〉 겁니까? 아니면 스모크 혼합물을 피웠을 때?"

"방금 〈본〉 거야. 오늘."

"모든 걸 〈보셨〉나요?"

"또 평소 버릇이 나오는군. 〈보기〉가 어떤 건지 말로 설명해봤자 아무 소용도 없다고 했잖나. 그건 아무것도 아냐."

나는 더 이상 그 문제를 추궁하지 않았다. 감정적으로는 그의 대답을 받아들였기 때문이다.

"나도 옛날에 맹세를 한 적이 한 번 있네."

돈 후앙이 느닷없이 이렇게 말하는 바람에 나는 화들짝 놀랐다.

"일생을 바쳐서라도 아버지를 죽인 놈들에게 복수하겠다고 아버지 앞에서 맹세했었지. 난 몇십 년 동안이나 그 약속을 마음에 담고 살았다네. 하지만 지금 그 약속은 바뀌었어. 누군가를 파멸시키는 일에 나는 더 이상 관심이 없네. 멕시코인들을 미워하지도 않아. 그 누구도 미워하지 않지. 살아가면서 가로지르는 무수히 많은 길들은 모두 동등하다는 걸 터득했거든. 압제자들도 희생자들도 마지막에 가서는 만나게 되고, 거기서 유일하게 확실한 부분은, 삶이 양쪽 모두에게 너무 짧았다는 사실뿐이야. 오늘 내가 슬픈 건 아버지와 어머니가 그런 식으로 죽었기 때문이야. 내가 슬픈 건 그들이 인디언이었기 때문이라네. 그들은 인디언처럼 살다가 인디언처럼 죽었다네. 무엇보다도, 자기들이 인간이라는 사실을 깨달을 기회가 없었던 거야."

10

나는 1969년 5월 30일에 돈 후앙을 찾아가서 다짜고짜 〈보기〉를 한 번 더 시도해보고 싶다고 말했다. 그는 안 된다는 듯이 고개를 가로저으며 웃었을 뿐이었다. 내가 참지 못하고 이의를 제기하자 내게 필요한 것은 인내심이고, 아직은 시기상조라는 대답이 돌아왔다. 그러나 나는 준비가 되었다고 말하며 고집을 꺾지 않았다.

돈 후앙은 나의 끈질긴 요청에 넌더리를 낸 듯했다. 그래도 내색하지 않고 슬쩍 화제를 돌리려고 했지만, 나는 나의 이런 조급함을 극복하려면 어떻게 해야 하는지 충고해달라고 졸랐다.

"자넨 전사戰士처럼 행동해야 해."

"어떻게요?"

"그건 말이 아닌 행동으로 터득해야 하네."

"전사는 자신의 죽음에 관해 생각한다고 하신 적이 있죠. 저는 언제나 그러고 있습니다만, 그것만으로는 충분하지 않다는 게 명백해 보이는군요."

돈 후앙은 결국 짜증을 참지 못한 듯이 입을 쩝쩝 다셨다. 나는 그의 화를 돋우려는 생각은 없었다고 변명하고, 내 손이 더 이상 필요하지 않으면 당장에라도 로스앤젤레스로 돌아가겠다고 했다. 돈 후앙은 걱정말라는 듯이 내 등을 툭 치고는 자기는 결코 화가 난 것이 아니며, 단지 내가 전사가 된다는 것의 의미를 알고 있다고 생각했을 뿐이라고 대답했다.

"전사처럼 살려면 어떻게 해야 합니까?"

돈 후앙은 모자를 벗고 관자놀이를 긁적였다. 그는 나를 뚫어지게 보더니 미소 지었다.

"모든 걸 낱낱이 설명해주길 바라는구먼. 그렇지?"

"제 머리는 그런 식으로 돌아가서요."

"반드시 그래야만 할 필요는 없어."

"이걸 어떻게 바꿔야 할지 모르겠습니다. 그래서 전사처럼 살려면 어떻게 해야 하는지를 정확하게 알려달라고 비는 겁니다. 그걸 안다면 제 쪽에서 그것에 적응할 방법을 찾을 수 있을지도 모르니까요."

나의 이런 말이 돈 후앙의 귀에는 우습게 들린 듯했다. 그는 웃으며 내 등을 두드렸다.

당장에라도 이젠 돌아가라는 소리를 들을 것 같은 예감이 들었기 때문에 나는 재빨리 내 돗자리에 앉은 다음 그를 마주 보고 질문 공세를 퍼부었다. 내가 왜 기다려야 하는지를 알고 싶었던 것이다.

그러자 돈 후앙은 내가 문지기와 싸우면서 입은 "상처가 낫기 전에" 허겁지겁 〈보기〉를 시도한다면, 설령 내 쪽에서 찾아 나서지 않더라도 또다시 문지기와 마주칠 확률이 높다고 말했다. 그런 상황에 놓인 사람은 누구든 절대로 그 만남에서 살아 돌아오지 못할 것이라고 그는 장담했다.

"〈보기〉 위한 탐구에 나서기 전에 자네는 그 문지기를 완전히 망각해야만 하네."

"어떻게 그런 존재를 망각할 수 있단 말입니까?"

"전사는 자기 의지와 인내심을 써서 망각한다네. 사실, 전사에게는 오로지 의지와 인내심밖에는 없고, 그것만 있으면 뭐든지 만들어낼 수 있어."

"하지만 저는 전사가 아닙니다."

"자넨 주술사의 방식을 이미 배우기 시작했잖나. 이젠 후퇴하거나 후회할 여유 따위는 없어. 단지 전사처럼 살면서 인내심과 의지를 함양할 여유밖에는 없단 말일세. 자네가 그러고 싶든 말든 말이야."

"전사는 그것들을 어떻게 함양합니까?"

돈 후앙은 한참을 곰곰이 생각하다가, 마침내 입을 열었다.

"그걸 말로 설명할 방법은 없는 것 같군. 특히 의지에 관해서는 말이야. 의지는 아주 특별한 그 무엇이라네. 의지는 불가사의하게 생겨나거든. 의지를 쓰면 경탄할 만한 결과가 나온다는 사실 말고는, 그걸 어떻게 쓰는지에 관해 얘기할 수 있는 실질적인 방법은 없어. 자네가 가장 먼저 명심할 점은 의지를 개발하는 것이 가능하다는 사실을 아는 것일지도 모르겠군. 전사는 그걸 알고, 그것이 오기를 기다린다네. 자네의 문제는, 자네가 스스로의 의지를 기다리고 있다는 사실을 모른다는 점이야.

내 은사는 전사는 자신이 기다리고 있다는 사실을 알고, 뭘 기다리는지도 안다고 말했네. 자네의 경우에는 기다리고 있다는 사실까

지는 알아. 여기서 몇 년이나 수행을 했지만, 자기가 뭘 기다리고 있
는지를 모른다는 게 문제이긴 하지만 말이야. 보통 사람이 자기가 뭘
기다리는지를 안다는 건 거의 불가능에 가깝게 힘든 일이지. 하지만
전사에겐 그런 문제가 없어. 자기 의지를 기다리고 있다는 걸 잘 아
니까 말이야."

"이 의지라는 게 정확하게 뭡니까? 결심을 말하는 겁니까? 루시
오가 모터사이클을 꼭 가져야겠다고 결심한 것처럼?"

"아냐." 돈 후앙은 나직한 목소리로 대꾸하고 쿡쿡거리며 웃었다.
"그건 의지가 아냐. 루시오는 단지 스스로에게 도취해 있는 것에 불
과해. 의지는 그것과는 다르고, 우리의 행동을 지휘할 수 있는 아주
명확하고 강력한 그 무엇이야. 이를테면 객관적으로는 절대적으로
질 수밖에 없는 전투에서 이기기 위해 쓰는 것 같은 거지."

"그렇다면 그건 우리가 용기라고 부르는 것 아닙니까."

"아냐. 용기는 그것과는 또 달라. 용기 있는 인간이란 믿고 의지할
수 있는 고귀한 인물이고 늘 숭배자들에게 에워싸여 있지만, 용기 있
는 사람들 중에서도 의지를 갖고 있는 사람은 극소수에 불과하네. 용
기가 있는 사람이란 보통 위험천만하지만 상식적인 행동을 하는 버
릇이 있는 사람을 뜻하네. 대부분의 경우 용기 있는 사람은 무시무시
한 공포의 대상이 되곤 하지. 반면에 의지는 상식적으로는 도저히 믿
기 힘든 위업과 관련이 있다네."

"그럼 의지란 스스로를 통제하는 힘이라고 할 수 있을까요?"

"일종의 통제하는 힘이라고 해도 되겠지."

"그렇다면 제가 원하는 걸 스스로 자제하는 식으로 의지를 발휘할 수 있다고 생각하십니까?"

"질문하기를 자제한다든지?" 그가 끼어들었다.

돈 후앙의 이런 말투가 너무나도 장난스러워서 나는 받아적기를 멈추고 그를 빤히 쳐다보았다. 우리는 웃음을 터뜨렸다.

"아냐. 자제심 또한 자기도취이고, 그런 걸 권하고 싶은 생각은 추호도 없네. 자네가 마음껏 질문하도록 놓아두는 것도 바로 그런 이유에서야. 만약 자네더러 질문하지 말라고 명령한다면, 그러기 위해서 자넨 자기 의지를 왜곡할지도 모르니까 말이야. 자기도취 중에서도 자기부정이 제일 안 좋아. 실제로는 자기 내부의 틀에 고정되어버리면서도, 정작 본인은 자신이 아주 훌륭한 일을 하고 있다고 믿어버리니까 말이야. 자네가 질문을 멈추는 건 내가 말하는 그런 의지가 아닐세. 의지는 능력(power)이야. 능력인 고로 통제되고 조정되어야 하고, 그러려면 시간이 필요한 거야. 난 그걸 알기 때문에 인내심을 가지고 자네를 대하는 걸세. 나도 자네 또래였을 때는 자네 못지않게 충동적이었어. 하지만 나는 변했어. 우리의 의지는 욕심과는 무관하게 작동한다네. 예를 들자면 자네의 의지는 이미 자네의 틈새를 조금씩 벌리고 있어."

"틈새라니요?"

"우리 내부에는 틈새가 있다네. 갓난애 머리에 있는, 나이를 먹으면 닫히는 말랑말랑한 부분처럼 말이야. 의지를 발달시키면 그 틈새가 열리는 거지."

"그 틈새는 어디에 있습니까?"

"자네의 반짝이는 실들 부근에." 그는 자기 복부를 가리키며 말했다.

"그건 어떤 겁니까? 뭘 위한 거죠?"

"열린 부분이야. 의지는 거길 통해서 화살처럼 튀어나오지."

"그럼 의지란 물체입니까? 아니, 물체를 닮은 겁니까?"

"아냐. 화살 운운한 건 자네의 이해를 돕기 위한 비유에 불과해. 주술사가 의지라고 부르는 건 우리 내부의 힘이라네. 그건 생각이나 물체가 아니고, 소원도 아냐. 질문을 그만두기 위해서는 머리로 생각하고 원해야 하기 때문에 그건 의지가 아니지. 의지란 머릿속의 생각이 너는 패배했다고 선언할 때 승리할 수 있게 해주는 거라네. 의지란 자네를 불사신으로 만들어주고, 주술사가 견고한 벽을 뚫고 지나가거나 공간을 가로지르게 해주는 거야. 원한다면 달로도 가게 해주지."

달리 묻고 싶은 것은 없었다. 나는 피곤하고 약간 신경이 곤두선 상태였다. 돈 후앙이 언제 나더러 떠나라고 할지 몰라서 걱정됐고, 그 사실이 짜증스러웠다.

"산으로 가세." 그가 느닷없이 일어섰다.

산으로 가면서 돈 후앙은 다시 의지에 관해 얘기하기 시작했고, 그것을 기록할 방법이 없었던 내가 낙담하는 모습을 보고 웃음을 터뜨렸다.

돈 후앙은 의지를 인간과 세계를 이어주는 진정한 접점이 되어주는 힘으로 묘사했다. 그러면서도 세계란 우리가 지각하는 그것, 어떤

244

식으로든 우리가 지각하기로 선택하는 그것을 의미한다고 신중하게 강조하기를 잊지 않았다. 돈 후앙은 '세계를 지각하는 행위'는, 무엇이든 간에 우리 앞에 나타나는 것을 이해하는 과정을 수반한다고 주장했다. 그리고 그 '지각'은 우리의 오감과 우리의 의지에 의해 이루어진다.

그럼 의지란 여섯 번째 감각을 의미하는 것이냐고 내가 물었다. 그것은 오히려 우리와 지각된 세계 사이의 관계에 더 가깝다고 그는 대답했다.

나는 내가 이 대화를 기록할 동안 잠깐 앉아서 쉬자고 제안했지만 그는 웃으며 계속 걸어갔다.

그날 밤에 떠나라는 소리는 듣지 않았다. 다음날 아침을 먹은 뒤에 의지를 다시 화제에 올린 사람은 다름 아닌 돈 후앙이었다.

"자네가 의지라고 부르는 건 개인의 성격에서 나오는 강한 기질이지만, 주술사가 의지라고 부르는 건 내부에서 나와서 바깥의 세계에 달라붙는 힘일세. 바로 이 배에서 나와. 반짝이는 실들이 있는 곳에서 말이야."

그는 자기 배꼽 부분을 문질러 그게 정확히 어느 곳인지를 가르쳐 주었다.

"여기서 나온다고 말한 건 본인이 실제로 그렇게 느끼기 때문이야."

"왜 그걸 의지라고 부르는 겁니까?"

"난 딱히 뭐라고 부르지는 않아. 하지만 내 은사가 그걸 의지라고 불렀고, 다른 식자들도 의지라고 부르거든."

"어제는 의지뿐만 아니라 오감을 써서 세계를 지각할 수 있다고 말씀하셨죠. 어떻게 그런 일이 가능한 겁니까?"

"보통 인간은 세계 속의 사물을 손이나 눈이나 귀만 써서 '파악'할 수 있지만, 주술사는 자기 코나 혀나 의지를 써서 파악할 수 있다네. 특히 의지를 써서 말이야. 말로는 어떻게 그런 일이 이루어지는지를 설명할 수가 없어. 하지만 자네도 자네가 어떻게 듣는지를 내게 설명하지는 못하지 않나. 마침 나도 들을 수 있으니까 우리 두 사람은 우리가 듣는 것에 관해 얘기할 수 있지만, 어떻게 듣는지에 관해서는 여전히 얘기할 수가 없어. 주술사는 자기 의지를 써서 세계를 지각한다네. 하지만 그 지각은 청각과는 달라. 우리가 세계를 바라보거나 그 소리를 들을 때는 바깥세계는 실제로 있고 또 현실적이라는 인상을 받지. 하지만 의지를 써서 세계를 지각할 때는 그 세계가 우리가 생각하는 것처럼 '저 밖에' 있지도 않고, 또 '현실적'이지도 않다는 걸 알게 된다네."

"그럼 의지는 〈보기〉와 같은 겁니까?"

"아니. 의지는 힘이고 주력呪力일세. 그렇지만 〈보기〉는 힘이 아니고, 사물을 투과하는 방식에 가까워. 아주 강한 의지를 가진 주술사도 못 〈보는〉 경우가 있다네. 따라서 자기 오감과 의지뿐만 아니라 〈보기〉를 써서 세계를 지각하는 존재는 식자밖에는 없다는 얘기가 되겠지."

문지기를 망각하기 위해서는 의지를 써야 한다고 했는데, 이런 애기를 들으니 한층 더 헷갈린다고 내가 말했다. 돈 후앙은 나의 이런 넋두리와 어리둥절해하는 꼴을 오히려 즐기는 듯한 기색이었다.

"전에도 자넨 말을 하면 할수록 혼란만 겪는다고 얘기한 적이 있지 않나." 그는 웃었다. "하지만 지금 자넨 적어도 자기 의지를 기다리고 있다는 사실은 알고 있어. 그게 뭔지, 또 어떻게 일어날지는 여전히 모를 테니까, 스스로 하는 모든 일을 주의 깊게 관찰하게. 자네 의지의 발달을 도와줄 수 있는 건 자네가 하는 모든 작은 일들 가운데 있기 마련이니까 말이야."

돈 후앙은 오전 중에는 밖에 나가 있었고, 이른 오후가 되자 말린 식물 꾸러미를 가지고 돌아왔다. 그는 머리를 까닥이며 도우라는 시늉을 했고, 우리는 몇 시간 동안이나 한마디도 하지 않고 식물을 분류하는 작업을 했다. 일이 끝나고 쉬기 위해 앉자 그는 나를 보며 상냥하게 웃었다.

나는 매우 심각한 어조로, 오전 중에 내 노트를 읽어보았지만 여전히 전사로서 산다는 것에는 어떤 행위가 수반되는지, 또 의지라는 개념이 정확히 무엇을 의미하는지를 모르겠다고 말했다.

"의지는 개념이 아니네."

그날 그가 말문을 연 것은 이때가 처음이었다.

한참 뒤에야 그는 말을 이었다. "자네하고 나는 달라. 성격부터가 다르지. 자네 성향은 나보다 더 난폭해. 자네 또래였을 때 나는 난폭하지는 않았지만 성질이 고약했지. 자넨 그와는 정반대로군. 내 은사가 바로 그랬지. 그가 자네 스승이었다면 정말 죽이 맞았을 거야. 내 은사는 위대한 주술사였지만 나나 헤나로가 〈보는〉 방식으로는 〈볼〉 수가 없었거든. 나는 내가 〈본〉 것을 길잡이 삼아 이 세상을 이해하고 살아가네. 반면 내 은사는 전사처럼 살아가야 했어. 〈볼〉 수 있는 사람은 전사처럼 살아갈 필요가 없다네. 그 무엇이 될 필요도 없지. 왜냐하면 그는 사물을 있는 그대로 〈볼〉 수 있고, 거기에 맞춰 살아가면 그만이니까 말이야. 하지만 자네 성격을 감안하건대 자넨 결코 〈보는〉 법을 터득 못할 가능성도 있어. 그럴 경우 자넨 평생을 전사처럼 살아가야 할걸세.

내 은사는 일단 주술의 길에 발을 들여놓은 사람은 다음과 같은 사실을 조금씩 자각하게 된다고 했네. 과거의 일상적인 삶으로는 영원히 되돌아갈 수 없고, 지식을 터득한다는 것은 무시무시한 일이며, 일상적 세계의 생활방식은 더 이상 완충제 역할을 해주지 못하고, 살아남으려면 새로운 삶의 방식을 채택하는 수밖에 없다는 사실을 말이야. 그리고 그 시점에서 그가 해야 할 일은 전사가 되기를 원하는 것이고, 그건 아주 중요한 절차이자 결정이라고 했네. 지식의 무시무시한 성질 탓에 전사가 되는 것 말고는 달리 선택의 여지가 없기 때문이지.

지식이 무시무시한 것임을 알 무렵에는 죽음이 언제나 내 곁에 앉아 있는 결코 피할 수 없는 동반자라는 사실도 깨닫게 되네. 능력으로 변모하는 모든 지식의 핵심에는 죽음이 자리 잡고 있다는 사실을 말이야. 죽음이야말로 모든 것에 와 닿는 궁극적인 것이고, 무엇이든 죽음에 닿은 것은 정말로 능력이 되는 거야.

주술의 길들을 따라가는 사람은 길모퉁이를 돌 때마다 즉각적인 파멸의 가능성과 항상 마주치고, 싫어도 스스로의 죽음에 극도로 민감해질 수밖에 없어. 누구든 죽음의 자각 없이는 범용凡庸한 행위를 하는 범용한 인간에 불과하다는 뜻이야. 이승에서의 일상적인 시간을 주력呪力으로 변화시키기 위해 필요한 능력을, 집중력을 얻을 수 없기 때문이지.

따라서 전사가 되려면 모든 일에 우선해서 스스로의 죽음을 예민하게 의식해야 한다는 거야. 하지만 죽음을 걱정하고 있으면 누구든 자기 자신에게만 주의가 고정돼버릴 거고, 그건 심신의 약화로 이어지지. 따라서 전사에게 그다음으로 필요한 건 초연함일세. 임박한 죽음에 대한 생각이 강박관념이 되는 대신 무심함으로 변하는 거지."

돈 후앙은 여기서 말을 멈추고 나를 쳐다보았다. 내가 대답하기를 기다리는 듯했다.

"이해했나?" 그가 물었다.

돈 후앙의 말을 이해하긴 했지만, 개인적으로는 도대체 누가 그런 식의 초연함에 도달할 수 있을지 상상이 되지 않았다. 나는 나 자신의 도제수업을 통해서 지식이 그토록 무시무시한 것으로 변모하는 순간을 이미 경험했다고 대답했다. 나날의 삶에 적용하던 일상적인 전제들에 더 이상 기댈 수 없게 된 것도 사실임을 확언할 수 있었다. 그리고 나는 전사처럼 살아가기를 원하고 있었다. 아니, 원한다기보다는 필요로 하고 있다고 하는 편이 나을지도 모르겠다.

"이제 자넨 초연해져야 하네."

"무엇으로부터요?"

"모든 것으로부터 초연해져야 해."

"그건 불가능합니다. 저는 은둔자가 되고 싶지는 않으니까요."

"은둔자가 된다는 건 자기도취이고, 난 결코 그런 뜻으로 말한 게 아닐세. 은둔자는 은둔자가 되려는 욕심에 자기를 내던진 것이기 때문에, 결코 초연해질 수 없어.

오직 죽음에 대한 생각만이 사람을 충분히 초연하게 만들어주기 때문에 그는 그 무엇에도 자기를 내던지지 못하네. 오직 죽음에 대한 생각만이 사람을 충분히 초연하게 만들어주기 때문에 그는 그 무엇도 거부할 수 없어. 하지만 그런 종류의 인간은 삶과, 삶을 통해 향유할 수 있는 모든 것에 대한 조용한 욕망을 획득하기 때문에 무엇을 갈망하거나 하지는 않네. 자신의 죽음이 살금살금 다가오는 걸 알기 때문에 무엇에 집착할 여유 따위는 없다는 사실을 잘 알기 때문이야. 그래서 그는 갈망함 없이 모든 것을 빠짐없이 시도해본다네.

초연해진 사람은 죽음을 멀리하는 일 따위가 가능하지 않다는 걸 알기 때문에 의지할 것을 딱 하나밖에 갖고 있지 않아. 선택의 힘 말이야. 말하자면 자기가 내리는 선택의 지배자가 되는 거야. 그런 사람은 자기가 내리는 선택은 온전히 자기 책임이고, 일단 선택을 하면 더 이상 후회하거나 스스로를 탓할 시간은 없다는 걸 반드시 이해하고 있어야 해. 그가 내리는 결정이 최종적인 이유는 단순해. 죽음은 그가 다른 것에 매달릴 시간 따위를 절대로 주지 않기 때문이야.

그런 연유로, 자신의 죽음을 자각함으로써 초연해진 전사는 선택에 대한 지배력을 통해 자기 삶을 전략적으로 관장한다네. 자신은 죽는다는 사실이 그를 인도하여 초연해지게 하고 조용한 욕망을 가지게 만드는 거야. 전사는 자기가 내리는 최종적인 선택의 힘으로 인해 후회 없는 선택을 하고, 그런 그가 선택하는 것은 언제나 전략적으로 가장 훌륭한 길이라네. 따라서 그는 자신이 해야 하는 모든 일을 열정적이고 활기차게 효율적으로 처리하는 거지.

　이렇게 행동할 수 있다면 그는 자신이 전사이며 인내심을 획득했다고 당당하게 선언할 수 있어!"

　돈 후앙은 내게 할 말이 있느냐고 물었다. 나는 그가 방금 묘사한 과업을 이루려면 평생이 걸릴 것 같다고 대꾸했다. 돈 후앙은 내가 그에게 너무 대드는 버릇이 있지만 일상생활에서는 전사에 대한 그의 가르침대로 행동한다는 사실, 아니면 적어도 그렇게 행동하려고 노력한다는 사실을 알고 있다고 말했다.

　"자넨 상당히 괜찮은 발톱을 숨기고 있어." 그는 웃으며 말했다. "이따금 그걸 보여달라고. 좋은 훈련이 되니까 말이야."

　내가 손톱을 세우고 으르렁거리는 시늉을 하자 돈 후앙은 웃음을 터뜨렸지만, 곧 헛기침을 하고 말을 이었다.

　"일단 인내심을 획득하면 전사는 의지를 향한 길을 걷고 있는 걸세. 기다리는 법도 알아. 자신의 죽음과는 친구 사이가 되어서, 돗자리에 앉을 때도 함께 앉지. 죽음은 전사에게 어떻게 선택하고, 어떻게 하면 전략적으로 살 수 있는지를 불가해한 방식으로 충고해준다네. 그렇게 해서 전사는 기다리는 거야! 자기 의지를 기다리고 있다는 걸 아니까 전사는 배움에도 조급성을 보이지 않아. 그러다가 어느 날 평소에는 도저히 가능할 것 같지 않은 일을 성취하게 되지. 본인은 스스로의 경탄할 만한 행동을 아예 못 깨달을 수도 있어. 하지만 계속 그렇게 불가능한 일들을 이뤄내거나, 혹은 불가능한 일들이 그에게 계속 일어난다면 그는 일종의 능력이 나타나고 있다는 사실을 자각하게 될 거야. 지식의 길을 나아가는 전사의 몸 안에서 나오는 힘이지. 처음에는 배가 근질근질하거나, 뜨겁지만 다스릴 수가 없는 부분이 생긴 듯한 느낌을 받아. 그건 곧 고통이 되고, 엄청난 불쾌감으로 바뀌지. 이런 고통과 불쾌감은 때로는 너무 심한 나머지 몇 달 동안이나 경련이 멈추지 않는 경우조차 있어. 하지만 전사가 겪는 경련은 격렬하면 격렬할수록 좋은 징조라네. 크나큰 고통 뒤에는 언제나 훌륭한 능력이 찾아오니까 말이야.

경련이 멎으면 전사는 자신이 주위의 사물에 대해 묘한 감각을 느낀다는 사실을 깨닫게 되네. 배꼽 바로 위나 아래에서 나오는 느낌을 써서 원하는 걸 뭐든지 만질 수 있다는 사실을 알게 되는 거야. 그 느낌이 바로 의지라네. 그걸 써서 물건을 움켜잡을 수 있게 된다면 전사는 자기 의지를 획득했고, 이제는 자신이 주술사임을 확언할 수 있는 거지."

돈 후앙은 말을 멈췄다. 내 의견이나 질문을 기다리는 기색이었지만, 나는 할 말이 전혀 없었다. 주술사가 고통과 경련을 경험해야 한다는 말이 크게 마음에 걸렸지만, 나도 그걸 겪어야 하느냐고 물어보기는 창피했기 때문이다. 긴 침묵이 흐른 뒤에 나는 결국 참지 못하고 질문했다. 그는 내 질문을 예상하기라도 한 듯 쿡쿡거리며 웃었다. 고통은 필수불가결하지는 않다고 그는 말했다. 이를테면 돈 후앙 본인은 전혀 고통을 경험하지 않았는데도 의지가 그냥 찾아왔다고 했다.

"하루는 산에 갔다가 퓨마와 마주친 적이 있었네. 엄청나게 크고 배를 곯은 암컷이었지. 내가 황급히 도망치니까 뒤에서 쫓아오더군. 그래서 난 바위에 기어 올라갔는데, 퓨마는 1미터도 떨어지지 않은 곳에서 나를 향해 뛰어오르기 직전이었어. 내가 돌을 던지니까 으르렁거리면서 달려드는데, 바로 그때 내 의지가 제대로 튀어나왔지. 난 그걸 써서 퓨마가 달려드는 걸 막았다네. 의지로써 퓨마를 애무했던 거지. 젖꼭지를 슬슬 문질러주기까지 했다니까. 퓨마는 졸린 눈으로 나를 쳐다보더니 드러눕더군. 그래서 난 퓨마가 정신을 차리기 전에 죽어라고 달렸지."

돈 후앙은 모자를 꼭 쥐고 걸음아 날 살려라 하고 달려가는 사내의 모습을 우스꽝스럽게 흉내 냈다.

의지를 갖기를 원하더라도 결국은 암컷 퓨마나 경련밖에는 기대할 게 없다고 생각하니 맥이 빠진다고 내가 말했다.

"내 은사는 막강한 힘을 지닌 주술사였네. 머리에서 발끝까지 전사였지. 내 은사의 의지는 정말이지 엄청난 위업이었어. 하지만 사람은 그보다 더 멀리 나아갈 수도 있다네. 〈보는〉 법을 터득함으로써 말이야. 〈보는〉 법을 터득하면 더 이상 전사처럼 살 필요도 없고, 주술사가 될 필요도 없어. 〈보는〉 법을 배운 사람은 무無가 됨으로써 모든 것이 될 수 있거든. 사라지면서도 여전히 존재한다고나 할까. 이렇게 되면 사람은 뭐든지 될 수 있고 원하는 건 뭐든지 손에 넣을 수 있다고 해야겠지. 하지만 그는 아무것도 원하지 않고, 다른 인간들을 장난감처럼 가지고 노는 대신에 우행愚行의 한복판에서 그들을 만난다네. 이들 사이의 유일한 차이는 〈볼〉 줄 아는 사내는 자신의 우행을 통제하지만 다른 인간들은 그러지 못한다는 점이야. 〈볼〉 줄 아는 사내는 더 이상 다른 인간들에 대해 적극적인 관심을 느끼지 않는다네. 〈보기〉를 통해 과거에 알고 있던 모든 것으로부터 이미 초연해졌기 때문이지."

"제가 아는 모든 것으로부터 초연해진다는 건 생각만 해도 소름이 끼칩니다."

"농담이겠지! 정말로 소름 끼치는 건 지금까지 줄곧 해온 일을 앞으로도 줄곧 할 수밖에 없는 경우야. 매년 옥수수를 심으면서 살아왔지만 이젠 너무 늙어서 일어나지도 못하고 나이 든 개처럼 그냥 누워 지내는 사내를 떠올려보게. 그 사내의 정수라고 할 수 있는 생각과 감정이 정처 없이 부유하다가 그가 할 줄 아는 유일한 일인 옥수수 심는 일 쪽으로 흘러가는 광경을 상상해보라고. 내겐 그런 것이 가장 소름 끼치는 일이라네.

우리 인간의 본분은 배우는 거야. 우린 상상도 할 수 없는 새로운 세계들로 내던져질 운명이라네."

"정말로 우리가 갈 수 있는 새로운 세계가 남아 있다는 겁니까?"

나는 반쯤 농담하듯이 물었다.

"멍청하긴. 우린 아직 아무것도 소진하지 않았어." 돈 후앙은 강한 어조로 말했다. "〈보기〉는 완전무결한 사람들을 위해 있는 거야. 자네의 정신을 단련해서 전사가 되고, 〈보는〉 법을 배우게. 그러면 우리가 목표로 삼을 새로운 세계들에는 끝이 없다는 걸 알게 될 거야."

11

돈 후앙은 최근의 습관과는 달리 내게 심부름을 시킨 뒤에도 떠나라는 말을 하지 않았다. 그는 내가 계속 머물러도 좋다고 했고, 다음 날인 1969년 6월 28일 정오가 되기 직전에 그는 내가 또 스모크를 피워야 한다고 했다.

"또 그 문지기를 〈보는〉 걸 시도하는 겁니까?"

"아니. 이제 그건 아냐. 이번에는 다른 거야."

돈 후앙은 침착하게 파이프에 스모크 혼합물을 재우고 불을 붙여서 내게 건넸다. 나는 아무런 두려움도 느끼지 않았다. 한 모금 빨자마자 기분 좋은 나른함이 온몸을 감쌌다. 내가 대통 하나 분량의 혼합물을 모두 피우자 돈 후앙은 파이프를 집어넣고 내가 일어서는 것을 도와주었다. 우리는 방 한복판에 깔아놓은 두 개의 돗자리에 각각 앉아서 서로 마주 보고 있었는데, 돈 후앙은 잠깐 산책을 나가자면서 나를 부드럽게 밀며 부추겼다. 그러나 한 발 디디자마자 다리가 푹 꺾였다. 나는 양 무릎을 바닥에 세게 부딪쳤지만 아무런 고통도 느끼지 못했다. 돈 후앙은 내 팔을 잡고 다시 일으켜 세워주었다.

"걸어야 해. 지난번에 일어났을 때처럼 말이야. 자네의 의지를 쓰라고."

발이 마치 지면에 달라붙어 떨어지지 않는 듯한 느낌이었다. 오른발로 한 걸음 나아가보려고 하다가 균형을 잃고 쓰러질 뻔했다. 돈 후앙은 내 오른쪽 겨드랑이를 잡고 내 몸을 슬쩍 앞으로 밀어주었지만, 내 다리는 전혀 말을 듣지 않았다. 돈 후앙이 나의 팔을 잡고 부축해주지 않았더라면 그대로 넘어져서 얼굴을 흙바닥에 처박았을 것이다. 그는 내 오른쪽 겨드랑이를 잡고 나를 자기 몸에 기대게 했다. 내 몸에는 아무 감각도 없었지만 머리를 그의 어깨에 얹고 있었던 것은 확실하다. 방이 기울어진 것처럼 보였기 때문이다. 그는 이 자세로 나를 집 앞의 라마다 아래로 질질 끌고 갔다. 우리는 이렇게 힘든 자세로 흙마루 주위를 두 번 돌았다. 그러나 내 체중이 너무 부담이 되었던지 결국 그는 나를 바닥에 쓰러지게 놔둬야 했다. 그가 내 몸을 움직이지 못한다는 사실을 나는 알고 있었다. 어째선지, 마치 나의 일부가 납처럼 무거워지기를 스스로 원하고 있는 듯한 느낌이었다. 돈 후앙은 나를 다시 일으키려고 하지 않았다. 단지 나를 흘끗 바라보았을 뿐이었다. 나는 누운 채로 그를 정면으로 마주 보고 있었다. 내가 억지로 미소 지으려고 하자 그는 웃기 시작했고, 이내 몸을 수그리더니 내 배를 철썩 때렸다. 실로 기묘하기 이를 데 없는 감각이었다. 아프거나 기분이 좋다거나 기타 내가 생각할 수 있는 그 어떤 느낌도 아니었고, 차라리 일종의 충격에 가까웠다. 돈 후앙이 곧 내 몸을 굴리기 시작했지만 나는 아무것도 느끼지 못했다. 굴렸다고 한 것은 흙마루의 광경이 몸을 굴릴 때처럼 움직였기 때문이다. 내가 돈 후앙이 원하는 위치에 도달하자 그는 한 걸음 뒤로 물러났다.

"일어나!" 그는 단호한 어조로 명령했다. "전에 그랬던 것처럼 일어나. 꾸물대지 말고. 어떻게 일어나는지는 알고 있잖나. 자, 일어나!"

당시 내가 했던 행동을 떠올려보려고 무진장 애를 썼지만, 명료하게 생각하는 것은 불가능했다. 내가 아무리 통제하려고 노력을 해도 마치 나의 사고思考는 그런 것에는 아랑곳하지 않는 자체적인 의지를 가지고 있는 것 같았다. 그러다가 예전처럼 "일어나"라고 말하면 틀림없이 일어날 수 있을 것이라는 생각이 들었다. 나는 큰 목소리로 뚜렷하게 "일어나"라고 말했지만 아무 일도 일어나지 않았다.

돈 후앙은 불쾌감이 역력한 얼굴로 나를 바라보고는 내 주위를 돌아 현관문 쪽으로 갔다. 나는 왼쪽 옆구리를 아래로 하고 누워 있었고, 집 앞의 광경이 완전히 시야에 들어와 있었다. 현관문을 등지고 있었기 때문에 그가 내 주위를 돌아갔을 때 나는 즉시 그가 집 안으로 들어간 것으로 짐작했다.

"돈 후앙!" 나는 큰 소리로 그를 불렀지만, 대답은 없었다.

압도적인 무력감과 절망감이 나를 엄습했다. 일어나고 싶었다. 나는 "일어나"가 마치 나를 움직여줄 마법의 단어라도 되는 양 되풀이해 말했다. 아무 일도 일어나지 않았다. 이 사실에 너무나 좌절한 나머지 울화통이 터졌던 듯하다. 방바닥에 머리를 쾅쾅 박으며 흐느껴 울고 싶은 기분이었다. 움직이든 말을 하든 뭐든 하고 싶으면서도 아무것도 하지 못하는 고통스러운 순간이 계속 이어졌다. 정말로 꼼짝도 할 수 없는 마비 상태에 빠져 있었던 것이다.

"돈 후앙. 도와주세요!" 겨우 고함을 지르는 데 성공했다.

돈 후앙이 돌아와서 내 앞에 앉았다. 그는 웃으며 내가 히스테리에 빠졌고 내가 경험하고 있는 것은 대수롭지 않은 일이라고 말했다. 그는 내 머리통을 들어올리고 나를 똑바로 쳐다보면서, 내가 가짜 공포에 사로잡혀 있는 것이니 조바심을 내지 말라고 말했다.

"자네 인생에는 골칫거리가 있군. 그게 뭐든 간에 자네를 그렇게 욱하게 만드는 원인을 제거해야 해. 조용하게 여기 있으면서 마음을 가다듬게."

돈 후앙은 내 머리를 흙바닥에 내려놓았다. 그는 내 몸을 넘어갔다. 내가 지각할 수 있었던 것이라고는 그가 샌들을 끌며 멀어져가는 소리뿐이었다.

또 울화통을 터뜨리고 싶은 충동이 몰려왔지만, 그럴 기력이 남아 있지 않았다. 그러는 대신 나는 보기 드물게 평온한 상태로 빠져 들어갔다. 크나큰 안온감이 나를 감쌌다. 나는 내 인생의 골칫거리가 무엇인지 알고 있었다. 그 어린 소년이다. 그의 아버지가 되어줄 수만 있다면 무엇을 내줘도 좋다는 기분이었다. 그의 인격을 형성시켜주고, 함께 들로 소풍을 가고, '어떻게 살아야 하는지'를 가르쳐주는 광경은 상상만 해도 즐거웠지만, 나 자신의 삶의 방식을 그에게 강요한다는 생각에는 강한 혐오감을 느꼈다. 그러나 우리가 이해理解라 부르는 설복과 보상의 교묘한 조합을 쓰든 힘을 쓰든 간에 그러는 것이야말로 내가 해야 할 일이었다.

"그를 놔줘야 해." 나는 생각했다. "그에게 그렇게 매달리면 안 돼. 자유롭게 놓아줘야 해."

이런 생각은 두려울 정도로 강렬한 우울감을 몰고 왔다. 나는 흐느껴 울기 시작했다. 눈물이 넘쳐흐르면서 시야가 흐릿해졌다. 느닷없이 지금 당장 일어나서 돈 후앙을 찾아낸 다음 나의 그 어린 소년에 관해 설명해주고 싶다는 강렬한 욕구를 느꼈다. 그러자 어느새 나는 똑바로 선 자세에서 흙마루를 바라보고 있었다. 몸을 돌려 집을 마주 보니 돈 후앙이 내 앞에 서 있었다. 그는 줄곧 내 뒤에 서 있었던 것이다.

발을 디디는 감각은 전혀 없었지만 움직인 것으로 미루어볼 때 그를 향해 걸어갔던 것이 틀림없다. 돈 후앙은 미소 지으며 다가와서 내 양 겨드랑이를 잡고 나를 부축해주었다. 그의 얼굴은 내 얼굴 바로 앞에 있었다.

"좋아. 아주 잘 했어." 그는 나를 격려했다.

바로 그 순간 나는 눈앞에서 뭔가 엄청난 일이 일어나고 있음을 깨달았다. 처음에는 단지 몇 년 전에 일어났던 사건을 회상하고 있는 것 같은 느낌이었다. 과거의 어느 때 나는 돈 후앙의 얼굴을 아주 가까이서 본 적이 있었다. 스모크 혼합물을 피웠을 때의 일이었는데, 그의 얼굴이 수조水槽에 잠겨 있다는 느낌을 받았던 것이다. 그 얼굴은 엄청나게 컸고 빛을 발하고 있었으며 움직였다. 너무나도 순간적인 이미지였기 때문에 제대로 관찰할 시간은 없었다. 그러나 이번에는 돈 후앙이 나를 안고 있었고, 그의 얼굴은 내 얼굴에서 30센티미터도 떨어져 있지 않았기 때문에 관찰할 여유가 있었다. 아까 일어나서 몸을 돌렸을 때 나는 확실히 돈 후앙을 보았다. '내가 아는 돈 후앙'은 틀림없이 나를 향해 걸어와서 나를 잡아주었다. 그러나 방금 내가 그의 얼굴에 눈을 초점을 맞췄을 때 본 것은 낯익은 그의 모습이 아니라 커다란 물체였다. 그것이 돈 후앙의 얼굴이라는 사실은 알고 있었다. 그러나 그 인식은 나의 지각에 의해 생겨난 것이 아니라 내 내부 논리의 산물이었다. 사실, 한순간 전만 해도 '내가 아는 돈 후앙'이 내 겨드랑이를 잡고 나를 부축해줬다는 기억이 있지 않은가. 따라서 지금 내 눈앞에 있는 빛을 발하는 기묘한 물체는 돈 후앙의 얼굴이어야만 했다. 낯이 익었던 것이다. 그러나 이 물체는 내가 돈 후앙의 '진짜' 얼굴이라고 부르는 것과는 전혀 닮지 않았다. 그때 내가 바라보고 있었던 것은 자체적으로 빛을 발하는 둥근 물체였다. 그 물체의 모든 부분은 움직이고 있었다. 나는 하나의 틀 안에서 율동적으로 물결치는 흐름을 지각했다. 이 흐름은 결코 그 자체의 한계를 벗어나지 않고 그 내부에 갇혀 있는 느낌이었지만, 그와 동시에 내 눈앞의 물체는 그 표면의 모든 곳이 움직임으로 물결치고 있었다. 그러자 그것에서 배어나오는 것은 생명이라는 생각이 떠올랐다. 사실, 이 살아 있는 느낌은 너무나도 인상적이어서 나는 넋을 잃고 그 움직임을 바라보는 데 빠져들었다. 잔물결이 이는 듯한 그 움직임은 실로 내 마음을 홀렸다. 나는 한층 더 이 광경에 몰입하여, 급기야는 눈앞에서 벌어지는 현상이 무엇인지도 제대로 분간하지 못하는 상태에 이르렀다.

갑자기 충격을 받았다. 빛을 발하는 물체가 마치 누군가가 마구 흔드는 것처럼 흐릿해졌기 때문이다. 그러자 빛이 사라지면서 다시 단단한 살처럼 변했다. 다음 순간 나는 돈 후앙의 낯익은 가무잡잡한 얼굴을 바라보고 있었다. 온화하게 웃고 있다. 그러나 그의 이런 '진짜' 얼굴 모습도 한순간밖에는 지속되지 않았고, 얼굴은 또다시 무지갯빛 같은 광채를 발하기 시작했다. 그러나 이것은 내가 평소에 지각하는 빛이나 불빛이 아니었고, 일종의 파동波動에 더 가까웠다. 엄청나게 빠른 속도로 명멸하는 느낌이라고나 할까. 빛을 발하는 물체가 위아래로 까닥이기 시작하면서 이런 파동의 연속성을 훼손시켰다. 물체가 흔들리면서 광채도 스러졌고, 급기야는 또다시 평소에 보던 돈 후앙의 '단단한' 얼굴로 변했다. 그 순간 나는 돈 후앙이 내 몸을 붙잡고 흔들고 있다는 사실을 어렴풋하게나마 깨달았다. 뭐라고 말도 하고 있다. 처음에는 뭐라고 하는지 알 수 없었지만, 그가 계속 나를 흔드는 통에 마침내 알아들을 수 있었다.

"나를 응시하지 마. 나를 응시하지 마." 그는 되풀이해 말했다. "눈을 떼. 눈을 떼. 시선을 다른 데로 돌려."

내 몸을 흔드는 것은 나의 지속적인 응시를 억지로 중단시키는 효과가 있는 듯했다. 돈 후앙의 얼굴을 강렬히 응시하지 않으면 빛을 발하는 물체가 보이지 않는다는 점은 명백했다. 그의 얼굴에서 눈을 떼고 시야의 가장자리로 곁눈질을 하면 나는 그의 단단한 육체를 지각할 수 있었다. 바꿔 말해서, 3차원적인 인물을 지각할 수 있었다. 사실, 그를 제대로 바라보는 일 없이도 그의 몸 전체를 지각할 수 있었던 것이다. 그러나 눈의 초점을 맞추자마자 그의 얼굴은 또다시 빛을 발하는 물체가 되었다.

"아예 나를 바라보지 말게." 돈 후앙은 진지한 어조로 말했다.

나는 시선을 돌려 지면을 바라보았다.

"그 어떤 것에도 초점을 맞추지 마." 돈 후앙이 명령하듯 말하고 내가 걷는 것을 돕기 위해 내 옆으로 왔다.

아예 발을 딛는 감각을 느끼지 못했기 때문에 어떻게 걸어야 할지도 알 수 없었지만, 나는 내 겨드랑이를 잡은 돈 후앙의 부축을 받으며 집 뒤꼍까지 걸어갔다. 우리는 관개수로 앞에서 멈춰 섰다.

"자, 이제 물을 응시하게." 돈 후앙이 명령했다.

나는 수면을 바라보았지만 응시할 수가 없었다. 아무래도 물의 흐름 탓에 주의가 산만해진 듯했다. 돈 후앙은 농담하는 듯한 투로 나의 '응시하는 힘'을 발휘해보라며 계속 나를 재촉했지만, 도무지 집중할 수가 없었다. 돈 후앙의 얼굴을 다시 한 번 응시해보았지만, 예의 광채는 더 이상 나타나지 않았다.

온몸이 묘하게 근질거리기 시작했다. 피가 돌지 않아 손발이 저릿저릿한 느낌이랄까. 다리 근육이 경련하기 시작했다. 돈 후앙은 나를 획 밀쳤다. 나는 수로 안으로 굴러떨어졌다. 그러면서도 그는 내 오른손을 잡고 있었던 것이 틀림없다. 옅은 바닥까지 몸이 잠기자 나를 다시 위로 끌어올려 주었기 때문이다.

나 자신에 대한 통제력을 되찾기까지는 오랜 시간이 걸렸다. 몇 시간 후 집으로 돌아왔을 때 나는 돈 후앙에게 내가 한 경험을 설명해달라고 청했다. 나는 젖은 옷을 갈아입으면서 흥분된 어조로 내가 지각했던 것들을 묘사했다. 그러나 그는 중요한 것은 아무것도 없었다면서 내 이야기를 묵살했다.

"정말 대단하군!" 그는 조롱하듯이 말했다. "광채를 봤다 이거지. 정말 대단해."

내가 끈질기게 설명해달라고 조르자 그는 볼일이 있다며 일어섰다. 이미 오후 5시가 다 되어 있었다.

다음날 나는 그 기묘한 경험을 다시 화제에 올렸다.

"그건 〈보기〉였습니까, 돈 후앙?" 나는 물었다.

내가 얘기해달라고 조르는 동안에도 그는 알 수 없는 미소만 지으며 잠자코 있었다.

이윽고 그가 입을 열었다. "〈보기〉와 대충 비슷한 거라고 해두지. 자넨 내 얼굴을 응시하다가 그것이 빛나고 있는 걸 깨달았지만, 그건 여전히 내 얼굴이었어. 작은 스모크에는 원래 사람을 그렇게 응시하게 하는 효과가 있다네. 별거 아냐."

"그렇다면 〈보기〉는 그것과 어떻게 다른 겁니까?"

"정말로 〈보는〉 경우엔 우리 세계의 낯익은 특징은 어디에도 없다네. 모든 게 새로워지는 거야. 예전에 알던 건 단 하나도 없어. 믿을 수 없는 세계가 펼쳐지는 거지!"

"왜 믿을 수 없다는 겁니까? 무엇을 믿을 수 없다는 거죠?"

"그 무엇도 낯익은 것이 없다는 뜻이야. 자네가 응시하는 모든 것이 아무것도 아닌 무無로 변하는 거야! 어제 자넨 나를 〈본〉 것이 아니었어. 자넨 내 얼굴을 응시했을 뿐이야. 자넨 나를 좋아하니까 내 광채를 느꼈던 거지. 그 문지기처럼 괴물로 보이는 대신 아름답고 흥미롭게 느껴졌겠지. 하지만 자넨 나를 〈보지〉 않았어. 자네 눈앞에서 나는 아무것도 아닌 것으로 변하지 않았잖아. 그래도 잘 했네. 자넨 〈보기〉로 이어지는 첫걸음을 내디뎠어. 나에게만 집중한 게 옥의 티였지만 말이야. 그럴 경우에 자네에겐 내가 그 문지기보다 나을 것이 없어. 자넨 양쪽 경우 모두 굴복해버리고 결국 〈보지〉 않았으니까 말이야."

"사물이 정말 없어지나요? 어떻게 사물이 '무'가 될 수 있습니까?"

"사물이 없어지지는 않아. 사라진다는 뜻으로 말한 게 아냐. 그냥 아무것도 아닌 것이 되지만, 여전히 그 자리에 존재하고 있다는 뜻이야."

"하지만 어떻게 그런 일이 가능할 수가 있습니까?"

"정말이지 자넨 말 하나는 줄기차게도 잘하는군!" 돈 후앙은 진지한 표정으로 탄식했다. "자네의 그 맹세 말인데, 아무래도 내가 잘못 짚은 것 같아. 실제로는 무슨 일이 있어도 절대로 나불거리는 걸 멈추지 않겠다고 맹세했던 거 아니야?"

돈 후앙의 말투는 엄했고, 표정에는 우려하는 빛이 떠올라 있었다. 나는 웃고 싶었지만 도저히 그럴 엄두가 나지 않았다. 그가 심각한 얘기를 하고 있다고 믿었던 것이다. 그러나 그것은 사실이 아니었다. 돈 후앙은 웃음을 터뜨렸다. 나는 말을 하지 않으면 불안해서 견디지 못한다고 변명했다.

"그럼 좀 걷기로 하세." 돈 후앙이 말했다.

그는 나를 야산 기슭의 협곡 입구까지 데려갔다. 걸어서 한 시간쯤 걸리는 곳이었다. 거기서 잠시 휴식을 취한 후, 그는 사막의 무성한 덤불 사이를 누비고 지나간 곳에 있는 물웅덩이로 나를 안내했다. 그러니까, 그가 물웅덩이라고 부르는 지점으로 말이다. 실제로는 주위와 전혀 달라 보이지 않는 바싹 마른 장소였다.

"물웅덩이 한복판에 앉게." 그가 지시했다.

나는 그의 지시에 따랐다.

"당신도 앉을 겁니까?" 나는 물었다.

그러면서 고개를 들자, 물웅덩이 한복판에서 20미터쯤 떨어진 곳에서 산기슭의 암반을 등지고 앉을 채비를 하고 있는 돈 후앙의 모습이 눈에 들어왔다.

돈 후앙은 그곳에서 나를 보고 있겠다고 말했다. 나는 무릎을 껴안은 자세로 앉아 있었다. 그는 앉은 자세를 바꾸라면서 왼쪽 다리를 엉덩이 밑에 깔고, 오른쪽 다리는 무릎을 세우라고 지시했다. 나는 그의 지시에 따라 오른팔을 옆구리에 붙인 채로 주먹 쥔 손을 지면에 대고, 왼팔은 가슴 위에서 교차시켰다. 그는 내가 그가 있는 쪽을 마주 보고 앉아서 긴장을 풀되, 결코 "정신줄을 놓으면" 안 된다고 말했다. 그런 다음 돈 후앙은 허리에 찬 주머니에서 희끄무레한 끈 같아 보이는 것을 꺼냈다. 커다란 고리처럼 보였다. 그는 그것을 자기 목에 걸고 팽팽해질 때까지 왼손으로 잡아당겼고, 현絃처럼 팽팽해진 끈을 오른손으로 퉁 하고 뜯었다. 줄은 둔탁한 진동음을 발했다.

돈 후앙은 팽팽했던 끈을 늦추고 그가 현을 뜯을 때 뭔가 나를 향해 다가오는 느낌을 받는다면 나는 어떤 특별한 단어를 외쳐야 한다고 말했다.

내가 무엇이 다가오느냐고 물어도 그는 조용히 하라고 말했을 뿐이다. 그는 손짓으로 다시 시작한다는 신호를 보냈고, 만약 뭔가 위협적으로 내게 다가오는 것이 있으면 몇 년 전에 그가 가르쳐준 '전투 자세'를 취해야 한다고 말했다. 이것은 오른쪽 허벅지를 철썩철썩 세게 치면서 왼쪽 발끝으로 땅을 구르는 식의 춤이었고, 극도의 곤경이나 위험한 상황에 처했을 때 쓰이는 방어기술의 일부였다.

한순간 나는 진짜 불안감에 사로잡혔다. 우리가 왜 이곳에 와 있는지 묻고 싶었지만, 돈 후앙은 내게 그럴 틈을 주지 않고 현을 뜯기 시작했다. 규칙적으로 20초쯤 간격을 두면서 여러 번 그랬던 것 같다. 나는 돈 후앙이 현을 뜯을 때마다 손에 한층 더 힘을 줌으로써 원래의 장력을 유지한다는 사실을 깨달았다. 내가 있는 곳에서도 그의 팔과 목이 긴장으로 부들부들 떨리는 것이 뚜렷하게 보일 정도였다. 소리가 더 한층 뚜렷해졌고, 그제야 나는 그가 현을 뜯을 때마다 기묘한 기합소리를 발하고 있다는 사실을 깨달았다. 팽팽한 현이 내는 소리와 사람 목소리의 조합은 도저히 이 세상 것 같지 않은 기괴한 반향음을 만들어냈다.

뭔가 다가오는 느낌은 받지 못했지만, 돈 후앙의 분투하는 모습과 그가 만들어내는 섬뜩한 소리는 나를 거의 트랜스 상태로 빠뜨렸다.

돈 후앙은 손에서 힘을 빼고 나를 쳐다보았다. 연주하는 동안 그는 내게 등을 돌리고 나처럼 남동쪽을 향해 앉아 있었지만, 긴장을 늦춘 지금은 나를 마주 보고 앉아 있었다.

"내가 이걸 뜯을 때 나를 보면 안 돼. 하지만 그 어떤 상황에서도 눈을 감지는 말게. 눈앞의 지면을 내려다보면서 그냥 귀를 기울이기만 해."

그는 또다시 현을 팽팽하게 잡아당기고 연주하기 시작했다. 나는 땅을 내려다보며 그가 내는 소리에 정신을 집중했다. 지금까지 살아오면서 이런 소리는 일찍이 들어본 적이 없었다.

그러자 엄청난 두려움이 몰려왔다. 섬뜩한 반향음이 좁은 골짜기 안을 가득 채우며 메아리치기 시작했던 것이다. 사실, 돈 후앙이 내는 소리는 사방팔방의 협곡 벽에 부딪혀 모두 내게 돌아오고 있었다. 돈 후앙도 이 사실을 눈치챈 듯 현을 더 팽팽하게 잡아당겼다. 그래서 음높이에 변화가 왔지만 반향음은 오히려 스러지는 느낌이었다. 이윽고 소리는 남동쪽의 한 지점에 집중되는 듯한 양상을 보였다.

돈 후앙은 현을 잡아당기는 힘을 서서히 줄여갔고, 마지막으로 퉁 하는 둔탁한 소리와 함께 연주를 끝맺었다. 그는 끈을 허리에 찬 주머니 안에 집어넣고 나를 향해 걸어왔다. 그는 나를 부축해 일으켰다. 그제야 나는 내 팔다리의 근육이 돌처럼 딱딱하게 굳어 있다는 사실을 깨달았다. 그야말로 땀에 흠뻑 젖은 상태였다. 나는 이렇게 많은 땀을 흘렸다는 사실을 전혀 모르고 있었다. 눈으로 땀이 계속 흘러들어오는 통에 타는 듯한 통증이 느껴졌다.

돈 후앙은 나를 질질 끌다시피 해서 그 장소에서 나왔다. 나는 뭔가 말하려고 했지만 그는 손으로 내 입을 막았다.

돌아가면서 돈 후앙은 왔던 길이 아니라 우회로를 택했다. 우리는 산허리로 올라갔고, 협곡 어귀로부터 아주 멀리 떨어진 야산까지 갔다.

그의 집에 도달할 때까지 서로 단 한 마디도 하지 않았다. 도착했을 무렵 주위는 이미 컴컴했다. 내가 또 말을 하려고 하자 돈 후앙은 또다시 손으로 내 입을 막았다.

우리는 아무것도 먹지 않았고, 등유램프를 켜지도 않았다. 돈 후앙은 자기 방에 내 돗자리를 깔더니 턱으로 가리켰다. 나는 그의 몸짓을 거기 누워서 자라는 뜻으로 이해했다.

"자네한테 딱 맞는 일이 있네." 내가 다음날 아침 일어나자마자 돈 후앙은 말했다. "오늘부터 그걸 시작해야 해. 알다시피 별로 시간이 없어."

길고 불안한 침묵이 흐른 후 나는 참지 못하고 물었다.

"어제 협곡에서 저한테 시키신 일이 뭡니까?"

돈 후앙은 어린아이처럼 킥킥거렸다.

"난 단지 그 물웅덩이의 정령을 건드렸을 뿐이야. 그런 종류의 정령은 물웅덩이가 말랐을 때, 정령이 산으로 철수했을 때 건드려야 한다네. 어제 난 깊은 잠에 빠져있던 그 정령을 깨웠다고 할 수 있지. 하지만 정령은 별로 개의치 않고 자네의 행운의 방향이 어딘지를 알려주었다네. 정령의 목소리는 저쪽에서 들려왔거든." 돈 후앙은 남동쪽을 가리켰다.

"돈 후앙, 어제 튕겼던 그 끈은 뭡니까?"

"정령 포획기야."

"좀 보여주시겠습니까?"

"안 돼. 하지만 내가 하나 만들어주지. 아니, 언젠가 자네가 〈볼〉 수 있게 되면 자네 손으로 직접 만드는 편이 낫겠군."

"그건 뭐로 만들어진 겁니까?"

"내 건 멧돼지야. 자네도 하나 손에 넣으면 알겠지만, 그건 살아 있고, 그것이 좋아하는 이런저런 소리를 자네에게 가르쳐줄 수 있다네. 자네도 연습만 하면 자네의 정령 포획기를 아주 잘 알게 될 거고, 그런 뒤에는 함께 힘으로 가득한 소리를 낼 수 있게 될 거야."

"왜 물웅덩이의 정령을 찾기 위해 저를 데려가신 겁니까?"

"조금 있으면 알게 될 거야."

오전 11시 30분경에 우리는 라마다 아래에 앉았고, 그는 내가 파이프를 피울 수 있도록 준비했다.

내 몸의 감각이 거의 사라지자 그는 나더러 일어서라고 말했다. 나는 아무 어려움 없이 쉽게 일어섰다. 그는 내가 주위를 걸어다닐 수 있도록 도와주었다. 내 몸을 마음대로 통제할 수 있다는 사실에 나는 깜짝 놀랐다. 돈 후앙은 내 곁에 머물렀지만 나를 유도하거나 부축하지는 않았다. 이윽고 그가 내 팔을 잡더니 관개수로로 걸어가게 했다. 그는 개울둑 가장자리에 나를 앉히고는 물을 응시하면서 아무 생각도 하지 말라고 명령하듯 지시했다.

　나는 물에 눈의 초점을 맞추려고 했지만 계속 흐르는 탓에 집중할 수가 없었다. 내 마음과 눈은 어느새 근처의 다른 지점들을 향하기 시작했다. 돈 후앙은 내 머리를 위아래로 흔들며 물만 응시하고 다른 생각은 아예 하지 말라고 거듭 명령하면서, 움직이는 물을 응시하는 것은 어렵기 때문에 계속 시도해보는 수밖에 없다고 말했다. 나는 세 번을 시도했지만 그럴 때마다 뭔가 다른 것에 마음을 빼앗겼다. 돈 후앙은 그럴 때마다 참을성 있게 내 머리를 흔들었다. 마침내 나는 내 마음과 눈이 물에 집중하고 있다는 사실을 자각했다. 물의 움직임에도 불구하고, 그 액체적인 양상에 몰입하기 시작했던 것이다. 물은 처음과는 조금 달라 보였다. 더 무거워 보였고, 수면 전체가 녹회색을 띠고 있었다. 나는 물이 흐르며 일으키는 잔물결을 인식할 수 있었다. 잔물결은 모두 지극히 예리한 느낌을 주었다. 그러다 문득 움직이는 물의 집합이 아니라 물의 그림을 바라보고 있다는 느낌이 찾아왔다. 내 눈앞에 있는 것은 흐르는 물이 얼어붙은 일부였다. 잔물결들은 꼼짝도 하지 않았기 때문에 하나하나 관찰할 수 있었다. 그러자 잔물결들은 녹색 인광을 띠기 시작했고, 거기서 일종의 녹색 안개가 배어나왔다. 안개는 움직이면서 잔물결처럼 확산했다. 녹색 빛깔은 점점 더 밝아지더니 급기야는 눈부신 광채를 발하며 모든 것을 뒤덮었다.

　얼마나 오래 관개수로 앞에 머물렀는지는 알 수 없다. 돈 후앙은 나를 간섭하지 않았다. 나는 안개가 발하는 녹색의 광채 속에 푹 잠

겨 있었다. 내 주위를 온통 에워싼 그것을 감지할 수 있었다. 기분이
편안했다. 아무 생각도, 아무 느낌도 나지 않았다. 내게 있었던 것이
라고는 조용한 인식, 반짝이고 편안한 녹색이라는 인식뿐이었다.

그다음에 의식한 것은 엄청나게 춥고 축축하다는 느낌이었다. 나
는 내가 관개수로에 잠겨 있다는 사실을 조금씩 깨닫기 시작했다. 그
러던 중 코를 통해 기도로 물이 들어온 탓에 기침을 했다. 콧구멍 안
이 성가실 정도로 근질근질해서 재채기도 여러 번 했다. 그러다가 일
어섰을 때 엄청나게 큰 재채기를 하면서 나도 모르게 방귀를 뀌고 말
았다. 돈 후앙은 박장대소했다.
"몸이 방귀를 뀐다는 건 살아 있다는 증거야."
그는 이렇게 말하고 따라오라고 손짓했다. 우리는 집으로 걸어갔다.
나는 말없이 조용히 있으려고 생각했다. 어떤 의미에서는 내가 초
연하면서 시무룩한 기분에 빠질 것을 미리 예상했던 탓이다. 그러나
나는 피곤하지도 않았고, 우울하지도 않았다. 오히려 들뜬 기분이 되
어 재빨리 옷을 갈아입었다. 나는 휘파람을 불기 시작했다. 돈 후앙
이 신기한 듯이 나를 보며 짐짓 놀란 시늉을 했다. 입을 멍하니 벌리
고 눈을 크게 떠 보인 그의 모습이 워낙 웃겨서 나는 필요 이상으로
오랫동안 웃었다.
"자넨 맛이 간 모양이군." 돈 후앙은 이렇게 말하고 나 못지않게
큰 소리로 웃었다.
나는 그의 스모크 혼합물을 피운 뒤에 음울해지는 버릇에 빠지고

싶지 않았기 때문이라고 변명했다. 그를 따라 관개수로로 가서 문지기를 만나려고 여러 번 시도한 뒤로, 사물을 충분히 오래 응시하기만 한다면 나도 〈볼〉 수 있다는 확신을 얻었다고 나는 말했다.

"〈보기〉는 단지 바라보고 조용히 있는다고 가능해지는 일이 아니라네. 〈보기〉는 배워야 쓸 수 있는 기술이야. 개중엔 처음부터 이미 그 기술을 쓰는 법을 아는 사람이 있을 수도 있겠지만."

돈 후앙은 마치 내가 그런 사람이라는 것을 암시하려는 듯이 유심히 나를 쳐다보았다.

"걸을 수 있겠나?" 그가 물었다.

나는 괜찮다고 대답했다. 사실이었다. 하루종일 아무것도 먹지 않았음에도 배가 고프지 않았다. 돈 후앙은 배낭에다 빵과 건육 덩어리를 몇 개 넣은 다음 내게 건네면서 머리를 까닥하며 따라오라는 시늉을 했다.

"어디로 가는 겁니까?"

그는 머리를 살짝 움직여 야산 쪽을 가리켰다. 우리는 물웅덩이가 있는 예의 협곡을 향해 갔지만 그 안으로 들어가지는 않았다. 돈 후앙은 협곡 어귀에서 오른쪽에 위치한 암산을 오르기 시작했다. 우리는 계속 올라갔다. 해는 거의 지평선에 걸려 있었다. 온화한 날씨였는데도 숨이 막힐 듯이 더운 느낌이었다. 호흡을 하기도 힘들 지경이었다.

돈 후앙은 나보다 상당히 앞서 있었기 때문에 결국 내가 그를 따라잡을 때까지 멈춰 서서 기다려야 했다. 그는 내 몸 상태가 최악이라면서 아마 더 이상은 안 가는 편이 현명할지도 모르겠다고 말했다. 그는 내가 한 시간쯤 쉬게 해주었다. 그는 매끄럽고 거의 둥근 바위 하나를 찾아내서 나더러 그 위에 누우라고 했다. 돈 후앙은 바위 위에 누운 내 몸의 자세를 고쳐주고, 팔다리를 쭉 뻗고 아래로 편하게 늘어뜨리라고 했다. 등을 조금 젖힌 상태에서 목의 힘을 뺐기 때문에 머리도 아래로 축 늘어졌다. 그는 나를 이런 자세로 15분쯤 있게 했다. 그런 다음 그는 복부의 옷을 걷으라고 지시했다. 그는 신중하게 골라낸 나뭇가지와 잎사귀들을 노출된 내 배 위에 쌓아놓았다. 그러자마자 나는 온몸이 뜨듯해지는 것을 느꼈다. 그러자 돈 후앙은 발을 잡고 내 몸을 돌려서 머리가 남동쪽을 향하도록 했다.

"자, 그럼 물웅덩이의 정령을 부르기로 하지."

나는 고개를 돌려 그를 보려고 했다. 그러나 그는 내 머리카락을 움켜잡고 세차게 흔들면서 내가 지금 지극히 위태로운 입장에 놓여 있고, 육체적으로도 엄청나게 약해진 상태이기 때문에 꼼짝도 말고 조용히 있어야 한다고 말했다. 그러면서 그는 내 배 위에 올려놓은 특별한 나뭇가지들은 나를 보호하기 위한 것이며, 내가 내 앞가림을 하지 못하게 될 경우에 대비해서 줄곧 내 곁에 머물러 있겠다고 했다.

돈 후앙은 내 정수리를 마주 보고 서 있었기 때문에 눈알을 굴리면 그의 모습을 볼 수 있었다. 그는 예의 끈을 꺼내서 팽팽하게 잡아당겼고, 나는 내가 거의 눈을 까뒤집다시피 하며 그를 바라보고 있다는 사실을 깨달았다. 그러자 그는 주먹으로 내 머리를 탁 치며 하늘을 바라보라고 명령했고, 눈을 감지도 말고 소리에 주의를 집중하라고 말했다. 그러다가 그는 마치 문득 생각났다는 듯이 무엇인가가 나를 향해 다가온다고 느끼는 경우에는 그가 가르쳐준 단어를 주저하지 말고 외치라고 덧붙였다.

돈 후앙이 연주하는 '정령 포획기'가 아직 느슨한 느낌의 퉁 하는 소리를 냈다. 그가 천천히 장력張力을 올리면서 생겨난 일종의 잔향이 먼저 들려왔고, 그다음에는 남동쪽에서 꾸준하게 되돌아오는 뚜렷한 메아리가 들리기 시작했다. 소리가 더 팽팽해지기 시작했다. 돈 후앙과 그의 '정령 포획기'는 완벽하게 조화되어 있었다. 현이 저음을 냈고 돈 후앙은 점점 강도를 높여가면서 그 소리를 증폭시키다가 급기야는 울부짖는 듯한 날카로운 소리가 되게 했다. 그 정점에서 소리는 섬뜩한 절규로 바뀌었다. 나 자신의 개인적 체험으로는 도저히 상상하기 힘든 현상이었다.

소리는 산속에서 메아리치다가 다시 우리에게 되돌아왔다. 문득 그 소리가 나를 똑바로 향해 오고 있다는 느낌을 받았다. 혹시 내 체온과 관련이 있는 것일까. 돈 후앙이 소환을 시작하기 전에 내 몸은 뜨뜻하고 편한 느낌이었지만, 소리가 정점에 달했을 때는 차갑게 식어버렸던 것이다. 이가 덜덜 떨렸고, 무엇인가가 정말로 나를 향해 오고 있다는 느낌을 정말로 받았다. 어떤 시점에서 하늘이 컴컴해졌다는 사실도 깨달았다. 하늘을 줄곧 바라보고는 있었지만, 그제야 깨달았던 것이다. 순식간에 공황 상태에 빠진 나는 돈 후앙이 가르쳐준 단어를 외쳤다.

그 즉시 돈 후앙이 섬뜩한 소환음의 긴장을 늦추기 시작했지만 내 마음은 전혀 편해지지 않았다.

"귀를 막아." 돈 후앙은 낮지만 단호한 목소리로 중얼거렸다.

나는 양손을 써서 귀를 막았다. 몇 분쯤 지난 뒤에 돈 후앙은 완전히 연주를 끝내고 내 옆으로 왔다. 그는 내 배에서 나뭇가지와 잎사귀를 걷어낸 다음 나를 일으켜 세웠고, 그것들을 내가 누워 있던 바위 위에 신중하게 내려놓았다. 그는 그것들로 불을 지피고, 모닥불이 타오르는 동안 허리에 찬 주머니에서 꺼낸 다른 잎사귀들로 내 배를 문질렀다.

내가 머리가 깨질 듯이 아프다는 얘기를 하려고 했을 때 그는 손으로 내 입을 막았다.

우리는 나뭇잎들이 모두 탈 때까지 그곳에 머물렀다. 주위는 이미 컴컴했다. 우리는 산을 내려갔고, 나는 속이 메슥거리는 것을 억지로 참았다.

관개수로를 따라 걷고 있을 때 돈 후앙은 내가 할 일을 충분히 했기 때문에 한동안 이곳을 떠나 있어야 한다고 말했다. 나는 물의 정령의 정체가 무엇인지 설명해달라고 청했지만 그는 그저 조용히 하라는 시늉을 하면서 나중에 얘기해주겠다고 했다. 그러고는 의도적으로 화제를 돌리더니 〈보기〉에 관한 긴 설명을 해주었다. 나는 어두워서 메모를 할 수가 없어서 정말 유감이라고 말했다. 그러자 그는 오히려 매우 흡족해하는 기색으로, 대부분의 경우 나는 모든 것을 글로 받아쓰는 일에만 정신이 팔려서 그가 하는 말에 제대로 주의를 기울이지 않는다고 대꾸했다.

그는 〈보기〉란 맹우와 주술사들의 기술과는 독립된 하나의 절차라고 얘기했다. 주술사란 맹우를 부림으로써 자기 이득이 되는 방향으로 그 맹우의 힘을 조작할 수 있는 사람을 뜻하지만, 맹우를 부린다고 해서 곧 그가 〈볼〉 수 있는 것은 아니라고 했다. 예전에 그가 맹우가 없으면 〈보는〉 것이 불가능하다고 말한 적이 있다는 사실을 지적하자, 돈 후앙은 매우 침착한 어조로 〈볼〉 수 있으면서도 맹우를 부리지 않는 것이 가능하다는 결론에 도달했다고 대답했다. 〈보기〉는 같은 인간에게만 효력을 발휘하는 주술의 조작기술과는 전혀 무관하므로, 그러지 못할 이유가 없다는 얘기였다. 반면에 〈보기〉의 기술은 인간에게는 아무런 영향도 끼치지 않는다고 했다.

내 사고思考는 매우 명료했다. 돈 후앙과 함께 걸어가는 동안 나는 피로나 졸음을 느끼지 않았다. 뱃속도 더 이상 울렁거리지 않았다. 엄청나게 배가 고팠기 때문에 그의 집에 도착한 뒤에 음식을 잔뜩 먹었다.

그런 후 〈보기〉의 기술에 관해 더 얘기해달라고 졸랐다. 돈 후앙은 만면에 웃음을 띠면서 내가 드디어 평소의 나로 되돌아왔다고 말했다.

"〈보기〉의 기술이 같은 인간들에게는 아무 영향도 끼치지 않는 이유가 뭡니까?"

"이미 얘기하지 않았나. 〈보기〉는 주술이 아냐. 〈볼〉 수 있는 사람은 맹우를 조작하는 법을 삽시간에 배워서 주술사가 될 수 있기 때문에, 이 둘을 혼동하는 건 쉽지만 말이야. 반면에 어떤 사람들은 맹우를 부릴 수 있는 특정 기술을 습득해서 주술사가 되기도 하지만, 〈보는〉 법은 결코 터득하지 못해.

게다가 〈보기〉는 주술과는 상반되는 거라네. 〈볼〉 수 있으면 모든 것이 중요하지 않다는 걸 깨닫게 되거든."

"뭐가 중요하지 않다는 겁니까?"

"모든 게 중요하지 않아."

우리는 더 이상 아무 말도 하지 않았다. 나는 매우 편안한 상태였고 더 이상 말하고 싶지도 않았기 때문이다. 나는 입고 있던 점퍼를 베개처럼 접어 뒤통수에 괴고 돗자리에 누워 있었다. 나는 편안하고 행복한 기분을 느끼며 등유램프의 불빛 아래에서 몇 시간 동안이나 노트를 정리했다.

갑자기 돈 후앙이 입을 열었다.

"자네 오늘은 아주 잘 했네. 물가에서도 잘 했어. 물웅덩이의 정령도 자네를 좋아해서 줄곧 자네를 도왔고."

나는 그 체험을 얘기하는 것을 깜박 잊고 있었다는 사실을 깨달았다. 그래서 물을 지각한 방식에 관해 묘사하기 시작했지만, 돈 후앙은 내 말을 가로막고 내가 녹색 안개를 지각했다는 것을 이미 알고 있다고 말했다.

이에 나는 물어보지 않을 수가 없었다.

"돈 후앙, 도대체 어떻게 그걸 알았습니까?"

"자네를 〈보고〉 있었거든."

"제가 뭘 하고 있었는데요?"

"아무것도 안 했어. 단지 거기 앉아서 물을 들여다보다가 마지막에 가서 녹색 안개를 지각했을 뿐이야."

"그게 〈보는〉 겁니까?"

"아니. 하지만 거의 그럴 뻔했지. 자넨 점점 거기 다가가고 있네."

나는 무척 흥분했다. 그 일에 관해 더 알고 싶었다. 돈 후앙은 나의 이런 열성적인 태도를 웃어넘기면서, 녹색 안개는 문지기나 마찬가지로 누구든 지각할 수 있는 것이라고 말했다. 그 자리에 불가피하게 존재하는 것이기 때문에 그걸 지각했다고 해서 무슨 큰 업적을 이룬 것은 아니라는 얘기였다.

"잘 했다고 한 건 문지기를 만났을 때와는 달리 자네가 초조해하지 않았다는 뜻이었어. 만약 자네가 또 안절부절못했더라면 내가 자네 머리를 흔든 다음 데리고 돌아오는 수밖에 없었겠지. 녹색 안개에 들어갈 때는 그것에 사로잡힐 경우에 대비해서 언제나 은사가 옆에서 대기하고 있어야 한다네. 문지기에게서는 자네가 자력으로 도약해서 도망칠 수 있었지만, 녹색 안개의 마수에서는 스스로 벗어날 수 없거든. 적어도 처음에는 무리야. 나중에는 그럴 수 있는 방법을 터득할지도 모르지만. 지금 우리는 뭔가 다른 걸 알아보고 있어."

"뭘 알아보고 있는데요?"

"자네가 물을 〈볼〉 수 있는지의 여부를."

"제가 그걸 〈보았다〉거나, 〈보고〉 있는 걸 어떻게 알 수 있습니까?"

"그때 가면 알 수 있어. 말을 하지 않으면 헛갈리지도 않을 걸세."

12

기록을 정리하다가 나는 이런저런 의문에 부딪혔다.

"〈보기〉 위해서 녹색 안개는 문지기와 마찬가지로 극복해야 하는 대상입니까?" 1969년 8월 8일 라마다 아래에 앉자마자 나는 돈 후 앙에게 물었다.

"그래. 모든 걸 극복해야 하지."

"녹색 안개는 어떻게 극복하면 됩니까?"

"문지기하고 똑같아. 아무것도 아닌 무無로 만들어버리면 돼."

"그럼 저는 뭘 해야 합니까?"

"아무것도 할 필요가 없네. 자네에겐 녹색 안개가 문지기보다 훨씬 쉬운 상대거든. 물웅덩이의 정령은 자네를 좋아하지만 문지기는 전혀 자네 성향에 안 맞으니까 말이야. 자넨 문지기를 제대로 〈보지도〉 못했어."

"제가 그놈을 안 좋아해서 그랬는지도 모르죠. 혹시 마음에 드는 문지기를 만날 가능성은 없을까요? 제가 본 문지기를 아름답다고 느끼는 사람이 있을지도 모르니까요. 그런 식으로 마음에 들어한다면 그걸 이길 수도 있지 않겠습니까?"

"아냐! 여전히 이해 못하는군. 자네가 문지기를 좋아하든 싫어하든 전혀 상관이 없어. 자네가 그걸 향해 감정을 느끼는 한 문지기는 같은 상태로 남아 있을 거야. 괴물 같든, 아름답든, 기타 뭐든 간에 자네가 처음에 느꼈던 그대로 말이야. 반면에 자네가 그것에 대해 아무 감정도 느끼지 않는다면 문지기는 '무'가 될 거고, 그 상태에서도 여전히 자네 앞에 존재할 거야."

문지기만큼이나 거대한 것이 '무'가 되고 또 그 상태에서도 여전히 내 눈앞에 존재할 수 있다니 가당치 않다는 생각이 들었다. 혹시 이것은 돈 후앙 특유의 비논리적인 전제 중의 하나일까. 그러나 돈 후앙은 본인이 그럴 생각만 있다면 내가 알아듣도록 설명해줄 수 있다는 생각이 들었기 때문에, 나는 그것이 무슨 뜻이냐고 되물었다.

"자네는 문지기를 자네가 알고 있는 무엇으로 간주했어. 내 말은 그런 뜻이야."

"하지만 저는 그걸 알고 있다는 생각은 안 했습니다만."

"자넨 그게 추하다고 느꼈잖나. 엄청나게 크다, 괴물이다, 뭐 이런 식으로 말이야. 자넨 그런 말들이 뭘 뜻하는지 알아. 그래서 문지기는 언제나 자네가 아는 어떤 존재로 나타났고, 그것이 그런 식으로 자네가 아는 존재로 남아 있는 한 자네는 그걸 〈볼〉 수 없었던 거야. 문지기는 아무것도 아닌 것이 되면서도 자네 앞에 서 있어야 한다고 하지 않았나. 그곳에 존재하면서도, 그와 동시에 아무것도 아닌 것이어야 하는 거야."

"돈 후앙, 어떻게 그런 일이 가능하단 말입니까? 말이 안 되는 소립니다."

"말이 안 되지. 하지만 〈보기〉란 원래 그런 거라네. 말을 써서 그걸 설명할 방법은 없어. 전에도 말했듯이 〈보기〉는 〈보기〉를 통해서만 터득할 수 있기 때문이야.

자네가 물과는 아무 문제도 없다는 점은 명백하네. 일전에는 거의 〈보기〉 직전까지 갔지. 자네에겐 물이 열쇠야. 이제 자넨 〈보는〉 기술을 완성시키기만 하면 되네. 물웅덩이의 정령이 강력한 조력자가 되어줄 거야."

"그 의문 또한 도저히 제 머리에서 떨칠 수가 없습니다, 돈 후앙."

"떨치든 말든 상관없지만, 이 근방에선 물웅덩이의 정령에 관해 얘기하면 안 돼. 사실, 아예 생각 자체를 안 하는 편이 나아. 완전히. 안 그런다면 정령은 자네를 함정에 빠뜨려서 사로잡을 거고, 그런 일이 일어난다면 자네를 도울 수 있는 사람은 이 세상에는 아무도 없어. 그러니까 입을 다물고 뭔가 다른 것에 관해 생각하게."

다음날 아침 10시경에 돈 후앙은 파이프집에서 파이프를 꺼내서 스모크 혼합물을 재우고, 내게 그것을 건넨 다음 개울둑까지 가지고 가라고 했다. 나는 양손으로 파이프를 든 채로 가까스로 셔츠 단추를 끌렀고, 품 안에 파이프를 넣은 다음 꼭 잡았다. 돈 후앙은 돗자리 두 장과 숯을 담은 작은 질그릇을 들고 왔다. 더운 날이었다. 우리는 개울가에 맞닿은 작은 숲의 브레아 나무 그늘로 가서 돗자리를 깔고 앉았다. 돈 후앙은 파이프 대통 안에 숯덩어리를 집어넣고 파이프를 피우라고 지시했다. 나는 딱히 어떤 불안감이나 고양감을 느끼지는 않았다. 문지기를 〈보기〉 위한 두 번째 시도에서 돈 후앙이 그것의 성질을 설명해줬을 때 나는 형언하기 어려운 외경심을 느꼈었다. 그러나 이번에는 내가 물을 실제로 〈볼〉 가능성이 있다고까지 돈 후앙이 일러줬음에도 불구하고 나는 별다른 감정에 사로잡히지 않았다. 단지 호기심을 느꼈을 뿐이다.

돈 후앙은 나로 하여금 예전 시도의 두 배에 달하는 혼합물을 피우게 했다. 어떤 시점에서 그는 몸을 내밀더니 이제부터 이동하기 위해서 물을 이용하는 방법을 가르쳐주겠다고 내 오른쪽 귀에 대고 말했다. 나는 그가 마치 내 귀에 입이 닿을 정도로 얼굴을 바싹 갖다 대고 말했다는 느낌을 받았다. 그는 물을 똑바로 응시하지는 말고 수면에 눈의 초점을 맞추고 물이 녹색 안개로 변할 때까지 줄곧 시선을 고정시키고 있으라고 말했다. 안개를 제외하면 아무것도 감지할 수 없을 때까지 주의를 집중하라고 그는 되풀이했다.

"눈앞의 물을 보는 거야." 그가 말하는 소리가 들렸다. "하지만 물소리에 실려서 어디로 가버리면 안 돼. 만약 물소리가 자네를 데려가도록 내버려두면 내가 자네를 찾아내서 데려오지 못하게 될 가능성도 있어. 자, 녹색 안개 속으로 들어가서 내 목소리에 귀를 기울이게."

나는 돈 후앙이 하는 말을 믿지 않을 정도로 명료하게 듣고, 이해했다. 수면을 뚫어지게 응시하자 묘한 육체적 쾌감이 몰려왔다. 근질거리는 듯한, 막연한 행복감이라고나 할까. 그런 식으로 오랫동안 응시를 계속했지만 녹색 안개는 나타나지 않았다. 눈의 초점이 흐릿해지는 듯했기 때문에 나는 수면을 계속 바라보기 위해 애를 썼다.

그러나 마침내 더 이상 눈을 통제하지 못하고 눈을 감거나 깜박였던 것 같다. 그게 아니라면 단지 초점을 맞추는 능력을 상실했던 것인지도 모른다. 어느 쪽이든 간에, 바로 그 순간 물이 고정되더니 움직이기를 멈췄다. 마치 그림을 보는 것 같았다. 수면의 잔물결이 얼어붙은 듯 꼼짝도 하지 않았던 것이다. 이윽고 물은 마치 탄산가스 입자들이 한꺼번에 터져 나오는 것처럼 부글거리기 시작했다. 그러던 중 갑자기 녹색 물질이 느리게 확산되는 것이 보였다. 무음無音의 폭발이라고나 할까. 물은 반짝이는 녹색 안개가 되어 터져 나왔고, 나를 완전히 감쌀 때까지 확산했다.

그런 상태로 안개 속에 머물러 있는데 갑자기 날카롭고 지속적이며 쩌렁쩌렁한 소음이 모든 것을 뒤흔들었다. 그러자 안개가 응축하며 다시 통상적인 수면의 특징을 갖추는 것처럼 보였다. 쩌렁쩌렁한 소음은 돈 후앙이 내 귀에 대고 "어이이이이!"라고 외치는 소리였다. 그는 자기 목소리에 주의를 기울이라면서, 다시 안개 속으로 돌아가서 그가 다시 부를 때까지 기다리고 있으라고 했다. 나는 영어로 "오케이"라고 대답했고, 그가 껄껄 웃는 소리를 들었다.

"부탁이니 말은 하지 말게. 더 이상 오케이 운운하지 말란 말일세."

나는 그가 하는 말을 또렷하게 들을 수 있었다. 그의 목소리는 음악적이었던 데다가, 무엇보다도 상냥했다. 나는 생각하는 일 없이 그 사실을 알았다. 내 마음에 부딪히며 지나간 확신이라고나 할까.

모든 주의력을 안개에 집중해야 하지만 결코 거기 빠져들어서는 안 된다고 돈 후앙의 목소리가 말했다. 전사는 그 무엇에 대해서도, 죽음을 대할 때조차도 결코 자포자기하지 않는다고 그는 되풀이해 말했다. 나는 아지랑이 속에 다시 잠겨 들었고, 그것이 안개 따위가 아니라는 사실을 깨달았다. 적어도 내가 안개로 알고 있는 것과는 달랐던 것이다. 안개처럼 보인 것은 실은 미세한 거품 같은 둥근 물체들이 나의 '시야' 안으로 들어왔다가 빠져나가는 현상이었던 것이다. 그것들이 움직이는 모습을 잠시 바라보고 있던 나는 곧 멀리서 들려온 커다란 소음의 충격으로 인해 집중력을 잃고 더 이상 미세한 거품을 지각할 수 없게 되었다. 그때 내가 인식할 수 있었던 것은 녹색의 안개를 닮은 흐릿한 빛뿐이었다. 다시 들려온 커다란 소음의 충격으로 안개가 한꺼번에 걷혔고, 나는 어느새 관개수로의 수면을 바라보고 있었다. 그러자 훨씬 더 가까운 곳에서 그 소리가 들렸다. 돈 후앙의 목소리였다. 그는 내게 주어진 유일한 안내역은 그의 목소리이므로 주의를 쏟아야 한다고 말하고 있었다. 그는 개울둑과 내 눈앞의 초목을 바라보라고 명령했다. 나는 갈대와 갈대가 없는 빈 공간을 보았다. 개울둑에 있는 작은 후미인데, 돈 후앙이 양동이로 물을 길러 가는 장소였다. 잠시 후 돈 후앙은 안개 속으로 돌아가라고 명령하면서, 내가 이동하는 법을 터득할 수 있도록 안내해줄 테니 자기 목소리에 주의를 기울이라고 거듭 당부했다. 일단 거품이 보이면 그중 하나에 올라타고 그대로 나아가야 한다고 그는 말했다.

나는 그의 말을 따랐다. 나는 금세 녹색 안개에 둘러싸였다. 곧 미세한 거품들이 보였다. 또다시 들려온 돈 후앙의 목소리는 묘하게 섬뜩한 천둥소리처럼 들렸다. 그러자마자 나는 거품을 지각하는 힘을 잃기 시작했다.

"거품에 올라타게." 그가 말하는 소리가 들렸다.

나는 녹색 거품을 지각하는 동시에 그의 목소리를 듣기 위해 악전고투했다. 얼마나 오래 그러고 있었는지는 모르지만, 갑자기 내가 그의 목소리를 들으면서도 여전히 거품을 시야에 넣어둘 수 있다는 사실을 깨달았다. 계속 나타나는 거품들은 천천히 부유하며 내 지각영역 밖으로 빠져나가고 있었다. 돈 후앙의 목소리가 그중 하나를 따라가서 그 위에 올라타라고 재촉했다.

어떻게 그럴 수 있는지 의아해하다가 반사적으로 "어떻게"라는 단어를 입 밖에 냈다. 나는 이 단어가 나의 내면 깊숙한 곳에 있었고, 그것이 밖으로 나오면서 나를 표면으로 끌어올린다고 느꼈다. 마치 내면의 심연에서 올라온 부표浮漂 같은 느낌이었다. 나는 내가 "어떻게"라고 말하는 것을 들었다. 마치 개가 길게 포효하는 듯한 소리였다. 돈 후앙도 마치 개처럼 길게 포효하며 대답했고, 이내 코요테 우는 소리를 흉내 내다가 웃었다. 나는 그 사실이 정말로 우스웠고, 실제로 웃기까지 했다.

돈 후앙은 착 가라앉은 목소리로, 거품을 따라가서 거기 붙으라고 말했다.

"다시 돌아가. 안개 속으로 돌아가는 거야! 안개 속으로!"

다시 돌아간 나는 거품들의 움직임이 느려지고 크기도 거의 농구공만 해졌다는 사실을 깨달았다. 사실, 너무나 크게 자라고 느려진 덕에 어느 거품이든 세부까지 면밀하게 관찰하는 것이 가능했다. 그렇게 보니 이것들은 비누거품 따위의 거품과는 달랐고, 풍선도 아니고 그렇다고 구형球形의 용기도 아니었다. 용기는 아니었지만 용기의 형태를 유지하고 있었다. 둥글지도 않았지만, 처음 그것을 지각했을 때는 둥글게 보였다는 것은 맹세해도 좋다. 그래서 반사적으로 '거품'의 이미지를 떠올렸던 것이다. 나는 마치 창문 너머로 보듯이 그것들을 보고 있었다. 바꿔 말해서, 창틀에 가로막힌 탓에 직접 그것들을 따라갈 수는 없었고, 단지 그것들이 내 지각영역으로 들어왔다가 나가는 광경을 지켜보기만 했다는 뜻이다.

그러나 그것들을 거품으로 인식하기를 그만두자, 따라가는 것이 가능해졌다. 그것들을 따라가던 중, 나는 그중 하나에 들러붙어 함께 부유하기 시작했다. 나는 내가 실제로 움직이고 있다고 느꼈다. 사실은 나 자신이 거품 내지는 거품을 닮은 어떤 물체가 되어 있었다.

그러자 돈 후앙의 쩌렁쩌렁한 목소리가 들려왔다. 그 충격으로 나는 '그것'이 되었다는 느낌을 상실했다. 엄청나게 무시무시한 소리였다. 멀기는 했지만 마치 확성기에서 나는 듯한 쇳소리였다. 나는 단어 몇 개를 알아들을 수 있었다.

"둑을 봐." 그가 말했다.

드넓은 물줄기가 보였다. 물은 세차게 흐르고 있었고, 그 소리도 들을 수 있었다.

"둑을 봐." 돈 후앙이 또다시 명령했다.

콘크리트 벽이 보였다.

물소리는 귀청을 찢는 듯한 굉음으로 변했고, 나를 완전히 집어삼켰다. 그다음, 굉음이 순식간에 차단되기라도 한 것처럼 멎었다. 나는 암흑이, 잠이 몰려오는 것을 느꼈다.

이윽고 내가 관개수로 안에 누워 있다는 사실을 깨달았다. 돈 후앙은 콧노래를 부르며 내 얼굴에 물을 끼얹고 있었다. 그러고 나서 물에 내 몸을 담갔다. 그는 내 머리를 수면 위로 끌어올렸고, 내 셔츠 깃 뒤쪽을 잡고 둑에다 머리를 기댈 수 있게 해 주었다. 나는 팔다리에 실로 기분 좋은 뻐근함을 느끼며 몸을 쭉 뻗었다. 눈이 피곤하고 간지러웠다. 그래서 오른손을 들어 눈을 비비려고 했지만 팔이 워낙 무거웠던 탓에 쉽지가 않았다. 그러다가 가까스로 성공했지만, 내가 들어올린 팔은 경이롭게도 온통 녹색 안개로 뒤덮여 있었다. 눈앞으로 팔을 들어보았다. 암녹색 팔의 윤곽과 그것을 에워싼 강렬한 녹색 광채가 보였다. 나는 서둘러 몸을 일으켰고, 흐름 한복판에 우뚝 서서 내 몸을 내려다보았다. 나의 가슴, 팔, 다리는 녹색, 심녹색이었다. 그 색조가 너무나도 강렬해서 마치 끈적끈적한 물질로 되어 있는 듯한 인상을 받았다. 내 몸은 몇 년 전에 돈 후앙이 다투라 뿌리를 가지고 만들어준 작은 조각상처럼 보였다.

돈 후앙이 물에서 나오라고 명령했다. 다급한 어조였다.

"난 녹색이야." 내가 말했다.

"작작해. 시간이 없으니 당장 나와. 물이 자네를 사로잡기 직전이야. 당장 나와! 나와! 나와!"

나는 공황상태에 빠져 물 밖으로 뛰쳐나왔다.

289

"이번에는 무슨 일이 일어났는지를 하나도 빠뜨리지 말고 얘기해보게." 우리가 방에서 서로를 마주 보고 앉자마자 그가 메마른 어조로 말했다.

돈 후앙은 내가 경험한 일들의 순서에는 관심이 없었고, 단지 그가 둑을 바라보라고 했을 때 내가 무엇을 만났는지만 알고 싶어했다. 그는 세세한 부분까지 빠짐없이 말해보라고 재촉했다. 나는 내가 본 벽에 관해 설명했다.

"그 벽은 자네 왼쪽에 있었나, 아니면 오른쪽에 있었나?"

나는 벽이 실제로는 내 앞에 있었다고 대답했다. 그러나 돈 후앙은 왼쪽이 아니면 오른쪽이었을 것이라고 우겼다.

"처음 봤을 때는 그게 어디에 있었나? 눈을 감고, 기억이 날 때까지 뜨지 말게."

내가 눈을 감고 있는 동안 돈 후앙은 일어서서 내가 개울 앞에 앉아 있었을 때와 마찬가지로 동쪽을 마주 보도록 내 몸을 돌렸다. 그는 내가 어느 방향으로 움직였는지 물었다.

나는 앞으로, 전방을 향해 똑바로 움직였다고 대답했다. 그러자 그는 내가 물을 여전히 거품으로 보고 있었던 때를 집중적으로 기억해보라고 독촉했다.

"그것들이 어느 쪽으로 흘러가던가?"

돈 후앙은 기억해보라고 재촉했고, 마침내 나는 거품들이 내 오른쪽으로 움직이는 것처럼 보였다고 시인하는 수밖에 없었다. 하지만 그가 바라는 만큼 절대적인 확신이 있는 것은 아니었다. 그가 캐물은 탓에 나는 당시의 내 지각을 제대로 분류할 수 없다는 사실을 조금씩 깨닫고 있었다. 거품들은 처음 보았을 때는 내 오른쪽을 향해 움직였지만, 크기가 더 커졌을 때는 모든 방향으로 흘러갔던 것이다. 개중 일부는 나를 향해 똑바로 오는 것처럼 보였고, 다른 것들은 그야말로 사방팔방으로 가는 것처럼 보였다. 내 위에서 움직이는 거품도 있고 아래쪽에서 움직이는 거품도 있었다. 사실 거품은 나를 완전히 둘러싸고 있던 것이다. 그것들이 부글거리는 소리를 들은 것도 생각났다. 따라서 나는 눈뿐만 아니라 귀로도 그것들을 지각했던 것이 틀림없다.

거품이 충분히 커졌을 때 나는 그 위에 '올라탈' 수가 있었고, 거품이 풍선처럼 서로 비벼대는 것을 '본' 기억이 있었다.

당시의 내 지각이 세밀하게 떠오르자 나는 한층 더 흥분했다. 그러나 돈 후앙은 전혀 관심을 보이지 않았다. 나는 거품이 부글거리는 것을 보았다고 그에게 말했다. 전적으로 청각적이지도 않고, 그렇다고 전적으로 시각적인 것도 아닌 일종의 미분화未分化된 느낌에 가까웠지만, 감각 자체는 수정처럼 맑고 또렷했다. 나는 그것들의 움직임을 보거나 들은 것이 아니라 느꼈던 것이다. 나는 그것들이 내는 소리와 움직임의 일부였다.

이런 경험에 대해 얘기하면서 나는 크게 감동했다. 흥분을 못 이겨 그의 팔을 붙들고 마구 흔들기까지 했다. 거품의 외연外緣에 정해진 한계가 없다는 사실을 깨닫고 있었다. 그럼에도 불구하고 거품들은 거품의 형태를 유지했고, 계속 모양을 바꾸는 거품의 가장자리는 고르지 않고 들쭉날쭉했다. 거품들은 엄청난 속도로 서로 합쳐지거나 분리되곤 했지만, 움직임 자체는 현혹적이지 않았다. 빠른 동시에 느렸다고나 할까.

애기하면서 또 하나 기억이 난 것은, 거품이 띠고 있는 듯한 색채의 질이었다. 투명하고 밝고 거의 녹색처럼 보였지만, 내가 평소에 지각하는 종류의 색조와는 달랐다.

"자넨 시간을 낭비하고 있어." 돈 후앙이 말했다. "그런 것들은 중요하지 않아. 엉뚱한 데다 신경을 쓰지 말게. 중요한 건 오직 하나, 방향이야."

나는 내 위치를 가늠할 수 있는 아무런 지표도 없이 그냥 움직였다는 사실밖에 기억할 수 없었지만, 돈 후앙은 거품들이 처음에는 줄곧 내 오른쪽 ─ 남쪽 ─ 으로 흘러갔기 때문에 남쪽이야말로 내가 관심을 둬야 할 방향이라는 결론을 내렸다. 그러면서 또다시 단호한 어조로 벽이 내 오른쪽에 있었는지 왼쪽에 있었는지를 기억해보라고 재촉했다. 나는 기억해내려고 애를 썼다.

돈 후앙이 '나를 부르는' 소리를 들은 내가 수면으로 '떠올랐을' 때, 벽은 내 왼쪽에 있었던 것 같다. 벽은 아주 가까웠기 때문에 콘크리트를 흘려 넣을 때 썼던 보강목재 내지는 나무들의 흠이나 돌출부 자국까지 뚜렷하게 알아볼 수 있었다. 아주 가느다란 각재를 썼기 때문에 그것이 자아낸 무늬는 치밀했다. 벽은 아주 높았고, 한쪽 끝이 보였지만 모서리가 급격하게 꺾이지 않고 둥글게 만곡해 있었다.

돈 후앙은 내 경험을 판독이라도 하려는 듯이 잠자코 앉아 있다가 곧, 내가 달성한 일은 대단한 것이 아니고 그가 기대했던 바에는 미치지 못한다고 말했다.

"그럼 저는 그때 뭘 했어야 합니까?"

돈 후앙은 대답하는 대신 입을 굳게 오므렸다.

"아주 잘 했어. 오늘 자네는 브루호가 이동하기 위해 물을 이용한다는 사실을 배웠으니까 말이야."

"하지만 저는 〈볼〉 수 있었습니까?"

돈 후앙은 묘한 표정으로 나를 쳐다보면서 한심하다는 듯이 눈을 굴리더니, 내가 이 질문에 스스로 답할 수 있으려면 여러 번 녹색 안개 속으로 들어가봐야 한다고 말했다. 그러면서 그는 내가 물을 이용해서 이동하는 방법을 실제로 터득하지는 못했지만 브루호가 그럴 수 있다는 사실은 알았다는 식으로 미묘하게 말꼬리를 돌렸다. 그는 그때 나더러 개울둑을 바라보라고 한 것은 내가 나의 움직임을 확인할 수 있게끔 하기 위한 의도적인 지시였다고 덧붙였다.

"아주 빨리 움직이더군. 실제로 그 기술을 쓸 줄 아는 사람만큼이나 빨랐어. 자네를 따라가느라고 나도 고생했다네."

나는 내게 무슨 일이 일어났는지를 시작부터 자세히 얘기해달라고 졸랐다. 그러자 그는 웃으면서 믿기지 않는다는 듯 머리를 천천히 흔들었다.

"자넨 언제나 시작부터 알아야겠다고 고집을 부리는군. 하지만 시작 따윈 없어. 시작은 자네 생각 속에서만 존재하는 거야."

"제가 개울둑에 앉아서 스모크를 피웠을 때가 시작이었다고 생각합니다만."

"하지만 자네가 스모크를 피우기 이전에 나는 자네를 어떻게 할 것인지를 생각해야 했어. 자네한테 자초지종을 얘기해주려면 그때 내가 어떻게 했는지부터 얘기해야 하지만, 그러면 또 그 전에 있었던 일부터 얘기해야 하니까 끝이 없는 거야. 그러니까 자네도 상황을 더 분명하게 이해하려면 시작 따위에는 집착하지 않는 편이 나을지도 몰라."

"그럼 제가 개울둑에 앉아서 스모크를 피운 뒤에 무슨 일이 일어났는지를 얘기해주십시오."

"그건 자네 입으로 나한테 이미 얘기해주지 않았나." 그가 웃으면서 대답했다.

"제가 한 일 중에 하나라도 중요한 것이 있었습니까?"

돈 후앙은 어깨를 으쓱했다.

"자넨 내 지시를 아주 잘 따랐고, 아무 문제 없이 안개 속으로 들어갔다가 나왔네. 그런 다음 내 목소리에 귀를 기울였고, 내가 부를 때마다 수면으로 되돌아왔지. 그게 훈련이었어. 나머지는 아주 쉬웠지. 자넨 안개가 자네를 운반하도록 놓아두었어. 마치 자기가 할 일이 뭔지를 다 아는 사람처럼 행동하더군. 자네가 아주 멀리까지 갔을 때 난 자네를 또 불렀고, 자네가 얼마나 멀리 갔는지를 몸소 확인할 수 있도록 둑을 바라보라고 했어. 그런 다음 난 자네를 다시 끌어왔다네."

"그렇다면 돈 후앙, 제가 정말로 물을 따라 이동했다는 겁니까?"

"이동했지. 그것도 아주 멀리까지."

"얼마나 멀리까지요?"

"말해줘도 안 믿을걸."

나는 계속 그를 구슬리며 가르쳐달라고 졸랐지만 그는 들은 척 만 척하고는 잠깐 나가봐야 한다고 말했다. 나는 최소한 힌트 하나라도 가르쳐달라고 졸랐다.

"뭘 모르는 채로 있는 걸 저는 좋아하지 않습니다."

"그건 자네가 그렇게 생각하기 때문이야. 자네가 봤던 그 벽에 관해 생각해보게나. 여기 자네 돗자리에 앉아서 그 벽의 세밀한 모습을 빠짐없이 떠올려보는 거야. 그런다면 얼마나 멀리까지 갔는지를 자네 힘으로 알아낼 수 있을지도 몰라. 내가 아는 건 자네가 아주 멀리까지 갔다는 사실뿐일세. 그걸 아는 건, 자네를 다시 끌어오느라고 엄청나게 고생을 했기 때문이야. 만약 내가 곁에 없었다면 자넨 정처 없이 헤매다가 아예 돌아오지 못했을 수도 있어. 그랬다면 개울가에는 자네의 시체만 달랑 남아있었겠지. 자넨 제 힘으로 귀환했을지도 모르지만 말이야. 자네의 경우엔 확언할 수가 없군. 그러니까 자네를 끌어오기 위해서 내가 얼마나 고생했는지를 감안한다면, 자넨 적어도…."

돈 후앙은 한참을 침묵하고 있었다. 그는 상냥한 눈으로 나를 응시하며 운을 뗐다.

"나는 중앙 멕시코 산맥까지는 갈 수 있어. 하지만 자네의 경우엔 얼마나 멀리까지 갈 수 있을지 모르겠군. 로스앤젤레스까지일지도 모르고, 브라질까지일지도 몰라."

돈 후앙은 다음날 오후 늦게 돌아왔다. 그때까지 나는 내가 스모크를 피우고 지각한 것에 관해 기억할 수 있는 모든 것을 기록해두었다. 기록을 하던 중에 개울둑을 따라 상류와 하류 양쪽 방향으로 걸어가면서 혹시 내가 본 벽의 이미지를 유발했을 수도 있는 특정 부분이 실제로 있는지 확인해보면 어떨까 하는 생각이 들었다. 나는 돈 후앙이 마비상태에 빠진 나를 걷게 하다가 가던 길에 있던 어떤 벽에 주의를 집중하도록 유도했을 가능성도 있다고 추측했다. 내가 처음으로 안개를 감지했을 때부터 도랑에서 나와 집으로 돌아갈 때 사이의 몇 시간 동안 그가 나를 걷게 했다면 기껏해야 4킬로미터를 걷는 것이 고작이었을 것이다. 그래서 나는 내가 본 벽과 관련되었을지도 모르는 부분이 있는지를 세심하게 관찰하면서 개울둑을 따라 상류와 하류로 각각 5킬로미터씩 걸어가 보았다. 개울 자체는 내가 보는 한 관개를 위해 쓰이는 보통 수로였다. 개울의 폭은 줄곧 1.2미터에서 1.5미터 사이를 유지하고 있었다. 그러나 콘크리트벽의 이미지를 떠올리게 하거나 누가 보아도 그렇게밖에 보이지 않는 부분은 찾지 못했다.

늦은 오후에 돈 후앙이 돌아오자 나는 그에게 다가가서, 내가 기록한 것을 읽어볼 테니 들어달라고 간청했다. 그는 내 요청을 거절하고, 앉으라고 명령했다. 그도 나를 마주 보고 앉았다. 미소 짓고 있었다. 날카로운 눈으로 지평선 위에 시선을 고정시킨 채 생각에 잠긴 기색이었다.

"모든 것이 치명적으로 위험하다는 사실을 자네도 이젠 이해했을 거라고 생각하네." 그는 느닷없이 매우 엄숙한 어조로 말하기 시작했다. "물은 문지기 못지않게 위험천만해. 조심하지 않는다면 자넨 물에 사로잡히고 말 거야. 어제도 거의 그러기 직전까지 갔었지. 하지만 사로잡히려면 우선 본인이 그러고 싶어해야 해. 자네의 문제는 바로 그거야. 자넨 너무나도 기꺼이 자기 자신을 내던질 준비가 되어 있어."

나는 그가 무슨 얘기를 하고 있는지 알 수 없었다. 너무나 느닷없는 비난을 받은 탓에 나는 혼란에 빠졌다. 나는 힘없는 목소리로 그게 무슨 뜻인지 설명해달라고 말했다. 그러자 돈 후앙은 자신이 방금 협곡에 가서 물웅덩이의 정령을 〈보고〉 왔는데, 내가 물을 〈볼〉 수 있는 기회를 망쳤다고 깊이 확신했다고 대답했다.

"어떻게 말입니까?" 나는 정말 곤혹스러웠다.

"그 정령은 하나의 힘일세. 따라서 그건 오직 힘에만 반응해. 자넨 그것 앞에서 스스로에게 도취했어."

"제가 언제 그랬습니까?"

"어제, 자네가 물속에서 녹색이 되었을 때."

"저는 그런 식으로 도취하지 않았습니다. 그게 아주 중요한 순간이라고 생각했을 뿐이고, 저한테 무슨 일이 일어나고 있는지를 보고하지 않았습니까."

"자네가 뭔데 무엇이 중요한지를 마음대로 생각하고 판단하나? 자넨 자네가 건드리는 힘들에 관해 아무것도 몰라. 물웅덩이의 정령은 저 밖에 존재하고, 자네를 도와줄 수 있었어. 사실, 자네가 일을 망쳐놓기 전까지만 해도 자네를 돕고 있었지. 자네의 그런 행동이 어떤 결과를 가져올지는 나도 이젠 알 수가 없네. 자넨 물웅덩이의 정령의 힘에 굴복해버렸고, 그 정령은 언제든지 자네를 데려갈 수 있어."

"제가 녹색으로 변하는 걸 바라본 게 잘못이었다는 말씀입니까?"

"자넨 스스로를 내던졌어. 그것도 의도적으로. 그건 잘못된 행동이야. 예전에도 얘기했지만 다시 한 번 얘기해두겠네. 브루호의 세계에서 살아남으려면 전사가 되는 수밖에 없어. 전사는 경의를 가지고 모든 것을 대하고, 필요하지 않은 이상 뭔가를 짓밟지는 않네. 그런데 어제 자네는 경의를 가지고 물을 대하지 않았어. 평상시에는 아주 잘 행동하는데도 말이야. 하지만 어제 자넨 구제불능인 멍청이처럼 죽음에다 자기 자신을 내던졌네. 전사는 그 무엇에도 자신을 내던지지는 않아. 설령 그것이 죽음이라고 해도 말이야. 전사는 무슨 일에든 기꺼이 응하는 동반자도 아니고, 무엇에게든 자발적으로 이용당하는 존재가 아냐. 만약 전사가 어떤 일에 관여한다면, 그가 자신이 뭘 하고 있는지를 잘 알고 그런다는 점은 확신해도 되네."

뭐라고 대꾸해야 할지 알 수 없었다. 돈 후앙은 거의 화가 난 것처럼 보였고, 이 사실은 나를 동요하게 만들었다. 그가 나에 대해 이런 식으로 행동한 적은 극히 드물었기 때문이다. 당시에 내가 어떤 잘못을 저지르고 있다는 자각은 정말 전혀 없었다고 나는 변명했다. 몇 분 동안의 긴장된 침묵이 흐른 뒤에, 그는 모자를 벗고 미소를 지으면서 내가 나의 자기도취적인 자아에 대한 통제력을 획득했다고 말했다. 앞으로 서너 달은 물을 피하고 살갗에 물이 닿는 일이 없도록 해야 한다고 그는 강조했다.

"샤워를 안 하고는 도저히 견딜 수 없을 것 같은데요."

돈 후앙은 눈물이 뺨 위를 흐를 때까지 웃었다.

"샤워를 안 하고는 도저히 견딜 수가 없다! 이따금씩 자넨 너무나 나약해져서 혹시 날 놀리고 있는 게 아닌가 하는 생각이 들 정도야. 하지만 이건 농담이 아닐세. 때로는 정말로 아무런 통제력도 발휘하지 못하는 경우가 실제로 있어서, 삶을 둘러싼 힘들이 그런 사람을 마음대로 가지고 놀지."

나는 항상 자기 자신을 통제하는 것은 인간적으로 불가능하다고 반박했다. 돈 후앙은 전사가 자기 삶에서 통제하지 못하는 것은 하나도 없다는 주장을 굽히지 않았다. 나는 우연한 사고의 예를 들며 반론했다. 수로에서 내게 일어난 일은 분명히 사고로 간주될 수 있는 것이라고. 실제로 내게 그런 의도가 있었던 것도 아니었고, 나의 부적절한 행동을 스스로 자각하지도 못했으니까 말이다. 나는 사고라고 설명할 수 있는 불행을 겪은 이런저런 사람들을 거론했다. 특히 루카스의 경우를 강조했다. 그는 야키족의 아주 훌륭한 노인이었는데, 운전 중에 트럭이 뒤집혀서 중상을 입었다.

"사고를 피하는 건 불가능해 보입니다. 그 누구도 자기 주위의 모든 걸 통제할 수는 없으니까요."

"맞아." 돈 후앙은 말을 끊듯이 끼어들었다. "하지만 모든 일이 피할 수 없는 사고는 아니라네. 루카스는 전사처럼 살지 않았어. 만약 전사처럼 살았다면, 자기가 기다린다는 사실과 자기가 뭘 기다리는

지를 알고 있었겠지. 또 술에 취해서 트럭을 몰지도 않았을 거야. 그 친구가 도로 옆의 바위산에 충돌한 건 만취상태였기 때문이야. 아무 이유도 없이 자기 몸을 못 쓰게 만든 거지.

전사의 삶이란 전략적인 실천이라네. 자넨 삶의 의미를 찾고 싶어 하지만, 전사는 의미 따위엔 개의치 않아. 만약 루카스가 전사처럼 살았다면 자기 삶을 전략적으로 관리했을 거야. 그리고 루카스에게 는 그럴 기회가 있었어. 그럴 기회는 우리 모두에게 주어지니까 말이 야. 그래서 루카스가 전사처럼 살았다면, 설령 갈비뼈를 모두 박살 낸 그 사고를 피할 수 없었다고 해도, 그것이 야기한 장애를 상쇄시 킬 방법을 찾거나, 그 결과를 피하거나, 그것과 맞서 싸울 방법을 찾 아냈을 거야. 루카스가 전사였다면 우중충한 자기 집에 틀어박혀서 굶어 죽는 걸 기다리는 대신 마지막까지 싸우다가 갔겠지."

나는 다른 경우를 상정해보자고 하며 돈 후앙을 예로 들었다. 만 약 돈 후앙이 사고를 당해서 양다리를 절단했다면 어떤 일이 일어날 지를 물었던 것이다.

"어쩔 수 없이 두 다리를 잃는다면, 더 이상 사람 노릇을 할 수 없 으니까 저 밖에서 나를 기다리고 있는 것에 합류하겠지."

그는 손을 움직여 사방을 가리켜 보이며 말했다.

나는 그가 내 말을 잘못 이해했다고 맞받았다. 나는 한 개인이 일 상생활의 모든 행동에 관련된 변수를 예상하는 것은 불가능하다는 점을 지적하려고 했던 것이다.

"내가 자네에게 얘기해줄 수 있는 건, 전사는 결코 순순히 이용당하는 상대가 아니라는 점이야. 두들겨 맞을 때까지 길가에 멍하게 서 있거나 하지는 않는단 말일세. 따라서 그는 예상 밖의 일이 일어날 기회를 최소화한다네. 자네가 사고라고 부르는 건, 되는 대로 아무렇게나 살아가는 멍청이가 아닌 이상 대부분의 경우 아주 쉽게 피할 수 있는 것들이라네."

"그래도 늘 전략적으로 살아가는 건 불가능합니다. 누군가가 망원 조준경이 달린 고성능 소총을 가지고 당신을 노린다고 가정해보십쇼. 500미터 떨어진 곳에서도 정확하게 조준할 수 있는 소총으로 말입니다. 그럴 경우엔 어떻게 하실 겁니까?"

돈 후앙은 믿기지 않는다는 듯한 표정으로 나를 빤히 쳐다보다가 웃음을 터뜨렸다.

"어떻게 하실 겁니까?" 내가 재촉했다.

"누군가가 망원 조준경이 달린 소총을 가지고 나를 노리면 어떻게 할 거냐고?" 나를 조롱하는 투가 역력했다.

"누군가가 안 보이는 곳에 매복해서 당신을 노리고 있는 겁니다. 그러면 당신도 어쩔 수 없지 않습니까. 총알을 막지는 못하실 테니."

"그래, 총알을 막지는 못하지. 하지만 여전히 무슨 얘기를 하고 싶은 건지 잘 모르겠군."

"제가 지적하고 싶은 건 아무리 전략적으로 행동하더라도 그 같은 상황에서는 아무 도움도 안 된다는 점입니다."

"아, 그건 사실이 아냐. 누군가가 망원 조준경이 달린 고성능 소총을 가지고 나를 기다리고 있다면 난 아예 그 근처에 가지 않을 걸세."

13

　내가 또다시 〈보기〉를 시도한 것은 1969년 9월 3일의 일이었다. 돈 후앙은 나로 하여금 대통 두 개 분량의 혼합물을 잇달아 피우게 했다. 그 즉시 나타난 효과는 전에 스모크를 피웠을 때 경험했던 것들과 동일했다. 몸의 감각이 완전히 마비되자 돈 후앙이 내 오른쪽 겨드랑이에 손을 넣어 부축하고 집 주위에서 사방으로 몇 킬로미터나 이어지는 사막 덤불 속으로 걸어가게 했던 것을 기억한다. 덤불 속으로 들어간 다음에 나나 돈 후앙이 무엇을 했는지는 기억에 없다. 얼마나 오래 걸었는지도 모르겠다. 어느 시점에서 나는 작은 언덕 위에 앉아 있었다. 돈 후앙은 왼쪽에 앉아서 내 몸에 손을 대고 있었다. 그의 손이 닿는 감촉을 느낄 수는 없었지만 시야 가장자리에 그의 모습이 보였던 것이다. 돈 후앙은 내게 말을 걸고 있는 듯했지만 정확히 뭐라고 했는지는 기억이 나지 않는다. 그러나 그 말을 뚜렷하게 떠올릴 수는 없어도 그가 그때 뭐라고 했는지를 내가 정확하게 이해했다는 느낌이 남아 있다. 돈 후앙의 입에서 나오는 단어들은 마치 내게서 떠나가는 열차들 같았고, 마지막 단어는 열차 끄트머리의 각진 승무원 전용칸 같았다. 나는 그가 말한 마지막 단어가 무엇인지를 알고 있었지만 그것을 입 밖에 내거나 그에 대해 명료하게 생각할 수는 없었다. 단어들로 이루어진 열차의 꿈 같은 이미지 속의 반半각성 상태에 있었다고나 할까.

그때 돈 후앙의 목소리가 아주 희미하게 들려왔다.

"이제 나를 봐." 그는 내 얼굴을 돌려 그를 마주 보게 했고, 같은 말을 서너 번 되풀이했다.

그를 바라보는 순간 나는 예전에 그의 얼굴을 바라보았을 때 지각 했던 것과 똑같은 발광發光효과를 목격했다. 일정한 영역 안에서 물 결처럼 굽이치는 빛의 움직임을 바라보고 있자니 최면에 걸릴 듯했 다. 영역들은 딱히 명확한 경계를 갖고 있지는 않았지만, 물결치는 빛은 결코 외부로 넘치는 일 없이 눈에 보이지 않는 한계 안에서만 움직이고 있었다.

내가 눈앞에서 빛을 발하는 물체를 훑어보자 그것이 곧 광채를 잃 기 시작하면서 돈 후앙의 낯익은 이목구비가 나타났다. 아니, 스러져 가는 광채 위에 그의 이목구비가 겹쳐졌다는 쪽이 더 정확한 표현일 지도 모르겠다. 그러다가 돈 후앙의 이목구비가 사라지면서 빛이 다 시 강해진 것을 보면 나는 다시 눈의 초점을 맞췄던 듯하다. 나는 그 의 왼쪽 눈 부근에 주목했다. 그곳의 빛의 움직임은 경계 안에 머물 러 있지 않았기 때문이다. 왠지 불꽃이 폭발하는 것을 닮은 광경이었 다. 폭발은 율동적이었고, 실제로 빛의 입자처럼 보이는 것들을 방출 하고 있었다. 입자들은 나를 향해 힘차게 날아왔다가 마치 고무줄이 수축하는 것처럼 왔던 곳으로 되돌아가기를 반복했다.

그때 돈 후앙이 나의 머리를 돌린 듯하다. 갑자기 경작지가 눈에 들어왔기 때문이다.

"이제 앞을 봐." 돈 후앙의 목소리가 말했다.

전방으로 200미터쯤 간 곳에 크고 긴 언덕이 하나 있었다. 언덕의 비탈 전체가 경작된 밭이었다. 좌우로 뻗어나가는, 가지런히 정돈된 고랑들이 기슭에서 정상까지 이어지고 있었다. 작은 돌들과 세 개의 거대한 바위가 직선적인 고랑을 군데군데 끊어놓고 있었다. 내가 있는 곳 바로 앞에는 관목이 우거져 있어서 언덕 기슭에 있는 협곡 내지 계곡의 세부까지 관찰하지는 못했다. 내가 있는 곳에서 협곡은 깊게 깎여 들어간 것처럼 보였고, 황토색 언덕과는 대조적으로 푸른 초목으로 뒤덮여 있었다. 푸른 색깔은 협곡 바닥에 나무가 자라 있는 탓인 듯했다. 나는 눈가로 불어오는 산들바람을 느꼈다. 깊은 정적과 평온한 느낌이 주위를 지배했다. 새나 벌레가 우는 소리는 들리지 않았다.

돈 후앙이 다시 뭐라고 말했다. 그가 하는 말을 이해하기까지는 조금 시간이 걸렸다.

"저 밭에 있는 사내가 보여?" 그가 거듭 물었다.

나는 밭에는 아무도 없다고 대답하려고 했지만, 목소리가 나오지 않았다. 돈 후앙은 뒤에서 양손으로 내 머리통을 움켜잡았고 — 눈썹과 뺨에 닿은 그의 손가락이 보였다 — 내 머리를 오른쪽에서 왼쪽으로 돌렸다가 다시 반대 방향으로 천천히 돌림으로써 경작지 전체를 조망하게 했다.

"모든 세부를 빠짐없이 관찰하게. 자네 목숨이 걸렸을 수도 있는 일이야." 그가 몇 번이나 이렇게 되풀이해 말하는 것이 들렸다.

　돈 후앙은 나로 하여금 180도의 시야를 네 번 잇달아 조망하도록 했다. 그가 내 머리통을 왼쪽 끝까지 돌린 순간 뭔가 밭에서 움직이는 것을 본 듯한 기분이 들었다. 오른쪽 눈 가장자리로 무엇인가가 잠깐 움직이는 것을 지각했던 것이다. 돈 후앙이 다시 내 머리통을 오른쪽으로 돌리기 시작했기 때문에 나는 경작지에 다시 초점을 맞출 수 있었다. 고랑을 따라 걷고 있는 사내의 모습이 보였다. 멕시코 농민 옷차림을 한 평범한 사내였다. 샌들을 신고, 엷은 쥐색 바지에 베이지색 긴팔 셔츠를 입고 있었다. 머리에는 밀짚모자를 썼고, 끈이 달린 황갈색 자루를 오른쪽 어깨에 둘러메고 있었다.

　돈 후앙은 내가 그 사내를 보았다는 것을 알아차린 듯했다. 사내가 나를 바라보고 있는지, 아니면 나를 향해 다가오고 있는지를 되풀이해 물었기 때문이다. 나는 그 사내가 내게 등을 돌리고 반대 방향으로 걸어가고 있다고 대답하고 싶었지만, 단지 "아뇨"라고 말할 수 있었을 뿐이다. 돈 후앙은 만약 그 사내가 몸을 돌려 나를 향해 온다면 내 머리를 다른 쪽으로 돌려서 나를 보호해야 하니까 꼭 소리를 지르라고 말했다.

　불안감이나 몰입하는 느낌은 전혀 없었다. 나는 냉철하게 눈앞의 광경을 관찰했다. 사내가 밭 한복판에서 걸음을 멈췄다. 그는 마치 샌들 끈을 묶으려는 듯이 둥글고 커다란 바위 가장자리에 오른쪽 발을 얹었다. 이윽고 그는 허리를 폈고, 자루에서 줄을 하나 꺼내더니 왼손에 감았다. 사내는 내게 등을 돌리고 언덕배기를 마주 보더니 눈앞의 경관을 훑어보기 시작했다. 훑어보았다고 생각한 이유는 고개를 천천히 오른쪽으로 돌리는 것을 보았기 때문이다. 그의 옆모습이 보이는가 싶더니 사내는 완전히 몸을 돌리고 나를 바라보았다. 실제로 고개를 휙 들어 올리는 것으로 보아 그가 나를 보았다는 사실에는 의심의 여지가 없었다. 그는 왼팔을 뻗어 앞쪽 지면을 가리켰고, 그 자세를 유지하며 나를 향해 걸어오기 시작했다.

"옵니다!" 이번에는 아무 문제 없이 외칠 수 있었다.

돈 후앙은 내 머리를 돌린 듯했다. 다음 순간 나는 덤불을 바라보고 있었기 때문이다. 돈 후앙은 사물을 더 이상 응시하지 말고 "가볍게" 훑듯이 바라보라고 했고, 내 앞 조금 떨어진 곳에 서 있다가 나를 향해 걸어올 테니 그때 그가 발하는 광채가 보일 때까지 줄곧 그를 응시해야 한다고 말했다.

나는 돈 후앙이 20미터쯤 떨어진 지점을 향해 움직이는 것을 보았다. 너무나도 빠르고 민첩하게 움직인 탓에 정말로 돈 후앙이 맞는지 의심스러웠을 정도였다. 그는 몸을 돌려 나를 마주 보더니 자신을 응시하라고 명령했다.

돈 후앙의 얼굴은 빛나고 있었다. 마치 빛의 반점 같았다. 빛은 그의 가슴을 지나 거의 복부까지 흘러내리는 것처럼 보였다. 게슴츠레하게 뜬 눈으로 빛을 바라보는 듯한 느낌이었다. 빛은 확산과 후퇴를 되풀이했다. 광채가 더 강해지며 뚜렷해지는 것으로 미루어보건대 그는 나를 향해 걷기 시작한 듯했다.

그는 내게 뭐라고 말했다. 나는 그것을 이해하려고 애를 쓰다가 시야의 빛을 놓쳤다. 그러자 평소와 같은 돈 후앙의 모습이 나타났다. 그는 몇십 센티미터 떨어진 곳에 있었다. 그는 나를 마주 보고 앉았다.

그의 얼굴에 정확하게 초점을 맞추자 어렴풋한 광채가 나타나기 시작했다. 곧 그의 얼굴은 교차하는 가느다란 광선들로 뒤덮였다. 마치 누군가가 미세한 거울 여러 개를 써서 돈 후앙의 얼굴에 빛을 반사시키고 있는 듯이. 광채가 더 강해지면서 얼굴은 윤곽이 흐릿해지더니 또다시 빛을 발하는 흐릿한 물체가 되었다. 그러자 그의 왼쪽 눈으로 짐작되는 부위에서 맥박치듯이 터져나오는 빛을 또다시 감지할 수 있었다. 나는 그 부분에 초점을 맞추는 대신 오른쪽 눈으로 짐작되는 부근에 초점을 맞췄다. 그러자마자 맑고 투명한 빛의 웅덩이가 보였다. 액체 같은 빛이었다.

나는 지각이 단지 보는 것 이상의 감각임을 깨달았다. 지각이란 느낌이었다. 액체 같은 어두운 빛은 상상을 초월하는 깊이를 가지고 있었다. 그것은 '상냥'하고 '친절'했다. 그것에서 방출되는 빛은 폭발하듯이 터져나오는 것이 아니라 안쪽을 향해 소용돌이치며 절묘한 형태를 만들어내고 있었다. 그 광채는 지극히 기분 좋고 섬세하게 와닿으며 나를 어루만져서 형언하기 힘든 오묘한 감각을 선사했다.

광채를 발하는 부분의 수직 표면에서 눈부신 빛의 대칭적 고리가 율동적으로 확산하는 것이 보였다. 빛의 고리는 광채를 발하는 표면을 거의 뒤덮더니 반짝이는 빛의 웅덩이 한복판의 광점光點이 될 때까지 수축했다. 나는 고리가 그런 식으로 몇 번이나 되풀이해서 확산하다가 수축하는 것을 보았다. 잠시 후 나는 초점을 유지한 채로 신중하게 뒤로 물러섰다. 이제는 상대방의 양쪽 눈을 모두 볼 수 있었기 때문에 양쪽의 빛이 터져나오는 리듬을 분간하는 것이 가능해졌다. 왼쪽 눈이 내뿜는 빛은 수직 표면 밖으로 실제로 튀어나오는 반면, 오른쪽 눈의 빛은 튀어나오지 않고 단지 확산할 뿐이었다. 두 눈은 이런 식으로 교대로 빛을 발했다. 왼쪽 눈의 빛이 밖으로 터져나올 때면 오른쪽 눈이 내는 빛은 수축하면서 안쪽을 향해 소용돌이치고, 오른쪽 눈의 빛이 확산하며 광채를 발하는 부분을 완전히 뒤덮으면 왼쪽 눈이 내뿜는 빛은 뒤로 물러나는 식이었다.

경작지가 다시 시야에 들어온 것을 보니 돈 후앙은 내 머리를 또 돌린 듯했다. 저 사내를 보라는 돈 후앙의 말이 들렸다.

사내는 큰 바위 옆에 서서 나를 쳐다보고 있었다. 밀짚모자가 얼굴 대부분을 가리고 있어서 이목구비까지 알아볼 수는 없었다. 잠시 후 그는 오른쪽 겨드랑이에 자루를 끼고 내가 있는 곳에서 오른쪽으로 걸어가기 시작했다. 그리고 고랑이 거의 끝나는 지점까지 걸어가더니 방향을 바꿔 도랑 쪽으로 몇 걸음 더 걸어갔다. 그러자 초점이 흐릿해지며 사내가 사라졌고, 경작지의 풍경도 모두 사라졌다. 사막 덤불의 이미지가 그 위에 겹쳐졌다.

내가 어떻게 돈 후앙의 집으로 돌아왔는지, 또 그가 '나를 데려오기 위해서' 무슨 일을 했는지도 기억이 나지 않는다. 깨어나자 나는 돈 후앙의 방에 깔려 있는 내 돗자리 위에 누워 있었다. 돈 후앙이 옆으로 오더니 나를 일으켜 세워주었다. 나는 현기증을 느꼈다. 뱃속이 울렁거렸다. 그는 매우 신속하고 익숙한 동작으로 나를 끌어내서 집 옆에 있는 덤불로 데려갔다. 내가 토하자 그는 웃었다.

조금 지나자 기분이 나아졌다. 손목시계를 보니 밤 11시였다. 나는 다시 잠들었고, 다음날 오후 1시 무렵에야 정신을 차렸다.

돈 후앙이 계속 기분이 어떠냐고 물었다. 나는 일종의 방심상태에 빠져 있었던 탓에 제대로 정신을 집중할 수가 없었다. 나는 집 주위를 걸어다녔다. 돈 후앙은 그런 나를 유심히 관찰하며 계속 따라다녔다. 달리 할 일이 없다는 생각이 들었기 때문에 나는 집 안으로 다시 들어가서 잤다. 늦은 오후에 깨어나 보니 한결 기분이 나았다. 내 주위에는 으깬 나뭇잎들이 잔뜩 놓여 있었다. 눈을 떴을 때 나는 나뭇잎 더미 위에 배를 깔고 있었다. 나뭇잎들은 강한 향기를 내뿜고 있었다. 잠에서 완전히 깨기 전에 이 향기부터 맡았던 기억이 난다.

어슬렁거리며 집 뒤꼍으로 가니 관개수로 앞에 돈 후앙이 앉아 있었다. 그는 나를 보자마자 황급히 손짓하며 당장 멈춰 서서 집 안으로 돌아가라는 시늉을 했다.

"뛰어!" 그는 외쳤다.

나는 집 안으로 뛰어 들어갔다. 잠시 후 그도 왔다.

"절대로 내 뒤를 따라오지 마. 나를 보고 싶거든 여기서 기다려야 해."

나는 사과했다. 그러자 어차피 저지른 일을 없던 것으로 만들 수도 없는 멍청한 사과 따위에 시간을 낭비하지 말라는 대답이 돌아왔다. 나를 다시 데려오려고 엄청나게 고생했고, 지금까지 물가에서 나를 위해 수습 작업을 하던 중이라고 돈 후앙은 말했다.

"지금부터 운에 맡기고 자네를 물로 씻는 수밖에 없겠군."

나는 이제는 아무렇지도 않다고 장담했다. 돈 후앙은 오랫동안 내 눈을 들여다보고 있었다.

"따라와. 자네를 물에 담가야겠어."

"괜찮다니까요. 자, 보십쇼, 평소처럼 이렇게 메모를 하고 있잖습니까."

그는 돗자리에 앉아 있던 나를 상당히 거칠게 일으켜 세웠다.

"허튼소리를 할 때가 아냐! 자넨 언제 곯아떨어져도 하등 이상할 게 없는 상태야. 그럼 난 자네를 영영 깨울 수 없을지도 몰라."

우리는 집 뒤꼍으로 달려갔다. 물가에 도달하기 전에 돈 후앙은 비장하기 이를 데 없는 어조로 지금부터 눈을 질끈 감고 그가 허락할 때까지 절대로 뜨면 안 된다고 말했다. 단 한 순간이라도 물을 응시하면 죽게 될 수도 있기 때문이라는 것이었다. 그는 내 손을 잡아끌고 가서 관개수로 안에다 나를 머리부터 처박았다.

그가 몇 시간 동안이나 내 몸을 물에 넣었다 빼는 일을 되풀이하는 동안 나는 눈을 질끈 감고 있었다. 이때 내가 경험한 변화는 실로 놀랄 만한 것이었다. 물에 들어오기 전까지 내가 가지고 있던 문제는 돈 후앙이 관개수로에 나를 집어넣었을 때 느낀 안온함과 기민함과 비교해본 뒤에야 비로소 알아차릴 수 있었을 정도로 미묘했던 것이다.

코에 물이 들어간 탓에 나는 재채기를 하기 시작했다. 돈 후앙은 여전히 눈을 감고 있는 나를 끌어내어 집 안으로 데려갔다. 그는 나에게 옷을 갈아입게 한 다음 그의 방으로 들어가게 했고, 내 돗자리에 앉혀서 바라보는 방향을 맞춰준 다음에 눈을 뜨라고 했다. 나는 눈을 떴지만, 앞을 보는 순간 화들짝 놀라며 돈 후앙의 다리에 매달렸다. 나는 한순간 엄청난 혼란에 사로잡혔다. 돈 후앙은 손등으로 내 정수리 한복판을 탁 쳤다. 그리 세게 친 것도 아니었고 아프지도 않았지만 내가 받은 충격은 컸다.

"뭐가 문제야? 뭘 봤지?"

눈을 떴을 때 나는 어제 보았던 것과 똑같은 광경을 보았던 것이다. 게다가 똑같은 사내를 보았다. 그러나 이번에는 그가 거의 손이 닿을 정도로 가까운 곳에 있었다. 사내의 얼굴도 보였다. 어딘가 낯이 익었고, 거의 알아볼 수 있을 것 같았다. 그 광경은 돈 후앙이 내 정수리를 쳤을 때 사라졌다.

나는 돈 후앙을 올려다보았다. 그는 언제든 다시 나를 칠 수 있도록 손을 들어올리고 있었다. 그는 웃으며 또 한 대 맞고 싶으냐고 물었다. 나는 그의 다리를 놓고 내 돗자리 위에 앉아서 긴장을 풀었다. 돈 후앙은 내게 앞을 똑바로 바라보고, 어떤 일이 있어도 집 뒤꼍의 물이 있는 방향으로는 몸을 돌리지 말라고 명령했다.

그제야 나는 방 안이 칠흑처럼 껌껌하다는 사실을 깨달았다. 한순간 눈을 떴는지 감았는지 분간이 안 될 정도였다. 양손을 눈가에 대보고 확인했다. 나는 큰 소리로 눈이 이상하다고 말했다. 조금 전에 그가 나를 때릴 준비를 하고 있는 것을 보았음에도 불구하고 지금은 아무것도 보이지 않았던 것이다. 내 머리 위로 오른쪽에서 그가 웃는 소리가 들렸고, 곧 등유램프가 켜졌다. 내 눈은 단 몇 초 만에 램프가 내는 빛에 익숙해졌다. 모든 것이 예전과 하등 다르지 않았다. 사방의 초벽草壁과, 그곳에 걸려 있는 묘하게 뒤틀린 말린 약초 뿌리들, 향초 꾸러미, 짚을 이은 지붕, 들보에 걸린 등유 램프 등, 몇백 번은 본 익숙한 광경이었지만 이번에는 방도, 나 자신도 어쩐지 특이하다는 인상을 받았다. 내가 내 지각의 궁극적인 '현실성'을 믿지 못한 것은 이번이 처음이었기 때문이다. 최근 들어 그런 느낌에 조금씩 다가가고 있었고, 이런저런 상황에서 여러 번 이 문제를 고찰해보기도 했었지만 심각하게 의심하기 직전까지 간 적은 한 번도 없었던 것이다. 그러나 이번에는 내가 있는 방이 '현실'이라고 믿기가 힘들었다. 문득 돈 후앙이 다시 손등으로 내 정수리를 때리면 눈앞의 광경이 또 씻은 듯이 사라져버리지는 않을까 하는 생각이 머리를 스쳤다.

춥지도 않은데 몸이 떨리기 시작했다. 등골 신경을 경련이 훑고 지나갔다. 머리, 특히 뒷덜미 바로 위쪽이 무거웠다.

나는 몸이 안 좋다고 푸념하면서 내가 본 것을 얘기했다. 돈 후앙은 웃으면서 두려움에 굴복하는 건 한심한 자기도취라고 말했다.

"자넨 무섭지도 않으면서 두려워하고 있어. 맹우가 자네를 응시하는 걸 봤다 이거지. 그래서 뭐? 그와 직접 얼굴을 맞댄 것도 아니잖나. 바지에 똥을 지리는 건 그때 해도 늦지 않아."

돈 후앙은 나더러 일어서서 물 쪽을 돌아보지 말고 차가 있는 곳으로 가서 그가 밧줄과 삽을 가지고 갈 때까지 기다리라고 지시했다. 그는 예전에 우리가 발견한 나무 그루터기가 있는 곳으로 차를 몰고 가게 했다. 우리는 어둠 속에서 그 그루터기를 파내는 일에 착수했다. 나는 몇 시간 동안이나 지독히 힘들게 일했다. 끝내 그루터기를 파내지는 못했지만 기분이 한결 나아졌다. 우리가 집으로 돌아와서 요기를 할 무렵에는 모든 것이 완전히 '현실적'이고 평소 그대로였다.

"저한테 무슨 일이 일어난 겁니까? 어제 저는 뭘 했죠?"

"자넨 나를 피웠고, 그다음엔 맹우를 피웠어."

"뭐라고요?"

돈 후앙은 웃음을 터뜨리며, 또 처음부터 모든 걸 얘기해달라고 조를 작정이냐고 물었다.

"자넨 나를 피웠어." 그는 같은 말을 되풀이했다. "자넨 내 얼굴을 응시하고 내 눈을 들여다보았지. 그리고 인간의 얼굴을 규정하는 빛들을 보았어. 난 주술사이고, 자넨 내 눈에서 그걸 보았어. 하지만 처음으로 그랬기 때문에 그 사실을 깨닫진 못했어. 인간의 눈은 모두 똑같지 않아. 자네도 곧 알게 될 거야. 그다음엔 맹우를 피웠지."

"밭에 있던 그 사람을 얘기하시는 겁니까?"

"그건 사람이 아냐. 자네를 손짓해 부르던 맹우였어."

"우린 어디로 갔던 겁니까? 제가 그 사내를, 그러니까 맹우를 보았을 때 우린 어디에 가 있었습니까?"

돈 후앙은 자기 집 앞쪽을 턱으로 가리키며 나를 작은 언덕 위로 데려갔었다고 말했다. 내가 본 경치는 집 주위의 덤불로 뒤덮인 사막과는 전혀 상관이 없어 보였다는 사실을 내가 지적하자 나를 "손짓해 부른" 맹우는 이 근처에서 온 것이 아니라는 대답이 돌아왔다.

"그럼 어디서 온 겁니까?"

"곧 거기로 데려가주지."

"제가 본 비전(幻視)은 뭘 의미합니까?"

"자네는 〈보는〉 법을 배우고 있었어. 단지 그뿐이야. 하지만 자넨 워낙 응석을 부리는 버릇이 있어서 당장에라도 바지에 똥을 지릴 것 같군. 자진해서 공포에 빠진 거야. 차라리 자네가 본 걸 모두 얘기해 보는 쪽이 어때."

그의 얼굴이 내게 어떻게 보였는지를 묘사하려고 하자 그는 내 말을 가로막고, 그런 것은 아무 쓸모도 없다고 잘라 말했다. 내가 그를 거의 "반짝이는 달걀"처럼 〈보기〉 직전까지 갔다고 하자 그는 "거의" 그러는 것만으로는 아직도 멀었으니 내가 〈보는〉 법을 터득하려면 상당한 시간과 노력이 필요할 것이라고 말했다.

돈 후앙이 관심을 보인 것은 경작지의 풍경과 그 사내에 관한 세세한 기억이었다.

"그 맹우는 자네를 부르고 있었어. 그가 자네에게 다가왔을 때 내가 자네 머리를 움직인 건 그가 자네를 위험에 빠뜨리고 있어서가 아니라 지금은 기다리는 편이 낫기 때문이라네. 자넨 서두르지 않아도 돼. 전사는 게으름을 피우지도 않지만 서두르지도 않으니까 말이야. 준비가 안 된 상태에서 맹우를 만난다는 건 방귀를 뀌어서 사자를 공격하는 것이나 마찬가지라네."

나는 이 비유가 마음에 들었다. 우리는 잠시 유쾌하게 웃었다.

"당신이 제 머리를 안 움직였다면 어떻게 되었을까요?"

"그럼 자네가 직접 움직였어야 했을 거야."

"안 움직였다면?"

"맹우는 자네한테 왔을 거고, 자넨 간이 콩알만 해지는 경험을 했겠지. 만약 자네 혼자였다면 맹우는 자네를 죽였을지도 몰라. 그러니까 스스로를 지킬 수 있을 때까지는 산이나 사막에 혼자 나가 있지말게. 그러다가 맹우에게 잡혀서 아예 결딴이 날 수도 있으니까 말이야."

"그 맹우가 했던 여러 가지 행동의 의미는 뭡니까?"

"자네를 바라봄으로써 자네를 환영한다는 걸 보여줬던 거야. 자네가 이 부근이 아닌 다른 곳에서 정령 포획기와 허리에 찰 주머니를 입수해야 한다는 것도 보여줬지. 그 맹우가 갖고 있던 자루는 다른 지역 것이었거든. 자네 앞길에는 장애물이 세 개 놓여 있어. 세 개의 바위가 바로 그것이었지. 또 자네가 물이 흐르는 계곡과 도랑에서 가장 좋은 능력(power)들을 얻을 수 있다는 것도 이젠 확실해. 맹우가 도랑을 가리켜 보여줬으니까 말이야. 나머지 풍경은 자네가 그 정령이 있는 곳을 정확하게 찾아낼 수 있도록 도와주기 위한 거였어. 이젠 그곳이 어딘지 알겠네. 곧 그리로 데려가주지."

"제가 본 풍경이 정말로 존재한다는 말입니까?"

"당연하지 않나."

"어디에요?"

"그걸 얘기해줄 수는 없네."

"어떻게 하면 그곳을 찾아낼 수 있습니까?"

316

"그것도 얘기해줄 수 없어. 얘기해주기 싫어서 그러는 게 아니라 단지 자네한테 뭐라고 말해야 할지 모르기 때문이야."

내가 그의 방에 있으면서도 그 풍경을 또 보았다는 사실이 무엇을 의미하는지 알고 싶었다. 돈 후앙은 내가 그의 다리를 잡고 매달리던 모습을 흉내 내며 웃었다.

"그 맹우가 자네를 원한다는 사실을 재확인해준 거야. 그가 자네를 환영한다는 걸 나나 자네에게 확실히 알렸던 거지."

"제가 본 얼굴은요?"

"자넨 그를 알고 있기 때문에 낯익은 얼굴로 보였던 거야. 예전에도 자넨 그걸 본 적이 있어. 아마 자네의 죽음의 얼굴일지도 모르겠군. 자넨 그때 겁에 질렸지만 그건 순전히 자네가 부주의했기 때문이야. 그 맹우는 자네를 기다리다가 모습을 드러냈지만 자넨 두려움에 굴복했어. 다행히도 내가 곁에서 머리를 두들겨줬기에 망정이지, 안 그랬더라면 맹우는 적대적으로 변했을 거야. 응당 그랬어야 했지. 맹우를 만나려는 사람은 한 점의 흠결도 없는 전사여야 하는데 그렇지 못한 경우엔 맹우가 그를 적대해서 죽일 공산이 커."

돈 후앙은 다음날 아침 로스앤젤레스로 돌아가려고 하는 나를 만류했다. 내가 완전히 회복하지 않았다고 믿는 기색이 역력했고, 그의 방에서 남동쪽을 마주 보고 앉아서 기력을 온존溫存해야 한다고 했다. 돈 후앙은 내 왼쪽에 앉더니 내 노트를 건네면서, 이번만은 내가 그를 꼼짝 못하게 붙잡았다고 말했다. 그는 나와 함께 있어야 할 뿐만 아니라, 이야기를 나눠야만 한다는 것이다.

"황혼녘에 다시 물가로 자네를 데려가야 해. 자넨 아직 단단해지지 않았으니까 오늘은 절대 혼자 있으면 안 되네. 오전에는 계속 자네한테 붙어 있겠네. 오후가 되면 자네 상태도 좀 나아질 거야."

그가 걱정하는 모습이 나를 불안감에 사로잡히게 만들었다.

"제가 어디가 잘못된 겁니까?"

"자넨 맹우를 건드렸어."

"그게 무슨 뜻이죠?"

"오늘은 맹우 얘기를 하면 안 돼. 뭐든 다른 얘기를 하자고."

아무 얘기도 하고 싶지 않다는 것이 내 본심이었다. 나는 불안감으로 안절부절못하고 있었다. 돈 후앙은 이런 상황이 실로 우스꽝스럽다고 느낀 듯했다. 눈물이 날 정도로 웃었기 때문이다.

"설마 자네, 정작 필요할 때 와서 말문이 막혀버린 건 아니겠지?" 그의 눈이 장난스럽게 반짝였다.

그의 이런 태도는 내게 큰 위안을 주었다.

지금 내가 흥미가 있는 화제는 단 하나, 맹우뿐이었다. 그 맹우의 얼굴은 너무나도 낯이 익었다. 아는 사람의 얼굴이라거나 예전에 본 적이 있다는 것과는 다른, 설명이 불가능한 어떤 느낌에 가까웠다. 게다가 그 얼굴에 관해 생각하려고 하면 마음속에서 온갖 잡념이 막 떠올라서 논리적인 사고를 방해했다. 마치 나의 어떤 일부는 그 비밀을 알고 있지만 남은 부분이 그것에 접근하지 못하도록 막고 있는 듯한 느낌이었다. 맹우의 얼굴이 낯익다는 느낌이 너무나 섬뜩했던지

나는 나도 모르게 병적인 우울함 속으로 빠져들었다. 돈 후앙은 그것이 내 죽음의 얼굴일지도 모른다고 하지 않았는가. 아무래도 그 말이 결정타였던 듯하다. 나는 절실하게 그 점에 관해 물어보고 싶었지만, 돈 후앙이 뭔가를 숨기려고 한다는 뚜렷한 인상을 받고 있었다. 나는 두어 번 심호흡을 한 다음 불쑥 말을 꺼냈다.

"돈 후앙, 죽음이란 뭡니까?"

"글쎄." 그는 미소를 떠올렸다.

"그러니까, 당신은 죽음을 어떻게 설명합니까? 의견을 듣고 싶습니다. 죽음에 관해선 누구라도 확고한 의견을 갖고 있지 않습니까."

"무슨 얘기를 하는 건지 모르겠군."

내 차의 트렁크 안에는 『티벳 사자의 서』가 한 권 들어 있었다. 그 책이 다루는 것은 죽음이므로 그것을 화제로 삼으면 어떨까 하는 생각이 떠올랐다. 나는 그 책을 읽어주겠다고 말하고 일어나려고 했다. 돈 후앙은 나더러 앉아 있으라고 하고 직접 책을 가지러 갔다.

"아침은 주술사들에게는 나쁜 시간이거든." 그는 내가 움직이지 말아야 하는 이유를 이렇게 설명했다. "자넨 내 방을 떠날 수 있을 정도로 기력이 회복되지 않았어. 집 안에 있으면 안전하지만, 지금 밖을 얼쩡거리다가는 끔찍한 재난을 당할 공산이 커. 길이나 덤불 속에서도 맹우와 마주쳤다가 죽는 수가 있어. 그럼 나중에 자네 시체를 발견한 사람들은 자네가 알 수 없는 이유로 죽었거나 사고를 당했다고 하겠지."

그의 이런 결정에 의문을 제기할 입장도, 기분도 아니었기 때문에 나는 꼼짝없이 자리에 앉은 채로 그에게 『티벳 사자의 서』의 일부를 읽어주고 설명하는 데 오전 시간 대부분을 할애했다. 돈 후앙은 내 말을 경청했고, 단 한 번도 가로막지 않았다. 그가 나를 위해 두 번 물과 요깃거리를 가지러 갔을 때는 잠깐 낭독을 중단해야 했지만, 그는 돌아오자마자 계속 읽어보라고 재촉했다. 큰 흥미를 느낀 기색이었다.

내가 낭독을 마치자 그는 나를 쳐다보았다.

"그 친구들은 왜 그것이 마치 삶인 것처럼 죽음에 대해 얘기하는지 모르겠군." 나직한 목소리였다.

"그게 그들의 이해 방식이라서 그런 게 아닐까요. 티벳인들도 〈볼〉 줄 안다고 생각하십니까?"

"설마. 사람이 〈보는〉 법을 터득하고 나면 그가 아는 것은 무엇 하나도 힘을 쓰지 못한다네. 그 어떤 것도 말이야. 만약 티벳인들이 〈볼〉 수 있다면 그 어떤 것도 예전과 같지는 않다는 사실을 즉시 간파했을 걸. 〈볼〉 줄 아는 사람에겐 더 이상 아는 게 없어. 〈볼〉 줄 모르던 시절에 알던 것들은 단 하나도 그대로 남아 있지 않거든."

"혹시 〈보기〉는 사람에 따라 다 같지는 않을 수도 있지 않을까요."

"사실이네. 다 같지는 않지. 하지만 그렇다고 해서 삶의 의미가 우위에 선다는 뜻은 아냐. 일단 〈보는〉 걸 터득하면, 예전과 같은 건 단 하나도 남지 않아."

"티벳인들이 죽음을 삶과 닮은 걸로 간주한다는 점은 명백하군요. 당신은 죽음이 뭘 닮았다고 생각하십니까?"

"죽음은 그 무엇과도 닮지 않았어. 티벳인들은 뭔가 다른 것에 관해 얘기하고 있는 것 같군. 하여튼 간에, 그치들이 얘기하고 있는 건 죽음이 아냐."

"그럼 무슨 얘기를 하고 있다고 생각하십니까?"

"그건 자네가 말해줄 수 있지 않을까. 책을 읽는 사람은 자네지 내가 아니잖나."

나는 뭔가 다른 얘기를 하려고 했지만 돈 후앙은 웃기 시작했다.

"아마 티벳인들은 정말로 〈본〉 건지도 모르지. 그게 사실이라면 그 친구들은 필시 자기들이 〈본〉 것이 전혀 말이 안 된다는 걸 깨달았을 걸세. 그래서 말도 안 되는 헛소리를 책으로 써서 남겼던 거야. 그들 입장에서는 뭘 쓰든 상관없었을 테니까 말이야. 그럴 경우엔 그들이 써서 남긴 그것은 전혀 헛소리가 아니라고 할 수 있겠지."

"티벳인들이 무슨 얘길 하든 저도 크게 상관 안 합니다. 하지만 당신이 하는 얘기에는 당연히 신경이 안 쓰일 리 없지 않습니까. 그래서 죽음에 관해 어떻게 생각하시는지 알고 싶다는 겁니다."

그는 잠시 나를 빤히 바라보더니 쿡쿡거리며 웃었다. 그러면서 마치 깜짝 놀랐다는 듯이 눈을 번쩍 뜨고 우스꽝스럽게 눈썹을 추켜 올렸다.

"죽음은 소용돌이라네. 죽음은 맹우의 얼굴이고, 지평선 위에서 반짝이는 구름이지. 죽음은 메스칼리토가 자네 귓가에 속삭이는 소리이고, 이빨 없는 문지기의 아가리일세. 죽음은 머리로 물구나무를 서는 헤나로이고, 말을 하는 나야. 죽음은 자네와 자네의 그 공책이지. 죽음은 아무것도 아냐. 아무것도 아니라고! 죽음은 이곳에 있으면서도 아예 없다네."

돈 후앙은 기쁨으로 가득한 웃음을 터뜨렸다. 그의 웃음소리는 마치 노래 같았고, 일종의 약동하는 리듬을 갖추고 있었다.

"무슨 얘긴지 통 모르겠다는 표정이로군. 그렇지? 난 자네에게 죽음이 어떤 건지 얘기해줄 수가 없네. 하지만 자네 자신의 죽음에 관해서는 얘기해줄 수 있지. 그게 정확하게 어떤 것이 될지는 알 방도가 없지만, 적어도 대충 어떤 모습을 하고 있을지는 알려줄 수 있겠군."

이 대목에서 나는 두려움을 느끼면서, 단지 죽음이 그에게는 어떤 것인지를 알고 싶을 뿐이라고 반박했다. 나는 일반적인 의미에서의 죽음에 관한 그의 의견이 궁금할 뿐이지, 누군가의 개인적인 죽음에 관해서는 알고 싶지도 않다고 말했다. 특히 나 자신의 죽음에 관해서는 말이다.

"난 개인적인 맥락에서의 죽음에 관해서밖에는 얘기해줄 수 없네. 자넨 죽음에 관해 얘기해달라고 했어. 좋아! 그럼 자네의 죽음에 관해서 듣는 걸 두려워하면 안 돼."

나는 그 얘기를 화제로 삼는 것이 두렵다고 시인했고, 돈 후앙이 아들인 에우랄리오가 죽었을 때 삶과 죽음이 결정結晶들의 안개처럼 뒤섞이는 것을 보았다고 얘기했을 때와 마찬가지로 일반적인 죽음에 관해 얘기하고 싶을 뿐이라고 대답했다.

"내 아들이 개인적 죽음을 맞았을 때 나는 그의 삶이 확산했다고 말했었지. 그때 난 일반적인 죽음에 관해 얘기한 게 아니라 내 아들의 죽음에 관해 얘기했잖나. 죽음이 무엇이든 간에, 그건 아들의 삶을 확산시켰어."

나는 어떻게 해서라도 개인적인 영역 밖으로 화제를 돌리고 싶어서, 몇 분 동안 죽었다가 의료기술 덕에 소생한 사람들의 이야기를 언급했다. 내가 읽어본 모든 사례에서 소생한 당사자들은 아무 기억도 나지 않으며, 죽음은 단지 의식의 단절이었을 뿐이라고 술회했던 것이다.

"그건 정말로 말이 되네. 죽음에는 두 단계가 있거든. 첫 번째 단계는 의식의 단절이야. 그건 무의미한 단계이고, 메스칼리토를 먹었을 때 처음 오는 효과와 흡사하다네. 그때 사람은 가벼워지는 듯한 감각과 함께 기쁨과 완전함과 세상 모든 것이 편안하다는 느낌을 받지. 하지만 그건 얕은 상태에 불과해. 그런 건 곧 사라지고 사람은 새로운 영역으로, 거칠고 힘이 지배하는 영역으로 돌입하게 돼. 이 두 번째 단계는 메스칼리토와 진짜로 조우할 때와 같아. 죽음도 그것을 아주 닮았지. 첫 번째 단계는 얕은 느낌의 의식 단절이지만, 두 번째 단계는 본인이 죽음과 만나는 진짜 단계라네. 그건 한순간에 불과해. 처음에는 의식을 잃지만 어떻게인지 몰라도 다시 정신을 차리는 거지. 죽음이 그 조용한 광포성과 힘으로 우리를 박살 내서 우리의 생명을 무無로 분해시켜버리는 건 바로 그때야."

"죽음에 관해서 당신은 어떻게 그런 식으로 확언할 수가 있단 말입니까?"

"맹우가 있거든. 작은 스모크는 나의 명백한 죽음을 아주 똑똑히 보여줬다네. 그래서 나는 개인적인 죽음에 관해서밖에는 얘기할 수가 없다는 거야."

돈 후앙의 말은 나를 깊은 불안감과 극적인 갈등상태로 몰아넣었다. 나는 그가 나의 죽음을 둘러싼 명백하고도 진부한 세부를 묘사하고, 내가 언제 또는 어떻게 죽는지를 얘기해줄 것이라는 예감을 느꼈다. 그런 사실을 알게 된다는 생각만으로도 나는 절망했고, 그와 동시에 강한 호기심을 느꼈다. 물론 내가 아니라 그의 죽음에 관해 물어볼 수도 있었겠지만, 그런 요구는 너무 무례하다고 느꼈기 때문에 물론 젖혀뒀다.

돈 후앙은 나의 이런 고민을 즐기는 기색이었다. 웃음을 참느라고 온몸이 부들거릴 정도였다.

"자네의 죽음이 어떤 것인지 알고 싶나?" 마치 어린아이처럼 즐거워하는 표정이었다.

그가 나를 놀리면서 즐거워하고 있다는 사실은 오히려 나를 안심하게 했다. 불안감도 이제는 거의 견딜 만했다.

"오케이. 얘기해주십쇼." 나도 모르게 쉰 목소리가 나왔다.

엄청난 폭소가 터져나왔다. 돈 후앙은 배를 부여잡고 옆으로 쓰러지더니 조롱하는 듯한 말투로 "오케이, 얘기해주십쇼"라고 말했다. 쉰 목소리로 말이다. 이윽고 그는 허리를 펴면서 고쳐 앉았고, 짐짓 경직된 자세를 취하더니 조금 떨리는 목소리로 말했다.

"자네 죽음의 두 번째 단계에 관해 얘기해주겠네."

돈 후앙이 정말로 호기심 어린 눈으로 나를 훑어보자 나는 웃음을 터뜨렸다. 그의 농담은 나의 죽음이라는 날카로운 칼날을 조금이라도 무디게 해줄 수 있는 유일한 수단이라는 사실을 뚜렷하게 깨달았기 때문이다.

"자넨 운전을 많이 하지. 그러니까 어떤 시점이 오면 또 운전대 앞에 앉게 될 거야. 그건 워낙 빠른 감각이어서 생각할 틈을 주지 않을 걸세. 말하자면, 지금까지 몇천 번이나 해왔던 것처럼 자신이 운전을 하고 있다는 걸 문득 깨닫게 될 거란 말일세. 하지만 자기 자신에 관해 생각할 틈도 없이, 유리창 앞에 낯선 형체가 보이는 걸 알아차리게 될 거야. 더 자세히 보면 그게 반짝이는 소용돌이 같은 구름이라는 걸 알 수 있겠지. 그건 마치 자네 앞에 펼쳐진, 하늘 한복판에 있는 얼굴처럼 보일 거야. 계속 바라보고 있으면 그건 점점 뒤로 후퇴해서 급기야는 멀리 떨어진 반짝이는 점이 되었다가, 다음 순간 다시 자네를 향해 다가오기 시작하고 있다는 걸 알게 될 거야. 그건 점점 빠르게 다가오다가 눈 깜짝할 새에 자네 차의 앞유리를 박살 낼 걸세. 자넨 강하니까 자넬 데려가려면 죽음이라 해도 두어 번은 쾅하고 부딪쳐야 하겠지.

그 무렵에는 자네도 자기 자신이 어디에 있고 자네에게 무슨 일이 일어나고 있는지를 알아차릴 거야. 얼굴은 또 다시 지평선 위의 원위치로 물러났다가 속도를 올리면서 자네에게 돌진해오겠지. 얼굴은 자네 안으로 들어올 거고, 그럼 자넨 그게 언제나 맹우의 얼굴, 또는 말을 하는 나, 또는 글을 쓰는 자네였다는 걸 알게 될 거야. 죽음은 언제나 무無였던 거야, 무. 그건 자네 공책 갈피의 어딘가에서 길을 잃은 작은 점이었어. 하지만 그건 통제할 수 없는 힘으로 자네 안으로 들어와서 자네를 확산시킬 거야. 자네를 편평하게 만들어서 하늘과 땅과 그 너머로까지 늘리는 거지. 그럼 자넨 조그만 결정들이 모인 안개 같은 것이 되어서 움직이면서 떠나가는 거야."

나는 돈 후앙이 묘사한 나의 죽음에 완전히 매료되었다. 내가 예상했던 것과는 딴판이었기 때문이다.

"죽음은 복부를 통해 들어오네. 의지에 난 틈새를 곧바로 뚫고 들어오는 거지. 그곳은 인간의 가장 중요하고 민감한 부위야. 그건 의지의 부위이고, 그걸 통해 우리 모두가 죽는 그런 부위이기도 하지. 내가 그걸 아는 건 내 맹우가 그 단계까지 나를 안내해준 적이 있기 때문이라네. 주술사는 죽음에게 따라잡힘으로써 자신의 의지를 조정하거든. 주술사가 편평해지고 확산하기 시작하면 그의 완전무결한 의지가 개입해서 안개를 다시 인간의 형상으로 조립해주는 거라네."

돈 후앙은 기묘한 몸짓을 했다. 양손을 각각 부채처럼 펼치고 팔꿈치 높이까지 들어올린 다음 엄지가 옆구리에 닿을 때까지 손목을 돌리면서 몸의 중심인 배꼽 위에서 천천히 모았던 것이다. 잠시 그자세를 유지했을 때는 좌우의 팔이 긴장으로 부들부들 떨리는 것을 알 수 있었다. 그러고는 중지 끝이 이마에 닿을 때까지 위로 들어올렸다가, 다시 몸의 중심 위치까지 내렸다.

엄청나게 인상적인 몸짓이었다. 돈 후앙이 이 동작을 하면서 보여준 힘과 아름다움에 나는 넋을 잃었다.

"주술사를 조립해주는 건 그의 의지야. 하지만 나이를 먹고 몸이 쇠약해지면 그의 의지도 쇠퇴하고, 늦든 빠르든 간에 더 이상 자기 의지를 통제할 수 없는 순간이 오네. 그러면 그가 자기 죽음의 소리 없는 힘에 저항할 수단은 전무해지고, 그의 목숨은 다른 인간들의 목숨과 다르지 않게 되네. 본 모습을 잃고 자신의 경계 너머로 확산해가는 안개가 되는 거지."

돈 후앙은 나를 바라보더니 일어섰다. 나는 떨고 있었다.

"이제 덤불로 가서 볼일을 봐도 되네. 오후가 됐으니까 말이야."

실제로 갈 필요가 있었지만 도저히 그럴 엄두가 나지 않았다. 아마 두려웠다기보다는 신경이 곤두서 있었다는 쪽이 더 정확할 것이다. 그러나 나는 더 이상 그 맹우에 관해 걱정하고 있지는 않았다.

돈 후앙은 내가 "단단해진" 한은 어떤 기분을 느끼든 간에 상관없다고 말했다. 내가 완전히 멀쩡해졌으니까 물에만 가까이 가지 않는다면 덤불로는 얼마든지 가도 안전하다는 얘기였다.

"물은 별개의 문제야. 자네를 물에다 한 번 더 씻어야 하니까, 물에서는 떨어져 있게."

조금 후에 돈 후앙은 내게 근처 읍내까지 차로 데려다달라고 했다. 나는 내 기분이 아직도 흔들리고 있어서 운전이 좋은 기분전환 거리가 되겠다고 말했다. 주술사가 실제로 자기 죽음을 그런 식으로 가지고 논다는 것은 내 입장에서는 상당히 소름 끼치는 얘기였다.

"주술사로 산다는 건 엄청난 짐이라네." 그는 안심하라는 듯이 말했다. "그러니까 〈보는〉 법을 배우는 편이 훨씬 낫다고 얘기했잖나.

〈볼〉줄 아는 사내는 모든 것이야. 거기 비하면 주술사는 애처로운 존재이지."

"돈 후앙, 주술이란 뭡니까?"

그는 거의 감지할 수 없을 정도로 미세하게 머리를 흔들며 한참 동안 나를 바라보았다.

"주술이란 어떤 핵심적인 결합점에다가 자신의 의지를 행사하는 행위라네. 주술은 간섭이야. 주술사는 영향을 행사하고 싶은 것의 주요 결합점을 찾아내서 거기에다 자신의 의지를 행사하지. 주술사가 되기 위해서 반드시 〈볼〉필요는 없어. 자기 의지를 어떻게 써야 하는지만 알면 되거든."

나는 주요 결합점이 무슨 뜻인지 설명해달라고 말했다. 돈 후앙은 잠시 생각하더니 자신은 내 차가 무엇인지를 안다고 대답했다.

"기계 아닙니까, 당연히."

"자네 차가 점화플러그라는 걸 안다는 뜻이야. 내겐 그게 주요 결합점이라네. 난 그것에다 의지를 행사할 수 있고, 그럼 차는 안 움직일 거야."

돈 후앙은 내 차에 올라탔다. 그는 편한 자세로 앉으면서 나도 타라고 손짓했다.

"내가 뭘 하는지 보고 있게. 난 까마귀이니까, 우선 내 깃털들을 풀겠네."

그는 온몸을 부들부들 떨었다. 마치 물웅덩이에서 깃털에 물을 묻히는 참새를 연상케 하는 동작이었다. 그는 새가 부리를 물에 담그는 것처럼 고개를 숙였다.

"이러면 기분이 정말 좋아." 그는 이렇게 말하며 웃기 시작했다.

기이한 웃음소리였다. 그것은 나에게 기이하기 그지없는 최면적인 효과를 끼쳤다. 그러자 돈 후앙이 예전에도 이런 식으로 웃은 적이 여러 번 있다는 기억이 떠올랐다. 아마 내가 그런 사실을 뚜렷하게 자각하는 데까지 이르지 않았던 것은 그가 내 곁에서는 오랫동안 그런 식으로 웃은 적이 한 번도 없었기 때문인지도 모르겠다.

"그다음에 까마귀는 목을 풀지." 돈 후앙은 이렇게 말하고 목을 뒤틀어 양쪽 뺨을 자기 어깨에 비비기 시작했다.

"그런 다음 한쪽 눈으로 세계를 바라보고, 그다음엔 다른 쪽 눈으로 바라보지."

돈 후앙은 세계를 바라보는 눈을 바꾸는 듯한 동작으로 머리를 흔들었다. 웃음소리가 높다랗게 변했다. 나는 그가 내 눈앞에서 까마귀로 변신할 것이라는 말도 안 되는 인상을 받았다. 웃고 싶었지만 나는 거의 마비되다시피 한 상태였다. 실제로 주위에서 나를 조여오는 듯한 힘을 느끼기까지 했다. 그러나 두렵다거나 어지럽다거나 졸린 것은 아니었다. 내가 판단하는 한 나의 정신적 기능에는 전혀 문제가 없었다.

"이제 시동을 걸어보게." 돈 후앙이 말했다.

나는 차 열쇠를 돌리면서 반사적으로 가속페달을 밟았다. 그러나 시동은 걸리지 않고 모터만 헛돌았다. 돈 후앙의 웃음소리는 나직하고 율동적인 키득거림이었다. 나는 열쇠를 돌리고 또 돌렸다. 10분쯤 그렇게 시동모터를 혹사했다. 그동안에도 돈 후앙은 줄곧 키득거리고 있었다. 결국 나는 포기하고 앉아 있었다. 머리가 무거웠다.

돈 후앙은 웃음을 멈추고 나를 찬찬히 뜯어보았다. 그의 웃음소리가 나를 일종의 최면 트랜스 상태로 몰고 갔다는 사실을 나는 '알고' 있었다. 지금 무슨 일이 일어나고 있는지를 완전히 자각하고 있으면서도, 평소의 내가 아닌 듯한 느낌이었다. 시동을 못 걸고 있었을 때, 나는 무척 유순해져서 거의 마비되다시피 한 상태였다. 마치 돈 후앙이 내 차뿐만 아니라 나에게도 어떤 짓을 하고 있는 듯한 느낌이었달까. 그가 킥킥거리기를 그치자 나는 주문呪文의 효력도 다됐다고 생각하고 충동적으로 시동모터를 또 작동시켰다. 나는 돈 후앙이 단지 그 웃음소리로 내게 최면을 걸었을 뿐이며, 내가 시동을 걸 수 없다고 믿게 만든 것에 불과하다고 확신하고 있었다. 시동모터를 혹사하며 화풀이하듯이 가속페달을 밟아대는 나의 모습을 이상하다는 듯이 바라보고 있는 그의 모습이 시야 가장자리에 비쳤다.

돈 후앙은 내 어깨를 살짝 두드리면서, 내가 느끼는 분노가 나를 "단단하게" 해줄 테니 일부러 물에 다시 씻을 필요는 없을지도 모르겠다고 말했다. 화를 내면 낼수록 맹우와 맞닥뜨린 후유증에서 빨리 회복할 수 있다는 얘기였다.

"당황하지 말게." 돈 후앙이 말하는 소리가 들렸다. "시동을 걸어봐."

그는 평소의 자연스러운 웃음을 터뜨렸다. 나는 멍청이가 된 듯한 기분을 느끼며 멋쩍게 웃었다.

잠시 후 돈 후앙이 이제 차를 놓아줬다고 말했다. 그러자 시동이
걸렸다!

14

1969년 9월 28일

돈 후앙의 집은 어딘가 섬뜩한 인상을 풍겼다. 나는 한순간, 그가 나를 놀라게 하려고 근처 어딘가에 숨어 있는 것이 아닌가 하고 생각했다. 나는 큰 소리로 그를 부르고 나서 용기를 쥐어짜 집 안으로 걸어 들어갔다. 돈 후앙은 없었다. 나는 장작더미 위에 그를 위해 사온 식료품 봉투 두 개를 내려놓고, 지금까지 수없이 그랬던 것처럼 앉아서 그가 오기를 기다렸다. 하지만 몇 년 동안이나 돈 후앙을 알고 지내왔음에도 불구하고 처음으로 그의 집에 혼자 있는 것이 두려웠다. 마치 눈에 보이지 않는 어떤 존재가 나와 함께 있는 것 같은 기분이 들었기 때문이다. 그러고 보니 몇 년 전에 이렇게 혼자 있었을 때도 미지의 존재가 내 주위를 배회하고 있다는 느낌을 어렴풋하게 받은 적이 있었다. 나는 벌떡 일어나서 집 밖으로 뛰쳐나갔다.

내가 돈 후앙을 만나러 온 것은 〈보기〉 훈련을 하면서 누적된 효과가 내게 부담을 주고 있다는 사실을 알리기 위해서였다. 나는 묘한 불안감에 시달리고 있었다. 별다른 이유도 없이 심란했고, 힘든 일을 하지 않아도 항상 피곤했다. 그런 와중에 돈 후앙의 집에 혼자 있다가 이런 반응이 일어난 것이다. 그러자 내게 그런 공포의 원인을 제공한 체험의 기억이 봇물처럼 터져나왔다.

그 공포는 몇 년 전에 돈 후앙이 '라 카탈리나'라는 여자 주술사와 나를 지극히 기이한 대결로 몰아갔을 때로 거슬러 올라간다. 그 일은 1961년 11월 23일에 발목을 삔 돈 후앙을 그의 집에서 만났을 때 시작되었다. 돈 후앙은 자신에게 적이 있는데, 블랙버드(찌르레깃과의 검은 새)로 변신할 수 있는 그 여자 주술사가 그를 죽이려고 했다고 설명했다.

"걸을 수 있게 되면 그 여자가 어떤 인물인지를 가르쳐주지. 자네도 알고 있을 필요가 있어."

"왜 그 여자는 당신을 죽이고 싶어하는 겁니까?"

돈 후앙은 짜증스러운 듯이 어깨를 으쓱하고는 입을 다물어버렸다.

열흘 뒤에 다시 찾아갔을 때 그는 완전히 회복된 듯했다. 돈 후앙은 이제는 멀쩡하다면서 발목을 돌려 보였고, 이렇게 빨리 나은 것은 자신이 직접 만든 깁스를 댄 덕택이라고 말했다.

"잘 왔네. 오늘 자넨 나와 함께 짧은 여행을 해야 해."

그런 다음 그는 내가 운전하는 차를 황량한 장소로 안내했다. 차를 세우자 돈 후앙은 좌석에서 다리를 쭉 뻗고 마치 낮잠이라도 자려는 듯이 편하게 앉았다. 그는 긴장을 풀고 절대 소리를 내지 말라고 내게 당부했다. 늦은 오후는 우리가 해야 할 일을 하기에는 너무 위험한 시간대이므로 밤이 될 때까지 최대한 남의 눈에 띄지 말아야 한다고 했다.

"우리가 해야 할 일이 뭡니까?"

"라 카탈리나를 감시하는 일."

주위가 충분히 어두워지자 우리는 조용히 차에서 내려서 아주 느린 걸음으로 소리 없이 사막의 덤불 안으로 들어갔다.

우리가 멈춰선 곳에서는 좌우에 있는 언덕들의 검은 윤곽을 분간할 수 있었다. 우리는 편평하고 상당히 넓은 골짜기에 와 있었다. 돈 후앙은 어떻게 하면 덤불에 몸을 완전히 숨길 수 있는지를 꼼꼼히 가르쳐주었고, 그가 "경계 상태"라고 부른 자세로 앉는 법을 전수해주었다. 오른쪽 발을 왼쪽 허벅지 밑에 대고, 왼쪽 다리를 쭈그리는 식이었다. 필요하다면 오른쪽 다리를 지렛대 삼아서 번개처럼 빨리 일어날 수 있기 때문이라고 돈 후앙은 설명했고, 여자의 집은 서쪽에 있으므로 그쪽을 보고 앉아 있으라고 했다. 그는 내 오른쪽에 앉았고, 지면에 눈의 초점을 맞추고 덤불을 잔물결처럼 떨리게 만드는 종류의 바람을 찾아보라고 — 정확하게는 기다리라고 — 속삭였다. 내가 초점을 맞추고 있는 덤불이 그런 식으로 흔들릴 때 고개를 들면 "장려하고 사악한 광채에 휩싸인" 여주술사의 모습을 보게 될 것이라고 했다. 이것은 돈 후앙이 그녀를 묘사하면서 실제로 쓴 표현이다. 그게 무슨 뜻인지를 묻자 잔물결 같은 바람을 감지할 때 내 눈으로 직접 보는 수밖에 없다는 대답이 돌아왔다. "비행 중인 주술사"의 모습은 실로 기이하기 때문에 말로는 설명할 방도가 없다는 얘기였다.

바람은 상당히 꾸준하게 불어왔기 때문에 나는 덤불이 잘게 물결치는 것을 보았다고 여러 번 느꼈다. 그럴 때마다 뭔가 초월적인 체험을 할 것을 기대하며 올려다보았지만 아무것도 보지 못했다. 돈 후앙은 덤불이 바람에 흔들릴 때마다 마치 채찍질을 하듯이 양팔을 휘두르고 선회하면서 세차게 지면을 걷어찼다. 믿기지 않을 정도로 힘찬 동작이었다.

몇 번인가 "비행 중인" 여자 주술사의 모습을 보는 데 실패한 뒤에는 나는 결국 초월적인 사건 따위는 목격하지 못하리라고 확신했지만, 돈 후앙이 보여주는 "힘"의 춤이 너무나 절묘했기 때문에 그곳에서 밤을 새워도 상관없다는 기분이 들었다.

동이 트자 돈 후앙은 내 곁에 앉았다. 완전히 녹초가 된 기색이었고, 움직일 힘조차도 남아 있지 않은 듯했다. 그는 지면에 드러누웠고, "여자를 꿰뚫는" 일에 실패했다고 중얼거렸다. 나는 이 말에 큰 호기심을 느꼈다. 돈 후앙은 같은 말을 몇 번이나 되풀이했고, 그럴 때마다 그의 말투는 점점 더 의기소침하고 절망적인 것으로 변해갔다. 낯선 불안감이 몰려왔다. 돈 후앙의 기분에 내 감정을 투사하는 것은 매우 쉬웠다.

그 후 몇 달 동안 돈 후앙은 그 사건이나 그 여자에 대해서는 아무런 말도 하지 않았다. 나는 그가 그 문제를 잊었든지 아니면 완전히 해결했으리라고 지레짐작했다. 그러나 어느 날 나는 그가 매우 동요한 기색으로 있는 것을 보았다. 그는 평소의 침착함과는 전혀 어울리지 않는 태도로 '블랙버드'가 어젯밤 만지면 거의 닿을 곳에 서 있었는데도 그는 잠에서 깨지도 않았다고 말했다. 그 여자의 책략이 너무나 교묘했던 탓에 그녀가 와 있다는 사실조차도 느끼지 못했다는 것이다. 마침 그때 잠에서 깬 것은 순전히 운이 좋아서였고, 그 직후에 목숨을 건 끔찍한 싸움을 벌였다고 했다. 돈 후앙의 목소리는 감정적이었고, 거의 애처로울 정도였다. 나는 그에 대한 우려와 동정심이 솟구치는 것을 느꼈다.

돈 후앙은 암울하고 비장한 어조로, 그녀를 저지할 방도는 없고 다음에 또 그녀가 가까이 오면 이승에서의 그의 삶은 끝장이 날 거라고 단언했다. 나는 낙담한 나머지 거의 눈물을 쏟기 직전까지 갔다. 돈 후앙은 나의 깊은 우려를 감지한 듯, 의연하게 — 적어도 내가 보기는 — 웃었다. 그는 내 등을 툭툭 치더니 그에게는 마지막 카드, 비장의 수가 남아 있기 때문에 아직 완전히 패배한 것은 아니라고 했다.

"전사는 전략적으로 살아간다고 했잖나." 그는 미소 지으며 말했다. "전사는 결코 자기 능력 이상의 짐을 지지 않아."

돈 후앙의 미소는 불길한 악운의 예감을 떨쳐주는 힘이 있었다. 나는 갑자기 고양감을 느꼈다. 우리는 함께 웃었다. 그는 내 머리를 쓰다듬었다.

"실은 이 지상의 모든 것 중에서도 자네야말로 나의 마지막 카드라네." 그는 느닷없이 이렇게 말하며 내 눈을 똑바로 들여다보았다.

"뭐라고요?"

"자네가 바로 그 마녀에게 대항할 비장의 수라고."

무슨 말인지 이해할 수가 없었다. 그러자 돈 후앙은 그 여자는 나를 모르기 때문에 그가 지시하는 대로 잘 행동하기만 하면 내가 그녀를 충분히 "꿰뚫을" 가능성이 있다고 설명했다.

"그녀를 '꿰뚫는다'는 건 무슨 의미입니까?"

"자네가 그녀를 죽일 수는 없지만 풍선처럼 꿰뚫어야 해. 자네가 그 일에 성공한다면 그녀도 앞으로는 나를 내버려둘 거야. 하지만 아직은 그에 대해 생각하지 말게. 때가 되면 얘기해줄 테니."

몇 달이 흘러갔다. 나는 그 사건을 까맣게 잊고 있다가 어느 날 그의 집에 도착했을 때 허를 찔렸다. 돈 후앙이 집 밖으로 달려나오더니 내가 차에서 내리려는 것을 막았던 것이다.

"당장 여길 떠나게." 그는 다급하기 그지없는 어조로 속삭였다. "지금부터 내가 하는 말을 잘 듣게. 가서 산탄총을 한 자루 사든가, 아니면 무슨 방법을 써서라도 손에 넣어야 해. 하지만 자네 총을 가져오면 안 돼. 알겠나? 어떤 총이든 자네 것이 아닌 총을 찾아서 그걸 가지고 당장 여기로 돌아오는 거야."

"왜 산탄총이 필요한가요?"

"당장 가!"

나는 산탄총을 가지고 돌아왔다. 그것을 살 돈이 충분하지 않았지만 친구 하나가 낡은 총을 주었던 것이다. 돈 후앙은 총에는 눈길도 주지 않고 웃으면서, 아까 그렇게 느닷없이 나를 보냈던 것은 집의 지붕에 블랙버드가 앉아 있어서 그녀가 나를 보지 못하게 하려고 했던 것이라고 설명했다.

"지붕에 그 블랙버드가 앉아 있는 걸 보고 자네가 총을 가져와서 그녀를 꿰뚫으면 되겠다는 생각이 떠올랐던 거야." 돈 후앙은 강조하듯이 말했다. "자네가 무슨 일을 당하는 걸 원하지 않았기 때문에 총을 사오든지 아니면 어떤 방법으로든 구해오라고 명령했던 거지. 자, 이번 일을 끝마치면 자넨 그 총을 부숴야 하네."

"어떤 종류의 일을 얘기하시는 겁니까?"

"자네의 산탄총으로 그녀를 꿰뚫어야 해."

돈 후앙은 독특한 향기가 있는 식물의 신선한 잎사귀와 줄기를 써서 총을 닦게 했다. 그 자신도 두 발의 산탄을 그것들로 문지른 다음 약실에 장전했다. 그런 다음 그는 블랙버드가 지붕에 내려앉을 때까지 나는 집 앞에서 몸을 숨기고 기다려야 한다고 말했다. 블랙버드가 오면 신중하게 겨냥하고 두 발을 한꺼번에 발사하라고 했다. 산탄 자체보다 기습의 효과가 그녀를 꿰뚫을 것이고, 내가 강하고 단호하기만 하면 그녀가 다시는 그에게 손을 대지 못하도록 쫓아버릴 수 있다고 했다. 따라서 나의 조준은 완전무결해야 했다. 그녀를 꿰뚫겠다는 나의 각오 또한 마찬가지였다.

"총을 쏘는 순간에는 소리를 질러야 하네. 강력하고 폐부를 찌르는 듯한 소리를 지르는 거야."

그런 다음 그는 대나무와 장작단을 흙마루에서 3미터쯤 떨어진 곳에다 쌓아놓고 거기에 기대라고 했다. 상당히 편했다. 지붕이 잘 보이게끔 등을 편하게 기대고 반쯤 앉은 자세였다.

돈 후앙은 마녀가 나타나기에는 아직 너무 이르니까 해질녘까지 모든 준비를 갖춰야 한다고 했다. 그때가 되면 그녀의 공격을 유도하기 위해서 그 자신은 문을 잠그고 집 안에 틀어박혀 있는 시늉을 할 테니 나는 긴장을 풀고, 움직이지 않고도 총을 쏠 수 있는 편한 자세를 취하고 있으라고 했다. 그는 나로 하여금 두 번 지붕을 조준하는 동작을 취하게 해보고는 어깨로 총을 들어올리고 겨냥하는 동작이 너무 느리고 거추장스럽기 때문에 지지대가 필요하다는 결론을 내렸다. 그는 끝이 뾰족한 철봉으로 지면에 깊은 구멍을 두 개 냈고, 그 구멍에 끝이 두 갈래진 나뭇가지를 하나씩 박아넣은 다음 갈래진 곳에 긴 장대를 걸쳐놓고 비끄러맸다. 덕택에 나는 장대에 총신을 올려놓고 계속 지붕을 조준하는 자세를 유지할 수 있었다.

돈 후앙은 하늘을 올려다보고는 자기는 이제 집 안에 들어갈 때가 되었다고 말했다. 그는 일어서서 침착한 태도로 집 안으로 들어가면서 앞으로 내가 할 일은 장난이 아니므로 반드시 첫발로 새를 맞춰야만 한다고 신신당부했다.

돈 후앙이 모습을 감춘 뒤로 몇 분쯤 황혼이 이어지다가 곧 어두워졌다. 마치 어둠이 내가 혼자가 될 때까지 기다렸다가 갑자기 몰려온 듯한 느낌이었다. 나는 밤하늘을 배경으로 검은 윤곽을 드러낸 지붕에 눈의 초점을 맞추려고 애썼다. 한동안은 지평선에 빛이 남아 있었기 때문에 지붕의 선을 분간할 수 있었다. 그러나 하늘은 곧 컴컴해지고 집도 거의 보이지 않았다. 나는 몇 시간 동안이나 지붕을 노려보고 있었지만 아무것도 보지 못했다. 북쪽으로 날아가는 올빼미 두 마리를 목격하기는 했지만, 펼친 날개의 길이가 워낙 길었던 탓에 블랙버드로 오인하려고 해도 할 수가 없었다. 그러나 어느 시점에서 나는 조그만 새의 검은 그림자가 지붕에 내려앉는 것을 똑똑히 보았다. 새가 맞다! 심장이 방망이질하듯 뛰기 시작했고 귀가 웅웅거렸다. 나는 어둠 속에서 총을 조준하고 두 개 있는 방아쇠를 동시에 당겼다. 귀청이 찢어질 듯한 총성이 울려퍼졌다. 어깨에 댄 개머리판에 강한 반동을 느낀 순간 엄청나게 날카롭고 소름 끼치는 사람의 비명이 울려 퍼졌다. 크고 섬뜩한 비명소리는 지붕 쪽에서 들린 듯했다. 나는 한순간 완전히 혼란에 빠졌다. 그제야 돈 후앙이 총을 쏠 때 소리를 질러야 한다고 경고했는데 내가 그걸 잊었다는 사실을 깨달았다. 다시 총을 장전할까 망설이고 있을 때 돈 후앙이 문을 열고 밖으로 뛰쳐나왔다. 등유램프를 들고 있었다. 상당히 불안한 표정이었다.

"자네가 잡은 것 같긴 한데, 당장 새의 사체를 찾아봐야 해."

그는 사다리를 가져왔다. 나는 그의 지시대로 사다리를 타고 올라가서 라마다 지붕 위를 둘러보았지만 아무것도 찾지 못했다. 돈 후앙도 올라가서 잠시 둘러보았지만 역시 아무 수확도 없었다.

"아마 산산조각이 나버린 건지도 모르겠군. 그렇다면 적어도 깃털은 남아 있어야 해."

우리는 우선 라마다 주위를 수색했고, 그다음에는 집 주위를 둘러보았다. 우리는 램프 빛으로 다음날 새벽까지 수색을 계속했다. 동이 튼 뒤에는 밤사이에 둘러본 곳들을 또다시 돌아다니며 샅샅이 뒤졌다. 오전 11시가 되자 돈 후앙은 수색을 중단시켰다. 그는 의기소침한 표정으로 앉더니 나를 향해 멋쩍은 미소를 지었다. 결국 나는 그의 적을 저지하지 못했고, 이제 그 여자는 잔뜩 골이 나서 복수를 하려고 안달하고 있을 것이 뻔하기 때문에 이제 자신의 운명은 파리 목숨보다도 못한 상태가 되었다고 그는 말했다.

"하지만 자넨 안전해." 돈 후앙은 안심시키듯이 말했다. "그 여잔 자네를 모르니까 말이야."

나는 귀가하기 위해 차를 향해 걸어가면서 산탄총을 부숴야 하느냐고 물었다. 총은 아무 일도 못해냈기 때문에 원래 주인에게 돌려주라고 그가 말했다. 나는 돈 후앙의 눈빛에서 깊은 절망을 읽었다. 나는 너무나 슬퍼서 거의 흐느껴 울기 직전이었다.

"제가 도와드릴 일은 없습니까?"

"자네가 해줄 수 있는 일은 이제 없어."

우리는 잠시 침묵했다. 나는 당장에라도 떠나고 싶었다. 지독한 고뇌가 내 마음을 무겁게 짓눌렀다.

"진심으로 나를 도와줄 생각이 있나?" 어린애 같은 말투였다.

나는 일신을 바쳐서라도 그럴 용의가 있고, 그를 너무나도 경애하기 때문에 그를 돕기 위해서라면 무슨 짓이라도 하겠다고 말했다. 돈 후앙은 미소를 지으면서 그게 본심인지 거듭 물었다. 나는 격한 어조로 그를 돕고 싶은 심정을 강조했다.

"정말 그럴 생각이라면, 내겐 한 번 더 기회가 있을지도 몰라."

돈 후앙은 무척이나 기뻐하는 기색이었다. 그는 활짝 웃으며 자신이 흡족하다는 것을 보여주고 싶을 때 늘 그러듯이 손을 몇 번 맞부딪쳤다. 그의 기분 변화는 너무나도 극적이었기 때문에 내게도 영향을 끼쳤다. 중압감과 고뇌가 씻은 듯이 사라지고, 불가해하게도 나의 삶은 또다시 신 나는 것으로 바뀌었던 것이다. 돈 후앙이 앉자 나도 앉았다. 그는 한참 나를 바라보더니 지극히 침착하고 신중한 어조로,

사실 나는 지금 그를 도와줄 수 있는 유일한 인물이므로 지극히 위험하고 아주 특별한 어떤 일을 해주기를 부탁할 작정이라고 말했다.

그런 다음 마치 내 결심을 재차 확인하고 싶은 듯이 잠시 말을 멈췄기 때문에, 나는 단호한 어조로 그를 위해서라면 뭐든지 하고 싶다고 되풀이했다.

"그 여자를 꿰뚫을 무기를 주겠네."

그는 허리춤에 찬 주머니에서 길쭉한 물체를 꺼내 내게 건넸다. 나는 그것을 받아들고 훑어보다가 자칫 떨어뜨릴 뻔했다.

내가 들고 있는 물체는 멧돼지의 앞발을 말린 것이었다. 가죽은 징그러웠고 빳빳한 털의 감촉은 혐오스러웠다. 갈라진 발굽은 원 상태를 유지하고 있었고, 마치 좌우로 잡아당긴 것처럼 넓게 벌려져 있었다. 보기만 해도 끔찍한 물건이었다. 당장 토할 것 같았다. 그는 재빨리 그것을 받아들였다.

"그 여자의 배꼽에 이 멧돼지를 찔러 넣어야 해."

"예?" 나는 힘없는 목소리로 되물었다.

"왼손으로 이 멧돼지를 잡고 찔러야 한다고. 그 여자는 주술사니까, 다른 주술사들 말고는 세상의 그 누구도 배에 이 멧돼지가 꽂혀 있는 걸 보지 못해. 이건 통상적인 싸움이 아니라 주술사들 사이의 다툼이야. 자네는 죽을 위험을 감수해야 해. 제대로 꿰뚫지 못한다면 그 여자는 그 자리에서 자네를 쳐죽일 거고, 그 여자와 함께 있는 자들이나 친척들이 자네를 총으로 쏘거나 칼로 찔러죽일 수도 있으니까 말이야. 그런 반면, 자넨 터럭 하나 다치지 않고 멀쩡하게 도망칠 수도 있어.

만약 자네가 성공한다면 그 여자는 자기 몸에 들어온 멧돼지 때문에 죽을 고생을 할 테니까 더 이상 나를 못 건드릴 걸세."

또다시 무거운 고뇌가 나를 감쌌다. 나는 돈 후앙을 무척이나 경애하고 존경했다. 그리고 이런 깜짝 놀랄 만한 요청을 받을 무렵에는 이미 그의 생활방식과 지식을 최상의 위업으로 간주하고 있었다. 그런데 어떻게 이런 인물을 죽게 내버려두란 말인가? 그런 반면에, 또어떻게 그런 일에다 내 목숨을 걸란 말인가? 나는 이런 고민에 너무 깊이 빠져있던 나머지 돈 후앙이 어깨를 툭 칠 때까지 그가 일어서서 내 곁에 와 있는 것을 눈치도 채지 못했다. 나는 그를 올려다보았다. 그는 자애롭게 미소 짓고 있었다.

"언제든 나를 정말로 도와주고 싶어질 때 돌아오게. 하지만 그전에는 돌아오지 않아도 돼. 돌아오면 우리가 무슨 일을 해야 할지는 정해져 있으니까. 자, 이제 가게! 돌아오지 않아도 나는 다 이해하네."

나는 반사적으로 일어나서 차에 올라타고 그곳을 떠났다. 돈 후앙은 나를 곤경에서 해방시켜주었던 것이다. 그렇게 떠나서 다시는 돌아가지 않을 수도 있었지만, 이제 마음대로 떠나도 된다는 생각을 해도 왠지 마음이 편해지지 않았다. 나는 잠시 더 차를 몰다가 충동적으로 차를 돌려 돈 후앙의 집으로 되돌아갔다.

그는 여전히 흙마루에 앉아 있었다. 나를 보고도 놀라는 눈치가 아니었다.

"앉게. 서쪽 하늘의 구름이 아름답군. 곧 어두워질 걸세. 조용히 앉아서 자네 안에 황혼을 채우는 거야. 지금은 뭐든 하고 싶은 일을 해도 좋지만, 내가 그러라고 말하면 반짝이는 구름을 똑바로 바라보고 황혼을 향해 힘과 침착성을 달라고 빌게."

나는 두 시간쯤 서쪽 구름을 마주 보고 앉아 있었다. 돈 후앙은 집 안에 머물렀다. 주위가 어두워지자 그가 돌아왔다.

"황혼이 왔어. 일어나! 눈을 감지 말고 구름을 똑바로 쳐다보는 거야. 손을 쫙 펼치고 양팔을 들어올린 자세로 제자리 뛰기를 하게."

나는 지시받은 대로 머리 위로 양팔을 들어올리고 제자리에서 뛰기 시작했다. 그러자 돈 후앙이 곁으로 다가와서 자세를 교정해주었다. 그는 내 왼쪽 손바닥 위에 멧돼지 다리를 올려놓고 엄지로 그것을 잡고 있으라고 말했다. 그런 다음 그는 내 양팔을 잡고 팔들이 서쪽 지평선 위의 주황색과 암회색 구름을 가리킬 때까지 아래로 끌어내렸다. 그는 내 손가락을 부채처럼 활짝 펼치게 했고, 손바닥에 닿도록 구부리면 안 된다고 말했다. 이 손가락을 펼치는 행동이 결정적으로 중요하다고 했다. 손을 쥘 경우 황혼에게 힘과 침착성을 달라고 비는 대신 오히려 그것을 위협하는 꼴이 되어버리기 때문이라는 것이다. 그는 나의 뛰는 방법도 교정해주고, 마치 팔을 쭉 뻗고 황혼을 향해 달려가는 것처럼 평화롭고 일정한 보조를 유지하라고 말했다.

그날 밤 나는 잠을 이루지 못했다. 황혼의 힘을 빌려 차분해진 것이 아니라 오히려 뒤숭숭한 광란상태에 빠진 듯한 기분이었다.

"제 삶에는 아직도 풀리지 않은 문제가 산적해 있습니다. 너무나도 많은 것들이 미해결 상태로 남아 있어요."

돈 후앙은 나직하게 웃었다.

"이 세계에서 해결되지 않은 문제 따윈 없어. 그 무엇도 끝나지 않았고, 그 무엇도 풀리지 않은 게 없거든. 이제 자게."

돈 후앙의 대답은 묘하게 나를 안심시켰다.

다음날 아침 10시경에 나는 돈 후앙이 준 음식으로 요기를 했다. 잠시 후 그와 함께 차를 타고 출발했다. 그는 정오 무렵이나, 가능하다면 정오가 되기 전에 그 여자에게 접근할 것이라고 속삭였다. 마녀는 오전에는 언제나 힘이 약해지거나 지각력이 떨어지기 때문에 아침 이른 시간에 접근하는 것이 가장 이상적이지만, 그런 시각에는 결코 안전한 자기 집에서 나오지 않는다고 했다. 나는 아무 질문도 하지 않았다. 돈 후앙은 국도로 가라고 지시하고, 어떤 시점이 되자 차를 갓길에 세우라고 했다. 우리는 그곳에서 대기했다.

손목시계를 보니 11시 5분 전이었다. 자꾸 하품이 나왔다. 매우 졸렸고, 내 마음은 정처 없이 여기저기를 떠돌고 있었다.

갑자기 돈 후앙이 허리를 펴더니 나를 슬쩍 찔렀다. 나는 화들짝 놀랐다.

"저기 있어!"

경작지 가장자리에서 국도를 향해 걷고 있는 한 여자가 보였다. 오른쪽 팔에 바구니 손잡이를 걸치고 있었다. 그제야 나는 우리가 교차로 부근에 차를 세웠다는 사실을 깨달았다. 국도 양쪽을 따라 이어지는 좁은 길 두 개에 국도와 직각으로 교차하는 더 넓고 붐비는 길이 하나 더 보였다. 따라서 넓은 길을 지나는 사람들은 포장도로를 횡단해야 한다.

여자가 여전히 흙길을 걷고 있을 때, 돈 후앙은 차에서 내리라고 말했다.

"지금이야." 그는 단호한 어조로 말했다.

나는 달렸다. 여자는 거의 국도에 도달해 있었다. 나는 곧 그녀를 따라잡았다. 너무나 바싹 다가간 탓에 얼굴이 여자의 옷에 닿았을 정도였다. 나는 셔츠 품에서 멧돼지 발굽을 꺼내어 그녀를 찔렀다. 손에 쥔 뭉툭한 무기 끝에서는 아무런 저항력도 느껴지지 않았다. 눈앞에 장막帳幕 같은 그림자가 어른거리는 것이 보였다. 고개를 오른쪽으로 돌리자 그 여자가 어느새 15미터쯤 떨어진 도로 건너편에 서 있는 것이 보였다. 가무잡잡하고 상당히 젊은 여자였고, 강인하고 다부진 몸매를 가지고 있었다. 여자는 나를 향해 크고 하얀 이를 드러내며 미소 짓고 있었다. 침착한 미소였다. 마치 바람을 피하려는 것처럼 눈을 반쯤 감고 있다. 오른쪽 팔뚝에는 여전히 바구니 손잡이를 끼고 있었다.

다음 순간 나는 형언하기 힘든 혼란에 빠졌다. 몸을 돌려 돈 후앙 쪽을 바라보니 돌아오라고 미친 듯이 손짓하고 있었다. 나는 그쪽으로 달려갔다. 서너 명의 사내가 나를 향해 달려오고 있었다. 나는 차를 타고 반대 방향으로 도주했다.

무슨 일이 일어났는지 묻고 싶었지만 말을 할 수가 없었다. 양쪽 귀의 고막에 엄청난 압력을 느꼈다. 숨이 막힐 듯했다. 돈 후앙은 기뻔 기색이었고, 이내 웃기 시작했다. 내가 실패했다는 사실에 전혀 개의치 않는 듯한 모습이었다. 너무나도 세게 운전대를 움켜잡은 통에 나는 손을 아예 움직일 수가 없었다. 얼어붙은 듯한 느낌이다. 팔다리도 딱딱하게 굳어 있었다. 사실, 가속페달에서 발을 뗄 수조차 없었다.

돈 후앙은 내 등을 툭툭 치며 긴장을 풀라고 말했다. 귀에서 느끼는 압력이 조금씩 줄어들었다.

"도대체 무슨 일이 일어났던 겁니까?" 마침내 이렇게 말할 수 있었다.

돈 후앙은 대답하지 않고 어린애처럼 킥킥 웃었다. 이윽고 그는 그 여자가 어떻게 피했는지 알아차렸느냐고 내게 물었다. 그는 그녀의 뛰어난 민첩함을 칭찬했다. 돈 후앙의 이런 말은 현재 상황과는 너무나도 어울리지 않았기 때문에 이해가 불가능했다. 그 여자를 칭찬하다니! 그는 그녀가 완벽한 능력을 갖춘 가차 없는 적수라고 말했다.

나는 내가 실패했는데도 괜찮으냐고 물었다. 그의 기분이 이토록 급변했다는 사실에 놀라 신경이 곤두서 있었다. 그는 실제로 기쁜 기색이었기 때문이다.

돈 후앙은 차를 멈추라고 말했다. 나는 갓길에 차를 세웠다. 그는 내 어깨에 손을 올려놓고 내 눈을 뚫어지게 들여다보더니 대뜸 말했다.

"오늘 내가 자네에게 한 일은 모두 속임수였어. 식자는 자기 제자를 함정에 빠뜨려야 한다는 것이 규칙으로 정해져 있거든. 오늘 난 자네를 함정에 빠뜨렸고, 자네가 배울 수 있도록 속임수를 썼던 거야."

나는 아연실색했다. 도무지 갈피를 잡을 수가 없었다. 돈 후앙은 그 여자와 관련된 사건들은 모두가 함정이었고 그녀가 그를 위협한 적은 한 번도 없으며, 내가 그녀를 꿰뚫으려고 시도했을 때 경험했던 힘과 자신을 내던진 상태 등의 특별한 조건하에서 내가 그녀를 접촉하게끔 하는 것이 자신의 목적이었다고 설명했다. 그는 나의 단호한 행동을 칭찬하고, 그것을 내가 엄청난 분투를 발휘할 수 있다는 사실을 그녀에게 증명해 보여준 '힘(power)의 행위'라고 했다. 그는 내가 스스로 자각하지는 못했지만, 사실 내가 한 일이라고는 그녀 앞에서 나의 능력을 과시해보인 것뿐이라고 했다.

"자넨 결코 그 여자에게 손을 댈 수 없었어. 하지만 자네의 발톱을 보여준 거야. 이제 그녀는 자네가 두려워하지 않는다는 걸 안다네. 자넨 그녀에게 도전했던 거야. 내가 자네를 속이는 데에 그녀를 동원했던 건 그녀가 막강하고 무자비하고 무슨 일이든 결코 잊는 법이 없기 때문이야. 남자들은 무자비한 적이 되기엔 다른 일을 하느라 너무 바쁜 경우가 대부분이거든."

나는 격렬한 분노에 사로잡혀서, 사람의 가장 내밀한 감정과 충성심을 가지고 노는 법이 어디 있느냐고 대들었다. 돈 후앙은 눈물이 뺨 위를 구르도록 폭소를 터뜨렸다. 나는 그런 그를 증오했다. 주먹으로 그를 후려갈기고 당장 떠나버리고 싶은 강렬한 욕구에 사로잡혔다. 그러나 돈 후앙의 웃음소리는 묘한 율동을 띠고 있어서 나를 거의 마비상태가 되어 꼼짝 못하게 했다.

"그렇게 화내지 말게." 돈 후앙이 달래듯이 말했다.

그러고는 자신의 행동이 결코 광대짓이 아니며, 자신도 오래전에 은사에게 속아 넘어가서 목숨을 내걸었던 적이 있다고 말했다. 그가 나를 상대로 그랬던 것과 마찬가지로 말이다. 게다가 돈 후앙의 은사는 무자비한 사내였기 때문에 돈 후앙이 나를 배려해주는 것처럼 돈 후앙을 배려해주지는 않았다고 했다. 돈 후앙은 엄숙한 어조로, 그 여자도 돈 후앙을 상대로 자기 힘을 시험해본 적이 있는데, 정말로 그를 죽이려고 했었다고 덧붙였다.

"지금은 그 여자도 내가 자기를 갖고 놀았다는 걸 알아." 그는 웃으며 말했다. "그 때문에 '자네를' 미워하겠지. 나는 아예 건드리지 못하니까 자네를 상대로 분풀이하려고 할 거야. 자네의 능력이 얼마나 되는지는 아직 모르니까, 자네를 조금씩 시험해보려고 하겠지. 그러니까 자넨 자기 몸을 지키기 위해서라도 배움을 계속하는 수밖에 없네. 안 그러면 그 여자의 밥이 될 거야. 절대로 쉬운 상대가 아니라고."

그러면서 그녀가 날아가버렸을 때의 일을 생각해보라고 했다.

"그러니까 화내지 말게. 그건 일반적인 속임수가 아니라, 수행의 규칙이었어."

그 여자가 나를 피한 방법에는 뭔가 정말로 사람을 돌아버리게 만드는 구석이 있었다. 나도 내 눈으로 똑똑히 보지 않았던가. 그녀는 눈 깜짝할 사이에 넓은 국도를 뛰어넘었던 것이다. 그런 확고한 사실을 무시한다는 것은 불가능했다. 그 순간부터 나는 그 사건에 대해서만 집중했고, 그녀가 실제로 나를 따라다니기 시작했다는 '증거'를 조금씩 확보했다. 그 결과 나는 근거 없는 공포의 압박을 못 이기고 스스로 도제수업을 중단했던 것이다.

나는 그로부터 몇 시간 지난 늦은 오후에 돈 후앙의 집으로 돌아왔다. 그는 나를 기다리고 있었던 것이 틀림없다. 내가 차에서 내리자마자 다가와서 묘한 눈으로 나를 훑어보며 내 주위를 두 번 돌았기 때문이다.

"왜 그렇게 신경이 곤두서 있나?" 그는 내가 말할 틈을 주지 않고 물었다.

나는 그날 아침 무엇인가에 놀랐고, 옛날 그랬던 것처럼 뭔가가 내 주위를 배회하고 있다는 느낌을 받기 시작했다고 털어놓았다. 자리에 앉은 돈 후앙은 깊은 생각에 잠긴 기색이었다. 표정이 평소와는 달리 매우 심각하고 피곤해 보였다. 나는 그의 옆에 앉아 내 기록을 정리했다.

오랜 침묵이 흐른 뒤에 돈 후앙의 표정이 밝아졌다. 그는 미소 지었다.

"오늘 아침 자네가 감지한 건 물웅덩이의 정령이었네. 그런 힘들과 느닷없이 조우할 가능성에 대비해야 한다고 말한 적이 있잖나. 자네도 이해했다고 생각했는데."

"이해합니다."

"그럼 뭐가 두려운 거야?"

나는 말문이 막혔다.

"그 정령은 자네를 따라다니고 있어. 물속에서 이미 자네를 건드렸지. 자네를 또 건드릴 게 틀림없어. 그때도 아마 자넨 준비가 되어 있지 않을 거고, 그러면 자넨 파국을 맞을 수도 있어."

돈 후앙의 말을 듣자 정말 불안해지기 시작했다. 그러나 불안하긴 해도 두렵지는 않은 묘한 기분이었다. 내게 일어나고 있는 일이 무엇이든 간에, 과거에 내가 느꼈던 맹목적인 두려움을 불러일으키지는 못했던 것이다.

"그럼 전 어떻게 해야 할까요?"

"너무 쉽게 잊어버리는군. 지식으로 가는 길은 강제적인 길이야. 배우기 위해서는 자극을 받을 필요가 있어. 지식의 길에서 우리는 언제나 뭔가와 싸우고, 뭔가를 피하고, 뭔가에 대비하네. 그리고 그 무엇은 언제나 불가해하고, 우리보다 더 위대하고 강력한 것이야. 불가해한 힘들이 자네에게로 찾아오는 거지. 지금 그 무엇은 물웅덩이의 정령이고, 훗날 자네 자신의 맹우가 될 존재야. 그러니까 지금 자네가 할 수 있는 일이라고는 투쟁을 위해서 대비하는 것밖에는 없네. 몇 년 전에는 라 카탈리나가 자네에게 자극을 줬었지. 하지만 그 여자는 주술사에 불과했어. 그리고 그건 초심자를 상대로 한 속임수였고.

실제로 이 세계는 무시무시한 것들로 가득 차 있고, 우리는 불가해하고 완강하기 그지없는 힘들에 둘러싸인 무력한 존재야. 일반인들은 무지한 고로 그런 힘들을 설명하고 변화시킬 수 있다고 생각하지. 실제로는 어떻게 그럴 수 있는지도 모르면서, 인간의 행동이 조만간에 그것들을 설명하거나 바꿀 수 있다고 지레짐작하는 거야. 반면 주술사는 그것들을 설명하거나 변화시키려고 하지 않는다네. 그러는 대신 자기 자신의 방향을 틀고 상대의 방식에 적응함으로써 그런 힘들을 이용하는 법을 터득하는 거지. 그게 주술사의 요령이라네. 요령이 뭔지를 알아내기만 한다면 주술은 별거 아니야. 주술사는 일반인에 비해 아주 조금 나을 뿐이라네. 주술이 더 나은 삶을 살아가게 해주는 것도 아니야. 사실은, 그렇게 살아가는 걸 오히려 방해한다고 해야겠지. 주술은 주술사의 삶을 거추장스럽고 위험스러운 것으로 바꿔놓거든. 지식을 향해 자신을 개방함으로써 주술사는 일반인보다 더 취약한 존재가 된다네. 다른 인간들은 주술사를 증오하고 두려워하면서 그의 목숨을 끊어놓으려고 애를 쓰지만, 주술사 입장에서는 단지 살아 있다는 이유 하나만으로 우리를 에워싸고 조여오는 불가해하고 완강한 힘들이야말로 그보다 한층 더 큰 위험의 원천이거든. 같은 인간에게 꿰뚫린다면 물론 고통스럽겠지만, 맹우의 손길을 느끼는 것에 비하면 그건 아무것도 아니야. 주술사는 지식을 향해 자신을 개방함으로써 그런 힘들의 먹이가 된다네. 그런 상황에서 스스로 균형을 잡을 방법은 단 한 가지밖에 없어. 의지 말일세. 따라서 주술사는 전사처럼 느끼고 행동해야 하는 거야. 다시 한 번 얘기해주겠네. 오직 전사만이 지식의 길에서 살아남을 수 있어. 주술사가 더 나은 삶을 살도록 도와주는 것은 전사로서 산다는 사실이 부여해주는 힘이야.

자네에게 〈보는〉 법을 가르쳐주는 건 나의 의무일세. 개인적으로 그러고 싶어서 그러는 게 아니라 자네가 선택받았기 때문이지. 메스칼리토는 내 앞에서 자네를 지목했거든. 하지만 자네에게 전사처럼 느끼고 행동하는 방법을 가르치고 싶어하는 건 내 개인적 욕구에서 비롯된 거라네. 전사가 된다는 건 그 무엇보다도 더 적절한 일이라는 게 내 개인적인 믿음이거든. 그래서 나는 이런 힘들을 주술사가 지각하는 방식으로 자네에게 보여주려고 애써왔던 거라네. 왜냐하면 사람은 그런 힘들의 무시무시한 충격을 받아봐야만 비로소 전사가 될 수 있기 때문이지. 전사가 아닌 상태에서 먼저 〈보게〉 된다면 자넨 약해질 거야. 그런 경험은 거짓 유순함을, 물러나고 싶은 욕망을 불러온다네. 그렇게 되면 모든 것에 무관심해지고, 그건 결국 육체의 쇠락으로 이어지지. 그래서 나는 자네가 그런 식으로 무너지는 일이 없도록 자네를 전사로 만들어야만 한다는 의무감을 느끼는 거야.

자네가 언제든 죽을 각오가 되어 있다고 말하는 걸 지금까지 여러 번 들었는데, 난 그런 각오가 필요하다고는 생각하지 않아. 그런 건 아무 쓸모도 없는 자기도취거든. 전사는 단지 언제든 싸울 준비가 되어 있는 것만으로 충분해. 또 자네 부모가 자네에게 정신적 상처를 줬다고 말하는 것도 들은 적이 있는데, 인간의 정신이 아주 쉽게 상처받을 수 있다는 사실에는 나도 동의하지만 자네가 해롭다고 간주하는 그런 행위에 의해 상처받는 건 아냐. 난 자네 부모가 자네를 유약하고 우유부단한 응석받이가 되도록 내버려둠으로써 실제로 자네에게 상처를 줬다고 믿는다네.

전사의 정신은 자기도취나 불평불만에 초점이 맞춰져 있지 않고, 승패에도 연연하지 않아. 전사의 정신은 단지 투쟁 자체에만 초점을 맞추고, 그가 벌이는 모든 투쟁은 이승에서의 마지막 전투라네. 그러니 전사에게 결과는 별로 중요하지 않아. 전사는 이승에서의 마지막 전투에서 스스로의 정신이 명료하면서도 무엇에도 얽매이지 않고 자유롭게 흘러갈 수 있도록 놓아둔다네. 그렇게 전투를 벌이면서 자기 의지의 완전무결함을 자각하고 큰 웃음을 터뜨리는 거지."

내가 이 말을 모두 받아 적은 후 고개를 들자 돈 후앙은 나를 빤히 쳐다보고 있었다. 그는 고개를 설레설레 저으며 씩 웃었다.

"정말로 모든 걸 받아 적고 있나?" 그는 도저히 믿기지 않는다는 투로 말했다. "헤나로는 자넨 언제나 글만 쓰고 있어서 도저히 진지하게 대해줄 수가 없다고 하더군. 그 말이 옳았어. 허구한 날 글만 쓰고 있는 친구를 어떻게 진지하게 대할 수가 있단 말인가?"

돈 후앙은 껄껄 웃었다. 나는 내 입장을 변호하려고 했다.

"상관없어. 자네가 언제 〈보게〉 될지는 모르겠지만, 꼭 그런 괴상한 방식으로 그래야겠다면 어쩔 수 없지."

돈 후앙은 일어서서 하늘을 올려다보았다. 정오에 가까운 시각이었다. 그는 산으로 사냥하러 갈 시간은 있겠다고 말했다.

"뭘 사냥할 건데요?"

"특별한 동물을 잡아야 해. 그건 사슴이나 멧돼지, 또는 퓨마일 수조차 있지."

그는 잠시 말을 멈추더니 이렇게 덧붙였다. "독수리일 가능성조차 있겠고."

나는 일어서서 그를 따라 차를 세워둔 곳으로 갔다. 돈 후앙은 이번 여행은 단지 어떤 동물을 잡을지를 알아내기 위한 것이라고 말했다. 그는 차에 올라타려고 하다가 문득 어떤 생각이 떠오른 듯 멈춰 서면서 미소를 짓더니, 내가 사냥에 필수적인 어떤 것을 배울 때까지는 사냥 자체가 불가능하니 이번 나들이는 뒤로 미뤄야겠다고 말했다.

우리는 다시 집 앞으로 돌아가서 라마다 아래에 앉았다. 물어보고 싶은 일이 너무나 많았지만, 그는 내가 그럴 틈을 주지 않고 먼저 입을 열었다.

"이제 자네가 전사에 관해 마지막으로 알아야 할 점을 얘기해주겠네. 전사는 자신의 세계를 구성하는 항목들을 선택해야 해.

일전에 맹우를 본 자네를 내가 두 번 씻어줘야 했을 때, 자네의 문제가 뭐였는지 아나?"

"모릅니다."

"자넨 자네의 방패를 잃어버렸던 거라네."

"방패라니요? 무슨 얘기를 하고 계신 겁니까?"

"전사는 자신의 세계를 구성할 항목들을 선택한다고 했잖나. 그것도 신중하게 말이야. 왜냐하면 전사가 고르는 항목들은 하나도 빠짐없이 그가 이용하려고 분투하고 있는 힘들의 맹공격으로부터 그를 지켜줄 방패가 되어주기 때문이라네. 이를테면 전사는 방패들을 써서 맹우로부터 스스로를 보호하지.

일반인들 역시 전사와 마찬가지로 그런 불가해한 힘들로 둘러싸여 있지만, 자신들만의 특별한 방패들로 보호받기 때문에 그걸 아예 감지하지도 못하지."

돈 후앙은 말을 멈추고서 묻는 듯한 눈으로 나를 보았다. 나는 그의 말이 무슨 뜻인지 이해하지 못했다.

"그 방패라는 게 뭡니까?" 나는 거듭 물었다.

"사람들이 하는 일."

"사람들이 뭘 하는데요?"

"흠, 주위를 둘러보면 자네도 깨달을 거야. 사람들은 사람이 하는 일들로 바쁘다는 걸. 그것이 그들의 방패가 되어주는 걸세. 주술사의 틈새는 아까 말한 불가해하고 완강한 힘들 중 하나와 마주칠 때마다 벌어지고, 그러면 평소보다 더 죽음 앞에 취약해진다네. 우리가 그런 틈새를 통해 죽는다는 얘기는 했었지. 따라서 틈새가 열리면 그걸 자기 의지로써 메울 준비가 되어 있어야 해. 전사라면 말이야. 만약 자네처럼 전사가 아닌 경우에는 일상생활의 활동을 이용해서 그 같은 조우의 공포로부터 마음을 멀어지게 함으로써 그 틈새가 절로 닫히게 하는 방법밖에는 없다네. 자네가 맹우를 만났던 그날 자넨 나한테 화를 냈었지. 내가 자네 차를 멈추거나 자네를 물에 처박아서 추위에 떨게 만들었을 때 나는 일부러 자네를 화나게 했던 거야. 옷을 입은 채로 젖으니 더 추웠겠지. 화가 나고 추웠기 때문에 자넨 틈새를 닫고 안전해질 수 있었던 거야. 하지만 자네 삶의 이 시점에서는 자넨 더 이상 그런 방패를 보통 사람들만큼 효과적으로 쓰지 못해. 자넨 그런 힘들에 관해 너무 많은 걸 알고 있고, 마침내 전사처럼 느끼고 행동하기 직전의 상태까지 왔으니까 말이야. 자네의 옛날 방패들이 더 이상 안전하지 않게 된 거라네."

"그럼 저는 어떻게 해야 합니까?"

"전사처럼 행동하고 자네 세계의 항목들을 골라야 해. 이젠 아무거나 되는대로 끌어모아서 주위를 에워쌀 수는 없어. 이건 정말로 심각한 얘기야. 자신이 난생처음으로 옛 생활방식이 더 이상 안전하지 않은 상황에 처했다는 사실을 알고 있어야 해."

"저의 세계의 항목들을 선택한다는 건 무슨 뜻입니까?"

"전사가 그런 불가해하고 완강한 힘들과 마주치는 건, 일부러 그것들을 찾아다니기 때문이야. 그래서 언제나 그런 만남에 대비되어 있지. 반면에 자네는 전혀 그런 대비가 되어 있지 않아. 실제로 그런 힘들이 찾아오면 자네는 소스라치게 놀랄 게 뻔해. 그 공포는 자네의 틈새를 열 거고, 자네 목숨은 불가항력적으로 거길 통해 빠져나가게 될 거야. 그러니까 자네가 먼저 해야 할 일은 대비태세를 갖추는 거야. 언제든 맹우가 눈앞에 불쑥 튀어나올 수 있다고 상정하고 그럴 경우에 대비하는 거지. 맹우를 만난다는 건 애들 장난이 아니고, 전사는 자신의 목숨을 지킬 책임이 있어. 그러다가 그런 힘들 중 하나가 자네를 건드려서 자네의 틈새를 연다면, 자넨 스스로 그걸 닫기 위해 의식적으로 노력해야 해. 그러기 위해서는 자네에게 큰 평화와 기쁨을 주는 일들을 몇 가지 골라둬야 한다네. 공포로부터 마음을 돌리게 해서 자네의 틈새를 닫고 자네를 다시 단단하게 만들어줄 것들을 말이야."

"이를테면 어떤 걸 얘기하시는 겁니까?"

"몇 년 전에 전사는 일상생활에서 마음이 깃든 길을 택해서 따라

간다고 자네한테 말해준 적이 있지. 전사가 일반인과 다른 건 언제나 마음이 깃든 길을 선택하기 때문이라네. 자신이 선택한 길과 하나가 될 때, 또 그 길을 따라가면서 크나큰 평화와 기쁨을 경험할 때 전사는 그것이 마음이 깃든 길임을 깨닫는 거지."

"하지만 방금 저는 전사가 아니라고 하셨잖습니까. 그런데 어떻게 마음이 깃든 길을 선택할 수 있죠?"

"지금이 전환점이야. 예전에는 정말로 전사처럼 살 필요가 없었다고 해두지. 하지만 이젠 사정이 달라졌어. 이제 자넨 마음이 깃든 길의 항목들로 자신을 에워싸고, 나머지는 거부해야만 하네. 안 그러면 다음에 맹우와 마주친다면 자넨 파멸이야. 첨언하자면, 자넨 더 이상 맹우와의 만남을 일부러 요청할 필요가 없게 되었네. 맹우는 자네가 자고 있을 때 올 수도 있고, 친구들과 대화하는 중에도 올 수 있고, 글을 쓰는 중에도 올 수 있거든."

"몇 년 동안 줄곧 당신이 가르치는 대로 살려고 진심으로 노력했습니다. 하지만 별로 성공적이지 못했던 건 분명해 보이는군요. 그런데 지금 와서 어떻게 더 잘할 수 있겠습니까?"

"자넨 생각과 말이 너무 많아. 자기 자신에게 말하는 짓을 멈춰야해."

"그게 무슨 뜻입니까?"

"자기 자신에게 말을 너무 많이 한다고. 딱히 자네만 그런다는 건 아냐. 우린 모두가 늘 속으로 독백을 하고 있으니까 말이야. 잘 생각해보게. 혼자 있을 때 자넨 뭘 하나?"

"자신과 얘기합니다."

"자기 자신과 무슨 얘기를 하는데?"

"글쎄요. 그때그때 생각나는 거라면 뭐든 얘기할 수 있겠죠."

"우리가 자기 자신에게 무슨 얘기를 하는지를 가르쳐주지. 우린 우리의 세계에 관해 얘기하고 있다네. 사실, 우리는 그런 식의 내적 독백을 통해서 자신의 세계를 유지시켜가는 거야."

"어떻게요?"

"자신에게 얘기하기를 그칠 때마다 세계는 언제나 본래 모습으로 돌아간다네. 우리가 그것을 새롭게 하고, 거기에 생명의 불을 붙이고, 내적 독백으로써 그것을 지탱하는 거지. 그뿐 아니라 우리는 자기 자신에게 얘기를 하는 동안에 자신의 길을 선택하게 된다네. 그렇게 해서 우리는 죽는 날까지 계속 똑같은 선택을 되풀이하는 거야. 왜냐하면 우린 죽는 날까지 계속 똑같은 마음속의 독백을 되풀이하거든.

전사는 이 사실을 알고 있는 고로 그 얘기를 멈추기 위해 노력한다네. 자네가 전사처럼 살고 싶다면 반드시 알아야 할 마지막 사항이야."

"어떻게 하면 자기 자신에게 얘기하기를 멈출 수 있습니까?"

"무엇보다도 우선 귀를 써서 눈의 부담을 좀 덜어줘야 해. 우리는 태어난 이래로 줄곧 눈을 써서 세계를 판단해왔어. 다른 사람이나 자기 자신에게 하는 얘기도 주로 우리가 본 것에 관한 것이고. 전사는 그 사실을 자각하기 때문에 세계에 귀를 기울인다네. 세계의 소리에 귀를 기울이는 거지."

나는 공책을 치웠다. 돈 후앙은 웃음을 터뜨리면서, 억지로 그러라는 뜻은 아니라고 했다. 세계의 다양한 소리에 귀를 기울이는 일은 큰 인내심을 가지고 조화롭게 이루어져야 한다는 것이다.

"전사는 자기 자신에게 하는 말을 멈추는 즉시 세계가 변화할 것임을 알고 있네. 그리고 그 엄청난 충격에 대비하고 있어야만 하지."

"돈 후앙, 그게 무슨 뜻입니까?"

"세계가 이렇고 그런 것은 단지 세계란 모름지기 그런 식이라고 우리가 자기 자신에게 얘기하고 있기 때문이라네. 세계란 그렇다고 자기 자신에게 말하기를 그만두면 세계도 그렇게 존재하기를 멈추지. 지금으로선 자네가 그런 경천동지할 충격을 견딜 준비가 되어 있지는 않은 것 같으니, 자넨 우선 천천히 세계를 풀어헤치는 일부터 시작해야 해."

"무슨 얘긴지 도무지 모르겠습니다!"

"자네의 문제는 세계와 인간이 하는 일을 혼동한다는 점이야. 이 역시 자네 혼자만 그러는 건 아니지만 말이야. 우리 모두가 마찬가지지. 인간이 하는 일들은 우리를 둘러싼 힘들을 막아주는 방패라네. 우리가 인간으로서 하는 일은 우리에게 위안과 안심감을 주거든. 그러니 인간이 하는 일은 물론 중요해. 그것이 방패라서 중요한 것일 뿐이지만 말이야. 우린 자신이 인간으로서 하는 일들이 방패에 불과하다는 사실을 꿈에도 깨닫지 못한 채 그것이 우리 삶을 지배하고 좌지우지하도록 내버려두고 있는 거라네. 사실, 인류 입장에서는 인간이 하는 일 쪽이 세계 그 자체보다 훨씬 더 크고 중요하다고 할 수 있겠지."

"무엇을 두고 세계라고 하시는 겁니까?"

"세계란 여기에 포함되어 있는 모든 것들이라네." 그는 이렇게 말하며 땅바닥을 발로 다져 보였다. "생명, 죽음, 인간, 맹우들, 그리고 우리를 에워싼 그 밖의 모든 것들 말이야. 세계는 이해가 불가능해. 우리는 결코 그걸 이해할 수 없을 걸세. 세계는 결코 그 비밀을 드러내지 않을 거야. 그러니 우리는 그걸 있는 그대로 대해야만 하네. 순수한 신비로서 말이야!

하지만 범부凡夫는 그러지 않지. 그런 사람에게 세계란 결코 신비가 아니고, 늙으면 더 이상 살아갈 만한 가치가 없다고 그가 믿는 것도 바로 이 때문이야. 노인은 세계를 다 산 것이 아니라, 인간이 하는 일들을 다 한 것일 뿐이네. 그런데도 그는 멍청한 혼란에 빠져서 자신에게 세계는 더 이상 신비롭지 않다고 믿어버리는 거지. 기껏 방패를 얻을 목적으로 그런 비참한 대가를 치러야 한다니!

전사는 이런 혼란을 자각하고 사물을 적절하게 다루는 법을 터득한다네. 그 어떤 조건하에서도 인간이 하는 일이 세계 자체보다 중요할 수는 없어. 따라서 전사는 세계를 끝없는 신비로 대하고 인간이 하는 일을 끝없는 우행으로 간주하는 거라네."

15

나는 〈세계의 소리〉를 듣는 연습을 하기 시작했고, 돈 후앙이 지시한 대로 두 달 내내 이 수행을 계속했다. 귀를 기울이기만 하고 눈으로 보지 않는 것은 처음에는 매우 괴로웠지만, 나 자신에게 말을 걸지 않는 것은 그보다 한층 더 괴로웠다. 이 두 달이 끝나갈 무렵에는 잠시 동안은 내적 독백을 차단하는 것이 가능해졌고, 소리에 주의를 기울일 수도 있게 되었다.

나는 1969년 11월 10일 오전 9시에 돈 후앙의 집에 도착했다.

"당장 그 여행을 시작해야겠네." 내가 도착하자마자 그는 말했다.

한 시간쯤 쉬었다가 우리는 동쪽 산의 나지막한 비탈로 차를 몰았다. 우리는 그 부근에 사는 돈 후앙의 친구에게 차를 맡겨두고 산으로 갔다. 돈 후앙은 내 배낭에 크래커와 달콤한 롤빵 몇 개를 넣어주었다. 하루나 이틀 치 식량으로는 충분했다. 더 필요하지 않겠느냐고 내가 묻자 돈 후앙은 고개를 가로저었다.

우리는 오전 내내 걸었다. 상당히 더운 날이었다. 나는 수통 하나에 물을 넣어왔는데 내가 거의 다 마셨다. 돈 후앙은 두 번밖에 마시지 않았다. 물이 다 떨어지자 돈 후앙은 가다가 마주친 개울의 물을 마셔도 아무 탈이 없을 거라고 장담했다. 내가 주저하는 것을 보고 그는 웃었다. 얼마 지나지 않아 갈증이 두려움을 극복했다.

이른 오후, 우리는 초록이 무성한 언덕 기슭의 작은 골짜기에서 멈춰 섰다. 언덕 뒤로는 구름 낀 동쪽 하늘을 배경으로 높은 산들이 솟아 있었다.

"우리 얘기나 자네가 지각한 것들에 관해 생각하거나 쓰는 건 상관없지만, 우리가 와 있는 곳에 관해서는 절대 발설하면 안 되네." 돈 후앙이 말했다.

그곳에서 잠시 쉬는 동안 돈 후앙은 셔츠 안에서 꺼낸 꾸러미를 풀고 내게 파이프를 보여주었다. 그는 스모크 혼합물을 대통에 재운 다음 성냥을 켜 마른 잔가지에 불을 붙였고, 불이 붙은 잔가지를 대통에 집어넣더니 내게 피우라고 말했다. 숯덩어리를 넣었을 때와는 달리 불을 붙이기가 쉽지 않았다. 혼합물에 불이 붙을 때까지 우리는 계속 잔가지에 불을 붙여야 했다.

내가 혼합물을 모두 피우자 돈 후앙은 우리는 지금 현장에 와 있으므로 내가 어떤 종류의 사냥감을 사냥해야 하는지를 알아내는 것이 가능하다고 말했다. 그는 신중한 어조로 내가 할 일 중 가장 중요한 부분은 구멍을 찾아내는 일이라고 서너 번 되풀이해 말했다. 그는 특히 이 '구멍'이라는 단어를 강조했고, 주술사는 그 안에서 온갖 종류의 메시지나 지시를 찾아낼 수 있다고 말했다.

어떤 종류의 구멍을 얘기하는 것인지 물어보려고 했지만 돈 후앙은 이미 내 질문을 예상한 듯, 그것들은 〈보기〉의 영역에 속해 있기 때문에 묘사하는 것 자체가 불가능하다고 말했다. 그러면서 그는 내가 소리를 듣는 일에 모든 주의를 기울여야 하며 소리들 사이에서 구멍을 찾기 위해 최선을 다해야 한다고 여러 번 강조했다. 그는 정령 포획기를 네 번 연주하겠다고 선언했고, 나는 그 섬뜩한 소리를 안내인 삼아서 나를 환영했던 맹우를 찾아내야 한다고 했다. 그러면 그 맹우는 내가 알고 싶어하는 메시지를 전해줄 거라는 얘기였다. 맹우가 어떻게 내 앞에 모습을 드러낼지는 전혀 예측할 수 없으므로, 정신을 바싹 차리고 있어야 한다고 했다.

나는 주의 깊게 귀를 기울였다. 언덕의 암반이 노출된 쪽에 등을 기대고 앉아 있었다. 곧 미약한 마비상태가 찾아왔다. 돈 후앙이 눈을 감으면 안 된다고 경고했다. 소리가 들려오기 시작하면서 휘파람을 부는 듯한 새들의 지저귐, 잎사귀가 바람에 바스락거리는 소리, 벌레 우는 소리 따위를 구분해낼 수 있었다. 이런 소리에 하나씩 주의해보니 네 가지의 새 울음소리를 구분할 수 있다는 사실을 깨달았다. 바람도 소리만으로 느린지 빠른지를 구분할 수 있었다. 세 종류의 잎사귀가 각기 다른 소리로 부스럭거리는 것도 알 수 있었다. 벌레 우는 소리는 나를 현혹했다. 너무나 종류가 많은 탓에 세거나 정확하게 구별할 수도 없었기 때문이다.

나는 소리로 이루어진 기이한 세계에 푹 잠겨 있었다. 이런 경험은 난생처음이었다. 내 몸이 오른쪽으로 기울기 시작하자 돈 후앙은 손을 들어 멈추려고 했지만 나는 그가 그러기 전에 다시 자세를 가다듬어 허리를 펴고 꼿꼿이 앉았다. 돈 후앙은 내 몸을 움직여 암벽의 갈라진 틈에 기대게 하고, 다리 밑의 자갈을 치우고 내 뒤통수를 바위에 대주었다.

돈 후앙이 단호한 어조로 남동쪽 산들을 바라보라고 명령했다. 내가 먼 곳에 눈의 초점을 맞추자 그는 응시하지 말고 내 앞에 있는 언덕과 초목들을 훑어보듯이 바라보라고 말해줬다. 그러면서 모든 주의를 청각에 집중하라고 몇 번이나 되풀이해서 말했다.

또다시 소리들이 두드러지기 시작했다. 내가 그것들을 듣고 싶어서였다기보다는 그 소리들이 나로 하여금 싫어도 주의를 집중하지 않을 수 없게 만들었다는 쪽이 더 가깝다. 나뭇잎들이 바람에 부스럭거렸다. 나무들 위의 높은 상공에서 바람이 불어와서 우리가 있는 골짜기로 급작스럽게 하강했다. 바람은 그렇게 하강하면서 먼저 높은 나무들의 잎사귀를 건드려서 풍성하고 거칠면서도 웅장한 느낌을 주는 독특한 소리를 발했다. 그다음으로 바람은 덤불을 엄습하여 조그만 것들이 와글거리는 듯한 소리를 만들어냈다. 거의 선율처럼 들린 이 소리는 주위를 뒤덮으며 뭔가를 요구하는 듯한 인상을 주었다. 모든 것을 집어삼켜버릴 듯한 기세였다고 할까. 이 소리는 불쾌했다. 문득 귀찮게 조르고 요구하는 듯한 덤불의 버스럭거림이 마치 나를 닮았기 때문이라는 생각이 떠올랐고, 이 생각은 나를 당혹스럽게 만들었다. 너무나도 나를 닮은 이 소리가 정말 싫었다. 그러다가 지면 위를 구르는 바람소리를 들었다. 부스럭거린다기보다는 휘파람처럼 삑삑거리거나 단조롭게 윙윙거리는 소리에 더 가까웠다. 바람이 만들어내는 이런 소리들에 귀를 기울이다가 나는 그것들 모두가 한꺼번에 발생하고 있다는 사실을 깨달았다. 그런데도 나는 어떻게 그것들을 하나씩 따로 구별할 수 있었는지 의아해하던 중에 또다시 새들의 지저귐과 벌레 우는 소리가 귀에 들어왔다. 방금까지만 해도 바람소리밖에는 들리지 않았는데, 다음 순간 다른 소리들의 거대한 흐름이 갑자기 내 의식의 영역에 출현했던 것이다. 논리적으로 생각한다면 내가 바람소리만 듣고 있었을 때도 주위의 다른 모든 소리들 또한 계속 발생하고 있었다고 보아야 정상이다.

새들의 지저귐이나 벌레들이 윙윙거리는 소리를 일일이 셀 수는 없었지만, 나는 지금 발생하고 있는 소리들 하나하나를 빠짐없이 듣고 있다는 확신이 있었다. 그것들은 경탄스럽다고밖에는 할 수 없는 질서를 만들어내고 있었다. '질서' 말고는 달리 표현할 단어가 없다. 내가 듣고 있는 것은 패턴을 가진 소리들의 질서였다. 바꿔 말해서, 모든 소리는 차례대로 발생하고 있었다.

그러던 중 긴 흐느낌을 연상시키는 특이한 소리가 울려퍼졌다. 나는 전율했다. 그것이 들려온 순간에는 모든 소음이 그쳤고, 그 흐느낌의 잔향이 골짜기 외각에 도달할 때까지 골짜기 전체가 죽은 듯이 잠잠해졌던 것이다. 이윽고 잡다한 소리들이 다시 들려오기 시작했다. 그 즉시 나는 그것들의 패턴을 감지했다. 잠시 신중하게 귀를 기울여 보다가, 소리들 사이의 구멍들을 찾아보라는 돈 후앙의 충고가 이제는 무슨 뜻인지 이해할 수 있을 것 같다는 생각이 들었다. 잡다한 소리들의 패턴은 그 소리들 사이에 빈 공간을 가지고 있었던 것이다! 이를테면 새들의 특정한 지저귐은 박자를 맞추고 있었고 지저귐들 사이에는 그것이 멎는 순간들이 있었다. 내가 지각하고 있는 다른

소리들도 마찬가지였다. 잎사귀들이 부스럭거리는 소리는 모든 소리
를 균일한 웅웅거림으로 변화시키는 일종의 접착제에 가까웠다. 사
실을 말하자면, 낱낱의 소리가 발생하는 타이밍은 전체적인 소리 패
턴 속의 한 단위를 이루고 있었던 것이다. 따라서 그런 소리들 사이
에 있는 공간이나 멎는 순간들은 주의를 기울인다면 어떤 구조에 포
함된 구멍들로 지각할 수 있었다.

　또다시 폐부를 찌르는 듯한 정령 포획기의 날카로운 흐느낌이 들
려왔다. 이번에는 움찔하지 않았지만, 한순간 모든 소리가 그쳤을 때
나는 그런 정지停止를 하나의 구멍으로 지각했다. 그것도 아주 큰 구
멍으로 말이다. 바로 그 순간 나는 내 주의를 듣는 일에서 바라보는
일로 옮겼다. 푸르른 초목으로 뒤덮인 나지막한 언덕들이 모여 있는
것이 보였다. 언덕들의 위치 관계가 만들어낸 윤곽의 영향인지도 모
르겠지만, 한 언덕 중턱에 마치 구멍이 하나 나 있는 것처럼 보였다.
두 언덕 사이의 공간에 해당하는 지점이었고, 그 구멍을 통해 멀리
짙고 어두운 회색의 산들이 보였다. 한순간 나는 그 색채가 무엇인지
를 이해하지 못했다. 내가 지금 바라보고 있는 구멍은 마치 소리에
난 '구멍'처럼 느껴졌기 때문이다. 이윽고 잡다한 소리들이 다시 들
려오기 시작했지만 거대한 구멍의 시각적 이미지는 그대로 남아 있
었다. 잠시 후 나는 소리의 패턴과 그것들의 질서와 그것들이 멎을
때의 배열을 한층 더 예민하게 자각하기 시작했다. 나의 마음은 엄청
난 수의 독립된 소리들을 식별하고 분간할 수 있었다. 실제로 모든
소리를 추적하는 것이 가능했기 때문에 어떤 소리가 멎는 순간은 소

리들 사이에 난 명백한 구멍이었다. 이런 정지 순간들은 어떤 시점에서 내 마음속에서 결정화하면서 일종의 견고한 격자구조를 형성했다. 나는 그것을 보거나 듣는 것이 아니라 내 안에 있는 어떤 미지의 부분을 써서 느끼고 있었다.

돈 후앙이 또다시 현을 퉁겼다. 소리들이 이전처럼 뚝 그치면서 소리 구조에 거대한 구멍을 만들어냈다. 그러나 이번에는 이 큰 정지가 내가 바라보고 있던 언덕의 구멍과 뒤섞이며 서로 겹쳤다. 이 두 구멍을 지각하는 느낌은 충분히 오랫동안 지속되어서 두 구멍이 서로 맞아 들어가는 동안 그 윤곽을 시각적-청각적으로 감지할 수 있었다. 이윽고 다른 소리들이 다시 들려오기 시작하자 정지 순간들이 이루는 구조는 거의 시각視覺에 가까운 기이한 지각으로 변했다. 나는 그것들이 패턴을 생성하면서 내는 소리를 보기 시작했고, 곧 이 모든 패턴들은 두 개의 구멍이 서로 겹쳤을 때 내가 지각한 것과 동일한 방식으로 주위 경치 위에 겹쳤다. 나는 평소 익숙한 방식으로 보거나 듣고 있는 것이 아니었다. 그것들과는 전혀 다르지만 양쪽의 특징이 결합된 모종의 방식으로 지각하고 있었던 것이다. 이유는 모르겠지만 나는 언덕의 거대한 구멍에 주의를 집중하고 있었다. 그것을 바라보는 것과 동시에 듣고 있다고 느꼈다. 그 구멍에는 어딘가 유혹적인 데가 있었다. 구멍은 내 지각영역을 지배했고, 주위 환경의 어떤 특징과 일치하는 각각의 소리 패턴들은 그 구멍에 전적으로 의존해 있었다.

또다시 돈 후앙의 정령 포획기가 발하는 섬뜩한 흐느낌이 들려왔다. 다른 모든 소리가 멈췄다. 두 개의 커다란 구멍들에 빛이 들어오는 것처럼 보이더니, 다음 순간 나는 또다시 경작지를 바라보고 있었다. 그리고 예전에 보았을 때와 마찬가지로 맹우가 그곳에 서 있었다. 이 광경 전체가 매우 명료해졌기 때문에 마치 50미터밖에 떨어져 있지 않은 것처럼 그를 뚜렷하게 볼 수 있었다. 그러나 그의 얼굴은 모자에 가려 보이지 않았다. 이윽고 그는 조금 머리를 들고 나를 향해 걸어오기 시작했다. 거의 얼굴이 보일 것 같았고 그 사실은 나를 공포에 빠뜨렸다. 늦기 전에 그를 저지해야 한다는 사실을 알고 있었다. 온몸에 묘한 느낌이 끓어오르면서 '힘(power)'이 밖으로 새나가는 것을 느꼈다. 고개를 옆으로 돌려 이 비전을 지우고 싶었지만 몸이 말을 듣지 않았다. 이런 결정적인 순간 뇌리에 어떤 생각이 떠올랐다. "마음이 깃든 길"의 항목들이 방패가 되어준다는 돈 후앙의 말이 무슨 뜻인지를 깨달았던 것이다. 나는 내 인생에서 하고 싶은 일이 있었다. 흥미진진한 열정의 대상, 나를 크나큰 평화와 기쁨으로 채워 주는 일이. 나는 맹우가 나를 이길 수 없다는 사실을 알고 있었다. 나는 맹우의 얼굴 전체가 보이기 전에 아무 문제 없이 고개를 돌릴 수 있었다.

그러자 그 밖의 온갖 소리들이 들려오기 시작했다. 마치 소리들이 나를 상대로 정말로 화를 내기라도 하는 것처럼 갑자기 커지고 날카로워진 느낌이었다. 소리들은 패턴을 상실하고 귀가 아플 정도로 날카로운 비명소리로 이뤄진 무정형의 덩어리로 변했다. 그 압력에 못 이겨 귀가 웅웅거리기 시작했다. 머리가 터질 것 같았다. 나는 일어서서 손바닥으로 귀를 막았다.

돈 후앙이 나를 부축해서 아주 작은 강으로 데려갔고, 옷을 벗은 다음 물 위에서 구르게 했다. 그는 거의 말라 있다시피 한 강바닥에 나를 눕게 한 다음 모자에 물을 담아 내게 뿌렸다.

귀의 압박감은 눈 깜짝할 새에 사라지고, 나를 "씻는" 작업은 단 몇 분 만에 끝났다. 돈 후앙이 나를 쳐다보더니 잘 했다는 듯이 고개를 끄덕이며, 내가 나 자신을 금새 "단단하게" 만들었다고 말했다.

그는 옷을 입은 나를 원래 앉아 있던 곳으로 데려갔다. 나는 지극히 활력에 넘쳤고, 고양되고 명료한 기분이었다.

돈 후앙은 내가 본 비전을 세부까지 빠짐없이 알고 싶어했고, 주술사는 소리에 난 "구멍"들을 이용해서 특정한 일에 대해 알아낸다고 말했다. 주술사의 맹우가 소리에 난 구멍들을 통해 복잡한 비밀을 알려준다는 것이다. 그러나 내가 질문하자 돈 후앙은 그것을 무시하고 "구멍"에 관해 더 이상 자세한 설명을 해주기를 거부했다. 내게는 아직 맹우가 없기 때문에 그런 정보는 백해무익하다는 것이 그가 든 이유였다.

"주술사에게는 모든 것이 의미를 갖고 있어. 소리에는 구멍이 나 있고, 자네 주위에 있는 모든 것들도 마찬가지야. 보통 사람들은 그런 구멍들을 포착할 수 있을 정도의 속도를 못 내기 때문에 아무런 보호막도 없이 그냥 살아가야 해. 벌레든 새든 나무든 간에 살아 있는 것들은 우리에게 상상도 할 수 없는 엄청난 얘기를 해줄 수 있다네. 우리의 속도가 그들의 메시지를 포착할 수 있을 만큼 빠르기만

하다면 말이야. 스모크는 우리가 그런 속도를 낼 수 있게 해준다네. 하지만 우리는 이 세계에 사는 모든 살아 있는 것들과 좋은 관계를 유지해야 해. 그래서 곧 죽으려고 하는 식물에게 말을 걸어, 잘라서 미안하다고 빌어야 하는 거라네. 우리가 사냥할 동물들 역시 마찬가지야. 반드시 필요한 것들만 잡아야 하네. 그러지 않는다면 우리가 죽인 식물과 동물과 벌레들이 우리를 적대시해서 질병과 불운을 가져다주기 때문이지. 전사는 그런 사실을 알고 있기 때문에 그것들을 최대한 달래주려고 한다네. 그래야지 구멍을 통해 볼 때 나무와 새와 벌레들이 진실한 얘기를 해주거든.

하지만 지금은 이런 것들은 중요하지 않아. 중요한 건 자네가 맹우를 봤다는 사실이야. 그게 자네가 할 일이야! 우리가 뭔가를 사냥하러 갈 거라는 얘긴 했지. 난 그게 동물일 거라고 생각했네. 자네가 동물을 목격하고, 그걸 함께 사냥해야 할 거라고 말이야. 내 경우는 멧돼지를 보았지. 내 정령 포획기도 멧돼지야."

"그 정령 포획기를 멧돼지로 만들었다는 겁니까?"

"아냐! 주술사의 삶에서는 그 어떤 것도 그것 아닌 다른 무엇으로 만들어지지는 않아. '어떤 것'이 있다면 그건 그것 자체일 뿐이라네. 자네가 멧돼지에 대해 알고 있었다면 내 정령 포획기도 멧돼지라는 것을 깨달았을 거야."

"우리는 왜 사냥을 하러 여기에 온 겁니까?"

"맹우가 자기 자루에서 꺼낸 정령 포획기를 보여줬으니까. 그를 불러내려면 자네도 그런 것이 하나 있어야 해."

"정령 포획기가 뭡니까?"

"끈이야. 그걸 쓰면 나는 다른 맹우들이나 나 자신의 맹우를 불러낼 수 있고, 물웅덩이의 정령들, 강의 정령들, 산의 정령들도 불러낼수 있다네. 내 것은 멧돼지이고 멧돼지처럼 울어. 자네를 돕기 위해서 자네 주위에서 두 번 그걸 써서 물의 정령을 불러냈지. 그 정령도 오늘 맹우가 왔을 때처럼 자네에게 왔었지. 자넨 충분한 속도를 갖추고 있지 않기 때문에 그걸 못 봤지만. 하지만 협곡으로 자네를 데려가서 바위 위에 눕게 했던 날 자네는 정령을 실제로 보지는 못했어도 정령이 자네를 위에서 거의 덮치다시피 했다는 걸 알고 있었어. 그런 정령들은 조력자라네. 다루기 힘들고 좀 위험하긴 하지만 말이야. 그것들을 누르려면 완전무결한 의지가 있어야 해."

"그것들은 어떤 모습을 하고 있습니까?"

"사람에 따라 달라. 맹우와 마찬가지지. 자네에게 맹우는 예전에 알고 지내던 사내, 또는 금방이라도 누군지 생각날 것 같은 사내 모습으로 보이는 게 분명해. 자네 성향이 그런 쪽을 향하고 있는 거지. 자넨 신비로움이나 비밀을 좋아하니까. 난 자네와는 다르기 때문에 내게 맹우란 아주 정확한 어떤 모습으로 있다네.

물웅덩이의 정령들은 특정한 장소에 속해 있어. 내가 자네를 도우려고 불러낸 물웅덩이의 정령은 나도 알고 지내던 것이었어. 나를 여러 번 도와준 적이 있지. 그 협곡이 그 거처라네. 내가 자네를 돕기 위해 그것을 불렀을 때 자네는 강하지 않았기 때문에 정령한테 혼이 좀 났었지. 일부러 그런 건 아냐. 정령들은 결코 일부러 그러지는 않네. 하지만 자넨 아주 약해진 상태로 누워 있었어. 내가 예상했던 것보다 더 약했지. 나중에 그 정령은 자네를 꾀어내서 거의 죽일 뻔했어. 관개수로의 물속에서 자넨 인광燐光을 발하고 있었으니까. 그 정령은 자네의 허를 찔렀고 자넨 거의 굴복하기 직전까지 갔어. 정령은 한 번 그런 행동에 나서고 나면 언제나 먹잇감에게 다시 돌아온다네. 자네에게도 틀림없이 돌아올 거야. 운 나쁘게도 자네가 작은 스모크를 쓴 후에 다시 단단해지려면 물이 필요해. 그 탓에 자넨 지독하게 불리한 입장에 놓였어. 물을 안 쓰면 자넨 아마 죽겠지만, 물을 쓰면 정령의 먹이가 되어버리니까 말이야."

"다른 장소의 물을 쓰면 안 됩니까?"

"소용없어. 우리집 근처에 있는 물웅덩이의 정령은 자네가 어디로 가든 따라다닐 수 있어. 자네가 정령 포획기를 갖고 있지 않는 한은 말이야. 그래서 맹우는 그걸 자네한테 보여줬던 거야. 자네에겐 그게 필요하다고 가르쳐준 거지. 그 골짜기를 가리켜 보인 다음에 자기 왼손에 그걸 감고 자네한테 왔잖나. 오늘도 처음 만났을 때와 마찬가지로 또 정령 포획기를 보여주고 싶어했어. 그때 자네가 멈췄던 건 현명했네. 그 맹우는 자네 힘에 비하면 너무 빨라서, 직접적인 충격을 받았다면 자넨 큰 내상을 입었을 테니까 말이야."

"그럼 저는 정령 포획기를 어떻게 손에 넣어야 합니까?"

"그 맹우가 자네한테 그걸 하나 줄 작정이라는 건 명백해."

"어떻게?"

"나도 모르겠네. 자네 쪽에서 직접 그에게 가는 수밖에 없어. 맹우는 이미 어디서 그걸 찾으면 되는지 자네에게 가르쳐줬지만."

"그게 어디입니까?"

"저쪽이야. 자네가 구멍을 봤던 언덕."

"맹우를 직접 찾아가야 하는 건가요?"

"아니. 하지만 그 맹우는 이미 자네를 환영하고 있어. 작은 스모크가 그에게 가는 길을 열어줬거든. 그 맹우와는 나중에 직접 대면하는 날도 오겠지만, 그건 자네가 그를 아주 잘 알게 된 뒤에나 가능한 일이야."

16

1969년 12월 15일 늦은 오후에 우리는 또 같은 골짜기로 왔다. 덤 불을 누비고 가는 동안 돈 후앙은 내가 수행하게 될 작업에서 방향 내지 방위는 결정적인 중요성을 갖고 있다는 점을 거듭 강조했다.

"언덕 정상에 오르는 즉시 올바른 방향이 어딘지를 확인해야 하네. 자네는 정상에 오르자마자 저쪽을 마주 보아야 해." 돈 후앙은 남동쪽을 가리켰다. "저게 자네에게 이로운 방향이니까 계속 저쪽을 마주 보고 있으라고. 특히 뭔가 문제가 발생할 경우에는 말이야. 잊지 말게."

우리는 예전에 내가 구멍을 지각했던 언덕 기슭에서 멈춰 섰다. 돈 후앙은 내가 앉아야 할 특정한 장소를 가리켰고, 내 곁에 앉은 다음 나직한 목소리로 내가 해야 할 일을 자세하게 설명해주었다. 언덕 정상에 도달하는 즉시, 구부려서 손바닥에 댄 엄지를 제외한 나머지 손가락들을 부챗살처럼 펼치고, 손바닥을 아래로 향한 자세로 오른 팔을 앞으로 쭉 뻗어야 하며, 그런 다음에는 북쪽으로 고개를 돌려 그 팔을 가슴에 갖다 대고 손도 역시 북쪽을 향하게 하라는 얘기였다. 그러고는 왼발을 오른발 뒤에 대고 왼쪽 발끝으로 지면을 툭툭 치며 춤을 추라고 했다. 그리고 왼쪽 다리로 따스함이 올라오는 것을 느끼면 나는 팔을 북쪽에서 남쪽으로 천천히 움직였다가 다시 북쪽으로 움직여야 했다.

"팔을 천천히 움직일 때 손바닥이 뜨거워지는 지점이 바로 자네가 앉을 장소야. 바라봐야 할 방향이기도 하고. 만약 그 지점이 동쪽에 있거나 저쪽에 있다면 — 돈 후앙은 다시 남동쪽을 가리켰다 — 자넨 훌륭한 결과를 얻을 수 있을 걸세. 만약 손바닥이 뜨거워지는 지점이 북쪽에 있다면 자넨 혼이 나겠지만 스스로의 힘으로 흐름을 바꿀 수 있을지도 몰라. 만약 그 지점이 남쪽에 있다면 힘든 싸움이 될 걸세.

처음에는 네 번까지 팔을 움직여도 되지만, 그 동작에 익숙해지면 한 번만 움직여도 손바닥이 뜨거워지는지 안 뜨거워지는지를 확인할 수 있어.

일단 어떤 지점에서 손바닥이 뜨거워진 걸 확인하면 그곳에 앉게. 그게 첫 번째 지점이야. 자네가 만약 남쪽이나 북쪽을 마주 보게 된다면 그대로 머물러도 될 정도로 기력이 충실한 상태인지를 자문해봐야 해. 자신이 없으면 일어나서 그 자리를 떠나게. 그런 상태에서 계속 거기에 머물 필요는 없으니까 말이야. 만약 그대로 있겠다는 결심이 선다면 첫 번째 지점에서 1미터 반쯤 떨어진 곳에서 모닥불을 피울 수 있을 넓이만큼의 지면을 청소하게. 모닥불은 자네 시선과 일직선상에 위치해 있어야 하고, 그게 자네의 두 번째 지점이야. 그런 다음 이 두 지점 사이에 떨어져 있는 잔가지들을 모두 끌어모아서 불을 피우고, 첫 번째 지점에 앉아서 불을 바라보는 거야. 그럼 늦든 빠르든 정령이 자네에게 와서 모습을 드러낼 걸세.

네 번까지 팔을 움직여봐도 손바닥이 뜨거워지지 않는다면 팔을 북쪽에서 남쪽으로 천천히 움직여보고, 몸을 돌려서 서쪽으로도 움직여보게. 만약 서쪽에 있는 어떤 지점에서 손바닥이 뜨거워진다면 모든 걸 포기하고 달려서 도망쳐. 평지를 향해 언덕을 뛰어 내려가란 말이야. 뒤에서 무슨 소리가 들리든, 무엇을 느끼든 간에 절대로 뒤를 돌아보면 안 돼. 일단 평지에 도달하면 아무리 두렵더라도 달리기를 멈추고 지면에 엎드리게. 웃옷을 벗어 뭉쳐서 배꼽 부근에 대고, 양쪽 무릎을 배에 댄 자세로 공처럼 둥글게 웅크리는 거야. 양손으로는 눈을 가리고, 양 팔꿈치를 허벅지에 딱 붙이고 있어야 하네. 그리고 아침이 될 때까지 그 자세를 유지하고 있어. 이 간단한 절차를 제대로 따라 하기만 하면 절대로 해를 입는 일은 없을 걸세.

평지로 뛰어 내려갈 수 없는 경우에는 그냥 그 자리에서 엎드리게. 그럼 끔찍한 경험을 하게 되겠지만 냉정을 잃지 않고, 움직이거나 바라보지만 않는다면 터럭 하나 다치지 않고 멀쩡하게 돌아올 수 있을 거야.

만약 서쪽을 향해 팔을 움직여도 전혀 손바닥이 뜨거워지지 않는다면 다시 동쪽으로 몸을 돌리고 동쪽을 향해 달리게. 숨이 차서 더 이상 달릴 수 없으면 그 자리에 멈춰 서서 같은 일을 되풀이하는 거야. 손바닥이 뜨거워질 때까지 계속 동쪽으로 달리면서 같은 동작을 되풀이해야 하네."

돈 후앙은 내가 그 절차를 완전히 기억할 때까지 복창시켰다. 그런 다음 우리는 오랫동안 묵묵히 앉아 있었다. 나는 두어 번 말을 걸어보려고 했지만 그때마다 그는 단호한 손짓으로 나를 침묵하게 만들었다.

돈 후앙이 일어나서 단 한 마디도 하지 않고 언덕을 올라가기 시작했을 때는 주위가 어둑어둑해지고 있었다. 언덕 꼭대기에서 나는 그가 지시한 모든 동작을 실행에 옮겼다. 돈 후앙은 조금 떨어진 곳에 서서 날카로운 눈으로 나를 주시하고 있었다. 나는 지극히 신중하게 행동했고, 의도적으로 느리게 움직였다. 온도 변화를 조금이라도 느껴보려고 했지만, 손바닥이 뜨거워졌는지 안 뜨거워졌는지는 알 수 없었다. 그 무렵 주위는 이미 상당히 어두워져 있었지만, 나는 덤불에 채이지도 않고 동쪽을 향해 달려갈 수 있었다. 숨이 차오르자 달리기를 멈췄다. 출발 지점에서 그리 떨어져 있지 않은 곳이었다. 나는 녹초가 되고 긴장한 상태였다. 팔뚝이 욱신거렸다. 장딴지도 마찬가지였다.

나는 그곳에서 지시받은 대로 동일한 동작을 되풀이했지만 역시 아무 결과도 얻지 못했다. 나는 어둠 속에서 두 번 더 달렸다. 그리고 세 번째 시도에서 팔을 동쪽으로 움직였을 때 손바닥이 뜨거워지는 경험을 했다. 온도 변화가 너무나 극적이었기 때문에 나는 깜짝 놀랐다. 나는 그 자리에 앉아서 돈 후앙이 오기를 기다렸다. 손바닥 온도가 변하는 것을 감지했다고 그에게 말하자 그는 계속하라고 말했다. 나는 근처의 잔가지를 모두 끌어모아 모닥불을 피웠다. 돈 후앙은 왼쪽으로 60센티미터쯤 떨어진 곳에 앉았다.

모닥불은 춤추는 듯한 기묘한 모양을 띠었다. 불길은 이따금 무지

갯빛을 발했고, 파랗게 타오르다가 새하얗게 변하곤 했다. 모닥불 색깔이 이렇게 묘한 것은 내가 끌어모은 특정한 잔가지들에 함유되어 있는 모종의 화학물질 때문이리라고 나는 해석했다. 또 하나의 아주 묘한 특징은 불똥이었다. 내가 새 잔가지들을 모닥불에 지필 때마다 아주 커다란 불똥이 튀었던 것이다. 테니스공만 한 불똥들은 마치 공중에서 파열하는 것처럼 보였다.

돈 후앙에게 충고받은 것을 기억하고 나는 뚫어지게 불을 응시했다. 그러자 현기증이 몰려왔다. 돈 후앙은 물이 든 조롱박을 내게 건네며 마시라는 시늉을 했다. 물을 마시자 긴장이 풀리고 기분이 아주 상쾌해졌다.

돈 후앙은 나를 향해 몸을 기울이더니 귀에다 대고 불길을 응시할 필요는 없고 불길이 향하는 쪽을 바라보기만 하면 된다고 속삭였다. 거의 한 시간 가까이 그러고 있자 매우 춥고 눅눅해졌다. 내가 손을 뻗어 잔가지 하나를 집으려고 한 순간, 조그만 나방 — 아니면 내 망막 위의 점이었을까 — 이 나와 불 사이의 공간을 오른쪽에서 왼쪽으로 가로질렀다. 그 순간 나는 움찔 뒤로 물러나며 돈 후앙을 쳐다보았다. 그는 턱을 움직여 불길을 다시 바라보라는 시늉을 했다. 다음 순간 똑같은 그림자가 반대 방향으로 지나갔다.

돈 후앙은 재빨리 일어나더니 모닥불이 완전히 꺼질 때까지 불이 붙은 가지들 위에 흙을 뿌렸다. 그는 엄청난 속도로 눈 깜짝할 새에 불을 껐다. 내가 도우려고 다가갔을 때는 이미 일이 끝나 있었다. 그는 연기가 피어오르는 나뭇가지 위의 흙을 밟아 다지고, 나를 끌다시

피 하며 언덕을 내려간 다음 골짜기 밖으로 나왔다. 그는 고개를 돌리지도 않고 무척 빠른 걸음으로 걸어갔고, 내가 말할 틈을 아예 주지 않았다.

몇 시간 뒤에 차가 있는 곳에 도달했을 때 나는 내가 본 것이 무엇인지를 물었다. 돈 후앙은 단호하게 고개를 가로저을 뿐이었다. 우리는 완전한 침묵 속에서 차를 달렸다.

이른 아침 집에 도착하자 돈 후앙은 곧바로 집 안으로 들어갔고, 내가 말하려고 하자 또 조용히 하라는 시늉을 했다.

돈 후앙은 집 뒤꼍에 앉아 있었다. 내가 집 밖으로 나오자마자 말하기 시작하는 것을 보니 내가 잠에서 깨기를 기다리고 있었던 것 같았다. 그는 내가 어젯밤에 본 그림자는 정령으로, 내가 그것을 본 그 장소에 속한 힘이라고 했다. 그는 그 존재를 쓸모없는 것으로 규정했다.

"그건 그저 거기에 존재할 뿐이야. 능력(power)의 비밀 따위는 갖고 있지 않기 때문에 그 자리에 머물러 있어봤자 아무 의미도 없었어. 설령 머물러 있었다고 해도 자넨 밤새도록 그림자가 빠른 속도로 휙휙 지나가는 광경밖에 못 봤을 거야. 하지만 운이 좋으면 자네에게 능력의 비밀을 가르쳐줄 수 있는 다른 존재들을 만날 수도 있지."

우리는 이런 얘기를 하고 나서 아침을 먹었다. 그런 다음 집 앞에서 한동안 아무 말도 하지 않고 앉아 있었다.

"그런 존재에는 세 종류가 있네." 돈 후앙이 느닷없이 운을 뗐다. "줄 것이 아예 없기 때문에 아무것도 주지 못하는 존재들, 공포를 불러일으키는 것이 전부인 존재들, 그리고 선물을 줄 수 있는 존재들이지. 어젯밤 자네가 본 건 말 없는 정령, 줄 것이 아무것도 없고 단지 그림자에 불과한 존재야. 하지만 그런 말 없는 정령의 경우는 또 다른 종류의 존재와 결부되어 있는 경우가 대부분이라네. 오직 공포를 불러일으키는 성질밖에 없는 악의적인 정령인데, 언제나 말 없는 정령의 거처 주변을 얼쩡거리지. 그래서 난 서둘러 그곳을 빠져나왔던 걸세. 악의적인 종류의 정령은 사람의 집 안까지 따라 들어와서 도저히 거기서 살 수 없게 만든다네. 나는 그 때문에 집을 아예 버리고 나와야 했던 사람들을 알고 있어. 그럼에도 불구하고 그런 종류의 존재에게서 많은 걸 얻어낼 수 있다고 믿는 작자들은 언제나 있기 마련이지만, 정령이 단지 자기 집 주위에 있다고 해서 무슨 의미가 있는 건 아니야. 그걸 유혹하는 게 가능하다고 믿거나, 그것이 무슨 비밀을 알려줄 거라고 지레짐작하고 집 주위에서 그걸 따라다니는 사람들도 있지. 하지만 그런 작자들이 얻어낼 수 있는 거라곤 오직 무시무시한 경험밖에는 없다네. 난 자기 집으로 따라 들어온 그런 악의적인 존재를 교대로 관찰한 친구들을 알고 있는데, 몇 달 동안이나 그 정령을 관찰했지만 결국은 외부인이 들어가서 그 친구들을 집 밖으로 끌어내야만 했어. 다들 쇠약해져서 다 죽어가고 있었거든. 그러니까 그런 악의적인 종류를 만날 경우엔 그냥 잊어버리고 건드리지 않는 게 상책일세."

나는 사람들이 어떻게 정령을 유혹하는지 물어보았다. 돈 후앙은 사람들은 우선 정령이 가장 나타나기 쉬운 장소를 힘들게 찾아낸 다음, 그것이 지나가는 길에 무기를 놓아둔다고 대답했다. 그것이 무기를 건드릴 것을 기대하고 말이다. 왜냐하면 정령들은 무기류를 좋아하는 것으로 알려져 있기 때문이다. 어떤 종류의 도구든 물체든 간에 정령이 건드린 것은 뭐든지 주물呪物이 된다고 돈 후앙은 말했다. 하지만 악의적인 정령은 아무것도 건드리지 않고, 단지 소음이 들리는 환청을 유발할 뿐인 것으로 알려져 있다고 했다.

그래서 나는 그런 정령들이 어떤 방식으로 두려움을 유발하느냐고 물었다. 돈 후앙은, 인간 형상의 검은 그림자가 되어서 집 안을 돌아다니며 무시무시하게 덜그럭거리거나, 사람 목소리를 내거나, 혹은 어두운 집구석에서 느닷없이 튀어나옴으로써 사람들에게 겁을 주는 경우가 가장 흔하다고 대답했다.

돈 후앙에 의하면 세 번째 종류의 정령이야말로 진정한 맹우이며 비밀을 가르쳐주는 존재였다. 이 특수한 종류는 외지고 인적이 없는, 거의 접근이 불가능한 장소에 존재한다고 한다. 그런 존재를 찾아내고 싶은 사람은 먼 곳까지 직접 여행해야 하며, 외진 곳에 도착한 뒤에는 혼자서 모든 필요한 절차를 밟아야 했다. 모닥불을 피우고 앉아 있다가 예의 그림자를 목격하면 즉각 그 자리를 떠나야 하지만, 그 이외의 상황과 마주칠 경우에는 그 자리에 머물러야 한다고 했다. 이를테면 강한 바람이 불어와서 모닥불을 꺼버리고, 다시 불을 붙이려는 시도를 네 번 잇달아 방해하는 경우가 바로 그런 상황에 해당한다. 근처에 있는 나무에서 가지가 부러지는 수도 있는데, 그럴 경우에는 단지 나뭇가지가 부러지는 소리를 들은 것이 아니라 실제로 부러졌다는 사실을 직접 확인해야 한다고 돈 후앙은 말했다.

그밖에는 바위가 굴러오거나 모닥불을 향해 자갈이 날아오는 경우, 혹은 어떤 식으로든 지속적인 소음이 들려오는 상황에 유념할 필요가 있었다. 그럴 경우에는 정령이 스스로 모습을 드러낼 때까지 그런 현상이 일어난 쪽으로 걸어가야 한다고 했다.

그런 존재가 전사를 시험에 들게 하는 방법은 여러 가지가 있었다. 소름 끼치는 모습을 하고 느닷없이 그의 앞으로 튀어나오거나, 뒤에서 그를 꽉 껴안고 몇 시간 동안이나 그 자리에 못 박아둘 때도 있다고 했다. 전사 위로 나무를 쓰러뜨리는 경우도 있었다. 돈 후앙은 그런 존재는 정말로 위험한 힘이며, 직접적인 수단을 써서 사람을 죽이지는 못하지만 공포로 죽게 하거나, 사람 위로 실제로 어떤 물건이 떨어지게 하거나, 사람 앞에 느닷없이 나타나 발을 헛디디게 함으로써 절벽 아래로 떨어지게 만든다고 설명했다.

만약 내가 부적절한 상황에서 그런 존재와 마주쳤다가 저항하면 죽을 수도 있기 때문에 절대로 그러면 안 된다고 했다. 내 영혼을 앗아갈 수조차 있기 때문에 단지 지면에 몸을 던진 채 아침까지 참는 수밖에 없다고 돈 후앙은 강조했다.

"비밀을 가르쳐주는 존재인 맹우와 대면하는 사람은 모든 용기를 쥐어짜서 맹우 쪽에서 자신을 부여잡기 전에 먼저 부여잡고, 맹우 쪽에서 쫓아오기 전에 먼저 쫓아가야 하네. 쫓아갈 때는 가차 없이 쫓아가야 하고, 그런 다음 대결하는 거지. 맹우를 부여잡고 땅에 쓰러뜨린 다음 그쪽에서 자네에게 능력을 선사해줄 때까지 꼼짝도 못하게 붙들고 있는 거야."

나는 그렇게 손으로 붙잡을 수 있다면 맹우에게는 실체가 있는 것이냐고 물으면서, "정령(spirit)"이라는 관념 자체가 뭔가 희박한 인상을 주지 않느냐고 따졌다.

"정령이라고 부르지 말고 맹우라고 부르게. 불가해한 힘들이라고 부르라고."

돈 후앙은 잠시 침묵하더니 팔베개를 하고 누웠다. 나는 그런 존재들이 실체를 가지고 있는지를 말해달라고 거듭 졸랐다.

"당연히 실체를 갖고 있지." 그는 잠깐 침묵했다가 대꾸했다. "그것들과 씨름할 때는 단단한 느낌이 오거든. 하지만 그런 느낌은 순간적이야. 그 존재들은 인간의 공포에 의존한다네. 따라서 씨름 상대가 전사라면 그 존재는 금세 압력을 잃어버리고 전사는 되려 활력을 얻게 되지. 전사는 정령의 압력을 실제로 흡수할 수 있다는 뜻이야."

"어떤 종류의 압력을 말하는 겁니까?"

"능력. 그것을 만지면 마치 당장에라도 이쪽을 갈가리 찢어놓을 것처럼 격렬하게 진동하지만 그건 쇼에 불과해. 사람이 계속 부여잡고 있으면 그것은 압력을 잃어버린다네."

"압력을 잃으면 어떤 일이 일어납니까? 공기 같아지는 건가요?"

"아니. 그냥 축 늘어져. 여전히 실체는 남아 있지만 말이야. 하지만 그건 그 어떤 감촉과도 다른 느낌이야."

나중에 해가 진 뒤에, 나는 그에게 그날 밤 내가 보았던 것은 나방에 불과할지도 모른다고 말했다. 돈 후앙은 웃음을 터뜨리더니 지극히 참을성 있는 태도로 나방은 날개를 태우지 않는 전구 주위만 날아다닐 뿐이라고 설명했다. 반면 불에는 한 번이라도 접근했다가는 날개가 타버리기 때문에 다가오지 않는다고 했다. 돈 후앙은 그 그림자가 모닥불 전체를 뒤덮었다는 사실도 지적했다. 이 얘기를 듣자 그것이 지극히 거대한 그림자였으며 한순간 실제로 모닥불 전체를 시야에서 가렸다는 사실이 생각났다. 워낙 순식간에 일어났던 일이기 때문에 처음에 기억을 재구성할 때는 딱히 주목하지 못했던 것이다.

그리고 돈 후앙은 불똥이 매우 컸고 내 왼쪽으로 날아갔다는 점도 지적했다. 그 사실은 나도 알아차리고 있었다. 바람이 아마 내 쪽으로 불어왔기 때문일 것이라고 내가 말하자 돈 후앙은 바람 따위는 전혀 없었다고 반박했다. 사실이었다. 당시를 떠올려보니 아주 조용한 밤이었던 것이 맞다.

또 하나 내가 완전히 간과했던 것은 불길이 발하던 녹색 광채였다. 예의 그림자가 처음으로 내 시야를 가로지른 직후 돈 후앙이 계속 불을 바라보라고 신호했을 때 감지했던 현상이다. 돈 후앙은 그 사실을 지적했고, 그림자라는 말을 쓰지 말라고 거듭 말했다. 그것은 둥글고 거품에 더 가까운 형상을 하고 있었다고 그는 말했다.

이틀 뒤인 1969년 12월 17일, 돈 후앙은 문득 생각난 듯이, 이제는 내가 혼자서 언덕으로 가서 힘이 깃든 물체인 정령 포획기를 손에 넣기 위해 필요한 모든 세부적 지식과 기술을 터득했다고 말했다. 그는 그가 함께 가주면 방해가 될 뿐이니 혼자서 가라고 독려했다.

내가 채비를 갖추고 떠나려고 하는 순간 그는 마음을 바꾼 듯했다.

"자넨 아직 충분히 강하지 않아. 언덕 기슭까지 함께 가주겠네."

내가 맹우를 목격했던 예의 조그만 골짜기에 도착한 다음 돈 후앙은 내가 언덕에 난 구멍이라고 부른 지형의 형상을 멀리서 훑어보았고, 맹우의 거처는 구멍을 통해서 볼 수 있는 가장 먼 지점에 위치해 있으므로 우리는 훨씬 더 남쪽의 산속까지 들어가야 한다고 말했다.

나도 같은 지형을 바라보고 있었지만 내가 분간할 수 있었던 것이라고는 멀리 보이는 푸르스름한 산들뿐이었다. 그러나 돈 후앙은 나를 남동쪽으로 데리고 갔다. 몇 시간이나 걸어간 끝에 우리는 그가 맹우의 거처로 "충분히 깊숙하게" 들어왔다고 표현한 지점에 도달했다.

늦은 오후였다. 우리는 바위 위에 앉았다. 나는 피곤하고 배가 고팠다. 오늘 하루 먹은 것이라고는 약간의 토르티야와 물밖에 없었기 때문이다. 돈 후앙은 벌떡 일어나서 하늘을 바라보더니 내게 가장 좋은 방위를 향해 지금 떠나라고 명령조로 말했고, 나중에 돌아올 수 있도록 현재 우리가 있는 지점을 잘 기억해두라고 했다. 그러면서 안심하라는 듯이 아무리 오랜 시간이 걸리더라도 나를 기다리고 있겠다고 덧붙였다.

오히려 불안해진 나는 정령 포획기를 얻는 작업은 오래 걸리느냐고 되물었다.

"난들 어떻게 알겠나?" 그는 의미심장한 미소를 지으며 말했다.

나는 남동쪽을 향해 걸어가면서 돈 후앙을 보려고 두 번 뒤를 돌아보았다. 그는 반대 방향으로 아주 느리게 걸어가고 있었다. 나는 큰 언덕의 정상으로 올라가서 다시 돈 후앙의 모습을 찾아보았다. 그는 200미터는 족히 떨어진 곳에 있었고, 몸을 돌려 나를 바라보려고 하지도 않았다. 나는 사면을 뛰어 내려가서 언덕들 사이에 있는 사발처럼 오목하게 패인 장소에 도달했다. 그러자 갑자기 내가 혼자라는 사실을 깨달았다. 나는 잠깐 앉아 쉬기로 하고 내가 여기서 무슨 짓을 하고 있는지를 고민하기 시작했다. 정령 포획기라는 물건을 찾아다닌다는 사실이 우스꽝스럽게 느껴졌던 것이다. 나는 전망이 더 좋은 곳에서 돈 후앙을 보려고 다시 언덕 정상으로 뛰어 올라갔지만 그의 모습은 어디에서도 찾을 수 없었다. 그래서 마지막으로 보았을 때 그가 있었던 언덕 기슭의 한 지점을 향해 달려갔다. 모조리 때려치우고 집에 가고 싶었다. 멍청이가 된 듯한 기분이었고, 피곤했다.

　　"돈 후앙!" 나는 몇 번이나 외쳤다.

　　어디에서도 돈 후앙의 모습은 보이지 않았다. 나는 또 다른 가파른 언덕 정상으로 뛰어 올라갔다. 그곳에서도 그의 모습은 보이지 않았다. 그런 식으로 상당한 거리를 달리며 그를 찾았지만 아예 자취를 감춰버린 듯했다. 나는 왔던 길을 되돌아 그와 헤어졌던 출발점을 향해 갔다. 돈 후앙이 나의 변덕스러운 행동을 비웃으며 바로 그곳에 앉아 있을 것이라는 말도 안 되는 확신에 사로잡혀 있었던 것이다.

　　"도대체 내가 어쩌다가 이런 짓을 하게 된 거지?" 나는 큰 소리로 자신에게 물었다.

그제야 나는 내가 그곳에서 무엇을 하고 있든 간에 일을 중도에서 그만둘 방법 따위는 없다는 사실을 깨달았다. 차를 세워둔 곳까지 돌아가는 길을 아예 몰랐기 때문이다. 돈 후앙이 이곳으로 오면서 여러 번 방향을 바꾼 탓에 동서남북의 기본 방위를 확인하는 것만으로는 충분하지 않았다. 산속에서 길을 잃게 될 것이 두려웠다. 나는 땅바닥에 앉았다. 원래의 출발점으로 되돌아갈 방법은 처음부터 아예 존재하지 않았다는 낯설고 기이한 느낌에 사로잡혔다. 돈 후앙이 나에게, 나는 늘 일의 시작부터 알아야겠다고 고집을 부리는 버릇이 있다고 지적했던 것이 생각났다. 시작 따위는 애당초 없는데도 말이다. 그리고 나는 지금 이 산속에서 마침내 그가 한 말이 무슨 뜻인지를 깨달았다. 출발점은 언제나 나 자신이었으며, 그곳에 돈 후앙은 아예 있지도 않았던 듯한 느낌이랄까. 그리고 내가 그를 찾아보았을 때 그는 원래대로의 존재 — 언덕 너머로 유령처럼 훌쩍 사라져버린 — 가 되었던 것이다.

나뭇잎이 나직하게 바스락거리는 소리가 들리면서 묘한 향기가 나를 감쌌다. 슬그머니 고막을 압박해오는 바람의 울림을 느꼈다. 태양은 주황색으로 물든 띠 같은 지평선 위의 구름에 막 닿으려는 참이었는데, 낮게 깔린 뭉게구름 뒤로 사라지는가 싶더니 이내 안개 속에서 떠오른 심홍색 공처럼 다시 모습을 드러냈다. 태양은 잠시 파란 하늘로 돌아가려고 애를 쓰는 것처럼 보였지만, 구름은 그럴 여유를 줄 생각이 없는 듯했다. 이윽고 주황색 띠와 산들의 검은 윤곽이 태양을 삼켜버렸다.

나는 지면에 드러누웠다. 나를 둘러싼 세계는 너무나도 고요하고 너무나도 평온한 동시에 너무나도 이질적이었다. 압도당하는 느낌이었다. 울 생각은 없었지만 어느새 눈물이 흐르고 있었다.

그런 자세로 몇 시간 동안이나 누워 있었다. 일어날 수가 없었다. 등에 느껴지는 바위는 딱딱했다. 내가 누워 있는 지점에는 주위의 푸르른 관목들과는 대조적으로 아무 식물도 자라 있지 않았다. 내가 있는 지점에서는 동쪽 언덕을 에워싼 높은 나무들이 보였다.

드디어 주위가 꽤 어두워졌다. 그러자 기분이 나아졌다. 사실, 거의 행복한 기분이 되었다고 해도 무방할 것이다. 내 입장에서는 이렇게 어둑어둑한 쪽이 눈부신 대낮보다 훨씬 더 힘이 나고 안심이 되기 때문이다.

나는 일어서서 작은 언덕 꼭대기로 올라갔고, 거기서 돈 후앙이 가르쳐준 동작을 되풀이하기 시작했다. 동쪽을 향해 일곱 번째로 달려갔을 때 손의 온도가 변하는 경험을 했다. 나는 모닥불을 피우고 돈 후앙이 충고한 대로 모든 세부를 빠짐없이 신중하게 관찰했다. 그런 식으로 몇 시간이 지나자 심한 피로와 한기가 느껴지기 시작했다. 나는 모닥불에 다가가 앉아서 잔뜩 모아놓은 마른 잔가지들을 더 뗐다. 신경을 너무 쓴 탓에 피로가 극에 달해 있었다. 어느새 나는 꾸벅꾸벅 졸기 시작했다. 잠이 들었다가 머리가 한쪽으로 쏠리면서 퍼뜩 깨어나기를 두 번 되풀이했다. 너무나 졸려서 더 이상 모닥불을 바라보고 있을 수가 없었다. 나는 깨어 있으려고 물을 조금 마시고, 얼굴에 조금 끼얹기까지 했다. 그러나 그런 식으로는 졸음을 쫓아도 잠깐에 불과했다. 나는 낙담하고 신경이 날카로워져 있었다. 이런 곳에 와서 이런 멍청한 짓을 하고 있다는 사실이 도저히 믿기지가 않았다. 그리고 그 생각은 형언하기 힘든 허탈감과 좌절감을 몰고 왔다. 피곤하고 배가 고프고 졸렸다. 나 자신이 터무니없을 정도로 짜증스러웠다. 나는 마침내 잠을 자지 않으려는 노력을 포기하고, 모닥불에 마른 가지를 잔뜩 집어넣은 다음 자려고 드러누웠다. 맹우를 찾아내서 정령 포획기를 손에 넣는다는 계획은 이 시점에서는 실로 황당무계하고 무의미한 노력으로 느껴졌다. 너무나 졸린 나머지 이제는 생각하거나 혼잣말을 하는 것조차 불가능했다. 나는 곯아떨어졌다.

커다란 파열음을 듣고 퍼뜩 잠에서 깼다. 정체가 무엇이든 간에, 그 소음은 내 왼쪽 귀 바로 위에서 들려온 것 같았다. 그때 나는 오른쪽 옆구리를 땅에 댄 자세로 누워 있었기 때문이다. 잠이 완전히 깬 나는 몸을 일으켜 앉았다. 너무나도 가까운 곳에서 큰 소리를 들은 탓에 왼쪽 귀가 멍멍했다.

모닥불 속에서 아직도 타고 있는 마른 가지들의 양으로 미루어보건대 아주 잠깐 동안 잠들어 있었던 듯하다. 더 이상은 아무런 소음도 들려오지 않았지만, 나는 정신을 차리고 계속 불을 땠다.

그러자 나를 깨운 소리는 총성이었을지도 모른다는 생각이 뇌리를 스쳤다. 혹시 근처에서 나를 지켜보던 누군가가 나를 향해 총을 쏜 것은 아닐까. 이 생각은 지독한 불안감을 몰고 왔다. 생각해낼 수 있는 온갖 근심 걱정이 봇물처럼 터져나왔다. 내가 있는 땅도 틀림없이 소유주가 있을 것이고, 그럴 경우 그는 나를 도둑으로 오해하고 죽일지도 모른다. 혹은 내가 아무것도 가지고 있지 않다는 사실을 모르고 내 소지품을 빼앗기 위해 죽일 가능성조차 있었다. 목숨이 위태로울지도 모른다는 끔찍한 생각에 한순간 머릿속이 하얘졌다. 어깨와 목이 긴장으로 굳은 것을 자각하고 목을 위아래로 움직이자 목뼈가 우두둑거렸다. 나는 계속 모닥불을 들여다보았지만 딱히 특이한 점은 눈에 띄지 않았다. 무슨 소리가 들리는 일도 없었다.

잠시 후 상당히 긴장이 풀리면서, 어쩌면 돈 후앙이 이 모든 일의 배후의 원흉일지도 모른다는 생각이 들었다. 곧 그 생각이 틀림없다는 확신이 들었다. 그러자 웃음이 터져나왔다. 또다시 온갖 생각들이 봇물처럼 이어졌지만, 이번에 내가 내린 결론은 유쾌한 것이었다. 돈 후앙은 내가 변심해서 산에서 나오려 할 것을 예상했거나, 내가 자신을 쫓아오는 것을 보고 어딘가의 은폐된 동굴 속이나 덤불 뒤에 숨은 것이 틀림없다. 그런 다음 그는 나를 미행했고, 내가 잠이 들었다는 사실을 알고는 내 귀 근처에서 나뭇가지를 부러뜨려서 나를 깨웠던 것이다. 나는 잔가지를 더 때우며 자연스러운 동작으로 몰래 그의 모습을 찾아보았다. 그가 근처에 숨어 있다면 내 힘으로 찾아낼 수는 없으리라는 사실을 알고 있으면서도 말이다.

모든 것이 지극히 평온했다. 귀뚜라미 우는 소리, 주위의 언덕 사면들에 자란 나무들을 뒤흔드는 바람소리, 모닥불에서 나뭇가지가 딱딱거리며 타는 소리. 불똥이 사방으로 튀었지만 평소에도 보던 보통 불똥에 불과했다.

그러던 중 갑자기 나뭇가지가 딱하며 부러지는 큰 소리가 났다.

소리는 내 왼쪽에서 들려왔다. 나는 숨을 죽이고 최대한 주의를 기울였다. 다음 순간 오른쪽에서 또 다른 나뭇가지가 부러지는 소리를 들었다.

그러자 이번에는 멀리서 나뭇가지들이 부러지는 듯한 희미한 소리가 들려왔다. 마치 누군가가 꽉꽉 밟아서 부러뜨리고 있는 듯한 소리였고, 아주 생생하고 박진감이 넘쳤다. 게다가 내가 있는 곳으로 다가오고 있다는 인상조차 받았다. 나의 반응은 아주 느려서, 그냥 귀를 기울일지 아니면 일어설지 마음을 정하지 못하고 있었다. 여전히 어떻게 해야 할지 고민하고 있는 중에 느닷없이 나뭇가지 부러지는 소리가 사방에서 들려오기 시작했다. 그 소리가 너무나 신속하게 나를 에워쌌던 탓에 벌떡 일어나서 모닥불을 밟아 끄는 것조차도 쉽지 않았다.

나는 어둠 속에서 언덕 사면을 뛰어 내려가기 시작했다. 덤불을 누비고 달려가던 중에 편평한 땅이 안 보인다는 생각이 뇌리를 스쳤다. 나는 덤불에 다치지 않도록 눈을 가리며 계속 달렸다. 언덕 기슭까지 반쯤 갔을 때 뭔가가 등 뒤에 바싹 닿을 정도로 접근하는 것을 느꼈다. 나뭇가지는 아니었다. 나는 그 뭔가가 나를 따라잡기 직전이라는 사실을 직감했다. 그 생각이 나를 그 자리에 얼어붙게 했다. 나는 돈 후앙이 가르쳐준 대로 웃옷을 벗어 뭉친 다음 배에 갖다 대고, 쭈그려 앉으면서 양손으로 눈을 가렸다. 잠시 그런 자세로 있다가 주위의 모든 것이 쥐죽은 듯 고요해졌다는 사실을 깨달았다. 그 어떤 종류의 소리도 들리지 않았다. 나는 이루 형언할 수 없는 엄청난 불안감에 사로잡혔다. 복부의 근육이 수축하며 발작을 일으킨 것처럼 경련했다. 그러자 또 딱 부러지는 소리가 들렸다. 멀리서 들려온 것 같았지만, 지극히 명료한 소리였다. 그다음에는 더 가까운 곳에서 똑같은 소리가 났다. 그러다가 한동안 잠시 조용해지나 싶더니 내 머리 바로 위에서 무엇인가가 파열했다. 이 현상은 너무나도 갑작스러웠기 때문에 나는 움찔하면서 옆으로 나가떨어질 뻔했다. 나뭇가지를 뚝 부러뜨린 소리가 틀림없었다. 너무나도 가까운 곳에서 났기 때문에 부러지면서 가지에 달린 나뭇잎들이 바스락거리는 소리까지 들릴 정도였다.

그다음에는 파열음이 비처럼 쏟아졌다. 사방의 나뭇가지들이 엄청난 힘으로 뚝뚝 꺾였던 것이다. 이 시점에서 묘했던 것은, 이 모든 현상에 대해 내가 보인 반응이었다. 공포로 얼어붙는 대신 나는 껄껄 웃고 있었다. 지금 일어나고 있는 모든 일의 원흉이 누군지를 알아냈다고 진심으로 믿었기 때문이다. 나는 돈 후앙이 나를 상대로 또 예의 속임수를 쓰고 있음을 확신했고, 일련의 논리적인 결론들은 그런 나의 자신감을 한층 더 강화시켰다. 득의양양한 기분이었다. 속임수에 능한 그 여우 같은 돈 후앙도 드디어 내게 꼬리를 잡혔다고 생각했기 때문이다. 돈 후앙은 지금 내 주위에서 나뭇가지를 꺾으며 돌아다니고 있지만, 내가 고개를 들어 볼 엄두를 못 낸다는 사실을 잘 알고 있기 때문에 발각될 위험 없이 무슨 일이든 마음대로 할 수 있었다. 그러나 나는 돈 후앙도 나처럼 혼자라는 사실을 깨달았다. 며칠 동안이나 나와 붙어 지냈던 데다가, 도와줄 사람을 접촉할 시간적 여유나 기회 따위도 전혀 없었기 때문이다. 내 생각대로 그가 숨어 있는 것이라면 혼자 숨어 있을 것이고, 그렇다면 제한된 수의 소음밖에는 낼 수 없다는 결론이 나왔다. 또 혼자 있는 고로 그가 만들어내는 소음은 순차적일 수밖에 없었다. 바꿔 말해서, 한 번에 한 소리만 내든지, 기껏해야 동시에 두세 개밖에는 낼 수 없다는 뜻이다. 후자인 경우에도 단독으로 낼 수 있는 소리의 종류에는 한계가 있었다. 나는 꼼짝도 않고 웅크린 채로 이 모든 경험은 게임에 불과하며, 그것에서 이길 유일한 방법은 그것으로부터 나 자신을 감정적으로 분리하는 수밖에 없다는 사실을 전적으로 확신했다. 나는 적극적으로 이런 경험을 즐기고 있었고, 내가 적수의 다음 행동을 읽을 수 있다는 사실이 만족스러웠던 나머지 나도 모르게 쿡쿡거리며 웃기까지 했다. 나는 내가 돈 후앙이라면 이다음에는 어떤 행동에 나설지 상상해보려고 했다.

이런 상념에 잠겨 있다가 쩝쩝거리는 소리를 듣고 화들짝 정신이 들었다. 나는 듣는 일에 온정신을 기울였다. 또 같은 소리가 들렸다. 무슨 소리인지 알 수 없었다. 마치 동물이 물을 할짝대는 듯한 소리랄까. 그러자 이번에는 아주 가까운 곳에서 또 들렸다. 신경을 긁어놓는, 턱이 튼튼한 10대 소녀가 껌을 쩝쩝 씹는 소리를 연상케 하는 소리였다. 도대체 돈 후앙이 어떻게 그런 소리를 만들어낼 수 있는지 의아해하던 차에 오른쪽에서 또 같은 소리가 들려왔다. 처음에는 한 번만 들리더니 이내 철벅거리고 쩝쩝거리는 소리가 잇달아 들려오기 시작했다. 마치 누군가가 진흙탕 위를 걷고 있는 듯한 느낌이었다.

발이 푹푹 빠지는 깊은 진흙탕을 헤치고 나아가는 듯한, 거의 관능적일 정도로 신경을 자극하는 소리였다고나 할까. 그 소리는 잠시 멈추는가 싶더니 이번에는 내게서 왼쪽으로 불과 3미터쯤밖에 떨어지지 않은 곳에서 또 시작되었다. 이제는 육중한 몸집을 한 인물이 우천용 장화를 신고 진흙탕에서 달리는 듯한 소리였다. 나는 그 소리의 생생함에 감탄했다. 원시적인 도구를 써서 어떻게 그런 소리를 낼 수 있는지 전혀 상상도 되지 않았다. 뒤쪽에서 또 철벅거리며 달리는 소리가 나는가 싶더니 사방팔방에서 같은 소리가 한꺼번에 들려왔다. 누군가가 내 주위에서 진흙탕 위를 걷고, 달리고, 규칙적으로 구보하고 있는 듯한 소리였다.

그러자 논리적인 회의심이 고개를 쳐들었다. 돈 후앙이 이 모든 짓을 하고 있는 것이 사실이라면, 그는 지금 엄청난 속도로 원을 그리며 달리고 있다는 얘기가 된다. 소리도 너무나 빨라서 그런 일은 불가능하다는 것이 명백했다. 결국 돈 후앙에게는 협력자들이 있었던 것일까. 그의 협력자들이 누군지 곰곰이 생각해보고 싶었지만 소음이 워낙 격렬해서 집중이 되지 않았다. 명료하게 생각하기가 불가능해졌지만, 여전히 두렵지는 않았다. 단지 주위에서 들려오는 소음의 묘한 성질에 어이가 없어졌던 것인지 모르겠다. 철벅거리는 그 소리는 실제로 진동하고 있었다. 사실, 그 기묘한 진동은 내 복부를 향해 오고 있었다. 그게 아니라면 내 하복부가 그 진동을 감지하고 있는 것일지도 모르겠다.

이런 생각을 하자마자 객관적이고 초연한 기분 따위는 순식간에 사라져버렸다. 그 소리들은 내 복부를 공격하고 있었던 것이다! 그러자 의문이 떠올랐다. "혹시 이것이 돈 후앙의 짓이 아니라면?" 나는 공황상태에 빠졌고, 배에 힘을 주며 양쪽 허벅지로 배에 댄 옷 뭉치를 꽉 눌렀다.

마치 내가 자신감을 잃었다는 사실을 알아차리기라도 한 듯, 소음이 들려오는 빈도와 속도가 증가했다. 진동이 너무나 격렬했던 탓에 나는 토하기 직전이었다. 나는 필사적으로 구토감을 억눌렀고, 심호흡을 한 다음 나 자신의 페요테 노래들을 부르기 시작했다. 그러다가 견디지 못하고 토하자 철벅거리는 소리가 뚝 그쳤다. 귀뚜라미 울음과 바람소리와 멀리서 코요테가 단속적으로 짖어대는 소리가 겹쳐서 하나가 되었다. 소음이 느닷없이 그친 바람에 한숨 돌려 정신을 가다듬을 여유가 생겼다. 조금 전까지만 해도 자신만만하고 냉철하고 의기양양한 기분이었는데, 이제는 내가 상황을 한심할 정도로 오판하고 있었다는 사실을 알 수 있었다. 설령 돈 후앙에게 협력자들이 있다고 해도, 그들이 내 복부에 영향을 미치는 소리를 만들어낸다는 것은 물리적으로 말이 되지 않았다. 그 정도로 강렬한 소리를 만들어낼 수 있는 장치를 입수한다는 것은 그들의 능력이나 착상을 뛰어넘는 일이 아닌가. 따라서 내가 경험하고 있는 현상은 게임 따위가 아니었고, "돈 후앙이 또 예의 속임수"를 쓰고 있다는 가설은 나의 허술한 해석에 지나지 않았던 것이다.

다리에 쥐가 나면서 나는 몸을 뒤집고 발을 뻗고 싶은 절실한 욕구를 느꼈다. 나는 토한 지점에서 얼굴을 떼어내기 위해 오른쪽으로 움직이기로 결심했다. 그래서 몸을 슬금슬금 움직이기 시작한 순간 오른쪽 귀 바로 위쪽에서 아주 나직하게 끽 하는 소리가 들렸다. 나는 그 자리에서 얼어붙었다. 그러자 같은 소리가 반대편에서 또 들려왔다. 역시 끽 하는 소리였다. 문이 삐걱거리는 소리 같다는 생각이 들었다. 잠시 기다려보아도 더 이상 아무 소리도 들리지 않았기 때문에 나는 다시 움직여보기로 마음먹었다. 머리를 오른쪽으로 조금 움직인 순간 나는 화들짝 놀라 튀어오를 뻔했다. 갑자기 끽끽거리는 소리의 홍수가 몰려오며 나를 집어삼켰기 때문이다. 문이 삐걱거리는 소리처럼 들리기도 했고, 쥐나 기니피그가 찍찍거리는 소리처럼 들릴 때도 있었다. 그것은 귀청이 떨어질 것 같거나 격렬하지는 않고 단지 나직하고 은밀한 끽끽 소리에 불과했지만 나의 내부에 경련성의 지독한 구토감을 유발했다. 그러더니 그 소리는 시작했을 때처럼 한두 번 끽끽 하는 식으로 줄어들면서 멈췄다.

그러자 이번에는 커다란 새가 덤불 위를 스치며 날아가는 듯한 날갯소리가 들려왔다. 내 머리 위에서 빙빙 돌고 있는 듯한 느낌이었다. 나직하게 찍찍거리는 소리가 또다시 늘어나기 시작했고, 그와 함께 날개를 퍼덕이는 소리도 늘어났다. 이제는 내 머리 위에서 거대한 새떼가 부드럽게 날개를 퍼덕이고 있는 듯한 느낌이었다. 양쪽 소리가 합쳐지더니 파동처럼 내 주위를 완전히 감쌌다. 마치 굽이치는 거대한 파도 위에 둥둥 떠 있는 듯한 느낌이었다. 찍찍거리는 소리와 퍼드덕거리는 소리는 너무나 부드러워서 이제는 온몸을 뒤덮은 듯한 양상을 띠고 있었다. 새 무리가 날개를 퍼덕거리면서 나를 위로 끌어당기는 동안, 찍찍거리는 쥐떼들은 내 몸 아래와 주위에서 나를 밀어 올리는 듯한 느낌이었다고나 할까.

내가 나 자신의 어처구니없는 실수로 인해 뭔가 끔찍한 것을 자초했다는 사실에는 이제 의심의 여지가 없었다. 나는 이를 악물고 깊이 숨을 들이킨 다음 페요테 노래를 불렀다.

소음은 한참 동안 계속되었고 나는 혼신의 힘을 다해 그것에 저항했다. 소음이 사그라드는가 싶더니 평상시에 익숙한 '침묵'이 다시 끼어들었다. 그러니까, 내 귀는 벌레소리와 바람소리 따위의 자연음 밖에 감지하지 않았다는 뜻이다. 그러나 이런 침묵의 시간은 소음이 들릴 때보다 내게는 오히려 더 안 좋은 영향을 끼쳤다. 다시 생각할 수 있게 되면서 나는 내가 놓인 상황을 검토하기 시작했고, 결과적으로 나 자신을 공황상태로 몰아갔기 때문이다. 내게 가망이 없다는 사실을 나는 알고 있었다. 지금 나를 집적거리고 있는 것이 무엇이든 간에 내게는 그것을 막아낼 지식도, 체력도 없었기 때문이다. 나는 완전히 무력한 상태가 되어 나 자신의 토사물 위에 웅크리고 있었다. 드디어 내 인생의 종말이 찾아왔다는 생각에, 나는 흐느껴 울기 시작했다. 내 인생을 반추하고 싶었지만 어디서부터 그래야 할지 알 수 없었다. 내가 지금까지 살아오면서 해온 일들 중에서 그런 궁극적인 방점을 찍어줄 만한 것은 아무것도 없었던 것이다. 통렬한 자각이었다. 지난번에 지금과 비슷한 공포를 경험한 이래로 나는 변했고, 이번에는 그때보다 더 공허했다. 나 자신을 격려해줄 만한 개인적인 감정은 존재하지 않는 것이나 마찬가지였다.

그런 상황에서 전사라면 어떻게 할 것인지를 자문해보고, 나는 다음과 같은 결론에 도달했다. 나의 배꼽 부위에는 뭔가 유별나게 중요한 것이 있었다. 주위에서 들려오는 소리들도 뭔가 이 세상의 것 같지 않게 섬뜩했고, 모두 내 복부를 향하고 있었다. 그리고 이 모든 것이 돈 후앙의 속임수일 뿐이라는 나의 생각은 전혀 근거가 없는 것이었다.

배의 근육이 돌처럼 딱딱하게 뭉쳐 있었다. 더 이상 쥐는 나지 않았지만 깊이 숨을 들이쉬며 계속 페요테 노래를 부르자 기분 좋은 따스함이 온몸을 가득 채우는 것을 느꼈다. 내가 여기서 살아남으려면 돈 후앙의 가르침에 따르는 수밖에 없다는 사실이 명백해졌다. 나는 그가 한 지시를 머릿속에서 반추해보았다. 내가 지금 웅크리고 있는 장소와 내가 원래 있던 언덕에서 일몰을 보았을 때 해가 정확히 산의 어느 지점 뒤로 넘어갔는지를 나는 기억하고 있었다. 나는 이것을 바탕으로 기본 방위를 추정했고 내 추정이 옳다는 확신이 들자 머리가 새롭고 더 "나은" 방향인 남동쪽을 향할 수 있도록 위치를 바꾸기 시작했다. 우선 두 발을 조금씩 왼쪽을 향해 뒤틀었다. 그런 다음 몸 전체를 돌려 발의 방향에 맞추려고 했지만, 왼쪽으로 아주 조금 움직인 찰나 누가 나를 건드리는 듯한 괴이한 감각을 느꼈다. 무엇인가가 내 목덜미의 노출된 부분을 실제로 만지는 듯한 느낌을 받았던 것이다. 너무나도 번개처럼 일어난 일이었기에 나도 모르게 비명을 지르고 다시 얼어붙었다. 나는 또다시 배에 힘을 주고 심호흡을 하며 페요테 노래를 부르기 시작했다. 다음 순간 또 목덜미를 가볍게 툭 치는 듯한 느낌이 왔다. 나는 몸을 움츠렸다. 내 목은 그대로 노출되어 있었고 그런 나를 지킬 방도 따위는 없었다. 또다시 툭 치는 느낌이 왔다. 내 목에 닿은 것은 아주 부드러운 물체였고, 거대한 토끼의 털로 뒤덮인 발을 연상시킬 정도로 말랑말랑했다. 그것은 또다시 목덜미에 닿는가 싶더니 이번에는 위아래로 움직이며 목덜미 전체를 훑기 시작했다. 나는 참지 못하고 눈물을 쏟았다. 마치 조용하고 부드럽고 아무 무게도 없는 캥거루의 무리가 내 목을 밟고 지나가는 듯한 느낌이었다. 발들이 자박자박 내 목을 밟는 소리까지 들렸다. 전혀 아프지는 않았지만 미칠 것 같았다. 당장 뭔가에 몰입하지 않는다면 정신줄을 놓고 벌떡 일어나 도망치는 것은 시간문제였다. 그래서 나는 새로운 위치로 조금씩 내 몸을 움직이는 작업을 다시 개시했다. 내가 움직이려고 시도하자 무엇인가가 내 목덜미를 건드리는 횟수도 늘어났고, 급기야는 미친 듯이 밟히는 듯한 감각이 왔다. 나는 견디지 못하고 새로운 방향을 향해 몸을 홱 돌렸다. 이런 행동이 무엇을 유발할지는 전혀 상상할 수 없었다. 단지 내가 완전히 발광해버리는 사태를 피하기 위해 움직였을 뿐이다.

내가 몸의 방향을 바꾸자마자 목 두드리는 느낌이 멈췄다. 고뇌에 찬 긴 순간이 지나간 후 멀리서 나뭇가지들이 뚝뚝 부러지는 소리가 들려왔다. 소리는 더 이상 가까운 곳에서 들려오지 않았다. 마치 내게서 멀리 떨어진 곳까지 물러난 듯한 느낌이었다. 잠시 후 나뭇가지 부러지는 소리는 나뭇잎들이 쏴 하고 바스락거리는 소리와 합쳐졌다. 마치 강풍이 언덕 전체를 강타하고 있는 듯한 느낌이었다. 내 주위의 덤불들도 부르르 몸을 떠는 것처럼 보였지만, 바람은 전혀 없었다. 바스락거리는 소리와 나뭇가지가 부러지는 소리들을 듣고 있자니 마치 언덕 전체가 불타오르고 있는 듯한 인상을 받았다. 내 몸은 돌처럼 딱딱하게 굳어 있었다. 땀이 비 오듯 쏟아졌다. 몸이 점점 뜨거워졌다. 한순간 언덕이 불타오르고 있다고 확신했을 정도였다. 그래도 벌떡 일어나서 도망치지 않은 것은 오금이 저린 탓에 몸이 아예 말을 듣지 않았기 때문이다. 사실, 눈을 뜰 수조차 없었다. 그때 나는 오직 일어서서 불을 피하고 싶다는 일념뿐이었다. 위 근육에 지독한 경련이 온 탓에 점점 더 숨을 들이쉬기가 힘들어졌다. 나는 숨 쉬는 일에 온정신을 집중했다. 오랫동안 용을 쓴 끝에 겨우 심호흡을 재개할 수 있었고, 그제야 나뭇잎 바스락거리는 소리가 스러졌다는 사실을 깨달았다. 이제는 가끔 딱딱거리기만 할 뿐이었다. 나뭇가지가 부러지는 소리는 점점 더 멀어지면서 뜸해졌고, 이윽고 완전히 그쳤다.

눈을 뜰 수 있게 되었다. 반쯤 뜬 눈꺼풀 사이로 아래쪽 지면을 내려다보았다. 이미 낮이었다. 나는 움직이지 않고 잠시 더 기다렸다가 몸을 뻗기 시작했다. 몸을 굴려 지면에 등을 댔다. 태양은 동쪽 언덕 위에 떠 있었다.

두 다리를 완전히 뻗고 기다시피 언덕 아래로 내려가기까지는 몇 시간이나 걸렸다. 나는 돈 후앙이 나를 두고 떠난 장소를 향해 걷기 시작했다. 여기서 불과 1.5킬로미터 정도밖에 떨어져 있지 않았다. 오후 중반이 되어서야 가까스로 관목 숲 가장자리에 도달했다. 그러나 여전히 400미터쯤 갈 길이 남아 있었다.

그 이상은 하늘이 무너진다 해도 걸을 수가 없었다. 퓨마의 습격을 받을지도 모른다는 생각이 떠올라서 나무 위로 올라가려고 했지만, 팔이 몸무게를 지탱하지 못했다. 나는 체념하고 바위에 등을 기댄 채로 죽기만을 기다렸다. 이러고 있다가는 퓨마나 다른 포식동물들의 먹잇감이 될 것이 뻔했지만, 돌멩이를 던질 힘조차도 남아 있지 않았다. 배가 고프거나 목이 마르지는 않았다. 정오 무렵에 작은 시내를 발견하고 물을 잔뜩 들이켠 상태이기는 했지만, 물만으로는 전혀 기력이 되살아나지 않았다. 완전히 무력해진 상태로 그 자리에 앉아 있던 나는 두렵다기보다는 낙담한 상태였다. 너무나도 피곤했던 탓에 될 대로 되라는 심정이었다. 나는 곯아떨어졌다.

뭔가가 내 몸을 흔드는 것을 느끼고 잠에서 깼다. 돈 후앙이 내 몸 위에서 허리를 숙이고 있었다. 그는 나를 부축해서 일어나 앉게 하고 물과 약간의 귀리죽을 주었다. 그는 웃으면서 내 몰골이 말이 아니라고 말했다. 나는 무슨 일이 일어났는지 설명하려고 했지만 그는 내 말을 가로막고 내가 목적지를 제대로 못 찾았으며, 내가 그를 만날 예정이었던 지점은 여기서 몇백 미터나 떨어져 있음을 지적했다. 그런 다음 그는 나를 반쯤 끌어안다시피 하고 언덕 아래로 데려갔다. 큰 강으로 나를 데려가서 씻길 작정이라고 했다. 그렇게 내려가면서 그는 내 귀를 허리에 찬 주머니에서 꺼낸 잎사귀로 틀어막은 다음 좌우의 눈에 하나씩 잎사귀를 대고 천 조각으로 비끄러맸다. 그는 내 옷을 벗게 했고, 그 무엇도 보거나 듣는 일이 없도록 양손으로 좌우의 눈과 귀를 가리라고 지시했다.

돈 후앙은 잎사귀로 내 몸 전체를 문지른 다음 나를 강물에 처박았다. 수심이 깊은 것으로 미루어볼 때 큰 강인 듯했다. 나는 똑바로 몸을 세운 상태였지만 강바닥에 발이 닿지 않았다. 돈 후앙은 내 오른쪽 팔꿈치를 잡고 나를 부축하고 있었다. 처음에는 물의 차가움을 느끼지 못했는데 조금씩 추워지더니 급기야는 견디기 힘들 정도가 되었다. 돈 후앙은 나를 물에서 끌어올리고 묘한 향기를 발하는 잎사귀를 써서 몸을 닦아 주었다. 내가 옷을 입자 그는 나를 다른 곳으로 이끌었다. 한참을 걸은 뒤에야 그는 내 눈과 귀에서 잎사귀를 떼어냈다. 돈 후앙은 자동차 있는 곳까지 걸어갈 힘이 있느냐고 물었다. 기이한 것은 내가 원기왕성해졌다는 점이었다. 나는 그 사실을 증명해 보이기 위해 가파른 언덕 사면을 뛰어 올라가기까지 했다.

차를 세워둔 곳까지 가면서 나는 돈 후앙에게 꼭 붙어 있었다. 그러다가 몇 번 발을 헛디디자 그는 웃었다. 나는 그의 웃음소리가 매우 상쾌하며 내 활력의 원천이 되어준다는 사실을 깨달았다. 그가 웃으면 웃을수록 나의 기분은 좋아졌던 것이다.

다음날 나는 돈 후앙이 나를 두고 갔던 이래로 일어났던 일들을 순서대로 묘사했다. 그는 내 이야기가 끝날 때까지 줄곧 웃음을 그치지 않았고, 특히 그가 나를 상대로 속임수를 쓰고 있다고 지레짐작했던 대목에서는 폭소를 터뜨렸다.

"자넨 언제나 속임수에 휘말렸다고 생각하는군. 자기 자신을 너무 신뢰하는 데다가, 마치 모든 답을 알고 있는 것처럼 행동해. 하지만 이 철없는 친구야, 자넨 아무것도 모른다네. 아무것도."

돈 후앙이 나를 '이 철없는 친구'라고 부른 것은 그때가 처음이었다. 나는 깜짝 놀랐다. 돈 후앙도 내 표정을 눈치채고 미소 지었다. 그의 목소리는 다정하기 그지없었지만, 이 사실은 나를 매우 서글프게 만들었다. 내가 그토록 부주의하고 무능한 것은 타고난 성격 탓이며, 나는 결코 그의 세계를 이해할 수 없을 것이라고 나는 실토했다. 마음이 정말로 뒤숭숭했다. 그러자 돈 후앙은 나를 격려하며 내가 아주 잘 했다고 말했다.

나는 내가 겪은 체험의 의미를 물었다.

"의미 따윈 없어. 누구든 똑같은 일을 경험할 수 있거든. 특히 자네처럼 틈새가 이미 벌어진 사람은 말이야. 아주 흔하게 일어나는 일이야. 맹우를 찾아나선 전사에게 물으면 누구든 비슷한 대답을 할 걸세. 맹우들이 자네에게 했던 일은 아주 가벼운 축에 속해. 하지만 자네는 틈새가 열려 있기 때문에 이렇게 불안해하고 있는 거야. 하룻밤 새에 전사가 될 수는 없다네. 자, 이제 집으로 돌아가게. 기력을 되찾고 틈새가 닫힐 때까지는 돌아오면 안 돼."

17

　나는 몇 달 동안이나 멕시코로 돌아가지 않았다. 그동안에는 필드
노트를 정리했는데, 10년 전 도제수업을 시작한 이래 처음으로 돈 후
앙의 가르침이 정말로 머리에 들어오기 시작하는 경험을 했다. 상당
기간 도제수업으로부터 거리를 둔 것이 유익했는지, 머리가 맑아진
듯한 기분이었다. 내가 발견한 사항들을 재검토하고, 내가 받은 학술
적 훈련과 관심사에 걸맞은 논리적 질서에 따라 그것을 배열할 수 있
는 기회를 얻었기 때문인지도 모르겠다. 그러나 나의 마지막 현장 방
문에서 일어났던 사건은 돈 후앙의 지식을 이해할 수 있다는 나의 낙
관적 전망에 찬물을 끼얹었다.

　내 필드노트에 마지막으로 기입된 날짜는 1970년 10월 16일이다.
그날 일어났던 사건은 하나의 전환점에 해당했다. 그것을 계기로 배
움의 한 주기가 끝났을 뿐만 아니라 새로운 주기가 열렸던 것이다.
이 새로운 배움의 주기는 지금까지 내가 경험한 것과는 너무나도 달
랐기 때문에 나는 이 수기를 이 시점에서 마무리할 필요를 느낀다.

　돈 후앙의 집으로 다가가자 평소 때처럼 현관 앞의 라마다 지붕
아래의 자기 자리에 앉아 있는 그의 모습이 보였다. 나는 나무그늘에

차를 세웠고, 서류가방과 식료품이 든 봉지를 차에서 꺼내 들고 걸어가며 큰 소리로 인사했다. 그제야 나는 그가 혼자가 아니라는 사실을 깨달았다. 높게 쌓아놓은 장작더미 뒤에 다른 사내가 한 명 더 앉아 있었던 것이다. 두 사람 모두 나를 쳐다보고 있었다. 돈 후앙은 나를 향해 손을 흔들었고, 다른 사내 역시 손을 흔들었다. 사내의 복장으로 판단하건대 인디언이 아니라 미국 남서부에서 온 멕시코인인 듯했다. 리바이스 청바지와 베이지색 셔츠 차림에, 텍사스 카우보이 모자를 쓰고 카우보이 부츠를 신고 있었기 때문이다.

나는 돈 후앙에게 말을 건 다음 낯선 사내 쪽을 보았다. 그는 나를 보며 미소 짓고 있었다. 나는 잠시 그를 빤히 바라보았다.

"우리 귀염둥이 카를로스가 왔구먼." 사내가 돈 후앙에게 말했다. "그런데 왜 아무 말도 안 하려는 걸까. 설마 나한테 심술이 난 건 아니겠지!"

내가 말문을 열기도 전에 두 사람은 웃음을 터뜨렸다. 그제야 나는 낯선 사내가 돈 헤나로임을 깨달았다.

"나를 못 알아봤군. 그렇지?" 그는 여전히 웃으면서 물었다.

나는 그의 옷차림 때문에 잠시 헛갈렸음을 시인하는 수밖에 없었다.

"돈 헤나로, 이 지방에 와서 뭘 하고 계시는 겁니까?"

"더운 바람을 즐기러 왔지." 돈 후앙이 말했다. "그렇지?"

"맞아." 돈 헤나로는 맞장구를 쳤다. "나 같은 노인의 몸에 더운 바람이 뭘 해주는지 자넨 상상도 못할걸."

나는 그들 사이에 앉았다.

"뭘 해주는데요?" 나는 물었다.

"더운 바람은 내 몸에 실로 놀랄 만한 일들을 해주지."

돈 헤나로는 이렇게 대꾸하고 돈 후앙 쪽을 보았다. 눈이 반짝이고 있었다.

"그렇지?"

돈 후앙은 그렇다는 듯이 고개를 끄덕였다.

나는 뜨겁고 건조한 샌타애나 풍風이 불어오는 시기는 내게 1년 중 최악의 시기이며, 내가 피해 도망치는 것을 일부러 찾아온 돈 헤나로의 행동은 확실히 이상하게 느껴진다고 말했다.

"카를로스는 더위에 약하거든." 돈 후앙이 돈 헤나로에게 말했다. "날씨가 더워지면 이 친구는 애 같아지면서 호흡 곤란에 빠지지."

"뭐에 빠져?"

"호흡. 곤란.

"세상에!" 돈 헤나로는 짐짓 걱정스러운 어조로 말했고, 절망한 듯이 과장된 몸짓을 해 보였다. 형언하기 힘들 정도로 우스꽝스러운 제스처였다.

그러자 돈 후앙은 내가 몇 달이나 떠나 있었던 것은 맹우들과의 불운한 조우 때문이라고 그에게 설명했다.

"아, 그렇다면 마침내 맹우를 만났다는 얘기로군!" 돈 헤나로가 말했다.

"그랬던 것 같습니다." 나는 조심스럽게 대답했다.

그들은 큰 소리로 웃었다. 돈 헤나로는 내 등을 두세 번 툭툭 쳤다.

아주 살짝 그랬기 때문에 나는 그것을 걱정하지 말라는 식의 친숙한 몸짓으로 해석했다. 그는 나를 바라보며 내 어깨에 손을 얹었고, 나는 느긋한 만족감을 느꼈다. 그러나 이런 느낌은 한순간에 불과했다. 돈 헤나로가 나에게 뭔가 불가해한 일을 했기 때문이다. 그가 느닷없이 내 등에다 무거운 바위를 얹은 것만 같은 느낌을 받았던 것이다. 돈 헤나로가 내 오른쪽 어깨에 얹은 손은 점점 더 무거워졌고, 결국 나는 견디지 못하고 옆으로 풀썩 쓰러지면서 지면에 머리를 부딪쳤다.

"우린 어린 카를로스를 도와줘야 할 것 같군." 돈 헤나로는 이렇게 말하고 의뭉스러운 표정으로 돈 후앙을 흘끗 보았다.

나는 다시 허리를 펴고 앉으면서 돈 후앙에게 몸을 돌렸다. 그러나 그는 고개를 돌려 나를 외면했다. 나는 한순간 동요하며 돈 후앙의 이런 냉담한 태도는 혹시 내게 관심이 없다는 의미가 아닌가 하고 고민했다. 돈 헤나로는 웃고 있었다. 내가 반응을 보이기를 기다리고 있는 듯했다.

나는 내 어깨에 다시 한 번 손을 얹어달라고 부탁했지만 그는 그러고 싶지 않다고 했다. 적어도 나한테 무슨 일을 했는지 설명이라도 해달라고 부탁해보아도 그는 쿡쿡거리며 웃을 뿐이었다. 나는 다시 돈 후앙을 보고 돈 헤나로의 손이 무거워져서 거의 짜부라질 뻔했다고 말했다.

"나도 무슨 일이 일어났는지 몰라." 돈 후앙은 짐짓 우스꽝스러운 어조로 대답했다. "저 친구가 내 어깨에 손을 얹지는 않았잖아."

그러자마자 두 사람 모두 웃음을 터뜨렸다.

"돈 헤나로, 도대체 저한테 뭘 한 겁니까?" 나는 물었다.

"난 자네 어깨에 손을 얹었을 뿐인데." 그는 순진한 어조로 대꾸했다.

"한 번 더 그래주십쇼."

그는 싫다고 했다. 그러자 돈 후앙이 끼어들더니 내가 가장 최근의 경험에서 뭘 지각했는지를 돈 헤나로에게 얘기해주라고 말했다. 나는 이 요청을 나한테 무슨 일이 일어났는지를 있는 그대로 얘기하라는 것으로 받아들였지만, 내 설명이 진지해지면 진지해질수록 그들은 한층 더 죽어라고 웃어댔다. 그 때문에 나는 두세 번 입을 다물기까지 했지만, 그럴 때마다 그들은 얘기를 계속하라고 재촉했다.

"맹우는 자네의 감정은 전혀 개의치 않고 찾아온다네." 내가 말을 마치자 돈 후앙이 말했다. "그러니까, 이젠 일부러 맹우를 유인할 필요는 없다는 뜻이야. 할 일 없이 앉아서 손가락을 빨든 말든, 여자 생각을 하든 말든 간에, 느닷없이 누가 어깨를 툭 치는 걸 느끼고 돌아보면 맹우가 자네 곁에 서 있을 걸세."

"실제로 그런 일이 일어나면 저는 어떻게 해야 합니까?"

"어이 어이! 잠깐 기다려!" 돈 헤나로가 말했다. "그건 좋은 질문이 아냐. 뭘 할 수 있는지 묻지는 마. 아무것도 할 수 없다는 건 명백하니까 말이야. 그 대신 전사라면 뭘 할 수 있는지 물어봐야지."

그는 눈을 깜박이며 나를 마주 보았다. 머리를 오른쪽으로 갸우뚱 기울이고 입을 오므리고 있었다.

이것이 농담인지 아닌지 궁금해서 나는 돈 후앙을 쳐다보았지만,

그는 엄숙한 표정을 바꾸지 않았다.

"알겠습니다! 전사라면 뭘 할 수 있습니까?"

돈 헤나로는 눈을 끔벅이더니 정확한 표현을 찾으려는 듯이 소리 내어 입술을 오므렸다. 그는 자기 턱을 잡고 나를 뚫어지게 바라보았다.

"그럴 때 전사는 바지에 오줌을 지린다네." 그는 인디언의 엄숙한 태도로 말했다.

돈 후앙은 손으로 자기 얼굴을 가렸고, 돈 헤나로는 바닥을 두들기며 가가대소呵呵大笑했다.

"공포는 결코 극복할 수 있는 성질의 것이 아니라네." 웃음소리가 잦아들자 돈 후앙이 말했다. "그런 궁지에 빠진 전사는 딴생각은 아예 하지도 않고 맹우에게 등을 돌리는 법이야. 전사에겐 응석을 부릴 여유 따위는 없기 때문에 공포 때문에 죽는 것 또한 불가능해. 전사는 원기왕성하고 준비된 상태에서만 맹우가 오는 걸 허락한다네. 맹우와 씨름할 수 있을 정도로 기력이 충실해지면 그는 자기 틈새를 열고 튀어나가서 맹우를 부여잡고, 꼼짝도 못하게 누른 채로 정확히 필요한 시간 동안만 맹우를 응시하지. 그런 다음 시선을 돌리고 맹우가 갈 수 있도록 놓아주는 거야. 전사는 어떤 순간에도 상황을 지배해야 해."

"맹우를 너무 오래 응시하고 있으면 어떻게 됩니까?"

돈 헤나로는 나를 쳐다보더니 우스꽝스럽게 눈싸움하는 시늉을 해 보였다.

"난들 그걸 어떻게 아나?" 돈 후앙이 말했다. "아마 헤나로가 자기 경험을 얘기해줄지도 모르겠군."

"그럴지도 모르지." 돈 헤나로는 이렇게 말하고 껄껄 웃었다.

"부탁이니 얘기해주시겠습니까?"

돈 헤나로는 일어서더니 뼈가 우두득거리는 소리를 내며 기지개를 켰고, 눈을 한껏 치켜뜨고 미친 사람 같은 표정을 지었다.

"헤나로는 사막을 진동시킬 거야." 그는 이렇게 말하고 덤불 안으로 들어갔다.

"헤나로는 무슨 수를 써서라도 자네를 도울 작정이야." 돈 후앙이 은밀한 어조로 말했다. "자기 집에서도 같은 일을 했고, 그때 자넨 거의 〈보기〉 직전까지 갔거든."

나는 돈 후앙이 폭포에서 일어났던 일들 얘기를 하고 있는 줄 알았지만, 알고 보니 내가 돈 헤나로 집에서 도저히 이 세상 것 같지 않은 우르릉 소리를 들었을 때의 얘기임이 판명되었다.

"말이 나온 김에, 그건 뭐였습니까? 우리는 그 소리를 듣고 웃었지만, 그게 뭔지는 한 번도 설명해주시지 않았습니다."

"한 번도 안 물어봤잖나."

"물어봤는데요."

"아냐. 자넨 그 밖의 일들은 모두 물어보면서 유독 그 질문만은 하지 않았어."

돈 후앙은 나를 책망하듯이 쳐다보았다.

"그건 헤나로의 재주였어. 오로지 헤나로만 할 수 있는 재주이지. 자넨 그때 그걸 거의 〈볼〉 뻔했다네."

나는 〈보기〉를 당시 내가 들은 기묘한 소음과 결부시키려는 생각은 한 번도 해보지 않았다고 대답했다.

"왜 안 했는데?" 그는 심드렁하게 물었다.

"〈보는〉 것이란 제겐 눈을 의미하니까요."

돈 후앙은 제정신이냐는 듯이 잠깐 나를 훑어보았다.

"나는 〈보기〉가 눈에만 국한된 것이라는 얘기는 한 번도 한 적이 없어." 그는 도저히 믿기지 않는다는 듯이 고개를 설레설레 저었다.

"돈 헤나로는 어떻게 그런 일을 할 수 있습니까?" 나는 거듭 물었다.

"어떻게 하는지는 이미 본인에게서 들었잖나." 돈 후앙은 날카로운 어조로 말했다.

바로 그 순간 우르릉 하는 엄청난 굉음이 울려 퍼졌다.

내가 놀라서 움찔하자 돈 후앙은 웃기 시작했다. 우르릉 소리는 산사태의 굉음을 연상케 했다. 그 소리에 귀를 기울이던 중, 나는 내가 소리를 분류하는 방식은 우습게도 모두 내가 본 영화에 기인한다는 사실을 깨달았다. 방금 들은 낮은 천둥소리는 산중턱이 계곡으로 통째로 쓸려 내려가는 장면의 음향효과와 흡사했다.

돈 후앙은 너무 웃어서 아프기라도 한 듯이 양 옆구리를 부여잡고 있었다. 천둥 같은 굉음은 내가 서 있는 지면까지 뒤흔들었다. 그러자 거대한 바위 같은 물체가 굴러떨어지는 듯한 쿵 하는 소리가 뚜렷하게 들려왔다. 그 뒤로 들려온 일련의 쾅쾅 소리는 그 바위가 나를 향해 거침없이 굴러오고 있는 듯한 인상을 주었다. 한순간 나는 지독한 혼란에 빠졌다. 당장에라도 도망칠 수 있도록 온몸의 근육이 긴장했다.

나는 돈 후앙 쪽을 보았다. 그는 나를 응시하고 있었다. 다음 순간 일찍이 들어본 적도 없을 정도로 무시무시한 충격음이 들렸다. 마치 거대한 바위가 집 바로 뒤꼍으로 굴러떨어진 듯한 소리였다. 사방이 흔들렸고, 바로 그 순간 나는 기이하기 그지없는 지각을 경험했다. 한순간이나마 실제로 집 바로 뒤꼍에 있는 산더미만 한 바위를 "보았던" 것이다. 내가 바라보고 있는 집 주위의 경치에 어떤 이미지가 겹쳐진 것이 아니었다. 그렇다고 진짜 바위의 모습도 아니었다. 오히려 소음이 나를 향해 굴러오는 엄청난 크기의 바위의 이미지를 만들어내고 있는 것에 가까웠다. 나는 실제로 그 소음을 "보고" 있었던 것이다. 내 지각의 이런 불가해한 성질은 나를 절망감과 혼돈 속으로 빠뜨렸다. 내 감각들이 설마 이런 식의 지각을 할 수 있다는 생각은 꿈에도 하지 못했다. 나는 살아야겠다는 머릿속의 공포에 사로잡혀 도망치려고 결심했다. 그러나 돈 후앙은 내 팔을 부여잡고 단호한 어조로 도망치지도, 뒤돌아보지도 말고, 돈 헤나로가 가 있는 쪽을 보라고 명령했다.

그러자 쿵쿵거리는 소리가 잇달아 들려왔다. 바위가 굴러떨어지며 계속 쌓이는 소리를 연상케 했다. 이윽고 모든 것이 다시 조용해졌다. 몇 분 뒤에 돈 헤나로가 돌아와서 앉았다. 그는 내가 "보았는지" 물었다. 뭐라고 대답해야 할지 몰라서 돈 후앙 쪽을 돌아보니 그는 나를 응시하고 있었다.

"그런 것 같아." 돈 후앙은 이렇게 말하고 껄껄 웃었다.

나는 대체 그들이 무슨 얘기를 하고 있는지 모르겠다고 말하고 싶었다. 지독한 좌절감이 찾아왔다. 나는 분노와 참기 힘든 육체적인 불편함을 느꼈다.

"아무래도 잠시 혼자 앉아 있게 놓아두는 편이 낫겠어." 돈 후앙이 말했다.

그들은 일어나서 내 곁을 지나갔다.

"카를로스는 자신의 혼란을 즐기고 있어." 돈 후앙이 큰소리로 말했다.

나는 그곳에 네 시간 동안 홀로 앉아서 메모를 하며 내가 한 그 터무니없는 경험에 대해 숙고해볼 시간을 가졌다. 돌이켜보니 라마다 지붕 아래 앉아 있는 돈 헤나로를 본 바로 그 순간부터 상황 전체가 우스꽝스러운 소극笑劇의 양상을 띠기 시작한 것이 분명했다. 그 일에 대해 생각해보면 볼수록 돈 후앙이 통제권을 돈 헤나로에게 넘겼다는 확신이 강해졌다. 이런 생각을 하니 불안해져서 견딜 수가 없었다.

돈 후앙과 돈 헤나로는 해가 질 무렵에 돌아왔다. 그들은 나를 사이에 두고 앉았다. 돈 헤나로가 다가오더니 거의 내 몸에 닿을 정도로 상체를 내밀었다. 그의 여위고 섬약한 어깨가 내 몸에 살짝 닿자마자 몇 시간 전에 그가 내 어깨에 손을 얹었을 때와 똑같은 느낌이 몰려왔다. 나는 엄청난 무게를 못 이기고 무너지듯이 돈 후앙의 무릎 위로 쓰러졌다. 그는 내가 다시 똑바로 앉을 수 있도록 도와주면서 혹시 자기 무릎을 베고 자고 싶었던 것이냐며 놀렸다.

돈 헤나로는 희희낙락한 기색이었다. 눈이 반짝반짝했다. 나는 울고 싶었다. 울타리 안으로 몰린 동물이 된 듯한 기분이었다.

"설마 우리 카를로스는 내가 무서운 거야?" 돈 헤나로는 정말로 걱정스러운 듯이 물었다. "마치 야생마 같은 느낌이로구먼."

"얘기를 하나 해주라고." 돈 후앙이 말했다. "이 친구를 달래려면 그 방법밖엔 없어."

그들은 자리를 옮겨 내 앞에 앉았다. 두 사람 모두 흥미롭다는 듯이 나를 훑어보고 있었다. 어둑어둑한 라마다 아래에서 그들의 눈은 마치 검고 거대한 물웅덩이처럼 거슴츠레해 보였다. 실로 인상적인 광경이었고, 도저히 인간의 눈이라고는 할 수 없을 정도였다. 우리의 시선이 한순간 서로 마주쳤지만 나는 곧 눈을 돌렸다. 딱히 그들이 두려운 것이 아님을 자각하고 있었음에도 불구하고, 그들의 눈만은 몸이 부들거릴 정도로 무시무시했던 것이다. 나는 불편하기 짝이 없는 혼란을 겪고 있었다.

잠시 침묵이 흐른 후 돈 후앙은 맹우와 눈싸움을 했을 때 무슨 일이 일어났는지를 내게 얘기해주라고 돈 헤나로를 재촉했다. 돈 헤나로는 1미터쯤 떨어진 곳에 앉아서 나를 마주 보고 있었다. 그는 아무 말도 하지 않았다. 나는 그를 바라보았다. 그의 눈은 정상적인 인간의 눈의 너덧 배는 되어 보일 정도였고, 나를 빨아들일 듯이 반짝이고 있었다. 그의 안광처럼 보이는 것이 주위의 모든 것을 압도하고 있는 느낌이었다. 반면에 몸은 쪼그라들어서 이제는 고양이의 몸에 더 가까워 보였다. 나는 고양이 같은 그의 몸이 움직이는 것을 보고

417

공포에 사로잡혔다. 그 즉시 나는 마치 일생 동안 그래왔거나 한 것처럼 완전히 반사적으로 예의 '전투 자세'를 취했고, 손바닥으로 내 장딴지를 율동적으로 치기 시작했다. 잠시 뒤에야 내가 무엇을 하고 있는지를 깨달은 나는 당혹해하며 돈 후앙 쪽을 보았다. 그는 평소처럼 나를 빤히 쳐다보고 있었다. 상냥하고 위로하는 듯한 눈빛이었다. 돈 후앙은 큰 소리로 웃었다. 돈 헤나로는 가르랑거리는 소리를 내며 일어서더니 집 안으로 들어갔다.

돈 후앙은 돈 헤나로가 매우 격정적이라서 시간을 허비하는 것을 좋아하지 않는 성격이며, 그는 단지 자기 눈으로 나를 시험해보고 있었을 뿐이라고 설명했다. 그리고 나는 늘 그랬지만 내가 예상한 것 이상으로 많은 것을 알고 있었다고 했다. 그러면서 누구든 주술을 추구하는 사람은 황혼녘에 엄청나게 위험해지며, 특히 돈 헤나로 같은 주술사는 그 시간대에 경이로운 위업을 보여줄 수 있다고 했다.

우리는 몇 분 동안 잠자코 앉아 있었다. 내 기분도 점점 나아졌다. 돈 후앙과 얘기를 나눈 덕에 긴장이 풀리고 자신감도 돌아왔다. 그러자 그는 돈 헤나로가 숨는 기술을 보여줄 테니 일단 요기를 하고 산책을 나가자고 했다.

나는 숨는 기술이란 게 뭔지 물어보았다. 그러자 설명을 해주면 나는 그것에 강박적으로 탐닉할 뿐이기 때문에 이제 설명하는 일은 끝이라는 대답이 돌아왔다.

우리는 집 안으로 들어갔다. 돈 헤나로는 등유램프를 켜놓고 입안 가득히 음식을 우물거리고 있었다.

식사를 끝낸 후 우리 세 사람은 집 주위에 밀생한 사막 덤불 속으로 걸어 들어갔다. 돈 후앙은 거의 나와 어깨를 나란히 하고 걸었다. 돈 헤나로는 몇 미터쯤 앞에서 걷고 있었다.

맑게 갠 날이었다. 짙은 구름이 깔려 있었지만 달빛이 밝았던 덕에 꽤 뚜렷하게 주위를 볼 수 있었다. 돈 후앙은 문득 멈춰 서더니 자기보다 앞서서 돈 헤나로를 따라가라고 말했다. 나는 멈칫거렸다. 돈 후앙은 내 등을 살짝 밀며 괜찮다고 안심시켰고, 항상 마음의 준비를 하고 항상 나 자신의 힘을 믿으라고 충고했다.

그로부터 두 시간 동안 나는 돈 헤나로 뒤를 따라갔다. 그러면서 따라잡으려고 했지만, 아무리 노력해도 그를 앞지를 수가 없었다. 돈 헤나로의 형체는 언제나 내 앞에 있었다. 그는 이따금 길옆으로 뛰어들기라도 한 것처럼 모습을 감췄다가 다시 내 앞에 나타나는 일을 되풀이했다. 내가 보기에 이렇게 어둠 속을 산책하는 일은 기묘하고 무의미한 행위에 불과했다. 그래도 돈 헤나로의 뒤를 따라간 것은 집으로 돌아가는 길을 몰랐기 때문이다. 돈 헤나로가 무슨 일을 하고 있는지도 이해할 수 없었다. 덤불로 에워싸인 으슥한 장소로 나를 데려가서 돈 후앙이 언급했던 예의 기술을 시연해 보이려는 작정인지도 모르겠다. 그러나 어떤 시점이 되자 나는 돈 헤나로가 내 뒤에 있다는 묘한 느낌을 받았다. 몸을 돌려 뒤를 돌아보자 좀 떨어진 곳에 있는 사람의 모습이 흘끗 보였다. 나는 깜짝 놀랐다. 어둠을 뚫고 그쪽을 보려고 노력하니 뒤로 15미터쯤 떨어진 곳에 있는 사람의 윤곽이 보이는 듯했다. 마치 자신의 모습을 감추려는 듯이 덤불과 거의 일체

화하고 있다는 인상을 주었다. 나는 잠시 동안 그쪽을 뚫어지게 응시했다. 그 사내는 검은 덤불 뒤에 숨으려는 작정인 듯했지만 나는 그의 몸 윤곽을 계속 시야 안에 넣고 있을 수 있었다. 이윽고 합리적인 설명이 떠올랐다. 문제의 사내는 지금까지 우리 뒤를 미행해 온 돈 후앙이 틀림없다는 생각이 들었던 것이다. 내가 그렇게 확신한 순간 내가 더 이상 그의 윤곽을 주위 사물로부터 분리해낼 수 없다는 사실도 깨달았다. 이제 내 눈앞에 있는 것은 형체를 제대로 알아볼 수 없을 정도로 무더기 진 거무칙칙한 사막 덤불뿐이었다.

나는 그 사내가 있었던 지점으로 걸어갔지만 아무도 찾지 못했다. 돈 헤나로의 모습도 씻은 듯 사라져 있었다. 돌아가는 길을 몰랐기 때문에 나는 땅바닥에 앉아서 기다렸다. 반 시간 뒤에 돈 후앙과 돈 헤나로가 다가왔다. 큰 소리로 내 이름을 부르고 있었다. 나는 일어서서 그들과 합류했다.

우리는 완전한 침묵을 지키며 그의 집으로 돌아갔다. 완전히 혼란한 상태였기 때문에 오히려 나는 이런 조용한 막간을 환영했다. 사실, 내가 누군지도 잘 모르겠을 정도였다. 돈 헤나로가 나를 상대로 어떤 일을 하고 있었던 탓이다. 내게 익숙한 평소의 방식대로 생각이 형성되지 않도록 방해하고 있는 듯한 느낌이었다. 아까 앉았을 때 그 사실을 절감했다. 나는 앉으면서 나는 반사적으로 시계를 보고 시각을 확인했지만, 그다음에는 마치 마음이 꺼진 것처럼 조용히 앉아만 있었던 것이다. 그러면서도 일찍이 경험한 적이 없는 종류의 기민한 마음가짐을 유지한 채로 앉아 있었다. 그것은 일종의 무사고無思考 상태였다. 그 어떤 것에도 개의치 않는 마음상태에 필적했다고 주장할 수 있을지도 모르겠다. 그동안 세계는 묘한 균형 위에서 존재하고 있는 것처럼 보였다. 내가 그것에 더할 수 있는 것은 없었고, 뺄 수 있는 것도 없었다.

집에 도착하자 돈 헤나로는 돗자리를 깔고 잠들었다. 나는 오늘 경험한 일을 돈 후앙에게 꼭 얘기하고 싶었지만 그는 허락해주지 않았다.

1970년 10월 18일

"지난 밤에 돈 헤나로가 무슨 일을 하려고 했었는지 이해할 수 있을 것 같습니다." 나는 돈 후앙에게 말했다.

내가 이렇게 말한 것은 그의 반응을 끌어내기 위해서였다. 그가 말하기를 줄곧 거부하는 바람에 불안해서 견딜 수가 없었기 때문이다.

돈 후앙은 미소 짓고 마치 내가 한 말에 찬성한다는 듯이 천천히 고개를 끄덕였다. 묘한 눈빛만 아니었다면 나는 그의 이런 몸짓을 긍정이라고 해석했을 것이다. 그의 눈은 마치 나를 조소하고 있는 듯했다.

"제가 이해를 못한다고 생각하시는군요. 그렇죠?" 나는 견디지 못하고 말했다.

"아마 이해하고 있을 거야… 아니, 이해하는 게 맞아. 헤나로가 줄곧 자네 뒤에 있었다는 걸 자넨 이해하니까 말이야. 하지만 그 경우 진짜로 중요한 건 이해가 아냐."

돈 헤나로가 줄곧 내 뒤에 있었다는 그의 말은 내게는 충격적이었다. 나는 그게 무슨 뜻인지 설명해달라고 간청했다.

"자네의 마음은 단지 일의 한쪽 면만 찾아보도록 고정되어 있어."

돈 후앙은 잔가지 하나를 주워들고 휘저었다. 공중에 무엇인가를 그리거나 묘사하고 있는 것이 아니라 오히려 그가 씨앗 더미에서 손가락으로 지스러기를 골라낼 때의 동작에 가까웠다. 잔가지를 써서 공중을 살짝 찌르거나 긁는 듯한 느낌이었다.

돈 후앙이 몸을 돌려 나를 봤다. 나는 반사적으로 어깨를 으쓱하며 모르겠다는 시늉을 했다. 그는 가까이로 와서 같은 동작으로 지면에 여덟 개의 점을 찍었다. 그런 다음 첫 번째 점을 원으로 에워쌌다.

"자넨 여기 있어. 우리들 모두가 여기 있지. 이건 감정이고, 우리는 여기서 여기로 움직이네."

그는 첫 번째 점 바로 위에 있는 점을 원으로 에워쌌다. 그런 다음 이 두 점 사이로 잔가지를 왕복시키며 왕래가 빈번함을 묘사했다.

"하지만 인간이 다룰 수 있는 점은 여섯 개가 더 있다네. 대다수의 인간은 그런 사실을 전혀 모르지만 말이야."

돈 후앙은 첫 번째 점과 두 번째 점 사이를 잔가지로 쿡쿡 찔렀다.

"이 두 점 사이를 움직이는 걸 자넨 이해라고 부르네. 지금까지 자네가 살아오면서 줄곧 해왔던 일이지. 자네가 내 지식을 이해한다고 말하더라도 실은 전혀 새로울 것이 없다는 뜻이야."

그런 다음 그는 여덟 개의 점의 일부와 다른 점들을 선으로 이었다. 그 결과 대칭적이지 않은 선들로 이어진 여덟 개의 중심을 가진 길쭉한 사다리꼴이 만들어졌다.

"나머지 여섯 개의 점들은 각각 하나의 세계라네. 감정과 이해가 자네에게 두 개의 세계인 것처럼 말이야."

"왜 여덟 개밖에 없는 겁니까? 원의 경우처럼 무한한 수가 있을 수도 있지 않습니까?"

나는 이렇게 반문하며 지면에 원을 그려 보였다. 돈 후앙은 미소 지었다.

"내 지식이 미치는 한 인간이 다룰 수 있는 점은 여덟 개밖에 없다네. 아마 인간은 그 너머로는 못 가는 건지도 몰라. 그리고 난 지금 이해하는 게 아니라 다룬다고 했네. 그 점을 명심했나?"

돈 후앙의 말투가 너무 웃겼던 탓에 나는 웃고 말았다. 언제나 엄밀한 표현만을 고집하는 나의 말버릇을 흉내 냈기 때문이다. 아니, 조롱했다는 편이 더 정확할지도 모르겠다.

"자네 문제는 모든 걸 이해하려고 한다는 점이야. 하지만 그건 불가능해. 자네가 끝끝내 이해하기를 고집한다면 자넨 인간으로서의 운명 전체를 염두에 두고 있지 않다는 얘기가 되네. 장애물이 고스란히 남아 있는 거지. 따라서 자넨 몇 년을 거의 허송세월한 거나 마찬가지야. 완전한 잠에서 깨어난 것은 사실이지만, 그건 어차피 다른 상황을 통해서도 성취할 수 있었던 일이니까 말이야."

돈 후앙은 잠시 말을 끊었다가 협곡으로 가야 하니 일어서라고 했다. 우리가 차에 올라타려고 하자 돈 헤나로가 집 뒤꼍에서 나와 합류했다. 우리는 도중에 차에서 내린 다음 깊은 골짜기로 걸어갔다.

돈 후앙은 큰 나무의 그늘에 멈춰 서더니 쉬자고 했다.

"자네는 예전에 이런 얘기를 내게 해준 적이 있지." 돈 후앙은 운을 뗐다. "친구와 함께 높은 플라타너스의 우듬지에서 이파리 하나가 떨어지는 것을 보았을 때, 그 친구는 같은 플라타너스에서 똑같은 이파리가 다시 떨어지는 일은 앞으로도 영원히 없다고 했어. 기억나나?"

실제로 돈 후앙에게 그런 얘기를 한 기억이 있었다.

"우리는 큰 나무 밑동에 앉아 있네. 그리고 지금부터 앞에 있는 다른 나무를 보면 우듬지에서 이파리가 하나 떨어지는 걸 볼 수 있을 거야."

돈 후앙은 나더러 보라는 시늉을 했다. 도랑 반대편에 큰 나무가 하나 서 있었다. 노리끼리한 마른 잎사귀를 가진 나무였다. 그는 계속 나무를 바라보라는 듯이 고개를 까닥해 보였다. 몇 분을 그러고 있자 나무 꼭대기 부분에서 떨어져나온 잎사귀 하나가 지면으로 떨어지기 시작했다. 그 잎사귀는 다른 잎사귀들과 가지들에 세 번 부딪친 다음 나무 주위의 키 큰 덤불 위로 떨어졌다.

"방금 그걸 봤나?"

"예."

"그럼 자네는 저 나무에서 같은 잎사귀가 또다시 떨어지는 일은 결코 없을 거라고 말하겠지?"

"사실입니다."

"자네가 이해하는 범위 안에서는 사실이겠지. 하지만 그건 어디까

지나 자네가 이해할 수 있는 범위 안에서야. 다시 보게."

나는 반사적으로 그쪽을 보았고 잎사귀 하나가 떨어지는 것을 보았다. 그것은 실제로 아까와 똑같은 잎사귀들과 가지들에 부딪혔다. 마치 텔레비전으로 즉시 재생한 화면을 보는 듯한 느낌이었다. 나는 그 잎사귀가 하늘거리며 땅에 떨어질 때까지 눈으로 좇고 있었다. 일어서서 두 개의 잎사귀가 떨어져 있는지 확인해보려고 했지만 나무 주위에 자라 있는 키 큰 덤불 탓에 실제로 그 잎사귀가 떨어진 지점을 눈으로 확인하는 것은 불가능했다.

돈 후앙은 웃으며 앉으라고 말했다.

"자, 봐." 그는 머리를 까닥하며 나무의 우듬지 쪽을 가리켰다. "저기 또 똑같은 잎사귀가 떨어지고 있어."

나는 잎사귀 하나가 처음 두 개와 완전히 똑같은 궤적을 그리며 떨어지는 것을 또 목격했다.

그것이 땅에 떨어지자 나는 돈 후앙이 또 우듬지 쪽을 바라보라는 신호를 보낼 것을 예상했지만, 그가 그러기도 전에 먼저 고개를 들어 보았다. 잎사귀가 또 떨어지고 있었다. 그제야 잎사귀가 실제로 우듬지에서 떨어져 나오는 광경을 본 것은 처음 잎사귀의 경우에만 해당한다는 사실을 깨달았다. 더 정확하게 말하자면, 처음으로 잎사귀가 떨어졌을 때만 그것이 가지에서 떨어져 나오는 순간을 포착할 수 있었던 것이다. 나머지 세 번의 경우, 내가 고개를 들어 보았을 때 잎사귀는 이미 떨어지는 중이었다.

나는 돈 후앙에게 그 사실을 얘기하고 지금 그가 무엇을 하고 있

425

는지 가르쳐달라고 재촉했다.

"이미 보았던 일을 제가 어떻게 되풀이해서 볼 수 있는지 이해할 수가 없습니다. 돈 후앙, 저한테 무슨 일을 한 겁니까?"

그는 웃기만 하고 대답하지 않았다. 나는 어떻게 똑같은 잎사귀가 거듭 떨어지는 것을 볼 수 있는지 가르쳐달라며 졸랐고, 내 이성으로는 도저히 이해 불가능한 일이라고 말했다.

돈 후앙은 자기 이성도 역시 같은 결론을 냈지만, 그럼에도 불구하고 나는 똑같은 잎사귀가 거듭해서 떨어지는 것을 목격하지 않았느냐고 반문했다. 그러고는 돈 헤나로를 돌아보았다.

"안 그런가?"

돈 헤나로는 대답하지 않았다. 그의 눈은 나에게 못 박혀 있었다.

"정말 말도 안 됩니다!" 나는 말했다.

"자넨 사슬에 묶여 있어!" 돈 후앙이 탄식했다. "자네 이성의 사슬에 묶여 있는 거야."

돈 후앙은 같은 잎사귀가 같은 나무에서 되풀이해서 떨어진 것은 나로 하여금 이해하려는 노력을 멈추게 하기 위해서였다고 설명했다. 그는 은근한 어조로 나는 이 모든 사실을 완벽히 숙지하고 있지만 막판에 나의 편집증이 내 눈을 가린다고 말했다.

"이해할 것은 아무것도 없네. 이해는 작은 부분에 불과해. 그것도 극히 사소한."

그러자 돈 헤나로가 일어섰다. 그는 돈 후앙을 흘긋 보았다. 두 사람의 시선이 마주쳤다. 돈 후앙은 눈앞의 지면을 내려다보았다. 돈 헤나로는 내 앞에 서서 양팔을 동시에 앞뒤로 움직이기 시작했다.

"자, 카를로스 어린이, 이걸 봐," 그는 말했다. "봐! 봐!"

그는 놀랄 정도로 날카로운 휙휙 하는 소리를 발했다. 무엇인가가 찢어지는 듯한 소리였다. 그 소리가 들린 바로 그 순간, 나는 내 하복부가 텅 비는 듯한 감각을 느꼈다. 땅이 꺼져 추락하는 듯한, 지독하게 괴로운 감각이었다. 육체적인 고통은 아니었지만, 상당히 불쾌하고 진을 빼는 감각이었다. 이 감각은 몇 초 지속되었다가 스러졌다. 그러자 무릎이 묘하게 간질간질했다. 그러나 이런 감각이 지속되는 동안 나는 또 하나의 믿기지 않는 현상을 경험했다. 돈 헤나로가 15 킬로미터는 족히 떨어진 산꼭대기에 있는 것을 보았던 것이다. 이런 지각은 단 몇 초밖에는 지속되지 않은 데다 전혀 예상도 못한 일이었기 때문에 일일이 생각할 틈도 없었다. 그래서 내가 본 것이 산꼭대기에 서 있는 사람 크기의 인물인지, 아니면 돈 헤나로의 축소된 모습이었는지 생각이 나지 않았다. 그 인물이 돈 헤나로가 맞는지조차도 기억이 나지 않았다. 그러나 그 순간 나는 그가 산꼭대기에 서 있는 것을 보았다고 한 치의 의심도 없이 확신했던 것이다. 그러나 내가 15킬로미터나 떨어진 곳에 있는 사람 모습을 볼 수 있을 리가 없다는 생각을 한 순간 이 지각은 사라졌다.

몸을 돌려 돈 헤나로를 찾아보았지만 그는 그곳에 없었다.

이때 내가 경험한 당혹감은 내게 일어나고 있는 모든 일과 마찬가지로 유일무이한 것이었다. 나의 마음은 그 스트레스를 이기지 못하고 찌그러졌다. 이제는 뭐가 뭔지 알 수가 없었다.

돈 후앙은 일어서서 나를 쭈그려 앉게 했고, 하복부를 양손으로 감싸고 허벅지를 몸에 딱 갖다 대라고 지시했다. 우리는 잠시 말없이 앉아 있었다. 이윽고 그는 사람은 오로지 행동을 통해서만 주술사가 될 수 있기 때문에, 이제부터는 내게 무엇인가를 설명하는 일을 완전히 그만둘 작정이라고 말했다. 그는 나더러 당장 떠나라고 했다. 그러지 않는다면 돈 헤나로가 나를 도우려는 일심으로 나를 죽일지도 모른다는 것이다.

　　"자네는 나아가는 방향을 바꿔야 해. 그럼으로써 자네를 묶고 있는 사슬을 끊으란 말일세."

　　돈 후앙은 자신이나 돈 헤나로의 행동에서 이해할 것은 전무하며, 주술사라면 경탄할 만한 이적異蹟을 얼마든지 보여줄 수 있다고 덧붙였다.

　　"헤나로하고 나는 여기서 행동하네." 그는 이렇게 말하며 그가 그린 도표의 중심 하나를 가리켰다. "그리고 여긴 이해의 중심이 아냐. 그래도 자넨 이게 뭔지를 알아."

　　도대체 무슨 얘기를 하고 있는지 모르겠다고 말하고 싶었지만, 그는 내가 말할 틈을 주지 않고 일어서더니 따라오라는 신호를 보냈다. 그는 빠르게 걷기 시작했고, 나는 얼마 되지도 않아 그와 보조를 맞추기 위해 헉헉거리며 땀을 흘리고 있었다.

　　우리가 차를 타려고 했을 때 나는 돈 헤나로를 찾아 주위를 둘러보았다.

　　"돈 헤나로는 어디 있는 겁니까?"

"어디 있는지 잘 알잖나." 돈 후앙은 내뱉었다.

그의 집을 떠나기 전에는 언제나 그러듯이 그와 함께 앉았다. 설명을 요구하고 싶어서 미칠 지경이었다. 돈 후앙이 지적했듯이 설명이야말로 진정한 나의 욕망이었다.

"돈 헤나로는 어디 있습니까?" 나는 조심스럽게 물었다.

"어디 있는지 알면서. 하지만 자넨 언제나 이해하려고 고집을 부리기 때문에 결국 실패하는 거야. 예를 들자면 전날 밤 자넨 헤나로가 줄곧 자네 뒤에 있었다는 걸 알고 있었어. 뒤를 돌아다보고 그 친구를 쳐다보기까지 했잖나."

"아닙니다. 전 그런 줄 몰랐습니다."

내 말은 거짓이 아니었다. 나의 이성(mind)이 그런 종류의 자극을 '현실'로 받아들이기를 거부했기 때문이다. 그러나 돈 후앙 밑에서 10년이나 도제수업을 받으면서 나의 이성은 더 이상 무엇인 현실인지에 관한 일상적인 옛 기준을 유지할 수가 없었다. 어차피 현실의 성질에 관해 지금까지 내가 해왔던 모든 사색은 지적 조작에 불과했다. 돈 후앙과 돈 헤나로의 행위가 주는 압력에 처한 나의 이성이 막다른 골목에서 옴짝달싹도 못한다는 사실이 그 점을 여실히 증명해 주고 있었다.

돈 후앙은 나를 쳐다보았다. 그 눈에 깃든 깊은 비애를 느끼고 나는 울기 시작했다. 눈물이 뚝뚝 흘러내렸다. 난생처음으로 나를 짓누르는 이성의 중하重荷를 느꼈다. 나는 형언할 수 없는 고뇌에 사로잡혔다. 나는 부지불식간에 통곡하며 그를 포옹했다. 그는 손등으로 재빨리 내 정수리를 때렸다. 나는 그 충격이 파도처럼 등골을 훑어 내리는 것을 자각했다. 그의 일격은 정신이 번쩍 들게 하는 효과가 있었다.

"자기도취가 너무 심해." 그는 나직하게 말했다.

에필로그

돈 후앙은 천천히 내 주위를 돌았다. 뭔가를 얘기할지 말지 곰곰이 생각하는 기색이었다. 그는 두 번 멈춰 섰고, 그때마다 마음을 바꾼 듯했다.

"자네가 돌아오든 말든 그건 전혀 중요하지 않아." 이윽고 그는 입을 열었다. "하지만 지금부터 자네는 전사처럼 살아갈 필요가 있네. 자네도 줄곧 알고는 있었겠지만, 이제는 지금까지 무시해왔던 걸 활용하는 수밖에 없는 입장에 처했어. 그렇지만 자네는 이 지식을 자기 것으로 만들기 위해 분투해야 해. 그건 그냥 주어지는 것도, 건네받는 것도 아니고, 스스로 자기 내부에서 끄집어낼 수밖에 없는 성질의 것이니까 말이야. 하지만 자넨 아직도 빛을 발하는 존재에 불과해. 다른 인간들과 마찬가지로 죽어야 한다는 얘기야. 예전에 빛나는 달걀에서 변화시킬 수 있는 건 아무것도 없다는 얘기를 자네에게 한 적이 있지."

돈 후앙은 잠시 침묵했다. 그가 나를 바라보고 있다는 것을 알고 있었지만 나는 그의 시선을 피했다.

"자네 안에서 정말로 변화한 것은 아무것도 없어."

카를로스 카스타네다 저작 목록

1. The Teachings of Don Juan: A Yaqui Way of Knowledge (1968) - 『돈 후 앙의 가르침』(정신세계사, 2014)
2. A Separate Reality: Further Conversations with Don Juan (1971) - 본서
3. Journey to Ixtlan: The Lessons of Don Juan (1972) - 『익스틀란으로 가는 길』(정신세계사)
4. Tales of Power (1974)
5. The Second Ring of Power (1977)
6. The Eagle's Gift (1981)
7. The Fire From Within (1984)
8. The Power of Silence: Further Lessons of Don Juan (1987)
9. The Art of Dreaming (1993) - 『자각몽, 또 다른 현실의 문』(정신세계사, 2011)
10. Magical Passes: The Practical Wisdom of the Shamans of Ancient Mexico (1998)
11. The Wheel of Time: Shamans of Ancient Mexico, Their Thoughts About Life, Death and the Universe (1998)
12. The Active Side of Infinity (1999)